KB107874

자기계발 수업

자기계발 수업

The Art of Self-Improvement

인류의 성장 열망이 이끌어낸 열 가지 핵심 주제

안나 카타리나 샤프너

윤희기 옮김

디플롯

우리는 아직 완성되지 않은 존재다.
지적인 성장은 물론 도덕적으로나 인식론적으로 그리고 영적으로
더 성장할 가능성이 우리 앞에 놓여 있기 때문이다.

_ 조너선 로슨Jonathan Rowson,*
《말을 어떻게 움직이느냐, 이것이 문제다The Moves That Matter:
A Chess Grandmaster on the Game of Life》에서

---

* 스코틀랜드의 체스 선수이자 철학자. 1999년 국제체스연맹으로부터 '그랜드마
스터' 칭호를 부여받았다. 영국 왕립예술협회 산하 사회적뇌센터의 소장이다.

서문

인류의 진보를 믿은 자조의 역사

좀처럼 머릿속을 떠나지 않은 채 나를 계속 괴롭히는 악몽이 하나 있다. 거울을 빤히 들여다보는 나. 그런데 하룻밤 사이에 머리털이 백발로 변했다. 눈은 침침하고 제대로 떠지질 않는다. 피부는 쭈글쭈글하고 축 늘어져 있다. 뼈마디가 앙상한 손가락으로 얼굴을 더듬어보던 나는 이제 늙어 죽는구나, 그렇게 생각했다. 당연히 두려움이 뒤따랐다. 죽음이 두려운 것은 아니다. 오히려 내가 뭘 크게 잘못했는지 알게 되는 것이 겁났다. 공포 속에서 나는 생각한다. '아냐, 이럴 리가 없어. 이대로 끝낼 수는 없다고. 다 내가 노력하지 않아서 그런 거야.' 말하자면 나는 그동안 온갖 불안감에 시달리며 고민하다가 인생을 헛되이 보냈다는 끔찍한 생각에 사로잡혔다. 그 악몽 속 거울에서 나는 10대의 심리적 불안에서 벗어나지 못한 늙은 여성을 보았다. 자기본위의 삶을 살려고 갖은 노력을 다했지만 별 효과가 없었다니, 진짜 두려웠다. 악몽 속의 나는 그토록 금과옥조처럼 소중히 여긴 신념 중 하나를 어기는 죄를 저질렀다. 우리는 자신을 향상할 수 있으며, 자기계발이 가장 중요한 실존적 과제라는 신념을 저버리다니….

우리는 보통 자신에게 중요한 것이나 혹은 더 많이 알고 싶은 것에 대해 쓴다. 나는 늘 나를 향상하고 자기계발에 필요한 것을 더욱 심도 있게 이해하고 싶었다. 지극히 자의식이 강하고 내성적인 나는 그동안 살아오면서 내 뜻을 좌절시키는 이런저런 한계를 극복하고자 무던히 노력했다. 체질상 잡담이나 수다가 맞지 않아 다른 사람들과 같이 있을 때면 어딘가 어색하고 불편하다는 느낌을 받을 때가 많았다. 그러다 보니 남들에게 냉담한 사람이라거나 외톨이라는 인상을 심어준 것은 아닌가 싶다. 아무튼 다른 사람과 어울리는 게 나로서는 정말 힘든 일이었다. 나는 내 안에서 속닥속닥하며 나 자신을 기죽게 만드는 내면의 목소리, 사정없이 자기비판을 가하는 그 목소리에서 헤어나지 못하는 경향이 있다. 그래서 내면의 목소리가 내 삶에서 즐겁고 좋은 것들을 많이 잠재우고 말았다. 내 에너지가 안으로, 안으로만 파고들어 퍼지는 바람에 다른 사람에게 주고 싶어도 원하는 만큼 줄 에너지가 없었다. 나 자신을 스스로 비판하는 내면의 목소리 그리고 그 목소리에 맞서 나한테도 더 매력적이고 지혜로운 면이 있지 않을까 하는 생각, 이 둘의 틈바구니에 끼여 시도 때도 없이 갈등하는 가운데 나의 소중한 자원이 거의 소진되고 있었다. 수시로 타고난 잠재능력을 발휘하지 못한 채 살아가는 것은 아닌지 하는 느낌이 드는 것은 어쩌면 당연한 일인지도 모른다.

지난 수십 년간 나는 좀 더 다른 삶, 좀 더 목적지향적인 삶을 위해 에너지를 온전히 밖으로 끌어내는 방법을 열심히 찾아 나섰다. 내가 보기에는 우리의 에너지를 자유롭게 풀어 다른 사람들이나 창조적인 과제에 향하도록 하는 것이 모든 가치 있는 자기계발의 핵심이 아닌가 싶다. 근본적으로 따지면 자기계발이란 우리의 지적·정신적 능력과 도덕적 자질을 최선을 다해 드높이고 발전시킬 방법을 알고자 하는 욕망과 다를 바 없다.

나는 자기계발에 도움이 되는 체계적인 계획을 나름대로 합당한 수준에서 시도도 해봤고, 또 그와 관련된 책도 수없이 많이 읽었다. 특히 책과 관련해서는 혹시 다른 책에 좀 더 나은 삶을 지속가능하게 해주는 열쇠, 오랫동안 찾지 못한 귀중한 처방이 있지 않을까 하는 기대와 희망으로 늘 이 책 저 책 찾아 읽은 것 같다. 사실 자기계발이 우리에게 약속하는 것은 다름 아닌 구원, 바로 세속적 차원에서의 구원이다. 결정적으로 말하자면 자기계발은 자신을 뛰어넘는 것, 즉 자기초월과 밀접하게 연결되어 있다. 역설적으로 들릴지 모르겠지만, 진정으로 계발된 자아는 타인과 교류하는 가운데 드러난다. 그 모습은 덜 이기적이고 더 겸손하며 더욱 관대하다. 자신의 불안이나 고민거리, 결점과 실망에 계속 붙들려 있지도 않다.

나는 아직까지 모든 사람에게 유효하다고 단언할 수 있는 자기계발의 전략을 단 하나도 찾아내지 못했다. 유감이다. 사실상 그런 전략이나 방법은 존재하지 않는다고 결론을 내렸다. 하지만 오랜 세월 동안 사람들이 계속 중요하다며 존중해온 다수의 자기계발 전략을 알게 되었다. 이 책에서는 자기계발에 관한 많은 견해 가운데 오랫동안 존중되어온 아주 소중한 생각 10가지를 추려 소개하고자 한다. 이는 수천 년 전에 기록된 방대한 양의 자기계발에 관한 문헌을 연구하는 과정에서 접하게 되었다. 서로 다른 시대와 문화에서 유래했고 또 많은 세월을 거치면서 조금씩 바뀐 생각들이 가르쳐주는 것 중에 하나는 자기 자신을 쉽고 간단하게 바꿀 혁명적인 방법이 없다는 것이다. 우리는 단 한 번에 우리 자신을 계발하고 향상할 수 없다. 자기계발은 지속적인 과정이며, 사는 동안 성실하게 밀고 나가야 하는 과제이기 때문이다.

자기계발은 지극히 개인적인 주제이지만, 한편으로는 철학적으로나 심리학적으로나 사회적으로 중요한 의미를 지닌 광범위한 주제이기도 하다. 왜냐하면 자기계발은 더 많이 배우면 더 나은 방향으로 변화할 수 있고, 자신을 자유롭게 형성할 수 있으며(물론 일정한 한계 내에서 가능한 일이긴 하지만) 운명론적으로 우리 부모와 같은 사람으로 될 수밖에 없는 존재가 아니라는 믿음에 기반을 두고 있기 때문이다.

다시 말해, 자기계발은 결정론적 사고를 걷어차면서 누구에게나 삶을 스스로 만들어나갈 잠재력이 있고, 누가 시키지 않아도 스스로 하는 이 일은 시도할 만한 가치가 있다는 것을 확인시켜준다. 아울러 자기계발에는 필연적으로 뒤따르는 것이 있다. 바로 세상에는 배울 것이 여전히 많음을 겸허히 인정하는 일이다. 정직한 자기관찰을 통해 깨달아야 할 것이 있고, 다른 사람들에게서 보고 배울 것이 있다는 것도 겸손하게 받아들여야 한다는 의미이다. 결국 따지고 보면 우리는 부단히 진화하는 자아를 지닌 "아직 완성되지 않은 존재"[1]이기 때문이다.

또한 자기계발에는 중요한 사회학적 의미가 담겨 있다. 우리가 더 나은 존재로 발전할 가능성을 인정하지 않는 사회가 있다고 상상해보자. 그런 사회에 과연 가르치고 배우는 일이나 조언하는 일이 들어설 수 있을까? 혹은 어떤 종류이든 발전이라는 것이 가능할까? 그런 사회라면 어려움을 겪는 사람들, 쓰라린 고통 속에서 헤어나지 못하는 사람들이 다시 일어설 수 있도록 도와줄 수 있을까? 아니, 그들을 방치하거나 오히려 벌하지 않을까? 결국 가장 비인간적인 사회가 되지 않을까? 논박이 있을 수 있지만, 아마 틀림없이 사형 제도를 반대하는 가장 설득력 있는 논거는 사형이 자기개선의 가능성을 배제한다는 주장일 것이다. 사형을 선고하는 것은 범죄를 저지른 사람이 그 죄로 벌을 받는 자신을 뛰어넘을 수 없다는 것을 가정한다. 나는, 정말 나는 변화를 통해 좀 더 나은 존재가 될 수 있다는 가능성을 받아들이지 않는 세상에서는 살고 싶지 않다. 이 문제를 진지하게 생각한다면, 어느 누구도 그런 세상에서는 살고 싶지 않을 것이다. 나는 그렇게 믿는다.

표면적으로는 영미문화권에서 발전가능한 자아라는 개념을 열광적으로 받아들이는 것처럼 보인다. 오늘날 개인 계발과 관련된 산업이 수십억 달러의 규모로 번창하고 있다는 사실만 봐도 그렇다. 그러나 이 구조에는 허점과 모순이 있으며, 아직 해결하지 못한 의문들도 많다. 가령 이런 것들이다. 우리 자신을 형성하는 행위능력은 정확히 어디서 시작되고 어디서 끝나는가? 우리의 어떤 부분이 선천적이고 어떤 부분이 후천적인가? 즉 어떤 것이 유전자에 의해 결정되고, 어떤 것이 부분적이긴 하겠지만 교육과 특정한 사회경제적 환경의 결과인 학습된 행동인가? 현실적으로 우리 자신의 어떤 것을 바꾸고자 희망할 수 있는가? 그리고 아무리 기를 쓰고 노력해도 바꿀 수 없는 것, 즉 운명적으로 남아 있을 수밖에 없는 것은 무엇인가?

우리에게 기본적으로 자기계발의 능력이 있다는(혹은 결여되어 있다는) 생각은 결과적으로 정치적으로 해석되는 중대한 문제가 있다. 과연 자기계발을 추구하는 모든 사람은 원칙적으로 평등하게 태어났을까? 쉽게 말해 자기계발이 누군가에게는 다른 사람들보다 훨씬 힘든 과제가 아닐까? 우리는 자신을 향상하고 발전시키지 못한 사람들에게 그건

네 탓이라며 상황을 개인의 책임으로 돌리고 있지 않은가? 아니면 그 사람의 고유한 처지를 고려하여 판단하는가? 과연 체중, 사회적 불안감, 충동 조절, 약물 남용, 인간관계 문제, 금전적 어려움 등으로 고통을 겪는 사람들에게 네 잘못이라며 비난하는 게 온당한가? 이런 점을 고려하면 자기계발이 가능하다는 이론적 주장은 실제적 책임을 묻는 문제와 함께 다뤄야 한다.

자기계발 이론가들의 성향을 스펙트럼에 놓고 볼 때, 어떤 이론가들은 개인의 무한한 행위능력을 믿으며 개인에게 실패에 대한 책임을 강하게 묻는다. 반면에 그 스펙트럼의 반대편에 있는 결정론자들은 개인이 어떤 의존관계에 놓여 있는지, 그 사람의 무력감이 어디서 비롯되었는지에 초점을 맞추어 생각한다. 자, 이 스펙트럼에서 우리는 어느 위치에 자리할 것인가? 이 물음에 대한 답은 우리가 근본적으로 인간답다는 것, 인간적이라는 것을 어떻게 생각하는지를 잘 반영한다. 자기계발에 관한 관점은 궁극적으로 우리가 누구인지, 타인을 어떻게 생각하는지를 말해주기 때문이다. 이보다 더 중요한 것은 없다.

차례

자기계발이 표방한 영원불변의 주제들

중세에는 천상의 존재가 나선운동 말고 다른 방식으로 내려올 수도 있다는 사실을 생각할 수 없었다. 가령 천사가 직선으로 곧장 지상에 온다는 것은 상상조차 못할 일이었다. 마찬가지로 오늘날에 자아가 향상될 수 없다는 주장은 어림도 없는 생각이다. 그러니까 우리는 옛날 동화에나 있을 법한 이야기처럼 머리부터 발끝까지 마술을 부리듯 완전히 변화시킬 수 있다거나, 아니면 좋은 와인이나 치즈처럼 나이 들면서 점차 나아질 거라는 좀 더 소박한 방식의 발전을 믿는 게 아닌가 싶다. 이러한 자기계발에 대한 광범위한 믿음은 부분적으로 진보라는 개념에 대한 확신에서 비롯된다. 이를테면 대부분은 수 세기에 걸쳐 인류가 비약적으로 발전했듯이 개인도 계속 발전하고 있다고, 아니면 적어도 발전해야 한다고 본다.

자기계발에 대한 욕구가 오늘날처럼 높았던 적은 없었다. 2020년에는 이 시장의 규모가 전 세계적으로 거의 400억 달러(약 50조 5000억 원)에 달했고, 향후 수십 년 동안 빠르게 성장할 것으로 전망되고 있다.[1] 우리는 자조론自助論과 관련된 책이라면 항상 굶주린 듯이 집어삼키고 새로 시장에 나오는 제안은 무엇이든 손에 넣으려 한다. 자조와 관련된 앱, 팟캐스트, 온라인 워크숍, 개인 성장에 관한 온라인 세미나 등이 벼락 인기를 얻으며 널리 퍼지고 있다. 우리는 정서적·정신적 건강을 향상시키는 데 도움을 주는 인생 코치에게 많은 돈을 쏟아붓고, 우리의 고용주들은 우리의 회복탄력성과 소프트스킬soft skill*을 개발하는 데에 막대한 금액을 투자하고 있다. 그렇다면 도대체 자신을 돕는다는 착상은 어디에서 나왔을까? 새로운 생각일까? 아니면 자신을 계발하려는 욕망은 인간과 항상 함께한 경험의 일부일까? 그리고 우리는 왜 이토록 유별나게 이 개념으로 우리를 설명하려는 것일까?

계발 가능한 자아라는 개념은 최근의 현상처럼 보일 수도 있다. 진보와 개인의 행위능력에 대한 믿음과 밀접하게 연관되어 있는 이 개념은 인간을 포함하여 효율성 향상을 위한 좀 더 광범위한 문화적 운동과도 얽혀 있는 것 같다. 그러나 자기계발은 결코 현대적 개념이 아니다. 고대까지 거슬러 올라가는 굉장히 길고 풍부한 역사를 지녔다. 자기 자

---

* 정량화할 수 없는 개인적인 특질과 인간관계 능력 등. 개인의 지식이나 업무 수행 기술처럼 학습으로 향상시킬 수 있는 능력을 하드스킬hard skill이라고 한다. 사회학자들은 사람의 지능지수IQ가 아닌 감성지수EQ를 소프트스킬이란 개념으로 사용하기도 한다.

신을 계발하고 향상하고자 하는 바람은 고금을 불문하고 어디에서나 존재해왔던 인간의 욕망이다. 이는 다양한 역사적 시기와 문화에서 자기계발에 대한 독특한 표현을 발견할 수 있다는 말이다.

여기서 자기계발에 관한 문헌과 자조에 관한 문헌을 구분하는 일은 중요하다. 우리가 알고 있는 자조라는 분야는 19세기 중반 새뮤얼 스마일스Samuel Smiles의 베스트셀러인《자조 Self-Help》가 출간되면서 처음 등장했다. 그 이후 역사가 훨씬 더 깊은 자기계발 문헌이라는 큰 틀 아래에서 매우 두드러지게 상업적으로 대단히 성공을 거둔 하위 분야가 되었다. 반면에 자기계발 문헌들은 일반 독자들에게 자신을 적극적으로 개발할 수 있는 구체적인 조언을 들려주는 텍스트를 기반으로, 신학자·교사·심리학자들과 같은 제삼자의 도움 없이 의식적으로 자기계발을 할 수 있는 수단과 기술을 제공하는 데 목표를 둔다.

나는 자기계발 개념의 장구한 역사를 연구하는 가운데 고대 중국의 자료나 서적부터 최근의 베스트셀러 작가들인 앤서니 로빈스Anthony Robbins, 에크하르트 톨레Eckhart Tolle, 곤도 마리에近藤 麻理惠*의 저서까지 많은 자료와 책을 읽었다. 현대의 자조론 관련 서적뿐 아니라 철학 작품, 종교 텍스트, 의학 논문, 지혜문학, 고대 신화, 대중심리학 등 다양한 분야의 자료와 책들도 살폈다. 어디 그뿐이랴. 마술과 점성술에 관한 책들, 중세의 왕이나 르네상스 시대의 궁정 조신들과 빅토리아 여왕 시대의 가정주부들을 위한 연감이나 책력들도 빠뜨리지 않았다. 그런데 많이 읽으면 읽을수록 더욱 분명해지는 것이 하나 있었다. 바로 오늘날의 우리만이 자신을 계발하려는 꿈을 가진 유일한 세대가 결코 아니라는 사실이다.

계속 많은 글을 읽을수록 더욱 명확하게 드러나는 것이 또 하나 있었다. 바로 어떤 주제들이 계속 반복해 등장한다는 점이다. 역사적·문화적으로 다른 점이 많더라도 옛날이나 지금이나 자기계발에 관한 문헌에서 찾을 수 있는 10가지 핵심 전략이 있다. 오늘날 우리는 그 핵심 전략들을 주로 일괄적으로 잘 포장해서 시장에 내놓은 상품을 통해 배운다. 그런데 그렇게 상품으로 내놓은 전략이라는 게 보통은 원본에 있는 지혜를 희석시키거나 왜곡하는 문제가 있다. 이런 점에서 자기계발을 위한 전략의 최초 출처를 찾아 되짚어보면 더 많은 것을 얻을 수 있다. 여러 시대를 거치고

---

* 앤서니 로빈스는 변화심리학의 권위자로 알려져 있는 미국의 저술가로, 개인의 변화와 조직을 혁신하는 뛰어난 능력을 발휘했다. '토니Tony'라는 이름을 붙여 자신의 새로운 자아를 만들어낸 그는 베스트셀러인 《무한능력Unlimited Power》《네 안에 잠든 거인을 깨워라waken the Giant Within》 등으로도 유명하다. 독일 태생으로 영국에서 공부한 에크하르트 톨레는 달라이 라마, 틱낫한Thich Nhat Hanh과 함께 21세기를 대표하는 영적 지도자로 알려져 있다. 첫 저서인 《지금 이 순간을 살아라The Power of Now》로 유명하다. 일본의 정리 수납 전문가이자 방송 진행자인 곤도 마리에는 넷플릭스 프로그램 〈곤도 마리에: 설레지 않으면 버려라〉를 통해 전 세계에 이름을 알렸으며, 베스트셀러인 《정리의 힘人生がときめく片づけの魔法》으로도 유명하다.

여러 문화권으로 전파되면서 어떤 진화 과정을 겪었는지 탐구하면 우리의 문화적 가치와 고민거리에 대해 더 많은 것을 찾아낼 수 있기 때문이다.

이 책의 각 장에서 나는 자기계발의 긴 역사 속에서 추출한 10가지 핵심 주제를 하나씩 다룰 예정이다. 이 주제들은 문화 환경이 변함에 따라 어떤 모습으로 바뀌는지 밝히고, 오늘날 우리의 관심사와 어떤 식으로 왜 공명하는지 검토할 것이다. 우리는 자신을 어떻게 계발할 수 있는지를 알아야 하는데, 대부분은 바로 오랜 세월을 버텨온 이 주제들, 이 개념들에 담겨 있다. 새로운 것이 항상 더 좋은 것은 아니다. 때로 우리는 이미 알고 있는 것들을 잊고 지내는 경향이 있다. 그러나 지금 우리에게 아주 화급하고 중대한 여러 문제에 대한 해답은 역사가 쥐고 있다는 사실을 잊어서는 안 된다.

고대의 지혜가 오늘날까지 살아남은 데에는 한 가지 이유가 있다. 바로 자기계발에 관한 최고의 작품은 삶의 철학, 생의 철학을 다루기 때문이다. 로마의 스토아주의 철학자인 세네카 Lucius Annaeus Seneca가 말했듯이, 삶의 철학은 인간됨이 무엇인지 명확히 규정하고 행동에 체계와 도덕적 지침을 제공하며, 일반적으로 말해 "위험한 바다에서 우리가 탄 배가 이리저리 흔들릴 때 정확한 항로를 따라가도록 키잡이 역할을"[2] 한다. 세네카의 이런 생각은 유용한 가치가 있는 자조론 문헌이란 무엇인가에 대한 완벽한 설명이 아닌가 싶다.

"계발"이라는 단어가 위험한 바다에서 살아남기 위해 흔들림에 대처하는 능력을 연마하는 뜻이라고 한다면 더욱 그렇다. 말이 나왔으니까 하는 말이지만, 자기계발과 관련된 위대한 작품들은 프란츠 카프카Franz Kafka가 말했듯이, "우리 안에 꽁꽁 얼어붙은 바다를 깨부수는 도끼"*와 같은 역할을 언제나 해왔다. 그런 작품들은 우리의 이성에 호소할 뿐 아니라 어떻게든 감정과 상상력을 활성화시켜준다.

사기계발이란 개념은 철학·심리학·사회학에서 다루는 많은 심오한 쟁점과 깊이 얽혀 있다. 자기다움selfhood은 물론 행위능력, 의지력, 개인의 책임 등의 개념이 바로 이 쟁점들에 속한다. 더 나아가 자기계발과 관련된 작품들은 특정한 역사적 시점에서 우리의 마음을 사로잡은 열망과 두려움을 보여주는 강력한 지표이다. 말하자면 성공한 자기계발 문헌들은 모두 가장 중대한 우리의 관심사를 논한다. 그런데 오늘날 자조론의 풍경에서 가장 흔하디흔한 개인 계발의 목적은 자기실현과 자기최적화이다. 그렇기 때문에 오늘날의 자조론 관련 도서들은 하나같이 우리의 잠재능력(그것이 무엇이든 간에)을 깨우고, 자존심을 드높이고, 개인 효율성을 높이는 데 도움이 되리라 약속한다. 그러나 과거의 자기계발

---

* 카프카가 친구인 체코의 미술사학자 오스카 폴락Oskar Pollak에게 보낸 1904년의 한 편지에 나오는 말.

도서에서는 이타주의, 겸손, 불굴의 정신, 용기 등 다른 가치들이 더 중요하게 다뤄졌다.

또한 자조론 도서들의 변화 추세를 조사하다보면 많은 것을 알게 된다. 가령 미니멀리즘 생활 방식과 정리 정돈, 마음챙김과 디지털 해독, 금욕과 극기라는 스토아적 개념, 다른 종種에서 삶의 기술을 배워야 한다는 부추김 등을 둘러싼 현대의 열광적인 분위기에서 무엇을 알 수 있을까? 이 모든 추세나 유행을 잘 살펴보면 시대정신을 꿰뚫는 통찰력을 얻을 수 있다. 그리고 다음과 같은 사실을 읽어낼 수 있다. 사람들은 주변을 깨끗하게 청소하고 싶어 하고(문자 그대로 혹은 은유적으로), 좀 더 지속가능한 삶을 추구하고 의식 있는 소비를 하고 싶어 하며, 삶의 목표보다 경험을 더 중시하는 욕구가 있다는 것. 현 순간의 경험 세계를 파고드는 스마트폰이나 소셜미디어의 영향력을 불안해하고, 과연 관심경제 attention economy*가 우리의 인식에 어떤 쓸모가 있을는지 점점 더 많은 관심을 보이기 시작했다는 것.[3] 스토아적 규범이 새롭게 부각된다는 것은 오늘날 직면한 정치와 환경의 문제에 사람들의 절망감이 더욱 깊어지고 있다는 사실을 반증한다는 것. 마지막으로 또 하나 중요한 사실은 동물이나 식물에게서 삶의 기술을 배워야 한다는 글이 점점 많아진다는 것

---

* 오늘날의 경제사회에서 부족한 것이 바로 사람의 관심이라는 관점. 관심을 희소한 상품이자 자원으로 보고 경제 현상을 설명하려는 경제학 이론이자 접근법이다. 주목경제라고도 한다.

은 그만큼 우리가 인간이라는 종에 깊은 환멸을 느끼고 있음을 보여준다는 것이다.

그런데 자기계발을 다룬 문헌들은 특정한 역사적 시점에 따라 사람들이 열망하는 가치가 어떻게 달라지는지를 들려주는 데 그치는 것이 아니라, 자기다움이란 개념도 어떻게 바뀌는지 보여준다는 사실을 알아두어야 한다. 자기(자아)는 별개의 독립된 개체인가, 아니면 관계 속에 놓여 있는 개체인가? 자기는 근본적으로 선한가, 악한가? 자기는 본질적으로 이성적인가, 감정적인가? 선조들은 자신을 자유의지를 행사하는 힘 있는 행위자로 생각했는가, 아니면 내면이나 외부의 힘에 지배받는 존재로 생각했는가? 말하자면 자기계발 문헌들은 시대를 막론하고 좀 더 광범위한 문화적 패러다임에 뿌리를 내리고 있다. 그러면서 좋은 삶, 행복한 삶을 구성하는 요소가 무엇인지, 충만하고 의미 있는 삶을 영위하기 위해 추구해야 할 것과 필요한 것은 무엇인지 나름의 견해를 제시한다.

또한 자기계발 문헌들은 몸과 마음과 사회공동체 사이의 관계에 대해 우리가 어떻게 생각하고 있는지를 보여준다. 고금을 막론하고 자기계발의 모든 처방이 윤리적 차원, 심지어 정치적 차원의 의미를 담고 있다고 보는 이유가 바로 이 때문이다. 따지고 보면, 자기계발을 위한 경로라고 제안된 다양한 길은 우리가 스스로 변화시킬 수 있는 것과 없는 것이 무엇인지에 대한 가정을 전제로 한다. 그리고 우리의 행위능력에 대한 범위와, 아울러 암시적으로 우리를 형성하는 여러 힘들, 예컨대 유전자, 양육과 교육, 경험, 사회문화적 환경, 경제 상황 등을 잘 이용하고 조절하는 문제에 대해 개인의 책임을 어디까지 둘지 그 한계를 제시한다.

대략 2500년이 넘는 장구한 세월 동안 자기계발의 기술은 철학자·현자·신학자들의 영역이었다. 그러나 오늘날 많은 철학자는 좋은 삶에 대해 깊이 사색하면서 그렇게 살 수 있는 방법에 대한 유익한 조언을 제공하는 기획을 등지고 있다. 종교 사상가들의 영향력도 예전만 못하다. 아니, 거의 상실한 게 아닌가 싶다. 따라서 이제 자기계발에 대한 방법을 가르쳐주는 일은 전반적으로 자조론 산업의 수중에 놓였다. 오늘날의 이런 현상은 많은 문제점을 안고 있다. 자신을 계발하고 더 많이 배우고 발전하려는 욕구는 고대부터 존재한 인간의 자연스러운 충동으로, 인간이 끊임없이 추구해온 문제, 즉 나는 누구이고 어떻게 하면 잘살 수 있는지를 탐구해온 인간의 노력에 분명하게 드러난다. 그런데 우리의 모든 열망이 그렇듯이, 이 욕구도 이용당할 수 있다. 오늘날 자조론 산업은 이런 욕구를 이용하여 이윤을 추구하고, 아무런 노력을 들이지 않아도 영감을 주는 진지한 작품에 편승하여 당장 변화할 수 있다며 건전치 못한 처방들을 시장에 쏟아내고 있다.

이는 중요한 문제이다. 왜냐하면 자조론은 우리의 가치와 열망과 행위를 반영할 뿐 아니라 형성하기도 하고, 감정과 인식을 어떻게 다스려야 하는지 방향을 제시해주기 때문이다. 지금껏 자조론 책을 한 권도 읽어본 적 없더라도 우리의 삶은 이미 일상 언어에 침투해 있는 많은 수사修辭와 비유적 표현에 영향받고 있다. 우리가 삶을 이해하기 위해 읽거나 듣는 뉴스, 보는 영화, 접하는 이야기들도 그런 수사에 물들어 있다. 직장에서 관리자들은 생산성을 높이고, 단체정신이나 연대 의식을 다지려고, 공감능력을 키우고 소통 기술을 발전시키려고 온갖 노력을 다할 것이 불 보듯 뻔하다. 친구들은 세상 흘러가는 대로 내버려두라고, 내면의 비판적 목소리를 잠재우라고, 더는 타인에게 의존하지 말고 자기 안의 진정한 자아의 목소리에 귀 기울이라고, 초자아를 친구 삼으라고, 현재의 힘을 받아들이라고, 다른 사람들이 가지 않은 길을 찾으라고 충고를 쏟아낼지 모른다.

은유와 수사적 표현으로 대변되는 자조론의 언어는 사회에서 작동하는 자기다움의 개념에 대해 많은 것을 시사해준다. 가령 "자기 관리self-management"라는 표현을 생각해보자. 이 용어는 자기를 인적 자원의 문제로 이해하고, 제대로 굴러가지 않는 조직인 양 관리 시스템의 개입이 필요하다고 이해한 개념이다. 다시 말해 이 표현에는 우리에게 훈련이나 성과 관리를 해야 할 부분들, 더 나아가 어쩌면 재교육하거나 퇴출해야 하는 부분들이 있다는 생각이 담겨 있다. 한편 "자기최적화self-optimization"와 "자기 증진self-enhancement"이라는 표현에는 자기를 미세 조정이 필요한 기계, 즉 조금만 조정하면 최고의 성능을 발휘할 수 있는 기계와 같다는 생각이 숨어 있다.

또한 많은 자조론의 체계를 살펴보면 우리 마음을 컴퓨터에 비유한 표현들을 쉽게 찾아볼 수 있다. 즉 우리에게 하드웨어에 내장된 신념들과 운영 체계의 프로그램을 바꾸고, 행위의 결함이나 기능장애를 제거하라고 권고한다. 어떤 경우엔 메모리를 지우고 새로운 소프트웨어를 설치하라고 제안하기도 한다. 그런데 생각해보자. 주변 환경과 역동적으로 상호작용하면서 끊임없이 진화하는 복잡한 유기체인 인간은 사실상 기계와 공유하는 것이 거의 없지 않은가? 우리는 육체를 지닌 존재이고, 주변 환경에 뿌리를 내리는 존재이고, 문화에 동화되어 적응해가는 존재이다. 그러기에 자신을 컴퓨터와 비슷하게 생각하는 일은 위험천만하다. 마찬가지로 곳곳에 만연해 있는 금융과 비즈니스 관련 은유도 그렇다. 사회적 자본이라든가 정서적 은행예금 잔고, 포트폴리오, 자산 등의 표현은 자기계발을 궁극적으로 돈벌이가 되고 높은 이윤을 낳는 장기 투자의 형태로 여기는 것이다. 이는 우리에게 도움은커녕 해악만 끼치는 표현들이다.[4] 그런 표현들은 사회라는 시장에 우리 자신을 어떻게 하면 더 전문적이고 효율적으로 판매할지를 보여주는 데 목적이 있다. 심지어 "자기 가치 self-worth"라는 단어에서는 돈 냄새가 물신 풍긴다.

그 밖에 현대의 자조론에서 즐겨 사용되는 은유 중에는 인생을 여행이나 예술 작품, 전투, 정글, 게임, 경쟁 등에 비유하는 경우가 있다. 많은 작가가 꼭대기에 올라가거나 사다리를 타거나 산에 오르거나 담장을 넘는 일을 사회적 상승의 이미지로 활용한다. 미국의 사회학자인 미키 맥기Micki McGee가 언급했듯이, 이 가운데 어떤 은유를 사용하느냐에 따라 우리의 이미지는 "투사나 경쟁자나 운동선수로, 여행가나 탐험가로, 그리고 기업가나 직장인이나 관리자(로 나뉘어 그려진다). 투사나 경쟁자나 운동선수 부류에게 목표는 승리이며, 승리하면 보통 권력과 부가 상으로 주어진다. 여행가나 탐험가 부류에게는 경험과 비물질적이고 영적인 보상이 뒤따른다".[5] 마지막으로 사업과 관련된 부류에게는 물질적 이득이 동기로 작동한다.

자기최적화라는 현대 개념은 자기 수양이라는 오래된 개념과 현저하게 대비된다. 동서양을 가릴 것 없이 고대 문헌에서 중요한 개념으로 등장하는 자기 수양은 우리의 선한 자질을 서서히, 평온하게 발전시키는 점진적이고 지속가능한 접근법이다. 이 방식은 정원에 씨앗을 뿌려 식물을 키우듯 인내심을 갖고 차분하게 덕성을 함양하라고 권장한다. 옛날에는 자기 혹은 자아라는 개념을 종종 식물학적 개념, 이를테면 애지중지 잘 보살피고 키워야 하는, 경우에 따라선 가지치기도 하고 부드럽게 잘 다듬어야 꽃을 피울 수 있는 식물로 비유하여 표현하곤 했다. 자아가 무성하게 잘 자라도록 적합한 기후와 토양을 찾아야 하고, 뿌리에 상한 부분을 제거해야 하고, 필요하다면 새로 씨앗을 뿌리고 잡초를 솎아내야 한다. 그런데 이러한 전통에서 차용한 현대 버전의 텍스트들은 이와는 대조적으로 흐름이나 에너지와 같은 모호한 언어로 자기나 자아를 표현하는 경향이 있다. 유동성이나 빛과 어둠, 자연의 힘과 같은 은유를 선호하고, 모든 생명체가 서로 연결되어 있다는 것을 암시하면서 네트워크·그물망·리좀 rhizome(뿌리줄기)과 같은 수사적 표현을 즐겨 사용하기도 한다.

은유적 표현은 중요하다.[6] 자기계발 문헌에서 어떤 은유를 선택하느냐에 따라 자신을 어떻게 보고, 인생의 목적을 어디에 두는지 드러난다. 일례로 우리는 자신을 어떤 목적이나 의무를 공유하는 사회공동체의 일원으로 생각하거나, 적대적인 환경에서 자신의 강점을 잘 살려 유리한 고지를 차지해야 하는 외로운 전사戰士로 생각할 수 있다. 스토아학파 철학자 세네카는 이렇게 말한다. "인간관계는 석조 아치와 같다. 돌들이 서로 지지해주기 때문에 형태를 유지하지, 만일 그렇지 않다면 석조 아치는 무너지고 만다."[7] 인간관계의 본질과 공동의 목적에 대한 세네카와 조던 B. 피터슨 Jordan B. Peterson의 생각은 전혀 다름을 알 수 있다. 베스트셀러 《12가지 인생의 법칙 12 Rules for Life : An Antidote to Chaos》*에서 피

---

* 《12가지 인생의 법칙》, 메이븐, 2018.

터슨은 우리가 "가장 힘이 센 바닷가재"의 방식을 따라야 한다고 권고한다. 그 이유는 "바닷가재의 세계가 승자 독식의 세계라면 인간 사회도 마찬가지이다. 상위 1퍼센트가 차지하는 몫이 하위 50퍼센트가 차지하는 몫과 거의 같기" 때문이다.[8] 여봐란듯이 뽐내며 걷는 힘이 센 바닷가재는 힘이 약한 다른 바닷가재들에게 겁주면서 먹잇감이나 자기 구역이나 짝짓기 상대를 확보할 가능성이 더 높다. 이런 식으로 피터슨은 우리들에게 자연의 위계질서에 나타난 지배력을 본보기로 삼으라고 추천한다. 반면에 세네카는 윤리적이고 사회공동체적인 것에 더 큰 뜻을 두고 있다.

자기계발 문헌의 역사가 아주 오래되었다는 것은 그만큼 자기 자신을 더 좋게 변화시키려는 충동이 인간의 기본적인 욕구와 관련 있다는 사실을 보여 준다. 인간의 핵심적인 욕구를 구분지어 확인하려는 시도 가운데 가장 유명한 이론은 아마 인본주의 심리학자인 에이브러햄 매슬로Abraham Maslow가 1943년에 내놓은 욕구단계설일 것이다.[9] 욕구단계설에서 가장 아래에는 기본적인 생리적 욕구가 있고, 그 위의 단계부터 차례로 안전 욕구, 애정·소속 욕구, 존경 욕구가 있다. 맨 위에는 자기실현 욕구가 놓여 있다.[10] 가장 근본적인 인간 욕구를 다룬 또 다른 이론에서는 애착 욕구, 공포 관리 욕구, 자기결정 욕구로 순위를 매기기도 한다.[11] 또한 심리학자 로버트 키건Robert Kegan은 우리에게는 오직 2개의 "위대한 인간적인 여망"—자율성과 독립성을 추구하고자 하는 여망과 소속·교류의 욕구—이 있는데, 이 둘은 서로 어긋난다고 주장한다.[12] 여기에 하나 더 덧붙이자면, 다양한 유형의 아름다움을 추구하고자 하는 미적 욕구도 있을 것이다.

이 모든 이론은 그 나름으로 다 맞는 내용이다. 그러나 내가 이 책을 쓰려고 조사하고 연구하는 가운데 접한 자기계발의 특정한 목적들은 주로 사회적 상호작용social relations, 지위status, 학습learning, 다양성variety, 그리고 이타주의altruism의 욕구를 중심으로 전개되었다.[13] 전부는 아니지만, 자기계발의 목적은 대부분 역사적으로나 문화적으로 변화되기는 해도 이러한 5가지 기본 욕구를 바탕으로 진행된다고 믿는다.

사회적 상호작용 욕구는 다른 사람들과 연결되고 인정받고 공동체의 일원이 되고 싶은 욕망을 아우른다. 이해와 우정과 사랑을 바라는 마음도 이 안에 포함된다. 또한 오늘날에는 우정의 양과 질을 높이고 소울메이트를 찾으려는 욕망이 자조론의 아주 중요한 목적으로 등장했다. 이 욕구는 어느 특정 장소나 공동체에 자리 잡고 싶은 욕망과도 연결된다. 20세기와 21세기의 많은 자조론 도서는 괴로움과 고통의 이유가 되는 외로움, 고립, 소외, 사랑받지 못하거나 바람직하지 못한 존재라는 느낌 등 이 욕구에 속하는 많은 욕망과 직접적인 연관 관계에 있는 통점pain point을 집중적으로 다룬다. 그래서 자조론 도서들에서는 좀 더 깊은 방식으로, 아니 적어도 좀 더 효과적으로 다른 사람들과 접촉하고 교류하는 방법들을 가르쳐준다.

지위 욕구에는 존경과 관심을 받고자 하는 욕망, 권력과 영향력과 통제력을 갖고자 하는 욕망이 들어 있다. 지위에 대한 관심은 다른 사람들이 나를 어떻게 생각하는지에 사로잡히고, 용모나 재치나 기발한 발상이나 옷이나 자동차나 기타 과시 소비의 대상을 통해 다른 사람들에게 좋은 인상을 남기고 싶어 하는 모습에서 분명하게 나타난다. 그뿐이 아니다. 직장에서 승진하는 형태로 인정받고 싶은 욕망이나 소셜미디어에서 "좋아요"나 팔로어가 많았으면 하는 욕망에서도 지위에 대한 욕구를 엿볼 수 있다. 혹은 다른 사람들이 나의 목소리나 의견을 경청하거나 나를 진지하게 받아들인다는 느낌과 같은 단순한 감정에도 욕구가 담겨 있다. 좀 더 심오한 차원에서 보자면, 지위 욕구는 내 존재가 중요하고, 내 존재를 긍정적으로 인정해주길 원하는 희망과도 관련이 있다.

학습 욕구는 지식과 이해에 대한 갈증과 연관 있으며, 당연히 우리 자신을 계발하고 싶은 욕망과도 연결된다. 대부분은 살아가는 동안 세상에 대한 이해를 계속 확장하고 싶어 한다. 여기에는 영적이고 형이상학적인 문제는 물론이고 실존과 관련된 문제도 포함된다. 또한 여러 기술이나 적성을 함양하고 싶은 바람도 해당된다. 우리는 아라비아어나 중국어를 배우거나 스쿠버다이빙을 터득하거나 명상을 하고 싶을 수도 있다. 분재나무를 키우거나 동물을 그리는 법을 배우고 싶을 수도 있다. 계몽을 추구하거나, 아니면 단순히 견과류가 들어간 비건용 초콜릿 케이크를 만드는 법을 배우고 싶을는지도 모른다. 이 모든 것이 다 학습 욕구에 속한다.

학습 욕구에서 가장 중요한 것은 자신에 대해 알고 싶은 욕망도 포함된다는 사실이다. 우리는 자신을 더 깊이 이해하고, 자신의 행동 방식과 사고방식, 선호도 그리고 어떤 심오한 동기를 가슴에 품고 있는지를 알고 싶어 한다. 아울러 인격을 함양하고, 대인 관계의 기술을 향상하고, 생각과 감정을 다스리는 법을 배우고 싶은 욕구도 있다. 이 모든 게 학습 욕구에 속한다. 학습 욕구를 거꾸로 뒤집어 생각할 수도 있다. 다시 말해, 자기계발을 학습의 한 측면으로 보기보다 모든 형태의 학습을 자기계발의 여러 형태로 간주할 수도 있다. 어떤 식으로 바라보든 학습과 자기계발은 가장 가까운 협력자이다.

협력자 관계를 잘 포착하여 표현한 개념이 자기 수양을 의미하는 독일어 **빌둥**Bildung이란 단어이다. 인격 형성이라는 아주 복잡한 심리사회적 과정을 뜻하는 이 용어는 18세기 독일 철학자들에게 아주 소중한 개념이었다. 가령 빌헬름 폰 훔볼트Wilhelm von Humboldt는 **빌둥**을 지식과 특수한 기술 및 소질을 습득하는 것은 물론 좀 더 폭넓고 깊이 있는 발전과 사회화의 과정으로 이해했다.[14] 더욱이 인격은 문화적 규범과 타인과의 지속적인 비판적 대화를 기초로 하여 형성된다.

여기서 가장 중요한 것은 인격 형성에 내면의 삶과 사회 내 우리의 위치에 대한 배움이 포함되며, 이는 결과적으로 자신과 타인, 세상에 대한 좀 더 성찰적이고 미묘한 이해를 낳는다는 것이다.

다양성을 추구하려는 욕구는 멀리 떨어진 곳으로 여행을 가고, 새로운 사람을 만나고, 새로운 관계를 형성하도록 우리를 자극한다. 일종의 인식과 경험 차원의 호기심인 이 욕구는 우리를 한 번도 먹어보지 못한 음식을 맛보게 하거나 새로운 성적 대상을 찾게 만들거나 가본 적 없는 산을 오르게 만든다. 때로는 새롭고 진기한 것에 대한 갈증으로 가만히 있질 못하고 새 일터를 찾아 나서기도 하며 새로운 도전을 시도하기도 한다. 만일 우리가 다양성을 추구하지 않는다면, 마음과 정신을 활기차게 만들어주는 새로운 경험이 차단되면서 결국 우리는 죽은 삶에 머물는지도 모른다. 존재의 지평이 축소되고 배움도 정체되어 결국 습관의 존재에 불과할 것이다.

마지막 다섯 번째 욕구인 **이타주의**에는 선하고 타인을 보살피고 싶은 욕망을 포함한다. 이 욕구의 중심엔 주변 사람들이 잘 성장하여 행복을 성취하도록 돕고 싶은 마음이 있다. **이타주의** 욕구는 재활용 나눔 가게charity shop나 식량 은행food bank에서 일하거나 자원봉사 활동에 참여하거나 정치적 변화를 촉구하는 행동에 나서는 등 사회나 공동체 참여의 형태로 표출될 수 있다. 아울러 어린아이나 나이 든 부모를 보살피는 일, 어려움에 처한 친구를 돕는 일, 혹은 유기된 고양이를 입양하는 일 등으로 나타나기도 한다. 공감능력과 밀접하게 연결되어 있는 이타주의 욕구는 따뜻한 마음씨를 구체적인 행동으로 옮기려는 욕망이다. 더 깊은 차원에서 보면, 이타주의는 우리의 행동이 의미 있고, 크든 작든 어떤 방식으로든 세상을 좀 더 살기 좋은 곳으로 만드는 데 기여했으면 하는 욕구와 관련이 있다. 따라서 자기초월에 대한 여망도 이타주의의 핵심 측면이다.

우리들이 소망하는 대부분—그것이 물질적이든 정서적이든 인지적이든 혹은 영적이든 상관없이—은 5가지 욕구의 범주에 놓일 수 있다. 물론 시대나 문화에 따라 어떤 욕구들이 다른 것보다 더 가치 있다고 받아들여질 수는 있다. 그러나 5가지 기본 욕구 사이의 균형을 잘 유지하는 것이 개인은 물론 사회를 위해서도 중요하다. 이를테면 어떤 문화에서 지위 욕구를 더 우선시한다면, 사회는 불가피하게 비정상 상태로 전락할 것이다. 이와 같은 불균형 상태는 자기계발 문헌이 어떤 가치를 소중하게 생각하는지에 따라 분명하게 드러난다.

다음 장에서 볼 수 있듯이 고대인은 현대의 우리보다 이타주의, 사회적 상호작용, 학습에 대한 욕구를 더 중시했다. 오늘날의 자기계발서에서는 지위 욕망을 훨씬 더 중요하게 다루고 있다. 물론 다른 욕구를 더 중시하는 친사회적인 자조론 도서들이 또다시 늘어나고 있다. 코로나19, 기후 위기,

심화되는 불평등, 심리적 소외, 되살아나는 포퓰리즘 등이 계기가 되어 점점 더 많은 사람이 독립적 개체로서의 자기 개념과 그것이 사회구조와 환경에 미치는 부정적 영향에 대해 다시 한번 새롭게 생각하고 있다.

자기를 계발하고자 하는 욕망은 무엇보다도 배우고 익혀서 정신적 기능과 도덕적 자질을 발전시키고자 하는 욕구와 연관이 있다. 많은 사람이 자기계발을 주요한 실존적 과제라고 생각한다. 자기계발이 가능하다는 믿음은 더 나은 미래에 대한 목표와 희망을 제공한다. 그리고 그 신념은 우리의 특성이나 자질이 길러지고 도야될 수 있다는 확신, 우리는 평생 배울 수 있는 능력을 지니고 있다는 확신에 근거한다. 미국의 심리학자 캐럴 S. 드웩Carol S. Dweck은 이런 확신을 바탕으로 한 마음가짐을 "성장형 마음가짐growth mindset"이라고 말한다. 우리의 기술이나 능력이나 지능은 결코 변하지 않는다고 생각하는 고정된 사고방식에 빠져 있는 사람과는 달리 성장형 마음가짐을 지닌 사람들은 자신이 발전할 수 있다는 신념을 갖고 있다.[15] 드웩은 두 사고방식이 얼마나 큰 차이의 결과를 가져다주는지를 보여준 바 있다. 사고방식에 따라 우리가 어느 정도로 새로운 도전거리를 찾아나서고, 얼마나 주도적으로 기술과 능력을 개발하고 실패를 통해 배우려고 하는지 극명하게 드러났다. 우리는 모두 기질과 재능이 다를 수 있지만, 분명히 학습 능력에 대한 믿음은 삶의 성공을 가르는 중요한 잣대가 된다.

이러한 믿음은 사회적으로도 중요한 의미를 지닌다. **빌둥** 개념을 중요시한 독일 철학자들이 잘 알고 있듯이, 내적 변화와 외적 변화는 서로 연결되어 있다. 잠재능력을 발휘하지 않고 내버려둔다면 어떤 일이 벌어질까? 어느 누구도 자신을 확장하려 하지 않는다면 발전이나 진보도 없을 것이다. 사회적으로, 정서적으로 그리고 기술적으로도 그 어떤 발전을 기대할 수 없을 것이다. 공동체 전체가 정체 상태에 빠지는 것은 당연하고, 어쩌면 퇴보의 길로 들어설 수도 있다. 혁신이나 창의성은 더는 찾아보기 어렵게 된다. 오늘날 우리 앞에 닥친 세계적 문제 중 어느 것 하나도 해결하지 못할 수 있다. 더는 새로운 사회적 상상social imaginaries*을 전개하지도 않고, 많은 중대한 사태에 대한 해결책을 구하려 하지도 않을 것이다. 게다가 사회는 잠재능력을 공들여 연마하기보다 이미 분명하게 드러난 재능에만 집착하게 된다. 따라서 우리는 개인적으로나 집단적으로나 자기계발의 욕구를 아주 진지하게 생각해야 한다. 우리에게는 역사와 다른 문화로부터 아직 배울 것이 너무나 많다.

근본적인 시각에서 보면, 자신을 계발하고자 하는 욕망과 그것이 가능하다는 확신은 결정론적 사고에 대한 반항이다.

---

* 사람이 자신의 사회적 실존은 물론 타인과 어울려 사는 사회 전반의 모습을 상상하는 방식의 토대가 되는 규범·가치·제도·법률·상징 등.

자기계발에 나서는 것은 삶을 통제하려는 노력이다. 이는 아무리 허점투성이인 노력이더라도 소중한 시도가 아닌가. 자기계발은 우리가 역량 부족이나 불충분한 부분을 느낄 때 탓할 수 있는 여러 원인들, 예컨대 본성이나 양육, 유전자나 환경, 신, 업業, 운명 혹은 별자리 등에 저항하려는 노력이기도 하다. 그러므로 자기계발의 가능성에 대한 믿음은 담대한 도전을 시작한다는 강력한 선언이며, 자칫 무기력해지고 방황하기 쉬운 세상에서 자신의 행위능력을 강하게 내세우겠다는 다짐이기도 하다.

1장

너 자신을 알라

본래 무엇을 좋아하고,
어떤 렌즈를 끼고 있는지 이해한다면
우리 자신을 더 잘 알 수 있다.
변화를 시작하는 데 필요한 첫 번째 단계가 자기알기이다.

자신을 계발하기 위해 어떤 노력을 하든 그 출발점은 진정한 자기알기self-knowledge*에서 시작되어야 한다. 우리의 강점과 약점을 제대로 이해하지 않고서는 무엇을 어떻게 계발해야 하는지를 결정할 수 없다. 이런 의미에서 델포이의 격언 "너 자신을 알라"는 동서고금의 모든 자기계발 문헌이 항상 거론하는 진리의 말이다. 하지만 자신을 안다는 것—진정으로 내가 누구인지를 깨닫는다는 것—은 결코 쉬운 일이 아니다. 고대 그리스인들은 자기알기가 얼마나 중요한지를 충분히 인식하고 있었을 뿐 아니라 달성하기가 얼마나 어려운지도 알고 있었다. 그들은 삶의 많은 과제 중에서도 가장 긴요한 이 문제를 잊지 않기 위해 아폴로 신전 입구 위에 이 격언을 새겨놓았다.

---

* 보통 '자기인식'이라고 표현하지만 이 책에서는 이해하기 쉽게 '자기알기'로 옮긴다.

그리스 철학자인 소크라테스Socrates는 한 걸음 더 나아가 검증되지 않은 삶은 살 만한 가치가 없다고 선언했다. 자기 알기는 절대선이고 사실상 최고의 덕목이라고 주장했다. 너무 극단적으로 말한 게 아닌가 싶겠지만, 소크라테스의 말이 맞다. 본래 무엇을 좋아하고, 무엇을 소중히 여기며 미래에 무엇을 희망하는지 모른다면, 우리 자신에 관한 그 어떤 것도 바꾸기 힘들다. 근본적인 삶의 동기도 모르고 무엇이 두려운지도 알지 못한다면, 파도가 거친 바다 위에 표류한 조각배처럼 감정이라는 파도에 휩쓸리고 만다. 알지 못하는 힘에 좌우되어 결국 안전한 항구로 향할 수 없을 것이다.

소크라테스는 기원전 399년 아테네의 젊은이들을 타락시켰다는 혐의로 재판정에 섰을 때, 자신은 그 어떤 것에 대해서도 전혀 알지 못한다고 항변했다. 하지만 그의 전략은 빗나가고 말았다. 그도 잘 알고 있었듯이, 자신의 무지, 즉 지식의 한계를 인정한다는 것은 지혜로운 사람이라는 것을 나타내기 때문이다. 플라톤Platon의 《대화편Five Dialogues》에서 소크라테스는 이렇게 숙고한다. "그래서 나는 물러나서 곰곰이 생각해보았다. '나는 이 사람보다 현명하다. 어쩌면 우리는 둘 다 어떤 것이 가치 있는지 모를 수 있다. 그런데 그는 알지 못하면서 안다고 생각하고, 나는 모르는 것에 안다고 생각하지 않는다. 알지 못하는 것을 안다고 생각하지 않는 그 정도만큼 조금 더 내가 현명한 게 아닌가 싶다.'"[1] 그러나 배심원들은 소크라테스의 변명을 받아들이지 않았고, 그에게

죄가 있다며 사형선고를 내린다.

그 후 소크라테스식 자기알기는 우리가 모르는 것이 무엇인지 알아야 한다는 의미로, 다시 말해 자신의 결점과 편견을 투명하게 깨달아야 한다는 뜻으로 쓰인다. 그러나 소크라테스식 자기알기가 혼자만의 고독한 자기성찰로 이루어지는 것은 아니다. 그가 선호한 방법은 당연히 소크라테스의 문답법이었는데, 다른 사람의 주장이나 생각을 꼬치꼬치 캐물어가면서 그 안의 모순을 지적하는 방식이다. 그는 그런 식으로 진리가 무엇인지 온전하게 파악할 수 있도록 유도했다.

현명한 선생이나 분석가들 혹은 친구들과 나누는 대화는 자기알기에 유용한 촉매제가 될 수 있다. 그렇다면 스스로의 힘으로 자기알기를 심화시킬 방법은 없을까? 하나 있긴 하다. 물론 근본적으로 한계가 있긴 하나, 우리의 기본적인 선호도에 대한 아이디어를 제공해주는 성격 이론들이다. 사람을 성격유형에 따라 분류할 수 있다는 생각은, 그 기원을 따지자면 고대의 의사였던 히포크라테스Hippocrates와 갈레노스Galenos까지 거슬러 올라간다. 그들이 내세웠던 4가지 기본 기질유형학은 오늘날의 성격유형 이론이나 널리 활용되고 있는 심리 테스트의 바탕이 된다.[2]

또한 심층심리학자인 칼 G. 융Carl G. Jung에 따르면, 우리는 신화나 동화나 꿈이나 민담 등을 읽고 공부하면서 자기알기에 도달할 수 있다.[3] 옛날이야기는 집단무의식을 들여다보는 창으로서 삶을 구성하는 숨겨진 원형이 무엇인지 보여줄 수 있다. 가령 주인공의 여행이나 모험 청사진에 따라 전개되는 이야기를 읽다보면, 누구나 극복해야 하는 인생의 중요한 전환점이 언제인지 배울 수 있다.

그러나 자신을 가장 섬세하게 이해하려면, 정신적 반응을 관찰하고 과거 경험을 되돌아보고 반성하며, 인지과정에 좀 더 세밀하게 주의를 기울일 필요가 있다. 정신분석학의 창시자 지그문트 프로이트Sigmund Freud는 우리의 현재 모습이 형성되는 과정에 과거가 어느 정도 개입하는지를 골치 아플 만큼 상세하게 보여준 바 있다. 반면에 과연 우리가 사고나 행동 방식으로부터 어느 정도까지 벗어날 수 있는지에 대한 토론도 활발하게 진행되고 있다.

내가 누구인지를 더 깊이 알기 위한 다양한 방법을 좀 더 상세하게 분석하기에 앞서, 먼저 자아라는 개념을 분명하게 알아야 한다. "자아self"가 실제로 무엇인지에 대한 보편적 합의가 없기 때문이다. 가령 자기다움이라는 개념을 놓고도 동아시아와 서양의 시각이 사뭇 다르다.[4] 철학자인 줄리언 바지니Julian Baggini는 자아를 개념화하는 방식을 크게 3가지로 나눌 수 있다고 주장한다. 하나는 불교 전통에서 찾을 수 있는 "무아無我, no-self"라는 개념, 유교와 특정 일본 전통에서 찾을 수 있는 관계적 자아relational self라는 개념, 그리고 대체로 서양에서 자기다움을 설명하면서 언급하는 개체적 자아atomized self라는 개념이다.[5]

불교에서 말하는 자아의 관념은 이원론적이지 않은 세계관에 뿌리를 두기에 서양인들이 이해하기에는 굉장히 까다로운 개념이다. 불교에서는 우리 자신에게 영속적이고 불변하는 본질은 없다고 본다. 우리는 오온五蘊, 즉 5가지 기질이 화합해 구성된 존재이다. 오온은 색온色蘊(물질적 육체), 수온受蘊(감각), 상온想蘊(지각), 행온行蘊(욕망), 그리고 식온識蘊(의식)을 말하는데, 이 오온이 끊임없이 변화하고 생멸한다. 따라서 우리가 자아라고 생각하는 것은 이 덧없는 것들의 결합에 불과하다.[6] 또한 자아는 분리된 개별적 실재가 아니다. 우리 모두는 살아 있거나 죽은, 생물이나 무생물의 세상 만물과 연결되어 있기 때문이다. 따라서 불교식의 진정한 자기알기는 역설적으로 불변의 자아는 존재하지 않는다는 이해로부터 시작해야 한다. 불교에서 자아를 이해한다는 것은 우리의 진정한 본질을 알고 고정된 개별적 단위로서의 자아에 대한 집착에서 벗어나는 것을 의미한다.

우리는 진실로 관계적 존재—서로 협력하고 도와주도록 태어난 사회적 동물—인가, 아니면 세상 속에서 유리한 고지를 확보하여 쾌락을 극대화하려는 이기적 존재인가? 두 물음은 아주 중요하면서도 시각적 차이가 큰 질문이다. 인간—인간의 기본 본성과 핵심 사명—을 바라보는 시각은 대체로 정치와 가치관에 따라 달라진다. 또한 자기다움의 개념은 역사와 문화에 따라 바뀌어왔을 뿐 아니라 학문 분야에 따라서도 달라진다. 자아를 어떻게 규정할 것인가의 문제를 놓고 생물학자·심리학자·사회학자·인류학자들은 분명 서로 다른 해답을 내놓을 것이다.

역사학자들은 특정 시기의 지배적인 자기다움의 개념이 널리 알려졌기 때문에 비교적 쉽게 확인할 수 있다. 그러나 지금은 절충주의 시대이다. 자아를 바라보는 시각이 과학적이냐 영적이냐 정치적이냐에 따라 크게 다르지만, 심하다 싶을 정도로 상반된 시각들이 공존하는 게 오늘날의 현상이며, 이는 요즘의 자조론 풍경에서 입증되고 있다. 오늘날 우리는 자신을 별개의 고립된 존재 혹은 관계 속 존재로 상상할 수 있으며, 이성적 존재 혹은 감정의 지배를 받는 존재로 상상할 수도 있다. 그리고 순전히 물질적 관점에서 혹은 마음이나 정신이 체화된 존재라는 관점에서 이해할 수도 있다. 자아를 여전히 구원을 좇아야 하는 영적인 실재로 생각할 수도 있다. 또는 자신의 운명을 제어할 수 있는 자율성을 지닌 행위 주체로 경험할 수도 있으며, 반대로 양육과 환경에 따라 돌이킬 수 없는 모습으로 만들어진 무력한 존재로 경험할 수도 있다. 이렇듯 서로 다른 시각에서 바라보면 결론에서도 큰 차이가 나타난다. 많은 진화론자나 정신분석가나 행동주의자가 주장하듯, 우리는 어떤 특정한 방식으로 행동하고 느끼도록 프로그램이 미리 짜인 존재인가? 아니면 대부분의 신경과학자들이나 자조론 작가들이 주장하듯 우리의 생물-사회적 성격은 유연성의 특징을 갖고 있는가? 자아는 형성 과정 중에 있는가, 아니면 고정된 속성을 지니는가? 그리고 어쩌면 가장 중요한 문제일지 모르겠는데, 우리의 자질 가운데 변화가능한 것은 어떤 것이고 변화불가능한 것은 어떤 것인가?

기질과 성격 유형을 다루는 이론가들은 사람을 분류하고 범주화하는 데 일련의 고정된 행동상 선호도를 활용할 수 있다고 생각한다. 이런 생각은 고대 그리스의 의사였던 히포크라테스의 이론에서부터 싹텄다. 인체는 4가지 기본 기질로 구성되어 있다는 그의 기질유형학은 사체액설四體液說. humor theory을 바탕으로 한다. 기원전 5세기에 확립된 이 이론은 그리스 의사였던 페르가몬 출신의 갈레노스에 의해 더욱 발전되었다. 사체액설은 19세기 현대의학이 등장하기 전까지 중요한 의학 패러다임으로 존재할 만큼 영향력이 가장 큰 이론이었다.[7] 인간의 4가지 기본 기질에 관한 이론도 수천 년간 계속 통용되었으며, 오늘날에도 히포크라테스의 기질유형학은 여전히 영향을 끼친다는 느낌을 완전히 지울 수 없다.

사체액설은 인체가 혈액·황담즙·흑담즙·점액이라는 4가지 체액으로 구성되었다고 본다. 이것들이 균형을 이루지 않으면 신체는 물론 정신 건강에 심각한 장애가 일어난다는 것이 이론의 골자이다. 아울러 4가지 체액은 각각 특정 성질과 연관이 있으며, 물질계의 기본 물질인 자연의 4대 요소와도 연결되어 있다. 혈액은 뜨겁고 습한 성질과 자연의 공기, 황담즙은 뜨겁고 건조한 성질과 불, 흑담즙은 차갑고 건조한 성질과 흙, 점액은 차갑고 습한 성질과 물이 연관이 있다. 나아가 체액 각각은 특별한 기질과도 연결되는데, 혈액은 다혈질, 황담즙은 담즙질, 흑담즙은 우울질, 점액은 점액질과 관련이 있다. 갈레노스는《기질론De Temperamentis》에서 영혼의 특성은 신체의 혼합물에 따라 달라진다고 했다. 그런 관점에서 사체액설은 급성과 만성의 신체장애는 물론 장기적인 심리적 성향의 원인을 밝힌다.

기질 유형을 살펴보기로 하자. 다혈질 유형은 느긋하고 낙천적이며 외향적인 기질이 있고, 점액질은 안정적이고 차분하며 자제심이 있으며 무기력한 편에 가깝다. 담즙질의 사람은 지배적이고 화를 잘 내며 공격성을 갑자기 드러내는 성격이고, 우울질의 사람은 생각이 깊고 우울하며 내성적인 성향이다. 갈레노스 이후 등장한 많은 기질 유형 이론은 근본적으로 이 모형의 변형이다. 융을 비롯하여 최근의 성격 유형론들에서 이를 분명히 알 수 있다. 기질론은 예를 들어 다음과 같이 설명할 수도 있다. 사회적 지능이 높은 외향적이면서 감성적인 사람은 다혈질 유형이고, 사람들 앞에 서길 좋아하며 이따금 혈기가 왕성해지고 외향적이지만 사색가형인 사람은 담즙질 유형이다. 직관에 따라 움직이면서 내향적이고 감성적인 사람은 점액질 유형이고, 깊은 생각에 쉽게 빠져드는 내향적인 사색가는 우울질 유형이다. 따라서 기질을 잘 알고, 그와 연관된 핵심 특성을 받아들이는 것이 가장 오래되고 가장 기본적인 자기알기의 방식 중 하나이다.

과거에 가장 주목받은 기질은 우울질이었다. 멜랑꼴리아, 즉 오늘날 우울과 불안 증상이라고 말하는 우울증은 "까닭 없는 슬픔과 두려움"과 연결되어 있다. 또한 비통해하고 소극적이며 때론 사람을 싫어하고 염세적인 성향과도 관련이 있다. 우울증이 있는 사람들은 타인의 염려를 자아내고 간혹 혐오를 불러일으키기도 했다. 어떤 사람은 이들을 사회의 결속을 해치는 위험한 존재들이라고 생각했다. 하지만 다른 한편으로 우울증을 비범한 재능, 예술, 학문, 창의력 등과 연관 지어 생각하기도 했다. 일부 단체나 집단에서는 우울증을 높게 평가하고 찬양하기도 했다. 특히 낭만주의자들이 그러했다.[8]

최초의 자기계발 안내서라 할 수 있는《삶에 관한 세 권의 책De Vita Libri Tres》은 특별히 우울증에 걸린 사람들과 "학식 있는 사람들"을 겨냥한 책이다. 이탈리아의 인문주의자인 마르실리오 피치노Marsilio Ficino가 쓴 이 책은 우울함에 빠진 지식인들에게 건강하게 장수하면서 생산적인 삶을 사는 방법을 가르쳐준다. 점성술·천문학·연금술·백마법white magic* 등을 닥치는 대로 두루 섭렵한 피치노는 행성의 위치에 따라 무엇을 얻을 수 있고, 각 행성에서 어떤 특별한 기를 끌어낼

---

* 흑마법과는 반대로, 이타적 목적으로 초자연적인 힘이나 마법을 사용한다.

수 있는지를 보여주었다. 천체의 형태와 조화를 이루며 살아야 진정으로 성공하고 번창할 수 있다고 믿었던 그의 생각은, 소우주와 대우주의 형태는 본질적으로 유사하다는 당시 추정과 궤를 같이한다.

그러나 피치노는 자기알기를 탐구하는 과정에서 우리의 "타고난 소질"을 깨닫는 일이 가장 중요하다고 충고한다. 그는 이렇게 말한다. "잘살고 성공하려면 우선 타고난 소질을 알아야 하고, 별자리와 재능을 알아야 하며, 이러한 것들이 어울리는 곳을 알아내어 그곳에서 살아야 한다. 당신의 타고난 소질을 따르라." 무엇보다 우리는 천직, 인생에서 가장 즐겁게 할 수 있는 한 가지 활동을 찾아 기꺼이 그 일을 해야 한다. "어머니의 보살핌을 받아야 하는 어린 시절부터 그대가 행하고 말하고 역할을 맡아 하고 선택하고 꿈꾸고 흉내 낸 일, 그대가 가장 자주 시도하고, 가장 수월하게 수행하고, 가장 많이 발전한 일, 무엇보다 가장 즐기며 그만두기 싫은 일이 바로 본디 그대가 태어날 때부터 하도록 되어 있는 천직이다." 타고난 소질을 찾아 따를 때에 하늘(천체)도 우리의 일을 도와준다는 뜻이다.

타고난 소질과 타고난 일을 찾아내지 못한다면, 더 나아가 본디 우리에게 어울리는 환경을 알아내지 못한다면, 우리는 번영을 이룰 수 없다. 가령 자신의 재능과 전혀 어울리지 않는 일을 택한다면 "역경을 겪게 되고, 하늘을 (우리의) 적이라 생각하고 원망하게 된다". 피치노는 누구보다 불운한 두 부류가 있다며, 바로 게으른 사람들과 자신에게 맞지 않는 일을 하는 사람들에게 경고한다. 전자는 "끊임없이 움직이는 천체가 계속 활동하라고 부추기는 데도 무위도식을 일삼는 사람들"[9]을 말한다. 후자는 아무리 열심히 일해봐야 다 허사로 끝나고 만다. 타고난 소질에 어울리지 않을 뿐 아니라 우주의 형태에도 어긋나는 일을 행하기 때문이다. 천체라는 후원자와 조화를 이루며 살면 잠재력을 충분히 끌어낼 수 있지만 우주의 질서에 어긋나면 아무리 발버둥질해봐야 힘만 빠지지 아무 소용이 없다. 천체는 우리의 자원을 다 빼앗아가고 야망을 짓밟아버릴 것이며, 결국 모든 노력은 수포로 돌아갈 것이다.

어떻게 보면 피치노의 자기계발 철학은 점성술적인 동시에 다분히 실용적인 관점을 지닌 "너 자신을 알라"라는 신조에 해당된다. 점성술적 측면의 이면에는 불변하는 교훈이 숨어 있다. 바로 타고난 재능과 선호도를 깨닫는 것이 중요하다는 사실이다. 우선은 타고난 재능과 좋아하는 것을 분명히 알아야 한다. 두 번째로 중요한 단계에서는 그렇게 분명하게 확인한 재능과 좋아하는 것을 바탕으로 직업을 선택해야 한다. 피치노는 우리의 내적 성향에 가장 적합한 외적 조건을 찾아야 한다고 제안하면서 앞선 선배들보다 한 걸음 더 나아갔다. 소크라테스는 지식의 한계를 알려주는 데에 관심이 있었다. 갈레노스는 기본 기질을 알아야 한다고 권고했다. 반면에 피치노는 스스로 자신에게 적합한 것이 무엇인지를 궁리하고 그에 맞춰 삶을 펼쳐야 한다고 강조한다. 말하자면 필요한 것과 가장 잘 어울리는 환경을 의식적으로 선택해야 한다고 촉구한다.

피치노의 통찰을 활용하면 몇 가지 분명한 결론에 도달한다. 예를 들어보자. 예민하고 내성적인 사람은 술집에서 일하지 않는 편이 낫다. 사람을 좋아하고 아드레날린을 원하는 사람은 도서관 사서로 적합하지 않을 수 있다. 마음이 따뜻하고 돌봄에 소질이 있는 사람은 훌륭한 사회복지사나 간호사가 될 수 있겠지만, 여러모로 보험판매원과는 어울리지 않을 것 같다. 이러한 점에서 우리는 식물과 비슷하다. 무화과나무나 올리브나무는 그늘보다 햇살 밝은 데서 잘 자라지 않는가. 리처드 N. 볼레스Richard N. Bolles도 이 점을 잘 알고 있었다. "세계에서 가장 인기 있는 구직 안내서"로 알려진 《당신의 낙하산은 무슨 색입니까?What Color Is Your Parachute?》*라는 그의 책[10]은 가능한 한 "타고난 성향"에 잘 어울리는 직업을 모색하고 그에 따라 실행해야 한다는 피치노의 생각을 중심으로 구성되었다. 볼레스에 따르면, 먼저 자아에 대한 목록을 작성하고, 이를 통해 자신이 열정을 품는 것과 좋아하는 것을 중심으로 직업을 설계해야 한다.

오늘날 자기알기 개념에는 기질과 본래 선호도에 대한 이

* 《나의 색깔 나의 미래》, 나는나다, 2016.

해뿐 아니라 과거가 우리를 어떻게 형성했는지에 대한 인식도 포함된다. 프로이트는 무의식이라는 개념을 도입하여 정신분석의 패러다임을 극적으로 전환시켰다. 프로이트는 우리 마음이 빙산과 같다고 주장한다. 마음은 극히 일부만 관찰할 수 있고, 대부분은 무의식이라는 어두운 심연 속을 떠다니고 있다. 그래서 차분하게 분석하고 검증할 수 있는 의식이라는 밝은 영역으로 무의식 깊은 곳에 있는 욕망을 끌어올리면 욕망은 그 기괴한 모습과 영향력을 잃기 시작할 것이다. 프로이트는 감정과 행동을 혼란케 만드는 무의식의 힘에 관해 상세하게 설명했지만, 또 다른 한편으로 이성이 우리가 안고 있는 모든 문제의 만병통치약이라고 굳건히 믿었다. 현재의 비이성적으로 보이는 모든 행위도 우리 안에 억압된 욕망과 과거의 패턴을 이해하면 합리적으로 설명 가능하다고 말한다.

"정신분석이란 우리 안의 유령을 조상으로 바꾸는 일이다." 신경과 의사인 노먼 도이지Norman Doidge의 말이다. 그는 이렇게 덧붙인다. "우리는 무의식적으로 지금의 우리에게 영향을 미치는 과거의 중요한 인간관계에 사로잡혀 종종 괴로워한다. 그 과거를 잘 이해하고 받아들이면, 이는 더는 우리를 괴롭히지 않고 우리 역사의 한 부분으로 남는다."[11] 우리를 가장 괴롭히는 것은 우리가 가장 엄격하게 억누르는 것들이다. 공포영화 속 괴물처럼 억압된 것은 다시 되돌아와 우리를 엉망진창으로 만들어버린다. 이를 단번에 영원히 몰아내기가 불가능하지 않지만, 매우 힘들다. 당연히 억압된 것은 우리가 의식적으로 알 수 없다. 그것은 참된 자기알기의 진정한 "또 다른 한쪽"이다.

엄밀히 말해, 정신분석은 자조의 한 방식이라고는 할 수 없다. 상담실이라는 안전한 공간에서 감정전이感情轉移를 통해 우리가 진실이라고 믿는 것을 재연하고 궁극적으로 재구성해주는 분석가, 즉 해석자이자 투영 스크린 역할을 하는 제삼자의 개입이 필요하기 때문이다. 그렇다 해도 프로이트의 생각은 현대의 자기다움의 개념을 형성하는 데 실질적으로 많은 영향을 끼쳤으며, 그가 내세운 기본 전제 중 많은 것이 20세기와 21세기의 자조론 문학에서 여전히 활용되고 있다. 무엇보다도 어린 시절의 사건으로 기본적인 심리적 경향을 갖게 된다는 생각, 과거의 경험이 지금 겪는 갈등의 원인일 수 있다는 생각에서 프로이트의 영향을 읽을 수 있다. 정신 속에서 활발히 움직이는 비판적 초자아라는 프로이트의 개념도 중요하다. 프로이트에 따르면, 우리 안에는 우리에게 적대적인 한 부분이 있는데, 바로 지속적으로 우리를 응징하고 심판하면서 괴롭히는 초자아이다. 마지막으로 중요한 것은 프로이트의 유명한 인간 정신의 세 유형인 이드id와 자아ego, 초자아superego이다. 이 유형은 "마음 모형"에 기초한 여러 자조론 체제에서 아직도 활발하게 활용된다.

프로이트의 저술 가운데《문명 속의 불만Das Unbehagen in der Kultur》이 가장 음울할 것이다. 이 책에서 그는 문화가 공격적인 충동들을 억압한 탓에 이들이 내면화되었다고 주장한다. 이 충동들은 밖으로 표출되기보다 대개 죄의식과 자기혐오라는 형태로 자신에게 향하도록 한다. 이때 초자아는 학대자, 더 나아가 가학적인 행위자가 되어 자아를 호되게 괴롭히고, 잘못을 계속 꾸짖는다. 그런 초자아의 힘이 너무 강력하여 심지어 삶의 의지를 완전히 포기하도록 만들 수도 있다고 설명한다.

우울증 환자는 잔인한 초자아에게 괴롭힘을 당하는 전형적인 예이다. 〈슬픔과 우울증Trauer und Melancholie〉이라는 글에서 프로이트는 전통적으로 많이 언급되는 까닭 없는 슬픔과 두려움을 포함하여 우울증의 주요 특징들을 대략적으로 설명한다. 그가 새롭게 추가한 증상이 바로 자기혐오이다. 프로이트는 이렇게 말한다. "우울증의 주요 특징으로 심히 고통스러운 의기소침, 바깥 세상에 대한 관심 중단, 사랑할 수 있는 능력의 상실, 모든 활동 금지, 자신을 비난하고 욕할 뿐 아니라 징벌까지 바라는 망상에 사로잡힐 만큼 자존감 저하 등을 꼽을 수 있다."[12]

우울증은 상실과 관련이 있다. 가령 사랑하는 대상의 상실로 촉발된 감정이 복잡한 심리 과정 속에서 안정된 자기의식을 잃는 결과로 이어진다. 우울증 환자들은 무엇보다도 집요하게 따라붙는 "(주로 도덕적인) 열등감이라는 망상"에서 헤어나지 못하고 괴로워한다. 프로이트가 말하듯이, "슬픔에 빠지면 세상이 초라하고 공허해 보이지만 우울증에 걸리면 자아가 그렇게 보인다. 우울증 환자는 자신의 자아를 쓸모없고, 어떤 성취도 이루지 못하고 도덕적으로 비열하게 그린다. 또한 자신을 비난하고 욕설을 퍼부을 뿐 아니라 세상에서 쫓겨나 벌을 받아야 한다고 생각한다".[13] 심판자인 초자아가 허약한 자아에 가학적 공격을 가함으로써 우울증 환자는 기를 다 빼앗긴다. 다시 말해 우울증 환자는 자기혐오에 사로잡혀 자신과의 심리적 싸움으로 에너지를 다 소진한다. 결국 외부로 향하는, 즉 다른 사람이나 외부의 일을 도모하는 데 필요한 에너지가 거의 남지 않는다. 이러한 논리는 최근의 자조론 문학에서 "부정적 사고negative thoughts"나 "부정적 자기 대화negative self-talk" "제한적 신념limiting beliefs"이라는 개념으로 표현된다.

정신분석학자들은 잘 알겠지만, 진정한 자기알기에 도달하기 위해서는 감정의 변화와 더불어 우리의 본성에 대한 합리적인 이해가 수반되어야 한다. 그렇지 않으면 아무런 결실도 맺지 못한다. 우리는 우리의 문제와 잘못에 대해 분명하고 정확한 진단을 받고 이를 지적知的으로 받아들일 수 있지만, 이는 실질적으로 행동을 변화시키지 않을 수도 있다. 왜냐하면 변화는 우리의 감정 구조에 영향을 미치는 곳까지 더 깊게 이해되어야 일어날 수 있기 때문이다. 진정 변화하기 위해서는 경험하는 방식과 세상을 해석하는 방식이 바뀌어야 한다. 정신분석에서 진정한 변화로 나아가도록 다리를 놔주는 사람이 분석가이다. 분석가는 환자에게 좀 더 깊은 변화가 일어나도록 감정전이라는 방식을 사용한다. 그리고 환자가 과거 경험을 재구성하여 좀 더 온건하고 생산적인 이야기를 창조해냄으로써 자기 자신에 관한 이야기를 바꾸게끔 도와준다. 분석가는 말하자면 실존주의적 시각을 지닌 탐정이라 할 수 있다. 그는 환자의 불만이 시작된 근원을 찾아내어 이를 활용하여 치유에 도움이 되지 않는 자기만의 신념을 무력화시킨다.

"자기 이야기"를 재구성한다거나 "대본"을 바꾼다는 것은 아주 결정적 행위로, 정신 치료나 상담을 하는 환경에서나 가능하지 단순히 자조론 도서를 읽는 것만으로는 쉽게 이뤄낼 수 없다. 책을 통해 지적으로 이해하거나 깊은 감명을 받을 수는 있으나, 책에서 얻은 정보만으로 단단히 자리 잡은 우리의 신념을 바꾸는 게 쉽지 않다. 그래서 자조론 작가들 가운데 이야기를 등장시켜 그런 시도를 하는 사람들이 있다. 대체로 영감을 불러일으킬 만한 많은 이야기나 비슷한 어려움을 겪은 사람들의 사례연구 등을 들려주는 방식이다. 그런 이야기들을 읽으면 단순히 지적으로 이해하는 수준에서 그치지 않고 정서적으로 반응하게 된다. 왜냐하면 우리의 심금을 울리거나 공감을 불러일으키고 상상력을 발휘하도록 설계된 이야기에 무엇이 될 수 있다는 긍정적 시각을 제공하기 때문이다. 정신분석학에 기반을 둔 자조론 도서들이 그나마 도움이 되는 까닭은 감동적인 사례연구를 솜씨 있게 들려주면서 탁월한 분석을 곁들이기 때문이다. 그 좋은 예가 어빈 D. 얄롬Irvin D. Yalom의 《사랑의 처형자와 그 밖의 심리치료 이야기들Love's Executioner and Other Tales of Psychotherapy》*과 좀 더 최근에 나온 스티븐 그로스Stephen Grosz의 《검증된 삶The Examined Life : How We Lose and Find Ourselves》**이다. 두 권 모두 타인의 내적 삶을 잘 이해하면 감정전이를 통해 자기의 상황에 적합한 자기알기가 가능하다는 전제를 토대로 쓰였다.

자신을 더 깊게 이해하는 문제와 관련하여 정신분석은 역설적으로 우리의 근본적인 합리성을 재확인하는 데 가장 크게 기여했다. 정신분석은 대단히 비합리적으로 보이는 행동들을 지극히 합리적으로 설명한다. 삶에서 반복되는 양상을 추적하다보면 그 기원은 어린 시절의 경험에 있다고 가정한다. 뭔가 탐탁지 않고 부족하다고 느낀다면 과거의 어느 시점에서도 그런 느낌을 받았기 때문이다. 아무도 나를 사랑하지 않는다는 생각이 들거나 별것 아닌 일에도 벌컥 화내는 경우에도 반복적인 양상을 찾아낼 수 있다. 그 근원을 조심스럽게 추적하다보면, 보이지 않는 곳에서 곪아터져 있는 자아의 오래된 상처가 드러날 것이다. 그러므로 우리는 생각하는 것보다 훨씬 더 합리적인 존재이다. 사실 우리 행동이 비합리적으로 보이는 것은 자신을 깊이 알지 못하고 합리적으로 설명하지 못한 탓이다.

---

* 《나는 사랑의 처형자가 되기 싫다》, 시그마프레스, 2014.
** 《때로는 나도 미치고 싶다》, 나무의철학, 2013.

현대의 많은 심리학자나 자조론 작가는 프로이트를 대단히 비판적으로 바라본다. 프로이트가 내보인 인간 본성에 관한 결정론적 시각, 성욕을 중요한 문제로 부각한 것, 그리고 지루하고 결말이 나지 않는 분석의 속성에 반감을 느끼기 때문이다. 또한 과거의 정신적 충격을 강조하고 나쁜 경험을 들춰내서 이용하는 방식에도 이의를 제기한다. 그 외에도 많은 것을 좋게 보지 않는다. 확실히 21세기에 들어와 정신분석의 거대 담론은 구매력을 급격히 상실했다. 오늘날 우리는 정신 건강의 향상을 위해 더 싸고 더 빠르면서 과학에 기반을 두고, 좀 더 미래지향적인 방식을 선호한다. 그러나 프로이트를 거부하면서도 많은 자조론 작가는 프로이트의 기본 개념이나 사상을 계속 고수하고 있다.

오늘날 기본적인 심리 탐색 작업은 진정한 자기알기에 필수라고 일반적으로 받아들여지고 있다. 자신을 계발하고 발전시키려면 과거에 일정하게 반복된 양상을 이해해야 한다. 이러한 통찰력은 M. 스캇 펙M. Scott Peck의 《외로운 길 The Road Less Traveled : A New Psychology of Love, Traditional Values, and Spiritual Growth》*이라는 책에 잘 드러난다. 이는 "내면 아이의 치유"라는 개념을 다루는 책에서 늘 나오는 문제이기도 하다. 루이스 L. 헤이Louise L. Hay는 《삶의 치유 You Can Heal Your Life》**에서 어린 시절

---

* 《아직도 가야 할 길》, 열음사, 2007.
** 《치유》, 나들목, 2012.

에 나타나는 양상과 그것이 이후의 삶에 미치는 영향에 관한 프로이트의 관념을 깔끔하게 잘 요약한다. 그는 "우리는 성장하면서 어릴 적 가정에서 느낀 정서적 환경을 재창조하는 경향이 있다"고 말한다. 그리고 이렇게 덧붙인다. "이것은 좋고 나쁨도 아니고 옳고 그름도 아니다. 그저 우리 안에 '가정'으로 알고 있는 바로 그것뿐이다. 또한 우리는 현재의 인간관계에서 과거에 어머니나 아버지와의 관계 혹은 두 분의 관계를 재창조하는 경우가 많다."[14] 사실 이런 경향은 일반적이고 널리 받아들여지기 때문에 이런 종류의 진술이 자명한 이치처럼 들리기도 한다. 하지만 이는 프로이트의 기본 개념들이 더 넓은 문화적 구조 속에 얼마나 깊숙이 침투해 있는지를 보여준다.

현대의 자조론에서는 우리 안에 삶을 지옥으로 만들 수 있는 가혹한 파괴자가 있다는 프로이트의 또 다른 생각도 중요하다. 로빈스의 《네 안의 잠든 거인을 깨워라Awaken the Giant Within : How to Take Control of Your Mental, Emotional, Physical, and Financial Destiny》*와 같은 책은 우리 안의 비판자를 잘 활용해야 한다고 주장한다. 이를테면 부정적인 자기 대화와 자기신념을 없애고, 그 자리에 긍정적인 만트라를 채우라고 한다. 그들은 자존심 강화를 가장 먼저 내세운다. 물론 이런 종류의 책에 숨겨진 목적은 더 넓은 문화적 차원에서 지나치게 자존

---

* 《네 안에 잠든 거인을 깨워라》, 씨앗을뿌리는사람, 2008.

감을 내세우는 의도와 다를 수 있다. 이러한 책의 중심 의제는 프로이트가 생생하게 묘사한 내면의 공포 시나리오, 즉 우리를 끊임없이 방해할 뿐 아니라 서서히 자신의 고문자가 되는 위험에 대항하여 자신을 보호하고자 하는 욕망과 관련이 있다.

프로이트의 생각이 현대의 자조론에 여전히 지속되고 있는 세 번째 방식은 우리 안의 비합리적인 측면을 관리하려는 모형에서 분명히 드러난다. 프로이트가 우리의 심리 유형을 이드·자아·초자아로 구분했다면, 현대의 자조론 작가들은 "마음 모형"을 만들었다. 예를 들어, 베스트셀러 《아임 오케이 유어 오케이I'm OK – You're OK》*에서 토머스 A. 해리스Thomas A. Harris는 정신이 부모와 성인과 어린이로 구분되어 있다면서, 타인과의 관계에서 세 입장 가운데 하나를 택하는 경우가 많다고 설명한다. 상대방과의 어떤 특별한 역학 관계를 의식하지 않고 성인 대 성인으로 대하는 것이 가장 이상적이며, 자신을 알고 아울러 상대방을 알면 인간관계에서 나타나는 대부분의 오해나 갈등을 피할 수 있다고 주장한다.

"마음 모형"을 토대로 쓰인 자조론 책 가운데 스티브 피터스Steve Peters의 《침프 피러독스The Chimp Paradox》**가 가장 유

---

* 《아임 오케이 유어 오케이》, 이너북스, 2020.
** 《침프 패러독스》, 모멘텀, 2013.

명할 것이다. 피터스는 우리에게 3가지 "심리적 뇌psychological brains"가 있다면서, 그것을 "침팬지"(대뇌변연계에 있는 것으로, 대체로 프로이트가 말한 이드에 해당한다), "인간"(전두엽에 위치한 것으로, 자아와 비슷하다), "컴퓨터"(정수리에 있는 것으로, 초자아라 할 수 있다)의 뇌로 나눈다.[15] 상황에 따라 혈액이 뇌의 한쪽에서 다른 쪽으로 흐르면서 특정 행동과 정서적 반응을 활성화한다. 프로이트와 마찬가지로 피터스의 모형도 한없이 이어지는 정신적 갈등 속에서 정신의 각 부분들이 서로 다투고 있다는 식의 상충되는 의제에 기반한다. 또한 피터스의 자기계발 체제는 마음이 어떻게 작동하는지 제대로 이해하면 효과적으로 지배할 수 있다는 생각을 바탕으로 한다. 그러나 그는 정신분석학적이기보다 신경학의 언어를 사용하여 진화론적으로 설명한다. 그리고 "컴퓨터" 뇌의 결함을 고치고 "침팬지" 뇌를 다스리기 위한 인지행동 치료 기법을 권한다.

피터스는 책에서 상당 부분을 침팬지 뇌 관리 기법에 할애하여 이를 중점적으로 다룬다. 침팬지 뇌는 강제로 통제할 수 없고, 어르고 달래야만 한다. 또 하나 중요한 것은 침팬지 뇌를 우리 편으로 삼아야 한다. 침팬지 뇌가 없으면 삶의 에너지와 본능과 열정이 부족해진다. 이런 점에서 프로이트의 모형과 유사한 데가 있다. 프로이트는 자아와 이드의 관계를 마부와 말로 비유하면서, 말이 운동에너지를 제공한다면 마부는 나아가야 할 방향을 결정해야 한다고 설명한다. 마부의 지도력이 없으면 말이 제멋대로 달려 마부가 원치 않는 곳으로 데려다주기 때문이다. 그러나 이동 수단인 말이 없으면 마부는 원하는 곳으로 갈 수 없으니 말을 잘 다스려야 한다는 것은 두말할 필요가 없다.

미국의 심리학자 대니얼 골먼Daniel Goleman도 단순히 우리 안의 비이성적인 부분을 억압한다고 해서 문제가 해결되지는 않는다고 생각했다. 충만하고 조화로운 삶을 위해서는 감정을 잘 돌보며 다스려야 한다. 감정은 우리를 움직이도록 자극할 뿐 아니라 좋은 길로 안내하는 지혜로운 길잡이 노릇도 한다. 우리의 목표는 단순히 최고의 위치에서 모든 것을 다스리도록 이성을 놔두는 것이 아니다. 그러면 단조롭고 활기 없는 냉정한 존재가 된다. 프로이트식으로 말하자면, 이드id-말horse의 생기 넘치는 에너지와 추진력을 상실한다. 열정도 사라지고, 타인과의 정서적 교류 능력도 떨어진다. 따라서 2가지 형태의 지능이 단단한 균형을 이루도록 노력해야 한다.

골먼은 "감성지능emotional intelligence"이란 개념을 대중화했다. 그는 "감성지능은 아직 다듬어지지 않은 초기 지능을 포함하여 우리가 지닌 기술들을 얼마나 잘 활용할 수 있는지를 결정하는 **메타능력**meta-ability"[16]이라고 말한다. 감성지능에는 자제력과 다른 사람과 공감하며 감정을 읽는 능력이 포함된다. 결정적으로 감성지능은 자신의 핵심적인 감정 처리 과정에 기초를 두고 있다.[17] 말하자면 "자신의 감정을 아는 것"이 감성지능의 핵심이다. "감정이 일어나는 대로 인지하는 것"이 곧 자기 인식의 한 형태이다. 골먼은 "무엇이 진짜 감정인지 알아차리지 못하면 그 감정에 휘둘리고 끌려다니게 된다"[18]고 말한다. 대체로 자신의 감정을 잘 아는 사람들이 삶을 잘 이끌어간다. 골먼의 입장에서 보면, 자신의 감정을 아는 것이 자기 자신을 아는 것인 셈이다.

단순히 어떤 한 감정에 사로잡혀 있는 것과 이를 인식하고 발전시키는 것 사이에는 결정적인 차이가 있다. 예를 들어 친구와 함께 식사를 하러 식당에 들어섰다고 가정해보자. 자리를 잡고 앉은 지 좀 지났는데도 주문을 받지 않아 화나기 시작한다. 그 원초적 화가 종업원에게 소리치는 행동으로 이어지고, 그러다 화를 삭이지 못하고 친구와 함께 식당 문을 박차고 나온다. 그러고는 온라인 사이트에 들어가 그 식당에 대한 악평 후기를 적는다. 그러나 잘 훈련받은 사람이라면 그렇게 반응하지 않는다. 화가 치밀어 오르는 순간 그 감정의 신체적·정서적 징후를 인식하고, 화가 어디서 비롯되었는지 알아본다. 화라는 감정과 그 감정을 촉발시킨 상황을 따로 떼어놓고 생각하면서 그 감정이 내면 깊숙한 곳에 있는 어떤 불안감과 관련이 있다는 사실을 깨달을 수 있다. 어쩌면 과거에 정중하고 진심 어린 대접을 받지 못한다고 느낀 때가 있었을 것이다. 달리 말하면, 이런 식으로 감정을 자각하고 명명하고 분석하는 가운데 그 감정의 돛을 바람에서 몰아낸다.

분리된 자기관찰은 감정적 자아를 아는 데 필수적이다. 자기관찰을 잘하려면 지금 벌어지는 사건, 그 구체적인 경험에서 한 걸음 물러나야 한다. 사건에 얽혀 들어가지 말고 그 주위를 맴도는 의식적인 생각들을 자각하는 힘을 키워야 한다. 프로이트나 골먼은 둘 다 우리 자신을 아는 것이 극히 중요하다고 믿었다. 차이가 있다면 골먼은 과거보다 현재를 강조한다. 그와 달리 프로이트는 궁극적으로 우리 내면의 제국에서 이성이 최고통치자(그가 생각한 마부 역할)이기를 바랐다. 골먼은 이성과 감성 사이의 조화로운 권력 공유를 옹호했다. 왜냐하면 머리와 마음을 기반으로 한 지능은 어느 하나라도 없으면 둘 다 황폐해진다고 보았기 때문이다.

　프로이트가 개인의 무의식에 관심을 두었다면 경쟁자라 할 수 있는 융은 "집단무의식"으로 관심의 방향을 돌렸다. 융 역시 누구나 개인적인 무의식을 갖고 있다고 생각했지만, 그 아래에 개인을 넘어서는 또 다른 무의식층이 있다고 주장했다. 우리 조상과 진화론적 과거에서 잠재된 기억들을 담고 있는 그 두 번째 무의식층을 인류는 모두 공유한다. 융은 특히 신화, 상징주의 예술 및 문학, 꿈에 관심이 많았다. 그 분야가 집단무의식에서 유래한 심상心象, imagery과 원형元型, archetype들이 가득한 풍요로운 저장고라 생각했기 때문이다.
　원형이라는 융의 구성 개념은 원초적이고 원시적인 속성

을 지녔으며, 시간을 초월한다. 집단무의식에서 간결하게 응축된 형태로 이끌어낸 실체를 나타낸다. 융은 원형을 "유사한 수많은 과정이 응축되면서" 생겨난 기억의 퇴적물로 이해하고 "언제든 거듭 반복되어 출몰하는 특정의 심리 경험"에 특유의 형태를 부여한다.[19] 융은 아주 중요한 4가지 원형으로 페르소나persona, 아니마·아니무스anima·animus, 그림자shadow, 자기self를 꼽는다.* 코칭과 자조론 분야에서는 특히 그의 12가지 인격 유형이 인기 있는데, 지배자, 창조자, 현자, 사기꾼, 탐험가, 반항아, 영웅, 마술사, 평범한 사람, 순수한 사람, 돌보는 사람, 연인 등이 여기에 속한다. 융의 원형도 자기알기를 위한 도구가 될 수 있다. 왜냐하면 우리가 맡은 역할, 참여하는 행동, 본래 선호도 등에 대한 태고의 이미지를 확인할 수 있기 때문이다.

또한 융의 원형은 신화와 관련된 자기알기와도 많은 관련이 있다. 미국의 비교신화학자인 조지프 캠벨Joseph Campbell에 따르면, 자기알기의 가르침은 신화의 주요 기능 중 하나이다. 캠벨은 모든 신화는 본질적으로 어떤 기본이 되는 원형 이야기의 변형이라는 "단일신화monomyth"론을 주장했다. 신화 가운데 영웅의 여정을 그린 신화가 가장 중요한데, 캠벨

---

* 페르소나는 배우가 쓰는 가면을 뜻하는 용어로 개인이 외부에 드러내는 성격을 말하고, 아니마는 남성의 무의식 속에 있는 여성적 심상을, 아니무스는 여성의 무의식 속에 있는 남성적 심상을 말한다. 그림자는 드러내기 싫어하는 자신의 부정적 측면을, 자기는 의식과 무의식을 포괄하는 마음 전체의 중심이자 근원을 말한다.

은《천의 얼굴을 가진 영웅The Hero with a Thousand Faces》*에서 이를 깊이 있게 다루고 있다. 영웅의 여정을 그린 신화들은 출발/귀환이라는 순환적 구조를 따르고, 주요 단계에는 영웅을 미지의 세계로 용감하게 떠나게 만드는 모험의 부름이 있다. 미지의 세계는 어두운 숲이나 지하 왕국, 동굴, 바다, 짐승의 배 속, 신기하고 놀라운 괴물들이 출몰하는 땅 등의 형태로 나타난다. 그런 곳에서 영웅은 장애물을 만나기도 하고, 괴물이나 적이나 온갖 유혹 등에 맞서 싸우기도 하면서 마침내 결정적 승리를 거둔다. 그리고 어떤 보물이나 영묘한 약이나 계시를 안고 변화된 모습으로 모험에서 돌아온다. 물론 그 과정에 마술을 부려 도와주는 사람이나 보호자나 스승이 등장하기도 하며, 당연히 위험천만한 유혹―주로 영웅을 유혹하는 여성―과 맞닥뜨리기도 한다.

영웅의 모험담은 일반적으로 결핍이나 상실 때문에 시작되어 그것들을 회복하면서 끝난다. 디즈니에서 제작하여 성공을 거둔 다른 많은 작품과 마찬가지로 〈겨울왕국 2〉도 영웅의 여정이란 형식을 띠고 있다. 이야기는 엘사 여왕의 왕국에서 뭔가가 잘못되면서 시작된다. 엘사가 의문의 목소리를 듣자 자연의 힘들이 무섭게 사나워지기 시작한다. 엘사는 미지의 세계로 모험을 떠나라는 부름을 받는다. 마법에 걸린 숲으로 모험을 시작한 엘사는 신비의 강인 아토할란

---

* 《천의 얼굴을 가진 영웅》, 민음사, 2018.

을 찾아 나선다. 모든 비밀의 해답을 간직한 전설의 얼어붙은 강으로 들어선 엘사는 해답을 찾기 위해 더 깊은 곳으로 들어가다가 목숨이 위태로워지기도 한다. 마침내 엘사는 자신과 가족의 과거에 관한 진실을 알게 되고, 새로운 자기알기에 이르면서 용감한 여동생인 안나의 도움을 받아 차가운 무의식의 심연에서 빠져나와 더 높은 차원의 정신세계로 올라선다. 하얀 옷으로 치장한 엘사는 왕국으로 돌아와 백성들을 구하고, 숲속에서 자연과 자연의 정령들과 함께 행복하게 산다는 이야기로 끝이 난다.

캠벨은 《신화의 힘 The Power of Myth》*에서 보편적인 영웅 여정의 기본 모티브를 "하나의 상태에서 벗어나 더 풍요롭고 성숙한 상태로 이끌어줄 생명의 근원을 찾아내는 것"[20]이라고 말한다. 영웅의 여정은 자기 발견이며, 우리 안의 어두운 감정을 다스리는 법을 배우는 과정이다. 괴물이나 사악한 존재들은 우리 안에 있는 비이성적 야만성을 상징한다. 결국 영웅의 여정은 시련과 고난을 거쳐 빛나는 계시를 받음으로써 미인식 상태에서 깊은 자기 이해의 상태로 의식의 전환이 이루어지는 과정을 담는다.

따라서 신화는 우리에게 집단 차원―종 전체 차원―의 자기알기를 제공하여 삶의 여러 단계를 안전하게 지나가도록 도와주고 안내한다. 서양에서는 탄생, 죽음, 결혼, 부모

---

* 《신화의 힘》, 21세기북스, 2020.

가 되는 일, 어린 시절을 지나 성인이 되는 일 등 인생의 중요한 전환기에 이루어지는 통과의례를 집단적으로 축하하는 일이 시들해졌다. 안타까운 일이다. 또한 신화는 혼자만 어려운 일을 겪는 것이 결코 아니라는 사실을 보여줌으로써 위안을 주기도 한다. 신화는 명쾌하게 조언하는 방식이 아닌 상징과 은유와 심상의 언어로 지식을 전하고 상상력과 무의식에 말을 건네며, 내면의 더 깊숙한 곳에 각인된 잠재 기억과 공명한다. 캠벨은 말한다. "신화는 우리가 완벽해질 수 있으며, 충만한 기운을 느낄 수 있으며, 이 세상에 태양빛을 가져올 수 있다고 영감을 준다. 괴물을 죽이는 것은 어둠을 없애는 것이다."[21]

영웅의 탐구에는 종종 간과되지만 정말 긴요한 사회적 차원의 의미도 담겨 있다. 영웅의 진정한 역할은 "자기만의 해방이나 황홀감을 맛보는 것이 아니라 지혜와 힘으로 다른 사람을 도와주는 데 있다".[22] 캠벨은 "영웅이란 삶을 자기보다 더 큰 어떤 것에 바치는 존재"[23]라고 말한다. 요컨대 영웅의 참된 목적은 다른 사람을 살리고 구하는 데 있다. 그래서 영웅이 승리한 후에 마법의 왕국으로 돌아오는 것은 아주 중요하다. 자신의 삶을 변화시킨 승리의 전리품을 주변 사람들과 나누어야 한다. 진정한 영웅은 성배나 생명의 묘약을 독차지하지 않으며, 황금 양모라는 보물을 자기 집 거실에 걸어두고 혼자만 보지도 않는다. 또한 태양의 섬에 머물지도 않고, 자기만의 더없는 기쁨에 취해 만족해하지도 않는다.

예를 들어, 붓다Buddha는 열반에 올라섰음에도 자신의 뜻을 다른 이들에게 전하기 위해 속세로 돌아온다. 오디세우스는 칼립소나 키르케와 함께 머물지 않았으며, 결혼하자는 나우시카 공주의 제안도 뿌리친다. 고대 메소포타미아의 영웅 길가메시는 영생의 식물을 혼자 먹지 않고 고국으로 돌아와 백성들에게 나누어준다. 엘사 여왕도 마찬가지이다. 홍수로부터 백성을 구하고 왕권을 안나에게 넘긴 뒤에 숲으로 돌아간다. 이렇게 보면 측은지심과 이타성이야말로 영웅의 성공적인 변화에 담긴 진정한 목적이라 할 수 있다.

신화는 원형을 활용하여 집단적 형태의 자기알기를 전함으로써 정신을 풍요롭게 하고 삶의 본보기를 제공한다. 심층에 있는 우리 영혼의 잠재력에 관심을 갖고 주목하게 만들어 치유하는 기능도 발휘한다. 고통을 어떻게 해석하고 대처해야 하는지를 보여주기 때문이다. 이와 비슷하게 현대의 많은 자조론 도서도 원형을 다루고 있다. 캐럴 S. 피어슨 Carol S. Pearson의 베스트셀러 《우리 안의 영웅 The Hero Within : Six Archetypes We Live By》*이 대표적이다. 융학파의 정신분석가인 클라리사 핀콜라 에스테스 Clarissa Pinkola Estés는 대표작 《늑대와 함께 달리는 여인들 Women Who Run with the Wolves : Contacting the Power of the Wild Woman》**에서 야성적 여성의 원형을 탐구하면서 민

---

* 《나는 나》, 연금술사, 2020.
** 《늑대와 함께 달리는 여인들》, 이루, 2013.

담을 활용하여 독자의 무의식 속에서 그 원형의 힘이 되살아나도록 하고 있다. 에스테스의 책이 여성을 다뤘다면 로버트 블라이Robert Bly의 《강철 같은 존Iron John : Men and Masculinity》*은 남성다움의 원형을 다룬다.

캠벨의 책이나 그 외의 다른 책들의 출판 연도에서 알 수 있듯이, 융의 집단무의식 개념은 대략 1980년대 후반에서 1990년대 초에 대중의 상상력을 사로잡았다. 이는 부분적으로 영국 마거릿 H. 대처Margaret H. Thatcher 수상과 미국 로널드 W. 레이건Ronald W. Reagan 대통령 시대에 경쟁력 있는 개인주의를 찬양한 시류에 대한 반작용이었다. 물질적 성공을 강조하고 이기적 목적을 추구하는 세태에 대응하기 위해 자조론 도서들은 심층적 집단심상을 통해 우리가 무엇을 나눌 수 있는지 강조한다. 그리고 야성적 여성이나 남성의 원형에 나타난 각각의 독특한 매력에서 볼 수 있듯이, 우리가 다른 사람들과 더욱더 협력할수록 야성성에 대한 갈망이 더 두드러진 사실도 주목할 만하다. 그러나 프로이트식 정신분석이나 융의 사상에 나타난 이러한 측면은 새 천 년으로 들어선 오늘날 사람들의 관심에서 멀어지고 있다.

21세기 자조론에서 융의 집단무의식 이론이 그 타당성을 상실했다는 것은 의심의 여지가 없다. 오늘날엔 집단무의식

---

* 《무쇠 한스 이야기》, 씨앗을뿌리는사람, 2005.

과 관련된 이야기를 심원한 뉴에이지new-agey*식 신비주의와 연계하는 경향이 있다. 그러나 융의 성격유형 모형은 여전히 영향력을 발휘하고 있다. 앞에서 살펴보았듯이, 우리가 기본 기질에 따라 분류될 수 있다는 생각은 새로운 것이 아니며, 그 기원이 고대 그리스까지 거슬러 올라간다. 현대 심리학자들도 인간의 근본적인 차이를 나타내는 보편적 유형이나 모형을 계속 찾는 중이다. 하지만 그런 성격유형학을 확립하려는 시도 가운데 아직까지도 융의 성격유형학은 가장 영향력 있다.

융은 《심리 유형Psychologische Typen》에서 인간을 두 유형, 즉 내향인과 외향인으로 나눈다. 주된 차이는 관심의 방향에 있다. 외향적인 사람은 다른 사람들이나 외부의 대상에 관심을 두는 반면 내향적인 사람은 내면의 자아에 주로 사로잡혀 있다. 이 차이는 세상을 해석하고 인지하는 방식을 결정하기 때문에 매우 중요하다. 내향적인 사람에게는 주관적 요소가 최고의 규칙이 된다. 그러면 "대상은 평가절하된다. 외부 대상은 마땅히 지니고 있는 중요성을 정당하게 부여받지 못한다. 외부 대상이 외향적 태도에서 너무 많은 역할을 해도 내향적 사람한테는 별 의미가 없다".[24]

융은 우리의 근본적 차이에 대해 진화론적 근거를 제시

---

* 20세기 말 나타난 새로운 시대적 가치를 추구하는 영적·사회적·문화적·예술적 활동을 아우르는 말.

한다. 외연을 확장하고 과시하는 데 열중하는 외향적인 사람들은 생식능력이 높고 방어능력은 약하다는 특징이 있다. 그와 대조적으로 내향적인 사람들은 자기보존에 에너지의 상당 부분을 할당하기 때문에 생식률이 떨어진다.[25] 자연계는 외향성과 내향성이라는 두 유형을 만들어 양쪽의 능력을 모두 갖추려는 속성이 있다. 때로는 능동적인 방식으로, 때로는 방어적이고 조심스럽게 세상을 대하는 편이 종족 생존에 더 적합하기 때문이다.

용은 기본적인 "의식의 태도"로 내향성과 외향성을 제시하면서 "의식의 기능"에는 4가지가 있다고 말한다. 바로 감정feeling·사고thinking·감각sensation·직관intuition이다. 태도와 기능을 조합하여 성향을 분류하면, 외향적 사고형, 내향적 감각형, 외향적 감정형 등으로 조합할 수 있다. 예를 들어 보자. 감각적 성향이라면 직관보다는 보고 듣는 것을 더 우선시한다. 이럴 경우에는 객관적 사실에 대한 감각이 고도로 발달한 현실주의자, 경험주의자 혹은 "가시적 실체"를 좋아하는 사람일 수 있다.[26] 반면에 외향적 직관형이라면 기존의 현실적 가치에 얽매이지 않고 새로운 것, 새로운 가능성을 탐색하는 예리한 코를 지닌 사람일 수 있다. 이런 유형은 변화가 없는 안정된 상황에 숨 막히는 답답함을 느끼고 새로운 가능성을 지속적으로 찾아나서는 사업가나 투자은행과 같은 투기 성향의 직업을 선택할 수 있다.

용은 대체로 내향적 유형에 대해 특별히 긍정적이지 않았다고 말하는 편이 옳을 것 같다. 그 자신이 내향적이었기 때문이기도 한데, 그의 이런 부정적 시각을 자기비판의 한 형식으로 해석할 수도 있겠다. 하지만 그런 자세는 다른 한편으로 내향적 성향에 대한 당대의 문화적 편견이 반영된 것으로도 볼 수 있다. 내향성에 대한 융의 이런 부정적 자세는 수전 케인Susan Cain의 자세와 극명하게 대조된다. 케인은 《콰이어트Quiet : The Power of Introverts in a World That Can't Stop Talking》*에서 내향적인 사람들에 대한 문화적 편견을 예리하게 분석하면서 내향성을 아름답게 찬양한 바 있다. 케인이 내향적인 사람들의 타고난 능력과 특별한 재능을 설명하면서 지지했다면, 융은 내향적인 사람들이 다른 사람을 포함하여 외부 대상에 관심을 너무 내보이지 않아서 상대방이 자신을 중요하지 않거나 반갑지 않은 존재로 느끼게 만들 수 있다고 말했다. 만일 내향성 유형에 속한다면 대체로 매사에 조심하고 말이 없고 사람들과 잘 어울리지 못하며 좀 거만하고 쌀쌀하고 융통성이 없는 사람으로 보일 수 있다. 더 나아가 내성적 사고를 한다면 일을 너무 복잡하게 만들고, 양심의 가책이나 걱정과 불안감에서 쉽사리 헤어나지 못할 수 있다. 더욱 비극적인 경우라면 "사람을 싫어하고 결혼도 하지 않는 어린아이와 같은 심성을 지닌 염세적인 사람"[27]이 될 수도 있다.

---

* 《콰이어트》, 알에이치코리아, 2021.

융은 간혹 내향적인 사람들에 대한 부정적 시각을 그대로 드러내기도 했지만, 그가 성격유형론을 내세운 의도는 이를 평가하고 순위를 매기자는 것이 아니라 그들을 잘 이해하자는 데 있었다. 유형에 대한 그의 성찰에서 배울 수 있는 중요한 교훈이 있다면, 우리 모두는 타고난 성향이 있기 때문에 세상을 바라보는 시각이 서로 다르다는 사실이다. 누구나 자기만의 고유한 렌즈를 통해 서로 다른 것에 초점을 맞추어 세상을 바라보고, 정보도 선별하여 받아들인다. 융은 말한다. "모든 사람은 외부 세계가 제공하는 자료에 따라 자신의 지향을 알아내는 것이 맞지만, 그 자료가 본질적으로 상대적 결정 요인이라는 것을 안다."[28] 달리 말하면, 본래 좋아하는 것과 렌즈를 잘 이해하면 자신을 더 잘 알 수 있다.

제2차 세계대전 동안 융의 이론을 열렬히 추종한 캐서린 C. 브리그스Katherine C. Briggs는 딸인 이사벨 브리그스 마이어스Isabel Briggs Myers와 함께 융의 사상을 더욱 진전시키기로 하고, 'MBTIMyers-Briggs Type Indicator'를 만들었다. MBTI는 외향성과 내향성이라는 기본 유형 지표와 사고·감정·감각·직관이라는 4가지 의식 기능을 그대로 수용한다. 그런데 브리그스와 브리그스 마이어스는 여기에 판단judging과 인지perceiving이라는 두 기능을 추가했다. 이 유형론은 개인의 발전이나 리더십 향상, 채용, 조직의 단체정신 함양 등의 목적으로 활용되기도 하고, 더 나아가 이성 교제 사이트에서도 채택할 정도로 폭넓게 사용되면서 유명해졌다.

융의 이론에서 파생된 또 하나의 심리측정 도구로 비즈니스 세계에서 인기를 끌며 널리 사용되는 통찰력분석 검사 Insights Discovery Profiles가 있다. 25개의 질문에 답하면 타고난 선호와 강점과 약점이 상세한 성격 보고서로 드러난다. 그러면 그 결과를 색상을 이용하여 차가운 파란색 유형(내향적 사고형), 불같은 빨간색 유형(외향적 사고형), 햇빛 같은 노란색 유형(외향적 감정형), 대지 같은 초록색 유형(내향적 감정형)으로 나눈다. 이 유형과 색상은 히포크라테스의 4가지 기질과 맞닿아 있다. 파란색은 생각이 깊고 우울한 우울질, 빨간색은 화를 잘 내고 공격적인 담즙질, 노란색은 낙천적이며 느긋한 다혈질, 초록색은 차분하고 자제력이 많은 점액질로 나타난다.

통찰력분석 검사에 대해 자사 웹사이트에는 다음과 같은 홍보 문구가 쓰여 있다. "우리는 개인이나 단체, 리더나 조직 등에 자기인식을 제공한다. 비즈니스의 비약적 혁신은 자기인식에서 이루어진다. 우리는 조직 구성원들에게 자기인식을 증진하여 더 나은 인간관계를 형성하고 좀 더 능률적으로 일할 수 있도록 통찰력을 제공한다. (…) 자기이해는 사람들을 변화하게 만들며, 자기를 잘 인식하는 사람은 비즈니스에 변화를 가져다준다."[29]

이 짤막한 홍보 문구에서 자기알기의 도구화를 분명히 알 수 있다. 생산성 향상과 경쟁력 우위를 확보하기 위한 도구로 제시되었다. 이 검사에서 자기알기는 하나의 가치가 아니라 기술로, 더 나아가 구매할 수 있는 상품처럼 보인다. 물론 이 기술은 의사소통을 더 잘하는 사람, 조직에서 더 생산적인 구성원, 감동적인 인간관계를 형성하는 사람, 전반적으로 업무를 능률적으로 수행하는 사람으로 바꾸어주기에 중요하다.

이는 사실상 자기알기의 중요한 부수 효과나 결과일 수 있다. 이러한 목표 자체에 잘못은 없다. 따지고 보면 대부분이 그런 자질이나 특질을 갖고 싶어 한다. 아울러 고용주로서는 바람직한 자질을 갖춘 직원을 곁에 두길 원한다. 대화가 안 통하는 사람이나 조직과 어울리지 못하는 사람, 충동 조절을 못해 고객이나 동료와 늘 부딪치는 사람과 누가 같이 일하고 싶겠는가? 그런 사람들은 비즈니스 분야에 적합하지 않을 가능성이 높다. 그러나 여기에서는 자기알기가 어떤 목적을 달성하기 위한 수단으로 재구성된다. 고대에는 자기알기가 지혜와 관련이 있다고 보았는데, 이제는 그러한 것들이 배제되어 하나의 가치로서의 품격을 상실하고 말았다. 말하자면 자기알기는 능률 향상이라는 절대명령을 실현하기 위한 또 하나의 도구로 변해버렸다.

융의 성격유형론과 같은 유형적 접근 방법들이 자조론이나 비즈니스 세계에서는 아직도 인기 있다. 반면 심리학자들은 근본적인 성격 차이를 좀 더 과학적으로 포착할 방법을 찾아 나섰다. 그중에서 1990년대 초반에 주목받기 시작한 "빅파이브Big Five"라는 5가지 성격특성 이론이 가장 유명한데, 일상 언어로 쓰인 서술문의 어휘 분석을 토대로 만들어졌다. 이 모형에서 사람의 성격을 설명하는 데 사용되는 5가지 지표는 개방성openness·성실성conscientiousness·외향성extroversion·우호성agreeableness·신경성neuroticism이다(특성들 각각의 영문 머리글자를 따서 OCEAN 모형이라 부른다). 이 성격검사에서는 "나는 모임에서 활발하게 행동하며 사람들을 즐겁게 한다" "나는 사람들에게 주목을 받든 받지 않든 상관하지 않는다" "나는 동정심이 많은 편이다" 등과 같은 문장에 어떻게 응답하는지에 따라 점수를 받게 된다. 개방성은 얼마나 새로운 경험과 지적 자극을 추구하고 즐기는지를 보여준다. 아울러 모호함을 수용하는 능력과도 연관되는 특성이다. 성실성은 얼마나 조직적이고, 규율을 중시하며 근면하고 목표지향적인지를 측정하는 지표이다. 외향성은 다른 사람이나 외부 세계의 자극을 어느 정도로 추구하는지와 관련있다. 우호성은 얼마나 공격적일지 혹은 예의 바른지, 연민하는 마음을 지녔는지 측정하고, 아울러 타인의 관심에 얼마나 신경 쓰는지도 가늠케 해준다. 마지막으로 신경성은 감정의 전반적인 안정성, 긴장된 상황을 극복하는 능력, 불안에 따른 방어적 행동의 경향 등을 포괄하는 지표이다.[30]

심리학자이자 자조론에 관한 책을 쓰기도 한 리처드 와이즈먼Richard Wiseman에 따르면, 이러한 성격특성들은 일생 "바뀌지 않고 그대로 유지되는 경향"이 있으며, 동시에 "인간관계, 일터에서의 업무 수행, 여가 활동, 소비자 선택, 종교적 믿음이나 정치적 신념, 창의력, 유머 감각, 건강 등" 행동의 거의 모든 부분에 영향을 미친다.[31] 와이즈먼은 이보다 더 당혹스러운 주장도 펼친다. "오늘날 대부분의 심리학자가 보는 인간 성격이 복잡하다는 시각은 환상에 지나지 않는다고 생각한다. 실제로 사람들은 5가지 근본 특성에서 차이가 날 뿐이다."[32] 현대의 자조론 저술에서 빅파이브를 비롯한 여러 성격검사들이 인기 있는 사실에 비추어보면, 많은 자조론 작가는 인간 정신에 대한 다소 환원주의적 시각에 동의하는 게 아닌가 싶기도 하다.

이런 성격유형 검사를 비롯해 여타의 성격검사들이 기본적인 성격특성과 인지적 선호를 잘 포착할 수 있다는 것에는 의심의 여지가 없다. 아닌 밤중에 홍두깨처럼 놀랍도록 정확할 때도 드물지 않다. 통찰력분석 검사가 그에 해당하는데, 그런 검사들은 여전히 제한적인 도구일 뿐이다. 일례로 빅파이브 모형은 방법론적으로 결함이 있다고 밝혀졌다. 사람의 행동을 설명하고 예측하는 데에 별로 효과적이지 않고, 게다가 인간 성격 중 "비정상적"이라 간주되는 특성은 말할 것도 없고 "정상적"인 특성도 전부 포함되지 않는다.[33] 빅파이브는 또한 "문외한의 심리학psychology of the stranger"*으

---

* 심리학을 모르는 사람이 말하는 심리학. 인간 성격의 기본적 특성을 넘어서지 못하고 그것에만 집중하는 성격심리학.

로 묘사되기도 했다. 성격의 명백한 부분은 보여주지만 좀 더 은밀한 개인적인 자아에 대해서는 거의 아무것도 드러내지 못하기 때문이다.[34]

융의 성격유형론이나 빅파이브 모형을 기초로 한 성격유형 검사들은 우리의 선호, 어쩌면 의식하지 못한 선호에 중요한 조언을 제공할 수 있다는 점에서 유용하다. 그러나 그런 검사들은 앞에서도 언급했지만, 환원주의적인 데다 각각 나름의 결점과 맹점을 지니고 있다.[35] 또한 우리에게 어울리는 매력적인 라벨을 제공하기도 하지만, 특정한 틀 안에 가두어 성장을 자극하기보다 방해하고 중단시키기도 한다. 라벨은 긍정적이고 도움이 되기도 하지만, 우리를 선택적 관심으로 이끌고 자칫 사고방식을 고착화할 수도 있다. 그런 라벨에 매달려 살다보면, 우리 유형에 부응하지 않는(혹은 자신이 무슨 유형인지 잊고 살 때 마주칠 수 있는) 많은 사실이나 경험에 눈이 멀 수 있다. 게다가 우리의 행동은 지극히 상황 의존적인 경향이 있고, 따라서 상황에 따라 여러 유형이 뒤섞이는 게 보통이다. 가령 집에 머물 때는 굉장히 외향적이고 말도 많지만 직장에서 회의를 할 때는 좀처럼 말을 꺼내지 않기도 한다.

또한 성격유형 검사는 현 상태를 어느 정도 정확하게 보여줄 수는 있어도 스스로 자신을 계발하는 방법을 제시하지 못하는 경우가 많다.[36] 우리가 어떻게 해야 하는지는 성격유형 검사에서 제공하는 정보를 바탕으로 제삼자, 예컨대 코치·지도자·심리치료사 등이 알려준다. 따라서 성격유형 검사는 자신에 관한 비교적 정확한 정보를 알려줄 수 있지만, 진정한 자기알기는 제공하지 못한다. 바람직한 자기알기는 영웅의 여정에서처럼 고뇌하고 시련을 겪으며 직접 시험하고 터득하는 것이다. 다시 말해, 자기알기는 그저 주어지는 것이 아니라 행동으로 얻어내야 한다. 성격유형 검사 자체는 지혜를 창출할 수 없다. 그런 검사들은 과거는 물론 그 과거가 현재에 어떤 영향을 미치는지를 고려하지 않는다. 그리고 성격에서 복잡하게 얽혀 있는 훨씬 더 많은 요소를 무시하는 경향이 농후하다.

히포크라테스의 이론에 따르면, 나는 진짜 우울한 사람이다. 융의 유형론에 따라 말하면, 나는 감각을 대단히 선호하는 사고형의 내향적인 사람이다. 나의 MBTI 유형은 ISTJ(내향형·감각형·사고형·판단형)이다. 통찰력분석 검사에서는 파란색으로, 집중력이 강하고 조정능력이 뛰어난 관찰자로 나온다. 기술자와 건축가 그리고 그 외에도 관리인, 글 쓰는 사람, 탐구자, 도전자 등이 나의 주요 원형이다. 빅파이브 검사에 따르면, 어느 정도 신경증이 있는 지극히 내향적인 사람으로 다른 사람에게 폐를 끼치지 않으려고 조심하는 대단히 성실한 사람이며, 새로운 경험에 대단히 개방적이다. 이런 여러 검사 결과에서 부인할 수 없는 나의 특성(파란색, 즉 내향적 사고형)이 분명히 드러나지만, 온갖 난삽하고 복잡한 나의 면모는 제대로 말해주지 않는다.

예를 들어보자. 성격유형 검사 결과는 내가 좋아하는 냄새나 향기를 알려주지 못한다(나는 찻집에 은은히 떠도는 냄새, 모래언덕에서 풍기는 냄새, 가시금작화 숲에서 나는 향기를 좋아한다). 또한 나한테 조류공포증이 있다는 사실도 언급하지 못한다. 눈이 파충류 동물 비슷하게 엉큼하고, 발톱도 옛날부터 하나도 변하지 않은 채 갈고리 모양으로 날카롭게 보여서 새를 무서워한다. 그런데다 예전에 잘 모르고 백조한테 팝콘을 먹이려다가 물린 적이 있어 더욱 그러하다. 나는 너저분한 침대나 아주 작은 치아, 빵이나 과자 부스러기들, 껌 씹는 소리를 싫어한다. 그리고 아주 쾌활하고 부담스러울 정도로 자신감 넘치는 사람들과 자주 어울린다. 얕은 개울보다 바다가 좋고, 어른 옷을 입은 꼬마들이나 산을 보면 신비롭다는 느낌이 들기도 한다. 지난 2년 동안 피아노를 치면 오로지 요한 파헬벨Johann Pachelbel의 〈카논 D 장조〉만 쳐댔다. 나는 머리털을 부풀린 헤어스타일의 사람이나 수다를 잘 떠는 사람을 보면 부러웠다. 내가 못하는 것이기 때문이다. 어렸을 적엔 천사를 몹시 두려워했다. 좋아하는 동물은 늑대다. 대칭 구조로 꾸며진 앞마당이 좋다. 그건 건축이나 사람의 얼굴도 마찬가지이다. 울퉁불퉁 비틀린 나무나 검은점으로 그런 대칭의 균형미가 살짝 흔들리면 더더욱 좋다. 지붕에는 태양전지판과 함께 그로테스크한 형상의 홈통 주둥이를 설치하고 싶기도 하다. 또한 레드 와인을 너무 많이 마시는 경향이 있다. 그러지 않으려고 노력하지만 잘 안 된다. 짠 음식을 대단히 좋아하고, 아름답고 간결한 글과 반듯한 생각을 사랑한다. 시베리안 고양이 두 마리를 키우며 딸도 하나 있다. 내 딸은 나하고는 완전히 정반대이다. 일단 말을 꺼내면 좀처럼 멈출 줄을 모른다. 그리고 사람들의 주목을 받으며 춤추길 좋아한다. 내가 아는 한 딸은 세상을 거침없이 살아가는 사회적 동물이다. 또 다른 면도 있다. 성미가 급하며 긍정적인 변화를 주된 주제로 삼은 영화를 좋아한다. 우리는 둘 다 백파이프와 날카로운 금관악기 소리를 끔찍이 싫어한다.

이제 내 이야기는 그만하는 게 좋을 것 같다. 마지막으로 답해야 할 중요한 질문이 남아 있다. 왜 우리는 무엇보다도 자기알기를 간절히 원하는가? 자기 자신을 아는 것이 좋은 이유는 무엇인가? 자기알기는 인간의 5가지 기본 욕구 가운데 하나인 배우고자 하는 욕구와 직접 연관이 있다. 여기에는 자신의 양상과 선호와 삶의 과정에 대한 학습이 포함된다. 자기알기의 반대는 무지이다. 즉 내가 누군지, 나의 진정한 동기가 무엇인지, 다른 사람은 나를 어떻게 인식하는지를 모르는 것이다. 프로이트는 자기알기가 우리를 무의식과 비합리적으로 보이는 많은 변덕의 노예가 되는 것에서 해방시켜준다고 주장한다. 우리는 우리의 양상과 그것이 어디에서 비롯됐는지 알아야만 그 양상을 관리하고 바꿀 수 있다. 그렇다면 자기알기는 지배력과 현실주의뿐 아니라 조화와 조정을 낳는다. 변화를 시작하는 데 필요한 첫 번째 단계가 곧 자기알기인 셈이다. 자기에게 무엇이 있는지 자세히 살펴보아야만—최대한 객관적인 방식으로 평가해야만—바꾸고 싶은 것을 진지하게 계획할 수 있다. 게다가 자기알기는 삶에서 이전보다 더 현명한 선택을 할 가능성을 아주 단순하게 향상시킨다.[37]

그러나 자기알기는 내면으로부터 움직일 때 변화의 촉매제가 될 수 있다. 섣부른 진단이나 검사 결과의 형태로 전해질 수 없다. 자신에 관한 정보가 행동과 세상에 대해 느끼고 인지하는 방식에 영향을 미치려면, 그 정보가 더 심층적인 수준에서 진실이라고 생각하는 무엇으로 바뀌어야 한다. 그 과정에서 상상력과 감정이 관련되어야 한다. 또한 이 정보를 행동으로 반복 경험해야 한다. 이는 순전히 이론적으로 파악하거나 서로 다른 마음 모형에 관한 글을 읽는 것만으로는 진정한 자기알기를 얻을 수 없다는 뜻이다. 자기알기는 도전에 맞서고, 시련을 겪어내고, 다른 사람과 대화를 나누어야만 얻을 수 있다. 다시 말해 자기알기는 우리가 영웅이든 아니든 자신의 여정과 모험에서 획득해야 한다.

2장

마음을 다스려라

☞

제가 바꿀 수 없는 것은 그대로 받아들이는 평온함을 주옵시고,
바꿀 수 있는 것들은 바꾸게 하는 용기를 주옵시며,
바꿀 수 없는 것과 바꿀 수 있는 것을
분별할 지혜를 주옵소서.

_ 라인홀드 니버

생각을 조절하여 감정을 다스릴 수 있다는 관점은 현대 대부분의 자조론이 취하는 가장 단순하고 근본적인 전제이다. 마음의 주권이 우리에게 있다는 약속은 굉장히 매력적이다. 진정으로 생각을 조절하고 다스릴 수 있다면, 인생에서 아무리 나쁜 패를 쥐고 있더라도 전혀 흔들리지 않고 살아갈 수 있다. 더 나아가 불확실성과 변화의 시대에 우리의 인지과정을 통제할 수 있다는 전망은 훨씬 더 매력적이지 않겠는가. 외적 조건이나 상황이 불안정할수록 내면의 안정을 더욱 갈망하게 된다. 그런데 우리 안의 집에서 집주인이 되는 꿈은 생각보다 훨씬 더 오래되었다.

이는 기원전 300년경 고대 그리스의 스토아 철학자들 사이에서 처음 등장했다. 스토아주의는 기원후 3세기까지 그리스와 로마에서 한창 꽃피운 헬레니즘 철학의 한 학파로, 초기 스토아 철학자들이 그리스의 아고라 광장이 내다보이는 "벽화가 그려진 포치porch"인 스토아 포이킬레stoa poikile에서 그들의 학설을 가르친 데서 이름이 유래되었다. 포치는 울타리가 쳐진 사적 공간이 아니라 영국 런던 하이드파크에 있는 자유발언대처럼 개방된 공공장소였기 때문에 더욱 중요한 의미를 지닌다. 바로 철학이라는 모험을 민주화한 것, 다시 말해 누구든 그곳에서 그들의 가르침을 들을 수 있다는 것이 스토아 철학자들이 이룬 업적 가운데 하나이다.

요즘 사람들은 흔히 스토아 철학자들을 감정의 억압과 연관시켜 공감능력이 떨어지고 유머 감각도 없는, 참으로 차갑고 냉정하다고 상상한다. 마치 영화 〈스타트렉Star Trek〉에 등장하는 가상 인물 데이터처럼 감정을 계산하는 데 어려움을 겪는 사람들로 생각한다. 그렇지 않다. 스토아 철학자들은 감정을 덮어야 한다고 주장하기보다 이성적으로 잘 평가하여 곤혹스러운 감정 상태에서 벗어나야 한다고 믿었다. 그러니까 그들은 "훈습working-through" 방법을 사용했지만, 정신적으로 순전히 분석적이었다. 억제나 억압이 아니라 이성적 판단이 모든 감정의 문제를 다루는 그들의 해결책이었다.

그런 점에서 보면 스토아 철학 사상은 다분히 현대적이다. 세네카, 에픽테토스Epictetus 그리고 마르쿠스 아우렐리우스Marcus Aurelius 같은 스토아 철학자들은 모든 고통이 마음에 있다고 생각했다. 고통은 외부 사건 때문이 아니라 그 사건들에 대한 반응, 말하자면 잘못된 판단과 비현실적인 예상에서 발생한다. 또한 스토아 철학자들은 정신에너지를 사용하는 방법에 관한 한 지극히 실용주의적 견해를 가지고 있었다. 우리의 통제를 벗어난 외부 사건들을 놓고 걱정해 봐야 아무 소용이 없다고 생각했다. 그와는 대조적으로 그 사건들에 대한 평가는 이성적 동물인 우리가 전적으로 통제할 수 있다. 따라서 그들은 외부의 그 어떤 현상이나 상황을 중요하게 신경 쓰기보다는, 온 정신에너지를 내면으로 향하게 하여 마음을 다스려야 한다고 권고한다.

스토아 철학 사상은 그 이후로도 널리 퍼지며 많은 영향력을 행사했다. 대표적인 것 중에 스토아 철학의 원리를 현대 기독교식으로 표현한 라인홀드 니버Reinhold Niebuhr의 평온을 비는 기도문이 있다. "하느님, 제가 바꿀 수 없는 것은 그대로 받아들이는 평온함을 주옵시고, 바꿀 수 있는 것들은 바꾸게 하는 용기를 주옵시며, 아울러 바꿀 수 없는 것과 바꿀 수 있는 것을 분별할 지혜를 주옵소서"라는 이 기도문은 익명의 알코올의존자들AA: Alcoholics Anonymous*이라는 12단계 프로그램의 핵심 만트라가 되었다. 그리고 좀 더 합리적이고 객관적인 평가를 통해 부정적 생각 혹은 자신의 능력이나 가능성을 제한하는 믿음을 무력화하는 데 중점을 둔 인지행동치료CBT: Cognitive Behavioral Therapy도 스토아 철학 원리에 기반을 두고 있다. 회복탄력성resilience이란 개념도 스토아 철

---

* 구성원들이 알코올로부터 해방되기 위해 함께 문제를 해결하고 도와주자는 취지에서 서로의 경험과 희망을 나누는 국제적인 상호협조 활동.

학 전통에 속한다. 상황을 바꿀 수 없다면 역경을 좀 더 효과적으로 대처하도록 내적 자원을 구축하는 데 집중해야 한다는 의미이다. 회복탄력성은 본질적으로 "더 나은 반동력"에 관한 것이다.

스토아식 접근 방법은 대단히 합리적이다(어쩌면 그것이 결점이라고 할 정도이다). 그런데 이 스펙트럼의 정반대편에 마인드컨트롤을 주창하는 집단이 있다. 그들이 내세우는 이론들은 이성적 사고보다 주술에 가깝다. 스토아 철학자들은 우리가 통제할 수 있는 것(내면세계)과 통제할 수 없는 것(외부 사건들)을 분명히 구분했다. 그런데 대단히 영향력 있는 일부 자조론 작가들은 내면세계를 통제함으로써 외부 세계까지 영향을 **미칠 수 있다**고 단언한다. 가령 베스트셀러가 된 《생각하라 그리고 부자가 되어라Think and Grow Rich》*를 쓴 나폴리언 힐Napoleon Hill이나 좀 더 최근에 《시크릿The Secret》**을 펴낸 론다 번Rhonda Byrne과 같은 작가들은 우리의 생각에 "자력이 있다"고 주장한다. 이를테면 긍정적인 사고를 하면 자동적으로 긍정적인 결과가 나타나고, 역으로 우울한 염세주의자라면 나쁜 일들이 일어나기 마련이라는 것이다. 번이나 그 외의 신비주의적이면서 비밀을 전수한다는 자조론 작가들이 내세우는 전능에 대한 환상은 여러모로 위험천만

---

* 《생각하라 그리고 부자가 되어라》, 반니, 2021.
** 《시크릿》, 살림Biz, 2007.

하다. 그들의 논리에 따르면, 우리에게 벌어지는 모든 나쁜 일은 전적으로 우리 잘못이다. 그렇다면 질병이나 폭행, 빈곤 등 온갖 불행이 다 우리 잘못이라는 말인가?

1990년대에 유명해진 긍정심리학은 스토아 철학 전통과 마술적 사고 전통이라는 두 극단 사이에 위치한다. 긍정심리학에서는 자신을 생각하는 방식이 업무 수행과 성취에 영향을 미칠 수 있다고 주장한다. 하지만 이성적 능력을 과대평가하지는 않는다. 아울러 우리의 생각이 외부 사건에 영향을 미친다는 식의 입증되지 않는 주장도 펼치지 않는다. 긍정심리학에서는 특히 자기신뢰와 긍정적인 자기 대화에 관심을 둔다. 또한 긍정적이고 낙천적인 사고의 중요성을 강조하면서 마음을 조절해야 한다고 주장한다. 아울러 상상력의 힘을 동원하여 마음을 조절할 수 있다고 생각한다. 반면에 스토아 철학자들은 오로지 이성으로만 감정을 다스릴 수 있다고 생각했다. 여기서 먼저 스토아 철학자들의 생각을 살펴보기로 하자.

스토아학파의 위대한 사상가들인 세네카와 에픽테토스, 아우렐리우스는 모두 철학의 핵심 기능이 성격을 개혁하고 이를 이루는 방법에 대해 조언하는 데 있다고 생각했다.[1] 그들은 신의 섭리와 신화가 조화를 이루며 선하고 덕 있는 삶을 위한 철학적 실천 방안을 제시했다. 예를 들어 에픽테토스의 유명한 에세이인 《인간의 자유에 관하여Of Human

Freedom》*에 나오는 각 장의 제목들이 그러하다. "우리 힘으로 할 수 있는 것과 없는 것에 관하여" "어떤 조건에서든 고유의 성격을 보존하는 방법" "만족에 대하여" "주어진 상황을 극복하는 방법" "모든 사건 하나하나는 기회이기도 하다" 등은 현대의 자조론 도서에서도 쉽게 내세울 만한 제목들이다.

스토아주의가 정치적 불안정이 극심했던 시대에 꽃피운 것은 우연이 아니다. 당시 변덕이 심하고 잔인했던 로마제국의 황제들은 신하들의 삶과 죽음을 좌지우지하는 절대 권력을 쥐고 있었다. 정치적으로 영향력 있던 사람들이 황제의 눈 밖에 나 하루아침에 로마에서 추방되는 일이 예사였다. 어떤 이들은 단지 황제의 질투를 샀다는 이유만으로 참수형에 처해지거나 자살 지시를 받기도 했다.

에픽테토스도 한두 번 그와 같은 급작스러운 운명의 기복을 경험했다. 그래서 운명의 변화에 맞서는 강건한 심리적 방어책을 확립하려고 노력했다. 철학자가 되기 전에 그는 다리가 불편한 그리스의 노예였다. 그의 지적 재능을 알아본 로마 출신 스승 덕에 자유민이 되긴 했지만, 그래도 안전하지는 못했다. 철학자로 인기가 대단했던 그를 질시한 총독들에 의해 로마에서 쫓겨난 에픽테토스는 결국 변방에서

---

* 에픽테토스의 강연을 제자인 플라비우스 아리아누스Flavius Arrianus가 정리한《담화록Discourse》의 일부 내용을 각색한 에세이.

학교를 세우고 모든 것을 다시 시작해야 했다.

세네카의 삶도 불안정한 상황에 관한 주목할 만한 사례연구를 제공한다. 정치인이자 철학자이며 비극 작가로 활약하던 초기에 그는 칼리굴라Caligula 황제로부터 사형선고를 받았다. 황제의 누이와 간통했다는 혐의를 받은 세네카는 칼리굴라 황제의 후계자인 클라우디우스Claudius 황제로부터 사형선고를 유배형으로 감형받았지만, 8년이라는 긴 세월을 코르시카에서 외롭게 지내야 했다. 그러다 나중에 악명 높은 황제가 되는, 클라우디우스의 아들인 네로Nero를 가르치라는 명을 받아 로마로 소환된다. 하지만 네로는 스승의 가르침을 노골적으로 무시했다. 포악하고 복수심이 강했던 네로는 점차 그 잔혹성으로 악명을 떨쳤고, 급기야 기원후 59년에 자기 어머니를 죽이라는 명령을 내렸다. 그런 상황에서 당연히 불안감을 떨치지 못했던 세네카는 공직에서 물러나는 한편, 사전 예방조치로 자신의 전 재산을 이전 관리인에게 물려주기까지 했다. 그러나 그런 조치도 통하지 않았다. 네로 황제를 암살하려는 음모가 사전에 적발되고, 그 음모에 세네카가 가담했는지 여부는 밝혀지지 않은 상태에서 철학자인 그는 자살 지시를 받는다.

세네카나 에픽테토스의 삶과 그 밖에 그리스나 로마의 많은 사람의 삶을 보면, 스토아 철학자들이 왜 그토록 불안정한 운명을 극복할 최선의 방법을 찾는 데 관심을 두었는지 이해할 수 있다. 심술궂게 변덕을 부리는 지도자의 기분은 말 그대로 치명적이다. 지도자의 일시적 기분에 따라 권력과 관직과 돈과 명성을 얻거나 박탈당할 수도 있다. 스토아 철학자들은 제국의 흥망성쇠와, 화재로 잿더미가 된 대도시들과, 살해되거나 노예가 된 귀족들을 수없이 목격했다.

오늘날과 같은 혼란의 시대에 스토아주의에 대한 관심이 쇄도한다는 것은 놀랄 일이 아니다. 우리 앞에 놓인 난관들이 한두 가지가 아니다. 정치경제적 불확실성, 팬데믹이라는 전 세계적인 감염병의 확산과 돌이킬 수 없는 기후변화가 가져다준 위협, 급격한 디지털화가 직장이나 개인의 삶에 미치는 영향 등은 오늘날 스토아학파 사상의 부활에 한몫을 하고 있다. 이러한 도전들이 심리적 방어망을 더욱 튼튼하게 하려는 욕망을 날카롭게 했다고 볼 수도 있다. 그러나 내면의 삶을 통제하려는 매력은 처음부터 약해진 적이 없었다. 스토아 철학의 많은 전제는 시간을 초월해 강한 매력을 가지고 있다. 우리가 극복해야 하는 특정 재난이나 재앙은 세월이 흐르면서 바뀔 수 있다. 그러나 질병, 죽음, 사랑하는 사람의 부재로 인한 상실감, 운명의 기복은 누구나 해결해야 하는 인간의 영원한 슬픔으로 남아 있다.

스토아 철학자들은 우리가 통제할 수 없는 것들이 많다는 사실을 인정한다. 그들은 외부 환경이 신의 섭리나 자연의 힘에 의해 미리 결정되었고, 따라서 우리의 영향권 밖에 있다고 믿었다. 그러나 지배하지 못하는 것에 대해 절망하기보다 통제할 수 있는 것에 정신에너지를 다 쏟아붓기로 결심했다. 이것이 바로 외부 사건에 대한 그들의 **대응 방식**이었다. 대부분은 지금까지의 추론에 동의할 것이다. 그러나 스토아 철학자들은 더 나아갔다. 외부 현상을 통제할 수 없다면 **그 어떤** 외부 현상, 이를테면 우리에게서 떨어질 수 있는 모든 것에 중요한 의미를 부여해서는 안 된다고 주장했다. 여기에는 소유하는 것들, 평판, 음식, 모든 육체적 쾌락뿐 아니라 건강, 친구, 배우자, 자식, 심지어 생명까지도 포함된다. 이 지점에서 그들의 견해는 받아들이기가 훨씬 힘들어진다.

세네카는 말했다(햄릿도 잘 알고 있는 말이다). "이 세상에 좋고 나쁜 것은 없다. 다만 우리의 생각이 그렇게 만들 뿐이다."[2] 그러고는 이렇게 덧붙였다. "부나 쾌락이나 잘생긴 외모나 높아진 정치적 위상 등은 자연히 마음을 끌어당긴다. 반면에 고된 일, 죽음, 통증, 불명예, 제한된 수단 등은 당연히 마음을 멀어지게 한다. 따라서 전자는 굳이 애써 구하려고 갈망하지 않고 후자는 너무 두려워하지 않도록 훈련해야 한다."[3] 인간 존재의 나약함에 대처하기 위해서는 정서적으로 영향을 미치는 나쁜 일이라면 무엇이든 허용해서는 안 된다. 내면에 있는 소중한 가치를 간직해야만—신념과 인지능력의 형태로—어떤 운명이 닥쳐도 절대 굴하지 않는 무적의 존재가 될 수 있다.

이와 같이 역경에 처했어도 마음의 평정을 이루기 위해서는 욕망을 조절해야 한다. 스토아 철학자들은 욕망을 자연의 힘, 그리고 신의 섭리와 완전히 일치시켜야 한다고 말한다. 그러기 위해서는 가질 수 없거나 잃어버릴 수 있는 것을 원하지 말아야 한다. 우리는 오직 외부 세계에 반응할 때 올바른 판단력을 행사하는 것만을 바라야 한다. 외부 상황에 맞서 애면글면하지 않으면 훨씬 더 귀중한 것을 얻을 수 있다. 바로 자유인이 되는 것이다. 에픽테토스는 말한다. "자유란 외부의 사건이나 상황이 우리의 의지에 따라 진행되는 것이지 결코 그와 반대되는 것이 아니다."[4] 달리 말하면, 항상 우리에게 일어나는 일을 정확히 원한다면 결코 실망할 수 없다.

옛날이나 지금이나 인간의 아주 보편적인 욕망 중의 하나가 돈과 사치품이다. 이 욕망은 신분이나 지위를 드높일 필요에서 비롯되었다. 돈이 행복을 가져다주지 않는다는 말은 너무 진부한 것 같지만, 그만큼 가슴에 깊이 새겨두어야 할 말도 없다. 수많은 세월 동안 현자들은 아무리 부를 많이 축적하고 소유한다고 해도 영원한 행복을 가질 수 없다고 가르쳐왔다. 가장 극단적인 영적 구도자들, 즉 금욕주의자나 은둔자들은 더 나아가 돈이나 사치품 없이 온전하게 살려고 노력했다. 에픽테토스는 갈망하고 얻기 위해 열심히 노력하는 외부 대상은 모두 일단 손에 넣으면 다 재로 변한다고 주장한다. 갈망은 끝없이 이어지고, 불안은 좀처럼 해소되지 않기 때문이다.

현대 심리학자들 역시 그런 현상을 잘 알고 있다. 그들은 이를 "쾌락적응hedonic adaptation"이라고 부른다. 예를 들어 코트를 하나 새로 샀다고 해보자. 새 코트는 우리의 행복지수를 높여주지만, 그 기간이 기껏해야 몇 주밖에 안 된다. 그기간이 지나면 새 코트는 보통의 의류 가운데 하나가 된다. 그러면 그 코트의 옷감을 만지고, 코트를 몸에 걸치고 거울앞에선 제 모습을 요리조리 살펴보아도 예전처럼 심장이 뛰는 일은 없다. 어느새 우리는 다른 새 코트를 찾기 시작한다. 집도 마찬가지이다. 점점 더 크고 멋진 집을 갈망하게된다. 핸드백·자동차·시계 등도 마찬가지이다. 물건을 구매한다고 해서 행복지수가 결코 지속적으로 올라가지는 않는다. 운이 좋으면 며칠 혹은 몇 주 동안 올라갈 수도 있지만, 결국 다시 제자리로 돌아온다. 설상가상으로 소유물로 인해상실의 고통에 더 취약해질 수 있다. 물건을 구입하거나 지위가 높아지더라도 장기적으로 만족감이 증가하지 않지만, 잃어버리거나 빼앗겼을 때는 극심한 고통을 느낄 공산이 아주 크다. 통제할 수 없는 것을 소중하게 여기면 여길수록 그에 대한 지배력을 더더욱 잃게 된다. 그렇기 때문에 에픽테토스는 자유란 "욕망을 만족시키는 것이 아니라 없앰으로써성취할 수 있는 것"[5]이라고 결론지었다.

그런데 그와 같은 고결한 비물질주의적 사고방식을 열망하는 것이 과연 현실적인가? 사실 스토아 철학자들도 우리의 통제를 벗어난 외부 현상 중 일부는 다른 것보다 더 좋다고 인정했다. 돈도 좀 있고, 건강하고, 사랑해줄 사람도 있고, 지붕 있는 집에 사는 것이 그렇지 않은 것보다 분명 더 낫지 않은가? 세네카는 그런 좋은 것들을 소유하는 것에 반대하지 않는다고 했다. 대신에 "흔들리지 않는 태연함without tremors"으로 그런 것들을 취해야 한다고 강조한다. 그러한 것들이 없어도 행복하게 살 수 있다는 확신을 가지고 "그런 것들을 찰나에 사라질 것으로 항상 생각해야"[6] 그런 태연한 삶을 보낼 수 있다.

반면에 일반적으로 세네카보다 더 비정하리만큼 실제적이라고 알려진 에픽테토스는 운명의 공격을 긍정적으로 기꺼이 받아들인 듯 보인다. 그 공격이 우리를 단련시켜 궁극적으로 더 강하고 나은 존재로 만들어주기 때문이다. 인생은 고해苦海이고 나쁜 일은 언제든 일어나기 마련이다. 나쁜 일이 일어나면 불행을 겪으면서 자신의 결의를 시험해볼 수 있다. "시련이 닥치면 이렇게 생각하라. 나는 레슬링 선수인데, 신이 아주 억센 젊은 선수를 상대로 세웠다고. 무슨 목적으로? 바로 나를 올림픽에 출전할 만큼 뛰어난 인재로 바꾸기 위해서."[7] 말하자면 역경은 스파링 상대인 셈이다. 우리에게 닥친 모든 난관은 내면의 결의를 더욱 단단하게 다져주는 기회이다. 에픽테토스는 운명이 그에게 던지는 모든 것을 "축복으로, 선물로, 누구든 부러워하는 고귀한 그 무엇으로 바꿀 것이다"[8]라고 말했다.

당연한 말이겠지만 스토아 철학자들은 자기연민을 참지 못한다. 특히 부모에게 불만이 많은 사람에게 냉정하다. 그들의 철학엔 희생자 의식이나 심리적 손상이란 개념이 들어설 자리가 없다. 부모나 어린 시절의 상처―현대의 자조론에서 너무나 자주 다루는 주제―에 관해 에픽테토스는 다음과 같이 말한다. "'끔찍한 부모를 두어 불행합니다.' 그렇다면 한번 보자. 우리는 '어떤 특정 순간에 이 남자와 이 여자가 서로 정을 통하게 해서 나를 갖도록 해야지' 이런 식으로 부모를 미리 선택할 수 없다. 부모가 먼저 세상에 나오셨고, 그런 다음에 우리가 우리대로 태어났다. 부모들이 태어날 때도 **그들**대로 마찬가지였다. 그런데 이것이 우리가 불행해야 하는 이유인가?"[9] 에픽테토스와 세네카는 우리가 형성기[*]에 겪는 부당하고 불공평한 경험이나 의식을 고려 사항에서 대범하게 제외시킨다. 극단적이다 싶을 정도로 이성적인 그들의 시각은 정신적 고통을 다분히 정신분석학적 측면에서 이해하려는 오늘날의 시각과 완전히 어긋난다. 스토아 철학자들은 충격적인 경험의 영향을 전혀 참작하지 않는다. 어떤 사람들이 왜 다른 사람들보다 더 회복탄력성이 좋은지를 이해하려 하지도 않는다. 이것이 바로 그들 철학의 맹점이다. 스토아 철학자들은 오늘날의 심리학자들이 관심을 두고 있는 거의 모든 것을 이성적 기능이 감정을 제대로 조절하지 못한 탓으로 치부해버린다.

---

[*] 0세에서 8세 사이의 초기 성장 단계. 이 시기에 급격한 인지적·사회적·정서적·육체적 성장을 경험한다.

스토아 철학에 반발을 불러일으킬 만한 것으로 또 하나 꼽자면 책임 문제이다. 스토아 사상에 따르면, 우리는 외부 사건에 대한 책임에서 완전히 벗어나 있다. 어떤 경우에는 이렇게 책임을 면제받는 것이 위안으로 다가오기도 한다. 스토아 철학자들은 외부 환경에 대해 우리가 거의 아무런 영향력도 행사하지 못한다고 생각한다. 에픽테토스의 말을 들어보자.

"신들이 그대를 그대 부모나 형제, 그대의 몸, 그대의 재산에 대한 책임에서 해방시켜주었다. 죽음과 삶에 대해서도 책임지지 않도록 해주었다. 그대가—사건이나 사물의 의미를 올바르게 알고 판단하여the proper use of impressions*—오직 그대의 힘으로 할 수 있는 것에만 책임을 지도록 만들어주었다. 이럴진대 그대는 왜 군이 책임질 수 없는 문제를 떠안으려 하는가? 그대는 그대에게 불필요한 문젯거리를 만들고 있다."[10]

대부분은 이런 결정론적 세계관에 불편해한다. 우리는 스토아 철학자들이 생각했던 것보다 훨씬 더 많은 행위능력을 지니고 있다고 생각하기 때문이다. 그래서 스토아 철학자들은 내면의 삶—판단이나 신념이나 가치나 욕망 등—은 전적으로 우리 책임하에 있다는 주장을 내세워 자신들의 생각을 보충한다. 그들의 논리에 따르면, 고뇌·슬픔·불안·우울·

---

* 우리 힘으로 다스릴 수 있는 것과 없는 것을 근본적으로 인식해야 한다는 의미.

분노 등을 경험한다면 그것은 우리의 잘못이라는 뜻이다. 에픽테토스와 세네카는 그런 감정들이 우리의 그릇된 해석과 잘못된 기대나 예측의 결과로 일어난다고 판단했다. 그런 감정은 우리 힘으로 다스릴 수 있는 일이며, 동시에 우리의 주된 임무라고 그들은 거듭 상기시킨다. 그러나 실제로 감정을 다스리는 일은 결코 쉽지 않으며, 항상 가능하지도 않다. 현실이 그렇지 않은가?

아주 어렸을 적에 입양되어 나중에 로마의 황제가 된 마르쿠스 아우렐리우스는 전문적인 철학자는 아니었지만, 그의 유명한 《명상록》*은 스토아 철학으로 단련된 사람이 쓴 일기(굉장히 세련되고 학문적인 내용을 담고 있는 일기)로 보인다. 이 명상의 기록에는 개인적인 사색이 담겨 있는데, 자기 검증과 정신훈련에 관한 내용은 물론 스토아 사상의 핵심을 포착하여 아름답게 표현한 수많은 금언이 수록되어 있다. 일상생활에서 스토아 사상의 원리를 실천하고자 했던 한 사람의 노력이 그대로 드러나고, 스토아주의자가 되려면 얼마나 많은 인지훈련이 필요한지를 여실히 보여준다. 아우렐리우스의 기록엔 "기억하라" "명심하라" "잊어선 안 된다"와 같은 명령어로 가득하다. 이런 의미에서 보면 《명상록》은 자기극복으로 나아가려는 한 사람의 여정을 기록한 것이면서

* 원제인 "Tὰ εἰς ἑαυτόν"는 '자신에게 이야기한 일'이라는 뜻이다.

그 사람, 곧 저자 자신을 위한 영적 안내서이자 철학 안내서이기도 하다.

《명상록》은 오로지 내면의 삶에 초점이 맞추어져 있다. 아우렐리우스 황제는 재위 기간 동안 맞서 싸워야 했던 외부 사건들을 언급하지 않았다. 테베레강의 범람, 기근, 166년부터 167년까지 창궐했던 역병, 왕권을 찬탈하려는 역모 등 실로 중요한 사건이 많았지만 이에 대해서는 아무 언급이 없다. 그러니까 《명상록》은 외부 세계에 관한 것이 아니라 정확한 스토아 철학의 방식으로 순전히 인지적 자기극복에 관한 기록이다. 아우렐리우스는 백성이나 적이 아니라 자기 자신에 대한 지배력을 다시금 확인하고 강조하기 위해 얼마나 노력했는지를 《명상록》에 담아 역사에 남겼다. 그에게는 철학이 무엇보다 중요한 자기 치유의 한 형식이었다.

아우렐리우스는 다양한 정신훈련 방법을 연습했다. 그중 하나는 대상을 구성 요소로 해체하여 낯설고 이질적으로 만드는 것이다. 말하자면 이 방법은 정서적 거리감을 만들어내는 것이 목적이다. 우리는 사물을 "벌거벗겨 그 껍데기나 허울을 보고, 그 사물이 자랑스레 내세우는 것들을 떼어버리도록"[11] 해야 한다. 이와 같이 "인간 경험을 발가벗기는" 방법은 사물을 더 정확하게 바라보는 스토아 철학의 탁월한 전략이다.[12]

예를 들어보자. 아우렐리우스는 음식과 섹스에 대해 이렇게 말한다. "당신 앞에 구운 고기와 같은 음식이 놓여 있을 때, 이것은 물고기의 사체이고, 저것은 새나 돼지의 사체라고 마음속에 새겨두어야 한다. (…) 성교를 할 때면 막이 마찰하여 배출된 점액이 분출하는 것에 지나지 않는다는 사실을 명심하라."[13] 외부 사건에 이성적으로 대응하는 능력을 연마하기 위해 아우렐리우스가 선호한 또 하나의 방법은 모든 욕망이 헛되다는 것을 기억하는 것이다. 그는 현상의 덧없음을, 유동적이고 순환적인 변화의 속성을, 위대한 평등은 죽음이라는 사실을 늘 상기하며 살았다. 에픽테토스와 세네카와 마찬가지로 아우렐리우스는 존재의 끝에 대해 담담함을 내보였다. 죽음? 그게 어때서? 그는 어깨를 으쓱하며 다음과 같이 말한다. "당신은 배에 올라타 항해를 시작했고, 드디어 항구에 도착했다. 이제는 배에서 내려 뭍으로 가라. (…) 당신은 늘 인간의 삶을 덧없고 하찮은 것으로 보아야 한다. 어제는 정액이었고, 내일은 미라 아니면 재로 변하고 말 것을."[14]

아우렐리우스에게는 욕망과 판단에 대한 통제가 가장 중요하다. 우리는 우리에게 주어지는 것만 바라야 한다. 달리 말하면, 바람을 전적으로 신의 섭리와 일치시켜야 한다. 따라서 외부 사건을 지배하는 어떤 행위능력을 가정하거나 없는 것을 원하는 것은 논리에 어긋나는 일일 뿐더러 우리를 실패하게 만든다. 아우렐리우스의 아주 멋진 표현 중에 기대를 잘 조절하는 것이 얼마나 중요한지를 요약한 말이 있다. "제정신이 아닌 사람만이 겨울에 무화과를 찾는다."[15]

많은 지혜가 담겨 있는 문장이다. 예를 들어보자. 우리를 돌봐주고 도와줄 친구를 원한다면 그런 능력을 지닌 사람과 친구가 되어야 한다. 자기 일에만 완전히 몰두하여 누구에게 베풀고 나눌 능력이 거의 또는 전혀 없는 사람을 선택해서는 안 된다. 만일 부모나 친구가 좀처럼 동의나 찬성을 내보이지 않는 기질이라면 다른 곳에서 동의를 구해야 한다. 연목구어緣木求魚, 즉 나무에 올라가 물고기를 구하려고 해봐야 아무 소용이 없다는 뜻이다. 마찬가지로 만일 자신의 초상화를 누가 그려주길 원한다면 실제로 그림을 그릴 줄 아는 사람을 찾아야 한다.

그런데 우리는 상대가 실현시켜주지 못하는 바를 기대하는 경우가 많다. 스토아 철학자들은 우리에게 해를 끼치는 것은 다른 사람의 행동이 아니라 바로 자신의 현명하지 못한 기대라고 주장한다. 아우렐리우스는 충고한다. "당신에게 해를 가하는 것은 다른 사람이 내보이는 마음에 있는 것도 아니고, 상황의 전환이나 변화에 있는 것도 아니다. 그렇다면 어디에 있을까? 해를 입었다고 생각하고 판단하는 당신에게 있다. 그러니 그런 생각이나 판단을 하지 말라. 그러면 만사형통하리라."[16] 바꾸어 말해, 우리에게 상처를 줄 수 있는 것은 오로지 우리 자신뿐이다. 우리는 내면의 고통을 만들어내는 유일한 존재이다. 이것은 우리를 두렵게 하면서도 자유롭게 만드는 통찰이다.

마지막으로, 다른 스토아 철학자들과 마찬가지로 아우렐

리우스도 인간은 이성적 존재이면서 본질적으로 사회적 동물이어야 한다고 크게 강조했다. 그의 자아에 대한 개념은 근본적으로 관계적이다. 우리 모두는 더 큰 사회적 집단의 부분이라는 것이다. 우리는 서로를 호의와 존중으로 대해야 하며, 항상 우리 행동이 사회에 어떤 결과를 초래할지 생각해야 한다. "벌집에 이롭지 않은 것은 벌에게도 이롭지 않다"[17]고 말한 그는 이렇게도 이야기한다. "우리는 양발, 양손, 위아래의 눈꺼풀, 위아랫니처럼 협동을 위해 태어난 존재이다. 그렇기에 서로 대립해서 무엇을 도모하는 것은 자연에 어긋난다. 분노와 거부가 바로 그런 대립이다."[18] 여기서 인간관계를 석조 아치에 비유하며 인간의 공동체적 본성을 아름답게 표현한 세네카의 말, 즉 "인간관계는 석조 아치와 같다. 돌들이 서로 지지해주기 때문에 형태를 유지하지, 만일 그렇지 않다면 석조 아치는 무너지고 만다"[19]라는 표현을 떠올릴 수 있다.

그런데 우리를 사회적이고 관계적이며 상호의존적인 존재, 더 큰 공동체에 깊이 뿌리를 내리고 있는 존재로 이해하는 견해는 20세기와 21세기의 많은 자조론에서 한쪽 구석으로 밀려났다. 현대의 자조론에서는 우리를 전반적으로 적대적 환경을 헤쳐 나가는 고립된 단자單子로 그려낸다. 그런 우리의 유일한 목적은 사회적으로 어떤 대가를 치르더라도 자신의 최고 몫을 확보하는 데 있다. 그러나 모든 행위를 경제적 이익 추구로 축소하려는 시각, 즉 경쟁적 시각에서 자아를 바라보는 것에 대한 불만이 점점 늘어나고 있다. 우리를 세상에 나가 사생결단해야 하는 외로운 전사戰±가 아니라 벌집에 속한 벌로 혹은 우리가 없으면 무너져버리는 아름다운 석조 아치의 작지만 필요한 부분으로 생각하는 게 더 낫지 않을까?

자아와 자아를 극복하는 방법에 관한 스토아 철학자들의 생각은 다른 분야에 대한 오늘날 자아에 대한 개념과도 다르다. 예를 들어보면, 스토아 철학자들은 이성의 힘과 의지력을 과대평가하는 경향이 있다. 그들은 우리에게 완전히 자율적이고 자유로운 의지가 있다고 생각한다. 하지만 어떤 사람에게는 "의지"(논란의 여지가 있는 개념이다)라는 개념이 어린 시절의 경험이나 유전적 요소로 인해 너무 부정적 영향을 받아 "의지"만으로 인지의 늪에서 벗어나기가 불가능한 것은 아니지만 매우 어려울 수 있다. 그런데 스토아 철학자들은 그런 생각을 받아들이지 않는다. 우리의 인지능력과 이성적 사고력이 심하게 왜곡되어, 더는 그런 사실조차 깨닫지 못한다면 어떻게 될까? 그렇다면 뒤틀린 이성을 사용하는 것은 더러운 개숫물로 설거지를 하는 것과 같지 않을까? 스토아 철학자들은 사고와 감정을 다스리는 또 다른 중요한 원천인 창의적 상상력도 무시한다. 부정적 사고의 벽을 무너뜨릴 수 있는 것은 이성만이 아니다. 미술, 문학, 음악, 감탄이 절로 나올 만큼 아름다운 풍경, 그리고 냄새나 맛이나 촉감 등도 그 벽을 허물 수 있다.

스토아 철학자들은 희생자 의식이란 개념을 거부하면서 운명의 불운함을 탓하는 비통함의 감정을 받아들이지 않는다. 그렇기에 오늘날 우리가 경험하는 **르상티망**ressentiment* 문화가 그들에게는 완전히 이질적일 수 있다. 스토아 철학자들은 누구나 불운의 고통을 겪는다고 생각한다. 따라서 주어진 상황을 빨리 받아들이는 게 좋다. 그들은 삶에 고통이 포함되어 있다고 생각한다. 반면에 현대의 기대지평은 사뭇 달라졌다. 우리는 행복과 안녕뿐 아니라 고민 없는 생존을 기대한다. 인생에 그런 것이 보장되지 않으면 많은 사람은 강하게 부당하다고 느낀다.

스토아 철학자들에 대한 언급을 이제 마무리하기로 하자. 그들은 자기계발을 위해서는 고되고 지속적인 노력이 필요하다고, 사실상 평생에 걸쳐 노력해야 한다고 생각한다. 아우렐리우스가 잘 알고 있었듯이, 스토아주의자가 되기 위해서는 대의에 절대적으로 헌신해야 한다. 물론 이것은 평생 학습과 지속적인 자기계발이 가능하다고 믿는 스토아 철학자들의 낙천적인 생각이기도 하다. 그들은 마음이 단련될 수 있으며, 계속 배우면 변화될 수 있다고 본다. 그러나 대부분의 우리와는 달리 스토아 철학자들은 고통과 불쾌를 피하기 위해 이러한 탐구를 시작하지 않았다. 그들의 목표는 전반적인 행복지수를 높이는 것이 아니었다. 그들은 어떤

---

* 원한이나 분노나 복수심.

운명이 닥치든 침착하고 평온하게 대처할 수 있는 정신적 태도를 기르려고 노력했다. 이런 점에서 스토아 철학자들의 목표와 방법은 노력 없이도 빠른 변화를 약속하는 많은 자조론 도서들, 오늘날 베스트셀러 목록을 채우는 책과는 확연하게 다르다.

번의 《시크릿》은 오늘날의 자조론에서 매우 중요하고 유력한 분위기가 무엇인지 잘 보여준다. 물론 이 책도 "마음을 다스려라"라는 금언을 바탕으로 하지만, 그 안에는 신비적이고 주술적인 요소가 섞여 있다. 자조론 전통에서 이만큼 이성적이고 냉정한 스토아적 접근 방식과 큰 차이가 나는 것은 없다. 스토아 철학자들은 우리가 외부 현상을 통제할 수 없다는 주장을 펼쳤지만, 번과 같이 "물질을 넘어서는 정신"을 앞세우는 작가들은 우리의 생각은 전능하며 외부 세계를 형성하는 힘을 지니고 있다고 주장한다. 19세기 후반에 시작된 이런 식의 자조론 전통은 미국에서 "마음치료mind cure"라고도 불리는 "신사고 운동New Thought movement"*으로 첫발을 뗐다. 이 운동을 주창한 사람들은, 모든 병은 마음에서 비롯되었기 때문에 바른 생각에 치유 효과가 있다고 믿는다. 이

---

* 19세기 미국에서 여러 종교 단체와 작가, 철학자들이 가담하여 인간 내면 깊숙한 곳에는 엄청난 힘이 있으며, 긍정적 사고로 그 힘을 행사할 수 있다는 신조를 내세운 마음치료 운동. 미국의 심리학자이자 철학자인 윌리엄 제임스William James는 신사고 운동과 마음치료 운동을 같은 의미로 사용했다.

운동의 주창자 중에는 미국의 시계 제작자였던 피니어스 파크허스트 퀸비Phineas Parkhurst Quimby가 있다. 퀸비의 견해에 의하면, 질병은 바르지 못한 생각이 신체적 증상의 형태로 몸에 나타나는 "마음의 자식"이다.[20] 질병이 오로지 마음 안에 있다는 사실을 받아들인다면 스스로 치유할 수 있다. 퀸비는 이 견해를 받아들인 사람은 목발을 짚지 않고도 걸을 수 있고, 안경을 쓰지 않고도 볼 수 있다고 주장한다. 이를테면 바른 생각이 상처와 염증, 심지어 종양까지도 사라지게 만들 수 있다는 것이다.

가장 유명한 마음치료 교파는 메리 베이커 에디Mary Baker Eddy가 창립한 크리스천 사이언스이다. 퀸비의 생각에 경도되었던 에디는 1875년에 그 교파의 대체 성경인《성서에 비추어 본 과학과 건강Science and Health with Key to the Scriptures》의 초판을 완성했는데, 이 책은 지금까지 900만 부 이상 판매되었다. 크리스천 사이언스는 모든 약과 외과 치료를 단호히 거부한다. 질병은 환상이기 때문에 기도로만 치료될 수 있다고 믿기 때문이다. 에디의 신학은, 현실은 순전히 영적인 것이고 물질세계는 환상에 지나지 않는다는 신비주의적인 영적 사고에 토대를 두고 있다.[21] 따라서 질병은 정신의 오류—물질과 우리의 감각을 잘못 신봉한 결과—에 지나지 않는다. 이러한 정신의 오류, 잘못된 믿음을 바로잡기 위해서는 오직 기도만이 필요하다.[22] 그러니까 퀸비와 마찬가지로 에디 역시 병은 신체적 질환이 아니라 정신적 질환이라고 주장한다. 우리는 잘못된 마음의 전제를 제외하고라도 실제로 치유할 것이 없다는 사실을 깨달아야만 스스로 치유할 수 있다.[23] 사정이 이러니 크리스천 사이언스의 보건 의료에 대한 위험천만한 태도가 수많은 신도와 그 자녀를 죽음으로 내몰았다. 많은 크리스천 사이언스 관련자들이 살인과 중대한 방치로 기소되었다.

윌리엄 제임스는 마음치료 운동과 질병의 심리적 기원이라는 생각에 깊은 관심을 내보인 철학자이자 심리학자이다.[24] 《종교적 경험의 다양성 The Varieties of Religious Experience》이란 책에서 마음치료 운동을 "낙관주의적 삶의 기획"이라고 묘사하면서 다음과 같이 말한다. "이 운동의 지도자들은 직관적으로 건강한 마음가짐에 생명을 살리는 힘이 있다고 믿는다. 그들은 용기와 희망과 신뢰가 지닌 극복의 효험을 믿으며, 따라서 의심과 두려움과 걱정과 모든 것을 신경과민적으로 경계하고 조심하는 마음을 경멸한다."[25] 여기에서 마음치료 운동의 근본 원리가 긍정심리학과 긍정적 사고의 씨앗이라는 사실을 분명히 확인할 수 있다. 긍정적 사고라는 개념은 미국의 성직자인 노먼 빈센트 필 Norman Vincent Peale이 《긍정적 사고의 힘 The Power of Positive Thinking》*을 펴내면서 처음으로 널리 알려졌다. 이 책은 영향력이 대단하지만 동시에 논란도 많다.

---

* 《노먼 빈센트 필의 긍정적 사고방식》, 세종서적, 2020.

"마음치료" 사상가로 중요한 사람이 또 있다. 바로 "끌어당김의 법칙law of attraction"의 원리들을 펼친 프렌티스 멀퍼드 Prentice Mulford이다. 그는 《생각이 실체다Thoughts Are Things》*에서 긍정적 사고는 긍정적인 결과를 끌어당기고, 부정적 사고는 부정적인 결과를 끌어당긴다고 설명한다.[26] 영적인 개념으로서 끌어당김의 법칙을 물질적 소망과 결합한 최초의 자조론 작가는 힐이다. 그가 미국 대공황 시기인 1937년에 펴낸 《생각하라 그리고 부자가 되어라》는 초대형 베스트셀러가 된 책으로, 오로지 돈을 버는 목적에만 중점을 둔 새로운 양상의 자조론 도서의 청사진이 되었다. 《생각하라 그리고 부자가 되어라》는 20여 년에 걸친 연구와 500명의 유명 거부를 인터뷰한 결과를 바탕으로 쓰였다. 전해지는 이야기에 따르면, 앤드루 카네기Andrew Carnegie, 헨리 포드Henry Ford, 프랭클린 D. 루스벨트Franklin D. Roosevelt 등도 인터뷰 대상자였다고 한다.

힐이 던지는 메시지는 간단하다. 절실히 원하면 부자가 될 수 있다. 강한 집중력으로 돈과 물질적 풍요에 관해 생각하면 온 세상이 마술처럼 우리의 무의식과 공명하여 우리가 나아갈 길에 무한한 부를 보내준다는 뜻이다. 성공은 **"성공을 의식하는"** 사람에게 찾아온다는 주장이다. **"정말이다. 생각이 실체가 된다.** 그리고 생각은 명확한 목적의식과 인내심,

---

* 《생각이 실체다》, 이담북스, 2010.

그리고 그 생각을 부나 기타 물질적 대상으로 전환하고자 하는 **불타오르는 욕망** 등과 결합할 때 막강한 실체가 될 수 있다."[27] 부자가 되기 위해서는 욕망의 대상을 명확하게 한정하여 발전시키기만 하면 된다. 그러면 생각은 "마치 자석처럼 우리의 **지배적인** 생각의 본질과 조화를 이루는 힘, 사람, 삶의 조건들을 끌어당긴다". 만일 "마음을 자기화磁氣化하고" "돈을 의식한다면" 우리는 금방 억만장자가 될 것이다.[28] 이런 메시지는 대공황 시기에 경제 파탄으로 인해 시련을 겪던 독자들에게 대단한 위로가 되었으리라. 그런데 이는 이후에도 여전히 매력적인 메시지로 독자들의 마음을 끌었다. 힐의 책은 이 분야에서 몇 안 되는 영원한 고전 중의 하나로 자리 잡으면서 오늘날에도 많은 서점의 자기계발 코너에서 볼 수 있다.

번의 《시크릿》은 힐과 같은 생각을 제시한다. 번의 "시크릿"은 끌어당김의 법칙이며, 이 책에서는 그 법칙의 원리들을 거듭 반복한다. 그리고 "형이상학자metaphysician"* "공상가" "개인 혁신 전문가"와 같은 "돈을 잘 버는 전문가들"을 동원하여 이야기를 펼친다. 물론 이들은 끌어당김의 법칙이 얼마나 경이로운지에 대해서만 얘기한다. 《시크릿》에는 편지 속에 예상치 못한 수표가 들어 있더라, 혹은 누가 마술이라도

---

* 원문을 '형이상학자'라 옮겼지만, 글의 맥락으로 보면 '탁상공론이나 펼치는 사람'이란 부정적 의미가 담겨 있다.

부린 듯 개인 상황이 극적으로 반전을 이루더라, 이런 식의 얘기들이 가득하다. 그러면서 이 "비밀"을 잘 활용하면 1000만 달러(약 130억 원) 정도는 쉽게 끌어모을 수 있다고 독자들에게 약속한다. "이 비밀이 여러분이 원하는 모든 것을 줄 수 있다"며 자신감을 불어넣는다. 그리고 말한다. "여러분은 우주에서 가장 강력한 자석입니다! (…) 여러분의 생각이 실체가 됩니다!"[29] 더 설명하면 이렇다. 생각에는 분명한 주파수가 있는데, 이는 주파수를 우주로 방출하여 우리 생각과 같은 주파수를 지닌 모든 것을 자석처럼 끌어당긴다. 따라서 우리는 "인간 송신탑"과 같은 존재일 뿐 아니라 "지상에 세워진 그 어느 방송 송신탑보다 더 강력한" 송신탑이다.[30] 과학도 이 사실을 입증한다. "양자물리학자들도 온 우주가 생각에서 나왔다고 말한다!"[31]

대부분의 사람은 혁신적 변화가 노력 없이 가능하다는 식의 허황된 약속을 의심할 것이다. 그런데 더 나쁜 것은 번의 견해가 희생자 혹은 피해자에 대한 비난으로 이어진다는 점이다. 그나 그와 뜻을 같이하는 형이상학자들은, 불행을 경험한 사람들은 이 불행의 고통에 스스로 책임져야 한다고 주장한다. 그 불행에는 암이나 성폭력, 자동차 사고, 기타 폭행 등이 포함되는데도 말이다. 번은 인생의 **모든** 재앙은 우리가 긍정적으로 사고하지 못하고, 화려한 사치품을 바란다는 즐거운 요구를 우주 공간에 강하게 전달하지 못했기 때문에 일어난다는 생각을 아주 진지하게 제시한다. 그런데다 끌어당김의 법칙을 홀로코스트로 인해 목숨을 잃은 600만 명의 유대인에게도 적용할 수 있다고 단정적으로 말한다. 분명히 유대인들을 "잘못된 시기에 잘못된 장소에 있게" 끌어당긴 것은 "공포와 이별, 무력함에 대한 생각"이었다고 주장한다.[32] 《시크릿》에 등장하는 대가들은 단호히 말한다. "여러분이 생각을 집요하게 불러내지 않는 한 그 어떤 것도 여러분의 경험 안으로 들어올 수 없다."[33]

무슨 이유로 《생각하라 그리고 부자가 되어라》와 《시크릿》과 같은 책들이 많은 사람의 관심을 끌었을까? 이렇게 생각해보자. 모든 지속적인 변화에는 노력과 불굴의 정신과 시간이 필요하다고 제시하는 책들이 과연 매력적으로 와닿을까? 어쩌면 나이 든 사람들은 더욱 재미없다고 생각할 것이다. 반면에 손가락 하나 까닥하지 않고서도 부자가 될 수 있다거나, 돈에 대해 열심히 생각만 해도 1000만 달러가 우편으로 배달될 것이라는 소리는 듣기만 해도 기분이 좋아진다. 그러니 그런 책들이 인기 있는 것은 당연하다. 번은 주장한다. "여러분은 모든 좋은 것을 누릴 권리를 가지고 태어났다!"[34] 행복과 부가 특권이라는 생각은, 분명 인생은 고해라는 스토아 철학이나 불교의 개념과는 판이하게 다르다.

그러나 이러한 종류의 책이 인기 있는 것이 인간에 대한 강한 특권 의식, 노력을 싫어하고 신속한 해결책을 바라는 마음을 충족해주기 때문만은 아니다. 또 다른 중요한 이유는 역량 강화empowerment를 바라는 우리의 오래된 욕망 때문이다. 마음치료 전통의 사상가들이 옹호하는 마술적 사고는 전능과 무적의 능력을 바라는 우리의 열망을 충족시켜준다. 이를테면 그런 식의 마술과도 같은 생각이 공격에 취약한 약점과 통제력 상실이라는 2가지 위협으로부터 우리 자신을 보호하려는 오랜 욕망을 끌어들인다. 하지만 문제는 그런 류의 책을 읽으면 일시적으로 희망도 품고 어쩌면 즉흥적으로 기대감에 부풀 수 있을지 몰라도, 어느 시점에서 또다시 불가피한 현실에 발목을 잡혀버린다는 데 있다. 그래서 기대한 부를 얻지 못하면 기분이 나쁜 것을 넘어 더욱 참담함을 느낀다. 안고 있던 문제 가운데 어느 것 하나도 해결되지 않았을 것이다. 우리에 관해 새로운 것을 전혀 배우지도 못하고, 진정 자신을 계발하는 데 도움이 될 만한 유용한 통찰도 얻지 못했을 것이다.

심리치료사들이 시장에 나온 자조론 도서 가운데 잠재적으로 매우 해롭다고 지목한 책 가운데 하나가 《시크릿》이다. 그와 대조적으로 자조 안내서로 널리 추천되는 책은 데이비드 D. 번스David D. Burns의 《필링 굿Feeling Good : The New Mood Therapy》*이다. 이 책은 독자들에게 지속적이고 눈에 띌 만한 긍정적 효과를 안겨준다고 입증된 몇 안 되는 자조론 도서 중 하나이다.[35] 1980년에 출간되었기 때문에 그 안에 담

---

* 《필링 굿》, 아름드리미디어, 2011.

긴 과학적 근거들이 이제는 첨단 정보가 아닐 수 있다. 또한 700여 쪽에 달하는 분량에다 이따금 전문적인 이론이 대단히 촘촘하게 나오기 때문에 쉽게 읽히지도 않는다. 그러나 이 책의 핵심 메시지는 우리에게 진정한 위안을 주며, 책에는 실제적 통찰이 가득 담겨 있기도 하다. 여러 면에서 이 책은 스토아주의를 더욱 실제적이고 적용 가능하게 전달하고 있다. 인지행동치료CBT를 전제한 책이라 많은 자기 점검표와 자기 측정 설문이 들어 있으며, 정신과 의사인 번스의 경험을 바탕으로 한 감동적인 일화들이 양념처럼 곳곳에 뿌려져 있다. 바로 이런 점 때문에 책은 살아 있다는 느낌을 주며, 아울러 우리에게 지적으로 다가오는 동시에 감정과 창의적 상상력을 끌어들인다.

《필링 굿》은 사고가 감정을 만들어낸다는 생각에 기초한다. 우리가 생각을 다스리는 법을 배우면 감정도 다스릴 수 있다. 이 책은 자신을 손상시키는 자기 대화를 하거나 자기를 부정적으로 보는 시각이 환자 자신에게 얼마나 파괴적인 영향을 미치는지를 깨달은 신경정신과 의사 에이브러햄 로Abraham Low, 심리학자 앨버트 엘리스Albert Ellis, 정신과 의사인 에런 벡Aaron Beck의 우울증 연구를 토대로 쓰였다.[36] 그들은 우울증 환자들이 사고장애를 앓고 있다고 결론 내렸다. 다시 말해, 환자들의 우울한 기분은 자신이 부적격한 존재라고 끊임없이 생각하기 때문에 발생한다. 우울증 환자들은 자신이 근본적으로 결함이 있다고 생각한다. 지적이거나 매력적이지 않다거나, 재능이 뛰어나지 않다거나, 호감이 가거나 사랑받을 만하지 않다고 생각한다. 심지어 자기 마음속에는 사악함이 있다고 생각한다. 이와 같은 자기 비난적인 생각은 그들 삶의 모든 면에서 나타난다. 이런 생각은 기분, 동기부여 세계관 및 인간관계에도 큰 영향을 미친다. 엘리스와 벡은 이러한 생각이 우울증 증상에 그치지 않고 신체 이상의 기본적인 요인을 구성한다고 주장한다. 요컨대 질병이다.

우울증은 자존감을 무너뜨릴 뿐 아니라 종종 심한 수치심이나 쓸모없다는 느낌과 낙심 등을 수반한다. 이런 이유로 고통 중에서도 가장 방심할 수 없는 은밀한 고통이라 할 수 있다. 건강하고 안정적인 자아감을 침식하는 우울증은 어쩌면 "대부분의 암 환자들이 사랑받는다고 느끼고 희망과 자존감을 가진다는 점에서 말기 암보다 더 심각할 수 있다".[37] 《필링 굿》의 핵심적인 교훈은 우울증 작용에 관한 연구에서 나왔지만, 이 책의 통찰은 우울증 환자가 아닌 사람에게도 의의가 있다. 번스의 사고관리 기법thought-management techniques을 통해 우리는 낮은 자존감, 분노, 죄의식, 수치심, 절망에서부터 주저하는 버릇까지 모든 문제를 해결하는 데 도움을 얻을 수 있다.

근본적으로 인지행동치료는 일종의 사고(함축적 의미에서는 기분) 변화 프로그램이다. 인지행동치료의 가장 중요한 기본 원칙—스토아 사상과 멋지게 일치하는 원칙—은 외부 사건이 아니라 그 사건에 대한 인지적 평가라는 판단이 우리의 기분을 좌우한다는 것이다. 그러니까 우리를 슬프거나 화나게 하고, 아니면 절망하거나 창피하게 만드는 것은 우리 자신이지 다른 사람이 아니라는 뜻이다. 기분이나 감정은 바로 인지 작용ー생각, 지각, 확고한 신념ー에 의해 만들어진다.

인지행동치료사들은 우리의 생각을 흐리게 하는 10가지 중요한 인지 왜곡(오류)이 있다고 믿는다. 먼저 인지 왜곡을 인식하는 법부터 알아야 한다. 그다음에 고통의 원인이 되는 상황을 비교적 객관적으로 평가해 생각을 바꿔야 한다. 그러면 합리적인 생각을 통해 비생산적인 감정 상태에서 벗어나는 법을 배울 수 있다. 가장 흔한 인지 왜곡으로는 흑백논리, 성급한 결론 도출, 극대화, 극소화, 독심술, 과잉 일반화, 정신적 여과 등이 있다. 또한 인지 왜곡은 "반드시 해야 한다"는 식의 숨 막히게 하는 표현이나 개인화하기, 이를테면 자기 능력 밖에 있는 것들을 포함하여 모든 것에 대한 책임을 전적으로 떠맡는 것에서도 나타난다.

여기서 흑백논리(독심술, 파국화, 과잉 일반화가 혼합된 사고)의 경우를 예로 들어보자. '직장에서 조그만 실수를 저질렀다. 그 순간 나는 아무 쓸모없으며 실패자이자 패배자라는 성급한 결론에 이른다. 그동안 좀처럼 실수한 적도 없고 동료들이 대단히 존중해주고 높이 평가했다는 사실도 무시한 채 하나의 실수를 너무 부정적으로 크게 부풀려 생각한다.

그러다보니 급기야 진짜 자신이 공개적으로 망신당하고 해고되는 게 아닌가 하는 불길한 예감이 엄습한다. 며칠 동안 잠도 들지 못한 채 머릿속으로 그 실수와 그로 인해 예상되는 결과들을 거듭 곱씹게 된다….' 바로 이런 식이다.

이번에는 정신적 여과의 경우를 살펴보자. '어느 날 저녁, 친구 집에서 다른 친구들과 함께 웃음꽃을 피우며 음악도 듣고, 그동안의 안부도 묻고, 서로 덕담도 나누며 즐거운 시간을 보냈다. 저녁 내내 거의 기분 좋게 지낸 것 같았다. 그런데 집에 돌아오고 난 뒤, 기분 나빴던 한순간이 문득 떠올랐다. 그리 가깝게 지낸 사이가 아닌 한 친구에게 반갑게 인사했는데 그가 별 반응을 보이지 않았다. 순간적으로 무시당한 게 아닌가 싶었다. 이 기억을 기준으로 그날 저녁에 친구와 보낸 시간을 처음부터 하나하나 되짚어본다. 내가 너무 시끄럽고 과해서 그 친구가 피했나? 나의 이야기에 기분이 나빴나? 다시는 누구의 파티에도 초대받지 못하는 것은 아닐까? 혹시 인사받지 않은 그 친구가 나를 나쁜 사람으로 생각한 건 아닐까…? 어떤 종류의 인지 왜곡이든 잔치를 굶주림으로, 성취를 실패로, 기쁨을 불행으로 바꾸는 데 아주 뛰어난(?) 재주가 있다.

인지행동치료는 정신분석과 달리 우리가 오르페우스Orpheus*

---

* 그리스신화에 나오는 시인이자 악사로, 뱀에 물려 죽어 저승에 간 아내 에우리디케 Eurydice를 구하기 위해 저승으로 내려간다.

처럼 저승으로 내려가 혼란의 근원인 문제를 해결하기를 기대하지 않는다. 그 대신에 우리의 머릿속에, 지금 이 순간의 현재에 머물기를 원한다. 인지행동치료의 목표는 우리가 **"생각하고 느끼고 행동하는"** 식으로 "신속하면서도 결정적인 변화"를 일으키도록 만드는 데 있다.[38] 우리는 감정을 그저 단순히 있는 그대로 분출시켜서는 안 되며, 액면 그대로 받아들여서도 안 된다. 오히려 감정을 비판적 검증의 대상으로 전환시켜야 한다. 번스는 말한다. "인지치료의 주요 특징 중의 하나는 당신 스스로 절대 쓸모없는 존재가 아니라는 것을 전적으로 신뢰하는 데 있다."[39]

집에서도 실행할 수 있는 가장 중요한 인지행동치료 기법은 머릿속에 있는 내면의 비판자의 목소리에 이성적으로 응답하는 법을 배우는 것이다. 이를 위해 세 부분으로 구성된 간단한 자기 점검표를 활용할 수 있다. 점검표의 왼쪽 열에는 상황에 대한 "반사적인 부정적 사고"를 기입한다. 가운데 열에는 우리를 기분 나쁘게 만드는 반사적 사고를 불러일으킨 인지 왜곡이 어떤 것인지 확인하여 기록한다. 마지막으로 오른쪽 열에는 부정적 사고에 대한 "합리적 반응"을 쓴다. 이때에는 친한 친구가 우리와 같은 부정적 사고에 젖어 있을 경우에 해줄 충고나 조언을 생각하며 적는다.

이런 식으로 반사적인 부정적 생각들을 멀리하고 그 자리에 좀 더 기분 좋고 객관적인 생각들을 채워넣을 수 있다. 그러면 결국엔 더는 점검표를 사용할 필요가 없어진다. 부정적 생각이 떠오를 때마다 머릿속으로 3단계를 따라 하기만 하면 된다. 번스는 비슷한 방식으로 자신에 대한 부정적 확신에 대해서도 점검해보라고 권유한다. 자신의 부정적 확신은 무엇인가? 그것은 어디서 비롯되었나? 여기에 어떤 왜곡이 작용했는가? 자신을 좀 더 합리적이고 객관적으로 들여다볼 방법은 무엇인가?

인지행동치료 방법이 대단히 매력적인 이유는 자신에 대해 품는 최악의 생각들이 대부분 사실에 근거하지 않으며, 종종 틀린 생각이라는 통찰을 제공하기 때문이다. 열심히 노력한다면, 우리 자신과 우리의 주요 자질에 관해 덜 감정적이고 더 분명하고 명확하게 생각하도록 정신을 훈련할 수 있다. 막연히 자신이 적격하지 않다고 혼자 끙끙 앓는 것보다 사람을 망가뜨리는 것도 없다. 카프카도 이 점을 잘 알고 있었다. 그의 작품 속 기운 넘치고 활달한 등장인물들 가운데 모호하고 그릇된 감정에 사로잡혀 세상이 던진 부정적 판단을 모두 덥석 받아들이고, 다리에서 뛰어내리라고 하면 당장이라도 뛰어내릴 인물이 어디 한둘이었던가.

긍정심리학자들 역시 자기 대화와 자기신뢰의 힘을 지극히 진지하게 받아들인다. 그러나 인지행동치료사와는 달리 기능장애에서 벗어나 삶에서 최대한 행복하게 살 수 있는지를 탐구한다. 긍정심리학은 1990년대에 미국의 심리학자인 마틴 셀리그먼Martin Seligman이 토대를 마련했다. "몰입flow"이란 개념을 대중화시킨 미하이 칙센트미하이Mihaly Csikszentmihalyi는 셀리그먼과 동료로, 둘은 긍정심리학을 "긍정적인 인간 기능과 번영에 관한 과학적 연구"[40]라고 정의한다. 긍정심리학에서도 마인드컨트롤을 중요하게 생각하면서 자신에 관한 부정적 사고와 역효과의 신념이 무엇인지 확인해야 한다고 강조한다. 그러나 부정적 사고와 역효과의 신념을 대체할 긍정적이고 생산적인 신념을 더 많이, 더 강하게 강조한다. 셀리그먼은 《플로리시Flourish : A New Understanding of Happiness and Well-Being and How to Achieve Them》*에서 인간의 번영을 가능케 하는 5가지 기본 요소로 긍정적 정서positive emotion, 몰입engagement, 인간관계relationships, 의미meaning, 성취accomplishment를 꼽았다.(영어 단어 각각의 머리글자를 따서 PERMA라 한다.)

앞에서 살펴보았던 스토아 철학과 인지행동치료의 접근 방식은 순전히 이성적이다. 마음치료와 마술적 사고의 영감을 받은 자조론은 그 반대편에 있다. 긍정심리학은 두 전통에서 최선을 뽑아 조합한 방식으로 접근한다. 말하자면 감정을 형성하는 사고의 힘을 진지하게 받아들이지만, 다른 한편으로 가치와 의미에 초점을 맞춘 긍정적인 자기 대화와 자기신뢰가 세상에서의 성취와 성공에 어떤 영향을 미치는지도 보여준다. 나아가 상상력도 활용하라고 주문하면서 부정적 결과보다 긍정적 결과를 시각화하는 것이 중요하다고

---

* 《마틴 셀리그먼의 플로리시》, 물푸레, 2020.

강조한다.

셀리그먼은 《낙관성 학습 Learned Optimism》*에서 삶에 대해 생각하는 2가지 방식으로 낙관적인 사고방식과 염세적인 사고방식을 제시한다. 염세적인 사고는 우리의 행위나 노력이 아무런 의미 있는 결과를 가져다주지 않는다는 믿음에 토대를 두고 있다. 그 결과 "학습된 무기력 learned helplessness"으로 이어지고, 이를 통해 삶에서 일어나는 사건들의 인과관계를 해석하게 된다. 따라서 염세주의자들은 불행한 사건들은 어디서든 계속 일어나며, 순전히 개인 탓이라고 여긴다. 그 진영에 속해 있다면, 불운은 영원히 계속되고, 삶 전반에 영향을 미치며, 우리 잘못으로 벌어졌다고 믿는다. 반면에 좋은 일은 정반대로 생각한다. 즉 덧없이 지나가며, 어쩌다 우연히 일어났으며, 그래서 과분한 행운에 불과하다고 치부해버린다.

우리의 행위가 헛되다는 생각은 염세적 사고의 핵심일 뿐 아니라 우울증의 주요한 원인이기도 하다. 셀리그먼은 이런 사고가 건강상의 여러 문제, 짧은 수명, 사는 동안 겪는 더 불행한 일들(그런 일이 일어나리라는 예상이 자기충족이 될 수 있다는 의미에서), 무기력, 수동적 태도, 낮은 성취 등의 원인이라고 주장한다.[41] 그러나 좋은 소식은 어쩌다 염세주의자가 되었더라도 사고방식을 바꿀 수 있다는 사실이다.

———

* 《마틴 셀리그만의 낙관성 학습》, 물푸레, 2012.

셀리그먼도 우울증과 염세적 사고를 의식적 사고의 장애로 이해한다. 의식적 사고가 길을 잘못 들어서면 사고하는 방식에 직접적인 긍정성 강화 공격을 퍼부어야 한다. 셀리그먼은 긍정적 사고를 축으로 인지행동치료 기반의 체제를 제시한다. 그러나 그가 생각한 긍정적 사고는 마술적인 최면술을 하는 사람들의 주장보다는 더 굳건히 이성과 현실에 연계되어 있다. 셀리그먼은 공허한 긍정적 만트라를 권장하지 않는다. 또한 현명하게도 "맹목적 낙관주의blind optimism"보다 "유연한 낙관주의flexible optimism"를 내세운다. 그의 이러한 접근 방식은 증거를 기반으로 하고 있다. 즉 사실이다. 우리 자신, 우리 기술, 우리 잠재력에 대해 더 낙관적으로 바라볼수록 우리가 더 행복해지고, 더 성공적이고 건전하게 살 가능성이 높다는 연구 결과에 기반한다.[42] 자기신뢰와 자기효능감과 동기부여와 같은 부문에서 훨씬 더 높은 점수를 받는 낙관론자들이 염세론자들보다 목적을 달성할 가능성이 더 높다. 그렇다면 염세적 사고를 통제하고 대신 그 자리에 더욱 희망적 사고를 채워야 한다는 것이 더욱 확실해진다.

마술적 사고의 자조 체제는 논리나 증거 앞에서 무릎을 꿇을 수밖에 없지만, 여전히 사람들의 마음을 강하게 사로잡고 있다. 가짜 뉴스처럼 근절하기가 어렵다. 노력을 들이지 않아도 되고, 즉각적으로 변화되며, 낙관적이고 좋은 느낌만 들면 된다는 식의 메시지에 사람들이 쉽게 말려들기 때문이다. 더욱이 경제적 현실과는 전혀 맞지 않게 엄청난 부를 약속함으로써 물질적 욕망을 무기화한다. 따지고 보면 이런 종류의 자조론은 생각과 욕망만으로도 환경을 통제할 수 있다는 식의 고대부터 이어져온 오래된 인간의 환상과 관련이 있다. 말하자면 인간이 품고 있는 환상이란, 정신이 물질을 지배한다는 생각에 분명히 드러나듯, 인간 마음에 마법의 힘이 있었으면 하는 꿈을 나타낸다.

이런 종류의 자조론의 인기를 인간의 행위능력을 과대평가하는 오만함의 징후라며 쉽게 뿌리칠 수도 있다. 심지어 인간에게는 누구도 구속할 수 없고 흔들 수 없는 특권이 있다는 정신 습속에서 비롯된 자연스러운 결과라고 볼 수도 있다. 물론 이러한 경향을 좀 더 너그럽게 읽어내려는 사람들도 있다. 《시크릿》과 같은 도서들이 약속하는 것은 분명히 환상에 지나지 않기에, 현실도피로 보면 그만이다. 그런 책은 우리에게 기분 좋은 백일몽을 제공해준다. 우리의 사회경제적 처지에서 잠시 벗어나게 해주며 위안도 안겨준다. 우리 현실에서 사회이동social mobility*의 가능성은 동화 속 이야기와 같지 않은가?

오늘날의 자조론 문학에서 스토아적인 마음 조절 모형은 아직도 영향을 미치고 있다. 그러나 이처럼 이성을 지나치

---

* 계층이동과 같은 뜻으로, 개인이나 집단이 현재와는 다른 사회경제적 위치로 옮겨 가는 것을 말한다.

게 강조하는 초이성적 조절 전략은 효과 없다고 비판하는 사람들도 있다. 사실 그런 모형들은 상황을 더욱 악화시킬 수 있다. 먼저 부정적 사고를 떠올려야 한다는 점에서, 장기적으로는 그런 비생산적인 사고를 통제하는 것에서 더는 나아가지 못한다는 점에서 우리를 이중으로 불편하게 만들 수 있기 때문이다.[43] 또한 이러한 이론에는 상상력이 개입할 여지가 없다. 우리는 강력한 변형의 힘을 지닌 상상력을 결코 과소평가해서는 안 된다. 스토아 철학자들이나 인지주의자들이 고려하지 못한 것이 또 있다. 바로 누구의 도움도 받지 않고 오로지 이성의 힘만으로 불행에서 벗어날 수 있는 능력은 사람마다 매우 다르다는 점이다. 그러한 접근 방식이 잘 작동되는 사람도 있겠지만 별 효과가 없는 사람도 있다. 또한 인지행동치료를 비판하는 사람들은 서양에서 이 치료법이 가장 많이 처방되는 이유가 저렴하기 때문이라고 주장한다. 심층심리학을 기반으로 하는 접근 방식보다 처방이 상당히 빠르게 진행되기 때문에 비용 면에서 훨씬 더 효율적이다.

더욱이 스토아적 방법은 마음을 전쟁터로 만들어버려 마음속에 침투하는 생각들이 "아군"인지 "적군"인지 구분하면서 끊임없이 경계해야 한다. 따라서 에너지 소모가 상당하며, 우리는 불가피하게 우리 생각을 감시하는 경찰이 되어야 한다. 우리의 임무는 비이성의 산물을 추적하여 그것들이 어디에서 왔는지 알아내는 것이 아니라, 비이성의 산물을 끈덕지게 설득하여 이성적 정당성이 없다는 사실을 스스로 인정하고 사라지도록 하는 데 있다. 그런데 우리는 순전히 이성의 피조물이 아니다. 철학자 로슨은 기본행동default behavior*이 우리가 생각하는 것보다 "훨씬 더 자동적이고, 심오하게 사회적이며, 좀 더 구체적"이라며 이렇게 말한다. "합리성은 탐구의 한 방법이지 존재의 특징이 아니다. 합리적이라는 것은 할 수 있는 많은 것 중의 하나이지 우리 존재의 그 무엇이 아니다."[44]

또한 우리는 완전히 이성적인 행위자가 되기를 갈망해서는 안 된다. 결국에는 순전히 이성적이면서 자기 이익만을 추구하는 **호모 이코노미쿠스**homo economicus(경제적 인간)라는 개념이 우리의 사회적 상상과 경제 모형에 엄청난 피해를 입혔다. 이런 인물은 좀비처럼 계속 떠들어대며 다가오는 죽은 자의 모습으로 우리 주변을 맴돌고 있다. 아무튼 우리는 본질적으로 정서와 상상력을 갖고 태어났으며, 이것이 우리를 인간답게 만들어준다. 그런데 이미 많은 사람이 이성의 지배를 받아 감정과 직관에 귀를 기울이지 않는다. 스토아적 방법을 너무 엄격하게 따르다보면 이런 불균형은 더욱 심해질 것이다.

그러나 스토아주의의 가장 근본적인 문제는 어쩌면 외부

---

* 생각하지 않고 하는 행동으로, 습관이나 반복해서 늘 하는 일상적인 행동, 충동적인 행동 등.

와 내면 사이에서 변화시킬 수 있는 것과 없는 것을 너무 엄밀하게 구분하는 데 있지 않나 싶다. 마술적 사상가들이 외부 세계에서 인간의 행위능력을 과대평가했다면, 스토아 철학자들은 거꾸로 그런 능력을 과소평가하고 있는 것 같다. 과거 절대전제주의 통치 아래에서는 외부 환경에 긍정적 영향을 미칠 가능성이 오늘날보다 더 제한적이었다. 그러나 오늘날 시대는 아주 다르다. 그렇기 때문에 우리는 외부 세계에서 우리의 행위능력이 영향을 미칠 수 있는 잠재적 범위를 아주 치밀하게 평가해야 한다. 물론 결코 쉬운 일은 아니다. 우리가 통제할 수 있는 것과 없는 것이 무엇인지 여전히 중대한 문제로 남아 있다. 긍정심리학은 이러한 난제에 대한 좀 더 실용적인 방법을 제공해줄 수 있을 것이다. 우리가 부정적인 자기 대화나 주요 신념에 크게 휘둘리지 않고 삶을 훨씬 더 희망적인 시각으로 바라본다면, 외적 목표를 달성하는 데 더욱 성공할 가능성이 높다.

3장

내려놓아라

거릴 두고 보면 모든 게 작아 보여.
날 두렵게 했던 거 이젠 겁나지 않아.
차가운 공기 속에 의지는 강해져.
내가 걷던 세상을 향해 이젠 소리칠 거야.

_〈렛잇고 Let It Go〉에서

영화 〈겨울왕국〉에는 극적인 해방의 순간이 나온다. 엘사 여왕이 지난 삶을 뒤로하고 산속으로 들어가면서 노래하던 찰나이다. 고대 원형과 현대 자조론의 진부한 상투어가 한데 결합된 엘사의 〈렛잇고〉라는 노래는 완전한 해방을 통한 마술적 변화를 축하하는 대단히 매력적인 메시지를 전달한다. 이 노래는 자신의 진정한 본성을 억누르면서까지 타인을 즐겁게 해주려는 노력을 그만두면 누구도 멈출 수 없는 폭발적인 힘이 있다는 것을 암시한다. 다시 말하자면, 진정한 자아를 끌어안고 본연의 자신이 되기만 한다면 충만한 잠재력을 실현시킬 수 있다는 의미이다. 자기 변화에 성공한 이전의 많은 주인공처럼 엘사는 극적으로 자신의 문화적 외피를 벗어던진다. 짧은 망토와 장갑은 바람에 날려보내고, 왕관은 밤의 어둠 속에 던져버리고, 머리도 풀어헤치고, 반짝이는 얼음처럼 푸른빛으로 빛나는 옷을 입고 나타난다. 획기적인 내면의 변화가 일어난 것이다. 엘사는 외부 세계에 순응한 듯한 모든 상징물과 함께 자신을 고통스럽게 만들었던 사회적 기대도 다 떼어낸다. 그리고 다른 사람과 다른 특별한 능력을 감추기보다 공개적으로 내보이고, 그래서 자연의 힘을 마음대로 조정할 수 있게 된다. 여기에 한 가지 문제는 있다. 바로 산꼭대기의 얼음 궁전에 혼자 있다는 사실이다. 자기실현이라는 해방의 순간은 곧 근본적인 고립의 순간이기도 하다.

다 잊고 내려놓으라는 고대의 명령에 관한 21세기 서양의 해석은 대부분 비슷한 양상을 띤다. 많은 자조론 도서에서는 개인의 욕구와 충돌할 경우 사회적 기대를 버리라고 조언한다. 이들은 관습을 깨고 자신의 고유함과 특유성을 찬양하라고 요구한다. 다르다는 것은 좋은 것일 뿐 아니라 특별한 능력일 수 있다. 이제 개인적 욕망의 실현을 방해하는 사회적 규범에 대한 경멸을 내보이는 자조론 안의 하위 장르(대부분 제목에 "퍽잇F**k lt"이 포함됨)가 있다.

이런 종류의 도서들은 선한 존재로 태어난 우리를 나쁘게 만드는 것은 사회와 사회의 왜곡된 가치라는 장 자크 루소 Jean-Jacques Rousseau의 주장에서 파생된 극단적 산물이다. 문화를 부정적인, 더 나아가 독성을 지닌 세력으로 바라보는 낭만주의적 사고는 1960년대에 다시 한번 주목받게 된다. 인간잠재력개발 운동과 캘리포니아에 있는 에슐런 교육센터*

---

* '인간잠재력개발 운동'은 인간의 잠재력을 깨워야 한다는 취지로 1960년대에 사회

와 연계된 심리학자들은 자기진정성과 자기실현을 인간이 지닌 최고의 덕목이라고 선언했다. 그들은 욕망을 억압하지 않고 파괴적인 문화적 규범에서 벗어나야 진정한 우리 자신이 될 수 있다고 주장했다. 바로 같은 1960년대에 등장한 반정신의학 운동**은 광기나 사회적 소외가 좀 더 진정한 존재 방식이라고 평가하기도 했다.

반면에 동양에서 말하는 내려놓음의 원래 의미는 서양의 내려놓음과 정신적 측면에서 사뭇 다르다. 욕망을 내려놓으라는 가르침은 불교의 중심 교리이다. 불교 사상에서 말하는 내려놓음은 무엇보다도 욕망의 불길을 꺼버리는 일이다. 육체적이고 세속적인 욕망을 내려놓는 법을 배우면 모든 고통의 뿌리가 되는 자아에의 집착에서 벗어나는 법을 배울 수 있다. 그러면 서서히 우리는 우리 자신을 타 존재와 다른 개별적 개체가 아니라 더 큰 전체의 한 부분으로 인식하게 될 것이다.

노자老子는 자기개선의 전략으로 내려놓음을 옹호한 가장 유명한 인물이다. 《도덕경道德經》에서 그는 받아들임과 놓아버림, 그리고 의식적 분투노력의 중지에 기반을 둔 마음가

의 지배적 문화에 대항하는 반문화counterculture의 기류에서 태동했다. '에슬런 교육센터'는 1962년에 설립된 인본주의적 대안교육을 실시하는 비영리 교육센터로, 인간잠재력개발 운동에서 중요한 역할을 담당했다.

** 표준적인 정신의학 이론 및 실제의 정당성에 의문을 제기하며 광범위하게 일어났으며, 정신과 치료가 오히려 환자에게 해가 된다고 주장했다.

짐을 강조한다. 도교의 내려놓음에는 자연 질서에 저항하지 않는다는 생각이 중심에 자리 잡고 있다. 있는 그대로 받아들이고 특정 결과에 집착하는 마음을 풀어놓아 의지를 우주의 힘에 맡겨버리라는 뜻이다. 삶이 어떠하든 간에 삶과 근본적으로 화해하고 감수하는 마음가짐을 권고한다. 만물은 유전하기 때문이다. 우리가 어느 한순간에 불운하다고 판단하는 것이 곧 행운으로 바뀔지 누가 알겠는가.

현 상황을 무비판적으로 수용하는 마음가짐은 도교 신자인 어느 농부에 관한 짧은 이야기에서 다음과 같이 아름답게 표현되고 있다.

옛날 옛적, 고대 중국에 어느 농부에게 말 한 마리가 있었다. 그를 보고 이웃들이 말했다. "자네는 정말 복도 많아! 자네 대신에 마차를 끌어줄 말이 있으니 말이야." 그러자 농부가 대답했다. "그러게 말일세."

어느 날, 농부가 그만 대문을 잠그는 걸 깜빡하고 말았다. 그래서 열린 대문 밖으로 말이 달아났다. 이웃들이 안타까워 외쳤다. "정말 안됐네! 어떻게 그런 일이! 정말 운도 없어!" 농부가 대답했다. "그러게 말일세."

그로부터 이삼일이 지났을까, 달아났던 말이 돌아왔다. 그것도 야생마 여섯 마리를 데리고 말이다. "어떻게 이런 놀라운 일이! 자네는 정말 최고로 운이 좋은 사람일세." 이웃들이 말했다. "이제 자네는 부자가 됐어!" 그러자 농부는 이렇게 대답했다. "그러게 말일세."

그다음 주, 농부의 아들이 야생마 한 마리를 길들인다고 나섰다. 그런데 그 야생마의 발에 치여 아들의 다리가 부러지고 말았다. 그 소식을 들은 이웃들이 말했다. "저런, 저런! 어떻게 또다시 그런 안타까운 일이!" 농부가 대답했다. "그러게 말일세."

다음 날, 황제의 군사들이 마을에 들어와 전쟁에서 싸울 병사들이 필요하다며 젊은이들을 모두 데려갔다. 농부의 아들은 다리가 부러졌다는 이유로 다행히 끌려가지 않았다. 그러자 이웃들이 소리쳤다. "자넨 정말 운도 좋아!" 그러자 이번에도 농부는 똑같이 대답했다. "그러게 말일세."[1]

농부는 어떤 운명에도 크게 기뻐하거나 절망하지 않고 지혜롭게 그대로 받아들인다. 상황은 끊임없이 변한다는 사실을 알기에 자기에게 일어나는 일에 저항하지 않는다. 각각의 상황에서 다행 혹은 불행이라는 생각이 극적으로 역전되는 것을 보면, 삶에서 무엇이 좋은 일이고 나쁜 일인지 알 수 없다.

앞에서 살펴본 것처럼, 서양식 내려놓음은 자아에 많은 힘을 실어주고 욕망이 좀 더 효율적으로 충족될 수 있도록 해주는 데 있는 반면에, 고대 동양의 내려놓음은 매우 다른 방식으로 우리를 강화한다. 말하자면 동양에서는 욕망과 이러하리라는 가정과 특정 결과에 대한 집착에서 가능한 한 많이 벗어날수록 소중한 자유—지금 여기에서 일어나는 일을 차분하게 받아들이는 평정심과 내면의 평화—를 얻을 수 있다고 강조한다. 이와 같이 서로 다른 내려놓음의 방식이 근본적인 수용과 전념과 행위를 결합하고자 하는 수용전념치료에 기반을 둔 자조론에서 재미있게 결합되어 나타난다.

자기계발의 기법으로서 내려놓음이란 개념이 어떻게 전개되었는지 살펴보면 동양적 가치와 서양적 가치 사이에서 중요한 차이를 분명하게 확인할 수 있다. 처음에는 현재를 수용하고 욕망을 잠재우는 형태로 나타났다. 그다음에는 사회의 관습에서 우리 자신을 해방시켜야 한다는 이론으로 발전하더니, 자신에 대한 자기애적 집착을 버리고 영혼 밖에서 의미를 찾아야 한다는 생각으로 이어진다. 그러다 자기본위를 옹호하고, 기업가정신의 유연성과 적응성을 위한 비결이라고 주장하는 모형에서 절정을 이룬다. 그러니까 내려놓음의 개념은 여러 가지 다양한 의미로 변주되어 사용되었다.

세상에서 두 번째로 널리 번역된 노자의 《도덕경》은 《성경 聖經》 다음으로 대중의 사랑을 받는 텍스트이다. 시적인 문체에 해석의 가능성을 다양하게 열어놓아 의미가 풍부하며 시공간을 초월하는 통찰이 가득하다.[2] 《도덕경》의 중심 주제는 내려놓음의 기술을 실천에 옮겨 정신적 자기 수양에 이르는 데 있다. 전통과 예를 존중하고 따라야 한다고 강조하는 유교와 달리 《도덕경》은 좀 더 단순하고 진정성 있고 직관적인 삶의 방식으로 돌아가면 우리 자신을 개선할 수 있다고 내세운다.[3]

이 텍스트와 저자는 둘 다 신비에 휩싸여 있다.[4] 《도덕경》의 **덕**은 선행을 의미하는 "덕德"이나 "힘"을 말하고, **경**은 고전이란 의미의 "경전經典"을 뜻하며, **도**는 "길道"이다. 따라서 텍스트의 제목을 다시 풀어보면 "길과 덕에 관한 경전"이라 할 수 있다. 여기서 "길"은 올바른 행동 과정은 물론이고 그 과정으로 나아가는 방향에 관한 가르침을 뜻한다.[5] 어떻게 보면 노자는 역사적 인물이라기보다 전설적 인물이라 할 수 있다. 종교적 맥락에서 도교를 이해할 때 신성한 존재로 추앙받는 노자는 어떤 자료에 따르면, 공자孔子와 같은 시대를 살았으며 공자보다 나이가 많고, 어쩌면 공자의 스승이었을지도 모른다.[6] 전해져 내려오는 말에 의하면, 노자는 주周나라에서 문서보관자로 일하다 우연히 만난 공자에게 이러저런 가르침을 주었다고 한다. 그런데 나라가 쇠퇴하는 상황을 보고 궁을 떠나 변방에서 은둔의 삶을 살기로 결심한다. 말하자면 문화를 뒤로하고 자연으로 돌아가겠다고 결정한 것이다. 그러나 함곡관의 수문장이 그의 가는 길을 가로막았다. 그리고 노자에게 가르침을 기록으로 남기라고 명령했다. 노자는 5000자의 《도덕경》을 써서 수문장에게 건네주고 다시는 모습을 보이지 않았다고 한다.[7]

공자 시대에 주나라는 급격히 쇠퇴했다. 춘추시대와 전국시대에는 악의적인 음모가 횡행했고 내란이 끊이질 않았다. "제자백가"가 주도권을 놓고 서로 경쟁하던 분열의 시대였다. 공자와 노자는 이러한 시대에 극심한 사회적·정치적 혼란을 해결하고자 이를테면 "철학적 행동 지침"이라고 부를 만한 것을 세상에 내놓았다. 두 사람의 철학에서 중추적 위치를 차지하는 자기 수양은 정치적 변화를 위한 전제 조건이었다. 그러나 두 사람의 제안은 크게 차이가 난다. 공자는 사회적 위계질서와 의식, 조상 숭배, 그리고 향수를 불러일으키는 과거 전통에 대한 찬미에 바탕을 둔 순응주의적 해결책을 제시하면서 공적 영역에 초점을 맞추어 사상을 펼쳤다. 반면에 노자는 사적 영역에 더 많은 관심을 기울이면서 자기진정성·창의성·자발성의 힘을 강조했다는 점에서 공자와 다르다.[8]

도 외에 도가 사상의 핵심 개념은 **자연**自然(스스로 그러한 것)과 **무위**無爲(아무 일도 하지 않음)이다. 우리의 올바른 존재 양식은 원초적 자연을 따르고, 자연적으로 타고난 선함을 받아들이는 것이다. 그러나 주왕조에서 이러한 자연적 생활 방식은 비정상적인 기후로 상실되었다. 노자는 문화가 변덕스럽고 해롭다고 느꼈다. 따라서 자신의 뜻을 따르는 사람들에게 존재의 자연 상태로부터 소외시키는 모든 문화적 전제를 거부하라고 충고하면서[9] 안녕에 해가 되는 모든 관습을 내려놓으라고 권고한다. 그러나 "자연스러운" 특성과 "문화적" 특성을 명확하게 구분 짓는 일은 결코 수월하지 않다. 이는 오늘날에도 심리학자·생물학자·인류학자·사회학자들이 해결하고자 씨름하는 아주 복잡한 문제이다.

무위 혹은 "아무 일도 하지 않는 비활동"은 "의도를 품지 않은 활동" "억지 부리지 않는 활동" "노력을 기울이지 않는 활동" 등으로 이해할 수 있다. **무위**는 욕망의 지시에서 벗어난 자유로운 상태로 보는 것이 어쩌면 그 뜻을 가장 잘 이해한 것인지도 모른다. 하지만 욕망이 없는 것을 욕망하는 것은 역설적인 목표이며, 많은 사람이 당혹해하는 복잡한 논리적 결론일 수 있다. 노자는 이렇게 말한다. "억지로 행하는 자는 일을 망치게 되고, 억지로 붙잡는 자는 잃게 된다. 그런고로 성인은 억지로 행하는 것이 없으므로 망치는 일이 없고, 억지로 붙잡는 것이 없으므로 잃는 일도 없다. (…) 그런고로 성인은 욕망하지 않기를 욕망한다."[10]* **무위**는 논리적으로 이해하기 어려운 개념이다. 여러 의미로 번역될 수 있을 뿐 아니라 근본적으로 다른 뜻으로 해석될 가능성도 열려 있다. 종합적으로 소박함, 고요함, 자기에게 도움이 되는 욕망의 부재로 특정되는 어떤 정신 상태로 묘사하는 것이 최선의 해석이다.[11]

이 유명한 텍스트에서 노자는 소극성과 순응적 태도를 여

---

* "爲者敗之, 執者失之, 是以聖人無爲故無敗, 無執故無失. (…) 是以聖人欲不欲." 《도덕경》 제64장.

성원리와 연결시켜 여성원리를 남성원리보다 높게 평가한다. "여성은 언제나 그 고요함으로 남성을 넘어선다"*고 표현한 그는 이렇게도 말한다. "세상에서 가장 유순한 것이 세상에서 가장 완고한 것을 이긴다. 실체가 없는 것이 틈이 없는 곳으로 들어갈 수 있다. 내가 무위가 이롭다는 것을 아는 까닭이 여기에 있다."** 따라서 **무위**는 섬세하면서도 지극히 효과적인 방식의 부드럽거나 소극적인 힘을 말한다고 할 수 있다. **무위**는 자의적인 도덕적 규범과 비뚤어진 욕망에서 해방되어 본연의 자연스러운 덕성德性의 상태로 돌아가는 수단이다. 말하자면 **무위**는 자기진정성을 갖고 세상을 생각하고 느끼고 경험하는 하나의 방식으로, 의지적이고 이성적인 마음 상태라기보다 보편적인 윤리적 정향성定向性이다.

그런데 이 과정에서 노력이나 의지력의 역할이 대단히 모순적이다. 자기개선은 노력이나 결단력으로 달성되는 것이 아니라 스스로를 낮추고 받아들이며 모든 저항을 포기하는 가운데 이루어진다고 봄으로써, 대부분의 자조론 모형과는 완전한 대조를 보인다. 그러므로 유연한 부드러움이《도덕경》에서 매우 높게 평가되는 자질 중 하나로 나오는 것은 당연하다. 노자는 말한다. "사람이 살아 있을 때는 부드럽고 약하지만, 죽으면 단단하고 뻣뻣해진다. 세상만물, 나무와

---

* "牝恒以靜勝牡."《도덕경》제61장.
** "天下之至柔, 馳騁 天下之至堅, 無有入無間. 吾是以知無爲之有益."《도덕경》제43장.

풀도 살아 있을 때는 연하고 부드러우나, 죽으면 말라 딱딱해진다. 그런고로 단단하고 강한 것은 죽음의 동지이며, 부드럽고 약한 것은 삶의 동지로다."* 이런 노자의 생각은 물의 힘 그리고 계곡과 여성에 숨어 있는 힘과 관련된 은유를 통해 다양하게 표현된다. 예를 들어 노자는 이렇게 충고한다. "남성을 알면서 여성을 유지하라." 그리고 "세상의 계곡"이 되어야 하며, 항상 "다듬지 않은 통나무 상태로 돌아가야" 한다고 주장한다.**

다듬지 않은 통나무는 자연스러운 존재 방식에 대한 아주 강한 이미지이다. 이를테면 통나무는 꾸밈이 없지만 잠재력이 풍부하여 문화 이전의 자아가 지닌 평범한 아름다움을 상징한다. 그 외에도 다른 많은 구절에서 노자는 낮은 위치, 투박하고 장식이 없는 것, 산보다 계곡 등 전통적으로 평가절하된 개념들을 의도적으로 높게 찬미하면서 관습적인 가치들을 근본적으로 전복한다.

따라서 도교의 자기 수양은 성장과 변화로 향하는 통로로서 이성이나 의지력이나 노력에 특권을 부여하지 않는다는 점에서 대부분의 다른 모형과 근본적으로 다르다. 도가 사상은 직관, 소박함, 자발성, 창의성 그리고 자기진정성을 중시한 초창기 생生의 철학 가운데 하나이다. 나중에 살펴보겠

---

* "人之生也柔弱, 其死也堅强. 萬物草木之生也柔脆, 其死也枯槁. 故堅强者死之徒, 柔弱者生之徒."《도덕경》제76장.
** "知其雄, 守其雌, 爲天下谿. (…) 復歸於樸."《도덕경》제28장.

지만, 19세기에 유럽의 낭만주의도 이와 비슷한 가치를 포용했다. 아무튼 존재의 자연스러운 상태로 들어서는 주요 방법은 내려놓음이다. 즉 우리의 열망, 목적, 고정관념, 심지어 사회 관습까지도 다 버리는 것이다. 따라서 도교는 반권위주의와 불순응의 성향이 아주 강하다.[12] 또한 역설과 수수께끼 같은 난제를 끌어들임으로써 우리 자신과 세계를 이해하는 이성적 방식의 한계를 보여준다. 자연과 인간의 내재적 선함을 기리고 문화를 우리를 좀먹는 세력으로 선언하는 도가 사상은 도구적 이성과 사회적 관습의 권위에 도전하는 반문화적 반항을 후대에 앞서서 보여준 사상이다. 진정한 자기 모습으로 돌아가라고 촉구하면서 자연의 질서와 우주적 흐름에 우리 자신을 맞추도록 재정비하라고 요구한다.

불교가 무대 중심에 등장하면서 욕망을 내려놓으라는 명령은 더욱 중요한 가르침이 되었다. 전해져 내려오는 이야기에 따르면, 붓다는 깨달음을 얻기 전까지 기원전 5세기경에 인도 동북부에서 고타마 싯다르타라는 이름의 왕자로 살았다.[13] 아무 어려움과 괴로운 일 없이 호화롭고 편안하게 살았던 그는 스물아홉 살에 궁궐을 떠나기로 결심한다. 그는 성 밖으로 나와 맨 처음 노인과 병자와 죽은 자를 보고 인생은 고통이라고 깨닫는다. 그리고 고행 중인 승려를 만나면서 자기 탐닉에 빠져 쾌락을 추구하던 삶을 버리고 정신 탐구의 길을 떠난다. 6년간 그는 다양한 철학적 명상과 요가 수행과 금욕을 실천하며 살았다. 그리고 극단적 자기 부정이 깨달음으로 나아가는 길은 아니라는 결론에 도달하고, 지나친 탐닉과 철저한 금욕의 극단에서 벗어난 절도 있는 삶의 방식, 즉 "중도中道"를 받아들였다. 어느 날, 그는 보리수 아래에서 깊은 명상에 잠겨 있다가 그토록 바라던 깨달음의 경지에 이른다. 그동안 자신의 모든 갈망을 잠재우고 존재의 진정한 본질을 헤아려왔음을 깨달았다. 이제 붓다는 삶과 죽음과 고통의 인생유전人生流轉, 즉 윤회輪回라는 **삼사라**samsāra*에서 영원히 해방되었지만, 그래도 속세의 존재로 계속 살아가기로 결심한다. 그리고 점점 늘어나는 제자들에게 자신의 깨달음을 전하기 위해 법륜法輪의 수레바퀴를 돌리기 시작했다.

불교의 궁극적 목표는 욕망 때문에 계속되는 고통과 환생의 순환을 정지시키는 데 있다. 인간의 고통은 집착하지 않고 모든 현상의 유한성을 이해하면 끝낼 수 있다. 따라서 불교 사상에서 가장 중요한 지상명령은 욕망과 집착(자기의식에 대한 집착도 포함)을 내려놓으라는 것이다. 불자들은 다르마Dharma, 즉 사성제四聖諦라는 4가지 고귀한 진리를 인정한다. 즉 인생은 고통이고, 고통은 갈망 때문에 생겨나고, 고통에는 끝이 있으며, 그 끝에 이르는 길은 있다라는 고집멸도苦集滅道가 바로 그것이다. 무지와 욕망이 인간 고통의 주요 원

---

* 산스크리트어로 '계속되는 흐름'이란 뜻이다.

인이다. 불처럼 욕망은 "만족하지 않고, 모든 것을 다 집어 삼킨다. 눈 깜짝할 사이에 급속도로 퍼지면서 새로운 대상에 달라붙어 누그러지지 않는 갈증의 고통 속에 활활 타오른다".[14]

열반涅槃을 의미하는 니르바나nirvana는 문자 그대로 욕망의 불을 "끈다" 또는 "불어서 끄다"라는 뜻이다.* 욕망은 오직 슬픔과 두려움만 낳을 뿐이다. 붓다에 따르면, 우리는 욕망 때문에 경험으로 깨닫기는커녕 어느덧 사라지는 대상을 정신없이 좇아 헤매다 죽을 수밖에 없는 원숭이와 같은 존재로 전락한다. 말씀을 들어보자. "음탕한 짓을 행하는 자의 욕망은 덩굴처럼 끝없이 자라나는지라 열매를 얻지 못하고, 이 나무 저 나무 덧없이 헤매는 숲속의 원숭이처럼 죽음의 세계를 이리저리 뛰어다닌다. (…) 그러나 이 속세에서 자신의 이기적인 갈망을 이겨낸 자는 누구든지 물방울이 연잎에서 떨어지듯 슬픔이 사라지게 될 것이로다."[15]**

그러나 불자들은 욕망을 내려놓는 것이 평생에 걸쳐 이루어져야 할 몹시 힘든 과정임을 안다. 효과적으로 내려놓음을 하려면 근본적이고 항구적인 치료가 선행되어야 한다. 그래서 붓다는 말한다. "나무가 잘려나간다 해도 그 뿌리가 손상되지 않고 튼튼하다면 다시 자랄 수 있듯이, 욕망의 근

---

* 산스크리트어로 'nir-'는 '끈다'는 뜻이고, '-vāṇa'는 '불火'이라는 뜻이다.
** "心放在婬行 欲愛增枝條 分布生熾盛 超躍貪果猴." "人爲恩愛惑 不能捨情欲 如是 憂愛多 漉漉盈于池."《법구경法句經》제24장〈애욕품愛欲品〉제1, 3절.

원을 완전히 뿌리 뽑지 않으면 괴로움이 계속 이어질 것이니라."[16]* 그래서 명상과 윤리적 삶과 진정한 깨달음을 통한 치료가 필요하다. 궁극적으로 불교는 우리에게 욕망과 집착을 내려놓는 것은 물론이요, 개별적이고 독립적인 개체라는 자기 개념도 버리라고 촉구한다. 물론 쉬운 일은 아니다. 실제로 열반에 이른 사람이 거의 없다는 사실이 이를 잘 보여준다. 하지만 불자들이 환생을 믿는다는 사실을 감안하면 우리에게는 이 목표를 향해 정진해가는 데 단 한 번의 생이 아닌 그보다 더 긴 시간이 있다.

욕망을 내려놓기가 얼마나 어려운지 일인칭 관점에서 아주 잘 서술한 초기의 매력적인 글이 있다. 주교였던 히포의 아우렐리우스 아우구스티누스Aurelius Augustinus Hipponensis가 쓴 글이다. 아우구스티누스는 서양 문학에서 아주 위대한 자서전 중 하나인《고백록Confessiones》을 썼는데, 이 책은 변화를 자꾸 뒤로 미루는 마음의 구조에 관한 심리학적 통찰이 특히 절묘하다. 아우구스티누스는 우리가 변화를 진정으로 원하면서도 나쁜 습관을 버리지 못해 괴로워하는 미결정과 주저하는 고통스러운 상태를 놀라우리만치 솔직하게 기록했다. 그는 386년 기독교로 개종하기 전 오랜 세월 동안 세속

---

* "如樹根深固 雖截猶復生 愛意不盡除 輒當還受苦."《법구경》제24장〈애욕품〉제5절.

적인 욕구를 쉽사리 내려놓을 수 없었다. 정신적이고 영적인 가치보다 "덧없는 즐거움"을 더 중시하는 삶이 계속되었다. 그러면서도 영적인 소명에 주의를 기울이고자 간절히 원했다. 아우구스티누스가 "저에게 정결과 절제를 베풀어주시옵소서. 그러나 아직은 아닙니다"[17]라는 기원으로 유명해진 것도 우연은 아닌 듯싶다. 그는 자신의 모든 수양과 배움이 육체적 욕망 앞에서 무력해진다는 사실에 진실로 괴로워했다. 왜 이성은 정욕을 이겨내지 못할까? "이런 흉측한 상황의 원인이 무엇입니까" 그는 궁금했다. "마음은 몸을 지배한다지만 곧 몸에 굴복하고 마는군요. 마음은 자제하고 나서지만 저항에 부딪히고 맙니다."[18] 아우구스티누스는 자신의 정신적 불안과 내면의 갈등을 "내면의 집"에서 벌어지는 "거대한 싸움"으로 묘사한다.[19] 그는 개종 이전의 시기를 잠에 자주 비유한다. 일어나야 하는데 잠에 붙들려 도로 자리에 눕는 사람처럼 그는 영적인 잠을 떨쳐버리겠다는 결심을 계속 뒤로 미루고 있다.[20]

아우구스티누스의 내적 갈등은 그를 분열시킨다. 육체가 정신과 싸움을 벌인다. 프로이트의 말을 빌리면, 그의 본능적 충동의 근원인 이드가 자아에 맞서 싸움을 벌인다. 그는 망설임의 상태를 우리 모두가 안고 있는 근원적인 죄의 결과라고 생각한다. 우리가 어떤 설명을 좋아하든, 아우구스티누스의 다음 고백은 왜 많은 사람이 아무리 발버둥질해도 원치 않는 행동을 저버릴 수 없는지에 대한 시대를 초월한 설명이다.

"저의 옛사랑인 헛되고 사소한 것들과 어리석은 마음이 품었던 하찮은 것들이 저를 붙잡았답니다. 제 육신의 옷자락을 잡아당기며 속삭였어요. '우리를 버리려는 거야?' 그러면 '지금부터 영원토록 이런저런 것을 갖지 못하게 된다고.' (…) 이러한 것들을 길에서 대놓고 마주친 것은 아닙니다. 떠나려는 저의 옷깃을 슬며시 잡아당기며 간절히 뒤 좀 돌아보라고 애원하듯이 등 뒤에서 속삭입니다. (…) 엄청난 힘을 가진 습관이 저에게 말을 계속 걸었답니다. '이것들 없이 살 수 있을 것 같아?'"[21]

아우구스티누스는 나쁜 습관의 힘을 꼭 집어서 말한다. 그는 모든 변화에 뒤따르는 엄청난 불안감을 생각하면서 죄악에서 얻는 이득을 솔직하게 털어놓았다. 말하자면 당장 눈에 보이는 보상을 뿌리치기가 얼마나 어려운지, 그래서 많은 사람처럼 자신도 망설이고 주저할 수밖에 없는 심정을 그대로 고백한다. 아우구스티누스가 여러 해 동안 육욕에 대한 집착에서 벗어나지 못하게 만든 잡아당기고 속삭이던 힘을 오늘날 심리학자들은 **이차적 이득**secondary gain*이라고 부른다. 나쁜 습관은 모두 일종의 만족감을 준다. 우리는

---

* 불안이나 내적 갈등에서 벗어나는 일차적 이득과는 별도로 부수적으로 얻는 이익. 즉 신경증 환자들이 타인의 반응에서 얻는 관심, 동정, 업무 면제 등을 가리킨다. 이차적 이득 때문에 환자의 증상이 지연되고, 심지어는 환자가 치료를 거부하기도 한다.

종종 장기적 목표보다 이러한 즉각적 보상을 우선시한다.

《성공을 부르는 7가지 영적 법칙The Seven Spiritual Laws of Success》*
을 쓴 디팩 초프라Deepak Chopra와 같이 비법을 전수한다는 20세
기 많은 작가도 내려놓음이란 개념을 내세운다. 그런데 그들
은 중요한 반전을 추가한다. 바로 내려놓음을 실제의 목표가
아닌 다른 목적, 더욱 세속적인 목적을 성취하기 위한 좀 더
효과적인 방법으로 제시한다. 가령 초프라는 물질세계에서
무엇인가를 얻으려면 그에 대한 집착을 포기해야 한다고 말
한다. 돈도 마찬가지다. 일반적으로 돈과 연관되는 생각들
을 먼저 내려놓으면 부자가 될 수 있다. 초프라는 "우주의
춤을 조정하는 창조적 정신"에 맡겨야 한다고 믿는다.[22] 더
나아가 내면 깊숙한 곳의 의도를 포기하기보다 특정 결과
에 대한 집착을 포기하면 된다고 구체적으로 설명한다. 예
를 들어, 부자가 되고 싶은 소망을 계속 유지하되 그 방법에
는 마음을 열어놓아야 한다는 것이다. 이것은 중요한 차이
이다. 현대의 많은 심리학자도 우리가 특정 결과에 대해 유
연함을 갖되 삶에 대해 가치 기반의 안정적인 접근 방식을
취할 때 가장 풍요로워진다며 비슷한 주장을 펼친다.[23] 달리
말하면, 우리는 상황에 따라 적응하고, 특히 행동이 효과적
이지 않을 때는 기꺼이 조절할 필요가 있지만, 그럼에도 품

---

* 《성공을 부르는 7가지 영적 법칙》, 슈리크리슈나다스아쉬람, 2010.

고 있는 장기적 희망을 고수해야 한다.

오스트리아의 정신과 의사이자 홀로코스트의 생존자이며 "의미치료logotherapy"의 창시자인 빅토어 프랑클Viktor Frankl도 더 의미 있는 가치는 굳건히 붙들면서 구체적인 목적은 내려놓아야 한다고 주장한다. 《삶의 의미를 찾아서 Man's Search for Meaning》*에서 프랑클은 삶이 어떠하든 우리의 주요 임무는 삶에 의미를 부여하는 것이라고 주장한다. 그러니까 고통 속에 있더라도 그 속에서 의미를 찾아야 한다는 뜻이다. 가슴을 뭉클하게 하는 이 책의 자전적 부분에서, 그는 나치의 강제수용소에 수감된 사람들 가운데 삶을 의미 있게 만드는 것을 계속 붙들고 있던 사람들이 생존할 가능성이 더 높았다고 말한다. 그 의미가 사랑하는 사람에게 돌아가고자 하는, 창의적인 혹은 지적인 프로젝트를 마무리하고 싶은, 혹은 단순히 다른 사람들을 돕고자 하는 강한 욕구일 수도 있다. 프랑클에 따르면, 의미를 부여하려는 의지는 일차적이며 가장 강력한 동기부여의 힘이다. 독일 철학자 프리드리히 니체Friedrich Nietzsche 말로 바꾸자면, 우리를 움직이는 강력한 "이유"가 있으면 "방법"은 거의 다 참고 견딜 수 있다.

그러나 프랑클은 권력이나 부, 성공에 대한 욕망과 같은 거짓 가치와 의미를 주의 깊게 구분해야 한다고 경고한다.

---

* 《죽음의 수용소에서》, 청아출판사, 2020. 원래 제목은 《그럼에도 삶을 살 만하다고 말할 수 있다 Trotzdem Ja Zum Leben Sagen: Ein Psychologe erlebt das Konzentrationslager》이었는데, 나중에 제목이 변경되었다.

결정적으로 의미는 우리 밖에 있어야 한다고 주장한다. 즉 정신이 아닌 세상에서 찾아야 한다는 뜻이다. 예를 들어 자기실현과 자기계발을 바라는 욕망은 합당한 의미 창출의 목표가 될 수 없다. 프랑클은 자신에 대한 집착을 버린다는 의미에서의 "자기초월 self-transcendence"을 주장한다. 그의 말을 들어보자. "집착을 버린다는 것은 늘 자기 자신이 아닌 어떤 것 혹은 어떤 사람, 즉 성취해야 하는 의미이든 만나야 하는 사람이든 다른 대상에 주목하고 다른 대상으로 향한다." 그렇다면 역설적으로 우리는 외부의 대의명분이나 사랑하는 사람에게 헌신하면서 자신을 잊어버릴수록 우리 자신을 더 실현한다는 뜻이 된다. 프랑클은 말한다. "자기실현은 자기초월의 부수 효과로만 가능하다."[24]

자기초월은 정신분석학의 몇몇 기본 전제에 근본적 의문을 던진다. 프랑클에 따르면, 가능한 한 최고의 자신이 되는 것은 삶의 목표라고 할 수 없다. 또한 잠재능력을 깨닫거나 자기이해를 심화하여 한계를 극복하기를 바라는 것에서 그칠 수만은 없다. 우리의 정신 밖에 있는 의미를 찾아야 한다. 그러니까 자기를 실현시키기 위해서는 먼저 자기실현을 목표로 삼아서는 안 된다. 우리 에너지가 외부의 목적이나 다른 사람에게 향하도록 노력해야 한다. 이런 의미에서 프랑클의 실존주의적 접근 방식은 대부분의 현대 자조론이 내세우는 조언의 토대에 도전한다. 근본적으로 그는 우리 자신에 대한 집착을 완전히 내려놓고, 다른 사람들의 행복과 관련 있는 의미에 집중하라고 주문한다.

　오스트레일리아의 의사이자 치료사인 러스 해리스Russ Harris
는 프랑클과 마찬가지로 자기계발에 관한 아주 기본적인
생각 중 많은 것을 버려야 한다고 주장한다. 현대 서양의 행
복 개념은 역효과만 낳으며, 사실상 우리가 행복하지 못하도
록 적극적으로 방해한다고 본다. 전 세계적으로 베스트셀러
가 된《행복의 함정The Happiness Trap》*에서 그는 수용전념치료
ACT : Acceptance and Commitment Therapy를 대중화했다. 1980년대 초
스티븐 C. 헤이즈Steven C. Hayes가 처음 제시한 이 치료는 인
지행동치료와 마음챙김을 기반으로 한 접근 방식을 결합한
증거 기반의 중재이다. 이 치료 방식의 핵심에는 수용과 내
려놓음이 있다. 인지행동치료와 달리 수용전념치료는 부정
적 사고나 감정에 이성적으로 도전하라고 권하지 않는다.
대신에 그런 사고나 감정을 인정하고 수용한 다음에 내려놓
으라고 한다.

　해리스는 많은 사람이 행복하지 못한 데에는 2가지 중요
한 이유가 있다고 본다. 하나는, 인간은 본질적으로 진화론
적이기 때문이다. 뇌가 자연선택과 적응의 과정을 거치며
일정한 방식으로 형성되어, 인간은 심리적 고통을 겪을 수
밖에 없는 존재로 고착화되었다. 수천 년간 인간의 정신은

---

* 《행복의 함정》, 시그마북스, 2008.

위험을 예측하고 탐지하고 피하도록 훈련받았다. 임무를 잘 수행하면 그만큼 생존가능성이 높아진다. 따라서 인간의 정신은 마주치는 모든 것을 평가하고 판단하면서 늘 경계 태세를 유지한다.

그런데 검치호랑이가 살던 고생대에는 중대한 생존 기술이었던 것이 소셜미디어 시대에 들어서면서 저주로 바뀌고 말았다. 이제 우리는 자신을 끊임없이 타인과 비교하여 비판하고, 자신의 부족한 점에 집중하고, "거의 일어나지도 않을 온갖 종류의 두려운 시나리오를"[25] 상상한다. 해리스는 심리적 고통을 유발하는 이러한 초긴장의 정신 상태가 분명 바람직하진 않지만 지극히 일반적이라고 말한다. 따라서 불행은 원래 인간이 타고난 행복한 존재 상태에서 벗어난 병리적 이탈이라고 생각하지 않는다. 그는 삶의 기준선을 불행으로 잡는다.

이런 생각은 판을 완전히 뒤집어버린다. 설상가상으로 인간의 마음 상태는 본래 초조하고 어느 정도 불안한데, 좋은 느낌만 추구하려는 오늘날 사회에서 이를 병리적으로 보는 것이 잘못이라고 말한다. 이것이 해리스의 두 번째 핵심 주장이다. 원래 행복한 것이 아닌데 이를 불행이라고 생각하니, 불행에 불행이 겹치면서 나쁜 느낌만 더욱 가중된다는 것이다.

현대 자조론 작가들 대부분은 부정적 생각이나 고통스러운 감정을 통제하고 제거하라고 권한다. 앞에서 살펴보았듯이, 이는 스토아 철학에서 시작되어 오랫동안 계속되었다. 그들은 부정적 감정이 단지 잘못된 판단과 그릇된 기대 때문에 생겨난다고 주장한다. 그러나 해리스는 우리가 바라는 만큼 생각이나 감정을 쉽사리 통제할 수 없다고 한다. 원하지 않는 생각을 통제하여 자신을 치료할 수 있다는 관점은 환상에 불과하다. 이런 해리스의 입장은 스토아 철학의 입장과 대치된다. 그리고 이성적 사고를 통해 원하지 않는 마음 상태에서 벗어나야 한다는 인지행동치료의 주장에도 도전장을 내민 셈이다. 이렇게 보면 수용전념치료는 아무 도움이 되지 않는 사회적 전제들을 다 버리고 좀 더 자연스러운 존재 방식으로 되돌아가야 한다는 노자 사상과 훨씬 더 가깝다. 의지력에도 한계가 있기 때문에 부정적 생각을 피하거나 변화하는 데 온 에너지를 허비하기보다 상황을 잘 다스리는 게 더 낫다.

앞에서도 언급했지만, 인지적 통제 전략은 상황을 더욱 악화시킨다. 왜냐하면 감정을 이중으로 상하게 만들기 때문이다. 즉 애초 불행한 상태에서 부정적 생각들을 통제하지 못해 또 하나의 불행을 더하는 꼴이다. 이는 해로운 행위나 물질로 생각을 마비시키고, 자신을 지속적으로 괴롭히는 회피행동avoidance behavior을 초래할 수 있다. 해리스는 이처럼 역효과를 내는 통제 전략이 사실상 문제의 핵심이라고 생각한다. 이 전략이 내세운 치료법 자체가 독이라는 것이다. 부정적 생각을 제어하려는 시도는 엄청난 시간과 에너지가 필요하며, 장기적으로 효과가 거의 입증되지도 않았다.

그보다는 행복에 대한 기대치를 조정하고, 생각을 통제하려는 노력을 멈추고, 좋거나 나쁘다는 식의 딱지를 붙이지 말고, 가치에 기반을 둔 삶의 방식을 목표로 삼아야 한다. 이를 위해 수용전념치료의 6가지 핵심 원칙을 실천해야 한다. 원칙은 이렇다. **탈융합**defusing(부정적 생각들이 일어나도록 한 다음에 하늘의 구름이 흘러가듯 지나가게 내버려두기), **확장**expansion(불쾌한 감정이나 생각을 피하기보다 의도적으로 들어설 여지를 만들어주기), **접속**connection(지금 여기에서 일어나는 것과 접속하기), **관찰적 자기로의 전환**turning into our observing self(생각하는 자기가 아니라 순수한 무비판적 인식으로 전환하기), **가치와의 연계** connecting with our values, 그리고 그 가치들이 이끄는 **행동에 전념하기**taking committed action.[26]*

탈융합 개념은 우리 마음이 이야기나 의견·판단·신념 등에 크게 의존한다는 생각에 기초한다. 우리는 종종 이야기나 생각에 완전히 융합되어 이를 실제처럼 경험한다. 그런데 수용전념치료에서는 생각과 사건을 분리하는, 즉 생각과 "탈융합"하는 기법을 가르친다. 심리학자 키건도 충동과 경험, 생각과 감정을 "존재"하는 것이 아니라 자기 진화에서 가장 중요한 과정으로 "소유"해야 한다고 생각한다. 그리

---

* 한국에서는 일반적으로 인지적 탈융합, 수용, 현재에 머무르기, 맥락으로서의 자기 경험, 가치 명료화, 전념 행동으로 설명한다.

고 이 과정은 경험의 주체를 객체로 전환하여, 다시 말해 우리는 분리된 무엇이고 따라서 반영할 수 있는 대상으로 돌아가야 한다. 자신을 감정과 구분해 인식하면 더는 감정에 "빠져들"지 않고, 그러면 감정은 비판적 관심의 대상이 될 수 있다.[27] 이렇듯 자신을 생각과 감정과 분리하고, 이를 공평무사한 무심無心의 관점에서 관찰하는 행위는 불교의 명상 수련에서 필수적이다. 이는 메타관점meta-perspective*에서 우리의 정서와 인지 과정을 바라보는 것과 비슷하다.

수용전념치료의 이론가들은 이런저런 부정적 생각이 마음에 쏟아질 때마다 예를 들어 '고맙다, 마음아'라고 생각하는 연습을 하고, 너무 심각하게 받아들이지 말라고 조언한다. 우리도 생각이 그저 말이나 의견, 가정에 지나지 않으며 끊임없이 재잘거리는 마음의 소음에 불과하다며 넘기고 싶어 한다. 또 하나의 탈융합 전략은 우리를 괴롭히는 주요 이야기들, 자신에게 거듭하는 이야기들에 이름을 지어주는 것이다. 가령 "아무도 나를 좋아하지 않아" 이야기, "나는 사랑받을 만한 사람이 아니야" 이야기, "나는 뚱뚱하고 못생겼어" 이야기, "나는 패배자야" 이야기, 이런 식으로 명명하는 전략이다. 도움이 되지 않는 이야기들에 이름을 지어주면서 이를 수용함과 동시에 자신에게 종종 들려주는 이야기라는 사실을 상기한다. 이런 식으로 힘을 빼거나 그냥 흘려보낼

---

* 심리학에서 타인이 자기 자신에게 속한다고 믿는 관점.

수 있다. 마찬가지로 느낌과 감정을 판단 없이 관찰하고, 그 대로 지나가도록 내버려두어야 한다.

결론적으로 수용전념치료는 생각과 감정을 통제하려는 노력을 그만두고 있는 그대로 수용하라고 권고한다. 대신에 자유로워진 에너지는 행위를 통제하는 데 투자하라고 한다. 이는 자기계발에 관한 현대의 지배적인 접근 방식과는 근본적으로 반대되는 모형이다. 고대의 지혜를 재활성화하는 이 치료법은 고통을 유발하는 생각과 사회적 선입견 모두를 버리도록 돕는 구체적인 심리학적 도구를 제공한다.

광범위한 문화적 전제들이 인간에게 고통을 가져다준다는 인식에는 나름의 역사가 있다. 앞서 보았듯이, 노자는 자기진정성과 자발성과 창의성의 발현에 방해되는 모든 사회적 관습에서 벗어나라고 충고했다. 그는 선하게 태어난 우리 모두는 "다듬지 않은 통나무"로 남아야 한다고 주장했다. 제네바 출신의 철학자인 루소의 가장 유명한 생각도 마찬가지이다. 루소는 본디 선한 존재인 우리를 사회가 타락시켰다고 생각했다. 《사회계약론Du contrat social》에서 이런 유명한 말도 남겼다. "인간은 자유롭게 태어났지만 어디서나 사슬에 묶여 있다."[28] 인간 사회나 인간의 협력 방식이 복잡해질수록 더욱더 경쟁적이 되어간다고 루소는 생각한다. 사회적 성공과 인정을 바라는 욕망이 점점 높아질수록 불가피하게 갈등은 커질 수밖에 없다. 불평등, 사유재산 그리고 사회

적 인정을 얻기 위해 진정한 신념을 계속 감춰야 하는 필요
성 등은 현대사회에서 자기소외를 급격하게 가속화시켰다.
진정한 삶은 점점 더 불가능해진다.[29] 루소는 번영을 이루기
위해 문화적 관습의 족쇄를 떼어내고 본연의 선하고 타락하
지 않은 **자기**로 돌아가야 한다고 주장한다. 물론 자기에 관
한 그의 개념은 대단히 이상적이어서 그동안 많은 비판을
받았다.

1960년대 반문화 혁명의 상황에서 더욱 강력한 반순응
적·반관습적·반권위주의적 정신이 수면 위로 떠올랐고, 그
즈음에 인본주의 심리학과 인간잠재력개발 운동이 주목받
기 시작했다. 매슬로를 비롯한 여러 학자들의 이론을 바탕으
로 등장한 인본주의 심리학은 인간의 유일성과 개체성을 강
조하면서 지고선至高善으로서의 자기실현에 중점을 두었다.[30]
루소나 노자와 마찬가지로 인본주의자들은 인간이 본질적
으로 선한 존재이며, 안고 있는 문제는 대부분 타락한 사회
세력 때문에 일어난다고 주장한다. 그리고 빌헬름 라이히
Wilhelm Reich*를 비롯한 20세기 혁명적 마르크스주의 성향의
정신분석가들과 마찬가지로 많은 인본주의들은 억압을 인
간 잠재력의 적으로 보았다.[31] 그들은 사회적 기대와 기성의
가치를 버리고, 자신의 진정한 본질적 핵심을 재발견하라고

---

* 오스트리아의 의학자이자 정신분석가로 프로이트 이후 2세대 정신분석가이다.
오르가슴에 집착하고 오르곤 에너지로 사람을 치유할 수 있다고 한 괴짜 과학자로,
정신의학의 역사에서 가장 급진적인 인물에 속한다.

촉구한다. 자신을 치유하기 위해서는 욕망을 억압하는 일부터 멈춰야 한다.

인본주의자들은 프로이트 이상으로 문명과 문명 속의 불만이라는 문제를 심각하게 다룬다. 우리는 안정과 사회적 소속감을 얻는 대가로 욕망의 많은 부분을 억압해야 한다. 그런데 그들은 그 대가가 결과적으로 너무 크다고 생각한다. 프로이트에 따르면, 문명은 인간의 승화된 충동(대개 성적인 충동)에서 나오는 에너지를 먹고 자란다.[32] 우리는 원초적인 성적 에너지를 승화시켜 일이나 학습, 창조 등 문화적으로 더 수용 가능한 모험적 기도企圖에 쏟아붓는다. 우리가 이러한 거래에 기꺼이 동의하는 것은 안전과 공동체가 보장되기 때문이다. 프로이트는 이를 다음과 같이 간결하게 말했다. "문명화된 인간은 행복 가능성의 한 부분을 안정과 맞바꿔버렸다."[33] 그러나 많은 이론가는 그와 같은 선택이 과연 지혜로운지 의문을 표한다. 우리를 보호해야 하는 제도가 우리에게 이익은커녕 해를 끼치는 억압의 세력으로 변했다고 본다.

행동주의 과학자 폴 돌런Paul Dolan은 《여생을 행복하게Happy Ever After: Escaping the Myth of the Perfect Life》에서 인본주의자들의 직관적 의심을 강력한 통계자료로 뒷받침한다. 그는 다수를 행복하게 만들거나 불행하게 하는 일반적인 선택을 분석한다. 그런데 우리를 진정 행복하게 만드는 것이 지배적인 사회적 가치들 혹은 "메타서사들metanarratives"*과 어긋나는 것으로 드러났다. 이들 중 가장 영향력 있는 "더 높은 곳에 올라야 한다"는 서사는, 어떤 대가를 치르더라도 부와 지위, 교육을 극대화하기 위해 노력해야 한다고 촉구한다. 그러나 여러 연구에 의하면, 일단 기본 욕구가 모두 충족되고 일정한 소득분위를 넘어서면, 돈이 계속 늘어나도 더 큰 행복을 얻을 수 없다. 예를 들어 우리가 치러야 하는 대가가 출퇴근 거리는 더 멀어지고, 사랑하는 사람들과 보내는 시간은 줄어들고, 스트레스는 더 받고, 정신적·육체적 건강은 급속도로 악화되는 것이라면 행복과는 더더욱 멀어진다. 더욱이 소득 만족도는 상대적이다. 즉 비교 대상보다 더 많이 또는 그만큼 벌 수 있는지가 더 중요하다.

돌런도 행복의 가능성을 떨어뜨리는 모든 메타서사를 버리라고 주문한다. 일례로 부에 대해 맹목적으로 더 많이 쌓으려 하기보다 "이만큼이면 충분해"라는 식의 접근 방식을 택해야 한다. 또한 통계에서는 결혼해서 자식도 낳고 건전한 가정을 이루는 것이 행복으로 나아가는 왕도가 아니라고 말한다. 그는 생각 없이 사회적 관습을 따르는 것이 해로울 수 있다고 결론짓는다. 물론 스스로 정한 삶의 목표나 그 외에 크고 작은 선택에서 종종 영향을 미치는 광범위한 문화적 가치의 교활한 힘을 잊어서는 안 된다고 강조한다. 옳은 말이다.

---

* 구체성보다는 보편성을 강조는 담론으로, 사회적으로 당연시되는 어떤 논리나 인식 혹은 일반적 견해를 뜻한다.

내려놓음을 기반으로 하는 조언 가운데 가장 최근이면서 어쩌면 가장 빈약할지 모를 조언은 "퍽잇f**k it"을 다양하게 사용한 자조론 도서에서 찾아볼 수 있다. 물론 근래에 상당히 인기를 누리고 있는 자조론이다. 가령 존 C. 파킨John C. Parkin은 《퍽잇 F**k It : The Ultimate Spiritual Way》에서 이렇게 말한다. "여러분이 퍽잇이라고 말할 때, 여러분은 일종의 영적 행위(실제로 궁극적인 영적 행위)를 하는 것이다. 여러분이 거부하고 저항하고 포기하고 멈추고 내려놓으면서 삶 자체의 자연스러운 흐름 속에(아니면 **도**나 **신** 등에) 자신을 편안하게 맡겨 두기 때문이다."[34] 파킨은 "퍽잇"이라고 말하는 것은 "내려놓음이라는 동양의 정신 사상을 서양식으로 완벽하게 표현한 것"[35]이라고 주장한다. 그러나 이 말은 그렇게 깊이 있게 들리지 않는다. 파킨은 청소년에 관한 글에서 10대들에게 마음을 진정하고 결과에 지나치게 걱정하거나 신경 쓰지 말고 원하는 무엇이든 하라고 조언한다. 그는 "누가 청소하라고 하면 '퍽잇'을 날리고 '청소부나 불러'라고 말하라"고 한다. 이를테면 마음에 들지 않는 직장이라면 제 발로 나가고, 초콜릿을 먹고 싶을 때면 그냥 먹고, 병가도 충분히 쓰라고 한다. 이는 분명히 자유이다. "최종적으로 말하면, 여러분이 진정으로 원하는 것을 하라. 세상을 향해, 여러분에 대한 사람들의 생각을 향해 퍽잇이라고 말하고, 하고 싶은 일에 매진하라."[36] 파킨의 말이다.

파킨의 책이나 그 비슷한 책들, 예를 들어 세라 나이트Sarah

Knight의 《더 라이프The Life : Changing Magic of Not Giving a F**k》*나 마크 맨슨Mark Manson의 《신경 끄기의 기술The Subtle Art of Not Giving a F*ck》**은 심오한 생각을 시시하고 불쾌하게 들릴 수 있는 방식으로 전달한다. 이런 책들은 내용에서 윤리적 함의를 다 벗겨낼 뿐 아니라 실제로 전복시키고 있다. 단기적 쾌락을 바라는 욕망에 방해가 되는 것들에 단순히 "퍽잇"이라고 말하는 것은 세속적인 집착을 내려놓으려고 노력하는 것과 분명 다르다. 파킨은 다분히 "서양식" 풍자 방식으로, 관계적이면서 우주적으로 조화를 이루며 자신을 겸허하게 굴복시킨다는 생각에 기반한 내려놓음의 개념을 우스꽝스럽게 역정 내는 태도로 전환시키고 있다. 게다가 노골적으로 반사회적이지는 않아도 지극히 이기적인 존재 방식에 지나지 않는 것을 "영적인 행위"라고 선전한다. 그러나 "나한테 집 청소를 시키는 거야? 나더러 하라고??? 퍽잇, 청소부나 불러서 시켜"라는 말에 어떤 심오한 영적 차원의 의미가 담겨 있는지 찾아내기는 어렵다.

사회적 관습을 비판적으로 검토해야 하지만, 이는 나의 욕망과 타인의 욕망에 대한 존중 사이에서 건강한 균형을 찾는 관점으로 이루어져야 한다. 결국 직장을 그만두거나, 집 안 청소를 하지 않거나, 온종일 단것만 먹는 것이 안겨주

---

* 《인생이 빛나는 생각의 마법》, 마리서사, 2017.
** 《신경 끄기의 기술》, 갤리온, 2017.

는 만족은 오래 지속될 가능성이 낮다. 다달이 지불해야 할 요금 청구서가 날아오고 자녀를 키워야 하는데, 당장 직장을 그만두기란 쉽지 않다. 그러나 비상근 일자리를 구할 수도 있고, 돈을 벌면서 부업으로 좀 더 열정적으로 할 일을 찾을 수도 있다. 앞으로 다이어트를 절대 하지 않겠다고 결심할 수도 있으나, 건강한 식생활에 대한 상식적인 생각을 완전히 무시하지는 못한다. 우리의 선택이나 의견에 남들이 뭐라 하든지 신경 쓰지 않으려고 노력할 수 있지만, 쾌락 충동을 말리는 누군가에게 "너나 잘해!"라고 소리치지는 않는다. 우리는 자기실현과 외적 의미를 찾으려는 삶 사이에서 적절한 균형을 유지하기를 원한다.

지극히 정신적 형태의 내려놓음은 서양에서 말하는 내려놓음과는 상당히 다르다. 도교와 불교에서 세속적인 집착과 욕망을 내려놓으라고 권장했다면, 서양식 내려놓음은 좀 더 유연하고 창의적인 방식에서 장기적 목적을 달성하기 위한 전략으로 제시된다. 그러나 그러한 목적에 대한 집착을 느슨하게 하기보다는 목적 달성을 궁극적 목표로 삼는다. 스펜서 존슨Spencer Johnson은 인기 있는 비즈니스 우화인 《누가 내 치즈를 옮겼을까? Who Moved My Cheese?》*에서 서양의 이러한 경향을 잘 보여준다. "비즈니스계 종사자들 사이에서 확고한 사랑을 받는"[37] 베스트셀러인 이 작은 책은 스니프와 스

---

* 《누가 내 치즈를 옮겼을까?》, 진명출판사, 2015.

커리라는 생쥐 두 마리와 헴과 허라는 두 "꼬마 인간"의 이
야기를 담고 있다. 생쥐와 꼬마 인간은 먹을거리를 찾아 함
께 미로 속으로 들어간다. 드디어 많은 양의 치즈를 찾아낸
그들은 그 치즈 창고에서 한동안 편하게 지낸다. 점점 느긋
해지고 자기만족에 빠지기 시작한 꼬마 인간들은 그곳에서
평생을 보내야겠다고 생각한다. 반면에 생쥐들은 언제든 떠
날 준비를 하면서 절대 운동화를 벗지 않는다.

어느 날, 꼬마 인간들은 치즈가 다 사라지고 없다는 사실
을 알게 된다. 인간보다 뇌가 덜 복잡하고 더 본능적인 생쥐
들은 남은 치즈가 줄어드는 데다 오래되면서 냄새도 고약
해지고 말라비틀어지고 있다는 사실을 이미 알았다. 그래서
꼬마 인간들이 그 문제를 깨닫기 훨씬 전부터 새 치즈 창고
를 찾아 미로 속을 돌아다녔다. 그러나 꼬마 인간들은 우유
부단하게 결정하지 못하고 소리만 지를 뿐이었다. "누가 내
치즈를 옮겼을까?" 그들은 자신들의 처지를 한탄하고 후회
만 할 뿐, 오랫동안 현실을 받아들이지 못하면서 그저 치즈
가 다시 나타나기만을 기대했다. 결국 새 치즈 창고를 찾지
못한 그들은 텅 빈 치즈 창고에서 괴로워하며 나날이 야위
어갔다.

그러는 동안에 생쥐들은 마침내 새 치즈 창고를 발견하게
된다. 예전보다 더 많은 치즈가 있는 창고에서 생쥐들은 행
복하게 배를 채운다. 생각이 조금 더 유연했던 꼬마 인간 허
는 새로운 상황을 서서히 받아들인다. 살아남으려면 텅 빈

치즈 창고를 떠나야 하고, 이젠 사라지고 없는 오래된, 케케묵은 치즈에 대한 생각도 버려야 한다고 깨닫는다. 처음에는 겁이 났지만, 그래도 어느 낯선 곳에서 찾을지도 모를 새 치즈 창고를 머릿속에 계속 그린다. 드디어 허는 운동화를 신고 생쥐들처럼 코를 킁킁거리며 미로 속을 뒤지기 시작한다. 얼마 지나지 않아 그는 이전의 창고보다 치즈가 훨씬 더 많이 쌓여 있는 창고에서 생쥐들을 발견한다. 허는 너무 기뻤다. 그는 다시는 자기만족에 빠져 게으름을 피우지 않겠다고 맹세한다. 절대 주어진 것을 당연하게 받아들이지 않을 것이며, 남은 치즈를 늘 살피고, 필요하면 새 창고를 찾아보리라 다짐한다. 그래서 운동화도 절대 벗지 않는다.

헴은 옛 치즈에 대한 생각을 버릴 수 없었다. 치즈가 사라진 것을 개인적 모욕으로 여겨 계속 생각하고 분석한다. 화가 난 그는 자기가 생쥐보다 훨씬 똑똑하다고 주장한다. 사라진 치즈는 마땅히 자기한테 먹을 권리가 있었다는 생각도 좀처럼 지우지 않는다. 치즈가 다시 돌아오기만을 고대하던 그는 새로운 치즈를 찾으러 가지 않는다. 결국 자기연민에 빠져버린 그는 나날이 더 여위어간다. 이야기는 여기서 끝나기 때문에 우리는 헴이 결국 운동화를 신고 새 치즈를 찾으러 떠나는지, 아니면 지금처럼 옛 치즈가 돌아오기만을 기다리다 죽는지 알 수 없다.

작가 존슨은 우리가 놓칠까봐 이야기의 교훈을 알려준다. "오래된 치즈를 빨리 잊을수록 새로운 치즈를 더 빨리 찾을 수 있다."[38] 사고의 유연성, 적응 능력, 개인 발전을 위한 기업가적 욕망, 기회를 잘 포착하는 사고방식을 옹호하는 존슨은 변화를 두려워하지 말고 끌어안으라고 권고한다. 허는 고집을 부리는 친구 헴에게 강하게 질책한다. "변하지 않으면 죽게 된다고."[39] 이 우화는 지능보다 본능을 더 중요한 자질로 내세우고 있다. 생각하는 인간은 쩨쩨하고, 자기 특권의식에 빠져 있고, 겁쟁이이며, 모든 면에서 생쥐보다 못한 존재로 그려진다. 복잡한 뇌, 전혀 쓸모없는 신념이나 감정이 인간을 그렇게 만든 게 아닌가 싶다.

하지만 이 이야기에는 설득력 있는 또 다른 메시지가 있다. 바로 특권의식과 자기연민을 버리라는 독려이다. 또한 옛 행동방식이나 신념이 더는 도움이 되지 않을 때는 과감하게 버리라고 권고한다. 오래된 거처와 산산조각 난 꿈을 용감하게 버리고 안락한 곳에서 미지의 세계로 모험을 떠나는 허의 이야기를 읽고 있으면, 뭔가 가슴을 찡하게 울리는 영감을 얻게 된다. 존슨은 기존의 것을 과감하게 버리고 내려놓는 것이 얼마나 어려운지 부인하지 않는다. 그리고 우리가 원하는 치즈가 무엇이든 간에 강력한 동기를 부여하는 새로운 치즈에 대한 이상을 고수하는 것이 중요하다고 강조한다.

그렇다면 존슨의 우화에서 내려놓음은 기본적인 상식과 본능에 따른 기업가적 적응력―더 나아가 물질적 성공을 극대화하기 위한 전략―의 형태로 제시된다고 봐야 한다.

허는 특정한 치즈에 대한 생각을 내려놓았지만, 다른 한편으로 치즈 자체에 대한 욕망은 저버리지 않았다. 이와 대조적으로 동양의 내려놓음에서는 치즈든 무엇이든 모든 욕망을 지금부터 완전히 다 없앤다는 의미가 담겨 있다.

4장

선한 삶을 지향하라

좋은 조상이 되라.

당신보다 더 큰 무엇을 위해 싸우라.

이 지상에 머무는 동안 지구를 위해 가치 있는 일을 하라.

_ 마리언 에덜먼

디즈니 애니메이션 〈알라딘〉에서 주인공인 알라딘은 요술램프를 문질러 안에 갇혀 있던 요정 지니를 풀어준다. 지니는 알라딘에게 3가지 소원을 들어주겠다고 한다. 그러나 알라딘은 자기를 위해 이를 다 쓰기보다는, 그러니까 자기 힘을 늘려달라거나 막대한 부를 안겨달라거나 입이 쩍 벌어질 정도로 준수한 외모를 달라고 요구하기보다 요정을 위해 한 가지 소원을 남겨둔다. 바로 지니가 갑갑한 요술램프 속으로 들어가거나 비참한 노예 생활을 하지 않도록 자유롭게 풀어주는 것이다. 영화 막바지에 해방된 지니는 환호성을 지르며 하늘로 솟아오른다. 알라딘 역시 행복해한나. 거리를 떠도는 소년에서 아름다운 공주와 사랑에 빠진 왕자가 된 알라딘에게 더는 지니의 선물이 필요하지 않았다. 행복해지고 싶었던 그는 이제 원하는 것을 모두 가졌다. 간단히 말하면, 그는 착한 사람이다. 남에게 베풀 줄 알고, 마음도 넉넉하고, 다른 사람을 잘 챙기고, 전혀 이기적이지 않다.

처음부터 우리는 이 사실을 알고 있다. 영화 도입부에서 알라딘이 훔친 빵을 굶주린 두 아이에게 나눠주는 장면이 나온다. 알라딘은 아이가 고통스러워하는 모습을 보는 것보다 자신이 배고픈 게 더 나은 사람이다.

알라딘의 친절한 행동은 이타주의의 개념을 아름답게 잘 보여준다. 이타주의는 타인을 이롭게 하고 자비롭게 돌보고자 하는 마음가짐을 뜻한다. 물론 자신에게 필요한 것을 포기해야 한다는 점에서 개인적 대가가 뒤따른다. 심지어는 다른 사람을 돕다가 목숨이 위험해질 수도 있다. 이런 경우에 이타주의는 영웅주의가 된다. 이타주의를 논하는 어떤 이론가들은 좋은 의도, 즉 선의가 이타주의에서 가장 중요하다고 주장한다. 또 어떤 이론가들은 선의만으로는 충분치 않고 그 선의가 가치 있는 행위로 이어져야 한다고 주장한다.[1]

이타주의는 어떤 형태를 취할 수 있을까? 이타주의가 과거에 어떤 식으로 실천되었고, 오늘날에는 어떤 모습으로 나타나는가? 이타주의 이외에 선한 삶을 사는 방법은 무엇일까? 대부분의 철학이나 종교에서 이타주의는 최고의 도덕적 가치로 간주된다. 공자 시대의 중국에서는 다수에게 좋은 것이 최고라는 집단주의적 관습의 형태로 나타났다. 그러나 이타주의는 불교의 주요 가르침 중의 하나인 불해 不害를 포용하는 방식으로 나타나기도 한다. 또한 선한 삶을 산다는 것은 고대의 명령을 아리스토텔레스Aristoteles의 해석으로 보면, 고전적 덕목을 기르는 데 중점을 두는 것과 연관이 있다. 기독교식 이타주의(아가페agape)는 만인—자신과 이웃과 심지어 적까지도 포함한 모든 사람—에 대한 무조건적 사랑이다. 불교에서는 관심의 범위를 더 넓혀 중생의 행복을 기원한다.

잘살라는 것, 즉 선한 삶을 살라는 지상 과제를 사회적 차원에서 타인의 안녕에 대한 진정한 관심을 보이라는 식으로 폭넓게 해석하는 고대의 가르침은 현대 자조론의 시각과 극명하게 대조를 이룬다. 오늘날에 잘살라는 말은 종종 **무엇인가에 능통하다**라는 형태로 변형된다.* 보통은 소통이나 인간관계 기술을 연마하는 것 혹은 일을 더 생산적이고 효율적으로 잘하라는 것 등이 이에 해당한다. 물론 이런 것이 전적으로 이기적이라는 말은 아니다. 일부 자조론 작가들은 여전히 성격 윤리personality ethic보다 성품 윤리character ethic**를 선호하면서, 자신 밖에서 의미를 찾아야 한다고 강조한다. 비록 현대의 자조론 풍경에서 선하게 살면서 남을 먼저 생각하는 것이 지배적 관심사는 되지 못하지만, 대신에 새로운 형태의 선하게 살아야 한다는 주장들이 나타나고

---

* 영어의 'good'이란 단어 뜻을 생각하면 쉽게 알 수 있다. 'good'은 선하다는 의미이면서 'be good at…'이라고 하면 '…을 잘한다'는 의미가 된다.
** '성격 윤리'는 개인이나 대중을 상대로 한 이미지, 태도, 행동 및 대인관계를 원활하게 해주는 성격 등이 성공으로 이어진다는 것이고, '성품 윤리'는 겸손·절제·용기·정의·근면 등의 품성을 닦아 실천하면 성공한 삶을 산다는 가르침이다. 스티븐 R. 코비Stephen R. Covey가 《성공하는 사람들의 7가지 습관The Seven Habits of Highly Effective People》(김영사, 2017)에서 언급하여 대중적으로 널리 퍼진 개념이다.

있다. 대표적인 것이 환경과 미래세대에 대한 관심과 돌봄이다.

그런데 왜 우리는 이타적 행동을 할까? 간단히 답하면, 이타주의를 실천하면 인간의 5가지 기본 욕구* 중 하나가 충족되기 때문이다. 덧붙이자면, 많은 심리학자가 말하듯, 이타적 행위는 다른 사람들을 더 행복하게 만들기도 하지만 행위의 당사자도 더 좋은 감정을 느끼게 해준다.[2] 진화생물학자들은 내부에서 이타주의를 실천하는 집난이 그렇지 못한 집단보다 발전가능성이 더 높다는 사실을 입증하기도 했다. 단도직입적으로 말해, 이는 오래전부터 말해온 윈윈win-win 행동이다. 이타주의가 없다면, 다양한 형태의 모든 "선량함goodness"을 소중히 여기고 열광해야 하는 가치라는 일반적 합의가 없다면, 우리의 사회 계약을 든든하게 떠받치는 토대가 위태로워질 것이다.

이미 살펴본 것처럼, 스토아 철학자들은 우리의 친사회적이고 상호의존적인 본성을 반복적으로 강조하면서 이타주의를 극히 중요한 자질로 생각했다. 그러나 타인의 욕구를 우리의 욕구보다 더 우선시한다는 생각은 훨씬 더 오래전부터 있어왔다.

---

* 매슬로의 욕구단계설, 즉 생리적 욕구, 안전 욕구, 애정·소속 욕구, 존경 욕구, 자기실현 욕구를 말한다.

공자는 좀 더 넓은 의미의 사회적 선에 대한 관심이 언제나 개인의 욕구 충족보다 앞서야 한다는 강한 신념을 갖고 있었다. 그는 우리가 전통과 예를 존중하고 지키는 것이 집단의 요구에 최선을 다해 부응하는 것이라고 주장했다. 사회조직을 단단하게 결속시키는 것이 바로 전통과 예이기 때문이다. 혼란의 소용돌이가 몰아치던 주나라 시대를 살았던 공자는 중국이 문화적 쇠퇴기에 들어섰다고 생각했다. 그는 주나라 초기가 화합과 예의범절로 특징지을 수 있는 황금기라고 확신하며 그리워했다.[3] 그리고 완전한 환멸을 느끼는 현대를 위한 치료법은 과거의 전통 속에 있다고 생각했다. 사회관계가 급격하게 악화된 것은 영토와 권력 싸움에만 몰두한 봉건 제후들이 자기 백성들을 버린 탓이라고 확신했다. 오랜 세월 검증되어온 예를 더는 존중하지도 않고 따르지도 않으면서 도덕은 땅에 떨어지고 못된 이기심만 판치는 세상이 되었다고 주장했다. 공자는 도덕적인 자기 수양과 성인聖人 리더십의 결합이 당대의 사회적 질병을 고치는 만병통치약이라고 확신했다. 무엇보다도 사회의 화합을 회복하는 핵심 치료법이 바로 옛 전통의 존중과 덕행에 있다고 주장했다.

"공자께서는 4가지를 가르치셨는데, 학문과 덕행과 성실과 신의가 그것이다."[4*] 공자의 제자들이 그의 가르침을 편

---

* "子以四教 文行忠信."《논어論語》제7장〈술이편述而篇〉제24절.

집하여 엮어낸《논어》에 나오는 문장이다. 이 말에는 공자의 사상 그리고 문화, 전통, 학문, 효, 충성, 노력, 지속적인 자기계발, 덕행 등을 강조한 그의 생각이 압축적으로 잘 요약되어 있다. 공자 사상은 좋은 통치란 무엇이고, 어떻게 하면 더 선한 백성이 되는지에 초점을 맞추고 있다. 결정적으로 2가지는 서로 연결되어 있다. 공자는 백성을 힘이 아닌 모범으로 이끌고, 나라를 현명하고 명예롭게 통치하고, 백성들이 선례를 잘 따르도록 인도하기 위해서는 도덕적 지도자가 필요하다고 주장한다. 달리 말해 지도자는 스스로 옹호하는 행동을 실천하는 모범을 보여야 한다. 그래야 덕치德治의 리더십을 이루는 원칙들이 아래로 흘러내려가 왕국 전체에 변화를 불러일으킬 수 있다. 덕은 수평적으로도 확산될 수 있다. 선한 개인의 덕행이 가족에게, 마을로, 그리고 지역을 넘어 널리 확산될 수 있다. 이렇게 보면, 고대 중국에서 자기 수양은 자기 자신의 목적을 추구하기 위한 것이 아니라 시민적 이타주의 행위, 즉 사회정치적 질서를 증진하는 방법으로 이해되었다고 할 수 있다. 자기 수양은 집단적 의무이며, 조화로운 사회를 형성하는 토대였다.[5]

유교 전통에서 아주 높은 덕목 가운데 하나가 **인**仁이다. 자비심, 인간성, 인간다움, 진실한 선함 등 여러 가지로 번역되는 인은 서양에서 말하는 공감empathy, 즉 다른 사람을 알아차리고 판단하고 대하는 방식이라는 개념과 연결된다. **인**은 단 한 번에 이루고 획득할 수 있는 상태가 아니라는 점이 중요하다. 지속적으로 연마해야 하는 행동이다.[6] 공자는 이런 말을 남겼다. "내가 어찌 감히 성인이나 인을 행하는 사람으로 불리길 바라겠느냐. 다만 성聖과 인仁을 묵묵히 행하고 가르치는 일을 게을리하지 않는 사람이라고 한다면, 그렇다고 할 따름이다."[7]*

진실한 선함이란 무엇보다도 공자가 중요하게 규정한 5가지 인간관계, 즉 부자父子·군신君臣·부부夫婦·형제兄弟·붕우朋友 관계에 따르는 책임을 다하는 것이다. 공자는 예를 지키는 것을 대단히 중요하게 생각한다. 다른 사람들과 어떻게 관계를 맺고 행동해야 하는지에 관한 명확한 지침을 제공하기 때문이다. 사회적 교류를 규정하고, 그럼으로써 사회의 모든 상호작용이 원활하게 기능하도록 보장하기도 한다. 구체적으로 다른 사람을 적절하고 공손하게 대하는 방법, 무엇을 입고 먹을지, 성스러운 날은 어떻게 축하해주고 망자에게 어떻게 경의를 표해야 하는지 알려주는 것이 예에 속한다. 따라서 예를 존중하고 따른다는 것은 개인적 욕구보다 공공선을 더 중요하게 여긴다는 신호이다.

공자는 예를 공허한 몸짓에 불과하다고 생각하지 않는다. 이 점이 중요하다. 진실하게 수행하면 정신뿐 아니라 사회도 변화시킬 잠재력이 있다. 공자는 예가 의례적 풍습 너머

---

* "若聖與仁, 則吾豈敢 抑爲之不厭, 誨人不倦, 則可謂云爾已矣."《논어》제7장 〈술이편〉 제33절.

에 있는 감정을 불러내어 우리가 구체적인 의식과 연관된 정서를 실제로 느낀다고 주장한다.[8] 예를 들면, 어른을 만났을 때 인사를 하면 단순히 관습을 따른다는 무의미한 순응 신호를 보내는 것이 아니라 겸허하게 어른을 향한 존경심을 느끼게 된다. 이런 의미에서 예를 따른다는 것은 기분이 우울하거나 불행한 느낌이 들 때 억지로라도 미소를 짓는 것과 같다. 그렇게 하면 실제로 기분이 더 좋아진다는 심리학자들의 견해도 있다 "자기수용감각 심리학proprioceptive psychology"*이라고 알려진 분야가 바로 이런 전제를 바탕으로 한다. 미소를 짓는다든가 아니면 자신감 넘치는 자세를 취하는 식으로 신체를 움직이는 외적 행동을 하면, 내면에서 어떤 감정을 느끼게 된다.[9]

공자는 인간의 본성을 벼릴 수 있는 것, 즉 유순하다고 믿는다. 따라서 인간의 본성은 지속적으로 개선될 수 있고, 또 그래야만 한다고 생각한다. 본성을 어떻게 개선할 수 있을까? 공자 사상의 해석가로 유명한 두 사람이 이 문제를 두고 충돌했다. 주왕조 말기, 전국시대는 정치적 불안정과 호전적 봉건 제후들 사이의 전쟁이 그치지 않았던 난세였지만, 또 다른 한편으론 다양한 사상과 지적 의제들이 주도권

---

* '자기수용감각自己受容感覺, proprioception'은 몸의 각 부분의 위치, 운동의 상태, 몸에 가해지는 저항 및 중량을 감지하는 감각을 말한다. '고유수용감각固有受容感覺'이라고도 한다. '자기수용감각 심리학'은 몸의 움직임에 의해 감정이 촉발되는 것, 즉 행동과 감정의 상관관계를 다루는 분야이다.

을 놓고 치열하게 다투던 백가쟁명百家爭鳴의 시기이기도 했다. 이때 맹자孟子와 순자荀子가 도덕적 완전성이 가능한지, 자기계발을 이루는 최선의 방법은 무엇인지에 대해 정반대의 대답을 내놓았다.

물론 맹자와 순자가 의견을 같이한 부분도 있다. 도덕적 선이 자기 수양의 궁극적 목표이고, 도덕이 사회정치적 질서의 안정과 번영을 창조하는 가장 효과적인 도구이며, 그 과정에서 학문이 필수적 역할을 해야 한다는 데에는 서로 동의한다. 그러나 인간 본성을 맹자는 본디 선하다고 주장한 반면, 순자는 본래 악하다고 강조한다. 인간 본성에 대한 정반대의 평가는 자기계발에 대한 다른 접근 방식을 내놓았다.

맹자는 자기계발을 하려면 내면을 바라보아야 한다고 생각한 반면, 순자는 시선이 밖으로, 환경과 문화로 향해야 한다고 주장한다. 맹자는 우리가 선한 성향을 가지고 태어났다고 믿는다. 본디 내재하는 선한 자질들을 계발한다면 인仁·의義·예禮·지智로 발전할 수 있다.[10] 맹자의 사상에서는 공감, 그리고 수치심과 죄책감을 느끼는 수용능력이 두드러지게 나타난다. 그는 말한다. "사람은 누구나 다른 사람을 가엽게 여기는 마음을 가지고 있다."[11]*

맹자는 인간의 공감능력과 선한 본성을 자연 세계의 물상

---

* "人皆有不忍人之心." 《맹자》 제6장 〈공손추 상편公孫丑 上篇〉.

에 비유하여 인상적으로 설명했다. 인간은 본디 선한데, 그런 인간을 문화와 외부의 간섭이 타락시켰다. 맹자의 말을 들어보자. "사람 본성의 선함은 물이 아래로 흘러내리는 것과 같다. 사람은 선하지 않음이 없고, 물은 아래로 흐르지 않음이 없다. 이제는 물을 튀기면 이마 위로 넘길 수 있으며, 둑을 만들어 있게 하는 것도 가능하다. 이것이 어찌 물의 본성이겠는가? 힘을 주었기에 그렇게 된 것이다. 사람이 선하지 않은 것을 행하지 않음은 그 본질이 이외 같기 때문이다."[12]* 그로부터 수백 년 뒤에 프랑스 철학자 루소가 이와 비슷한 주장을 내놓았다.

반대로 순자는 인간의 본성은 구부러져 있다고 생각한다. 그래서 문화와 예, 스승에게 중요한 역할을 부여한다. 순자의 사상은 단연코 자기계발의 철학이 아니다. 자기계발을 이루기 위해서는 타자의 지도가 필요하다고 보기 때문이다. 그는 예와 스승의 가르침을 따라야 한다고 선언한다. 인간을 "구부러진 나무"에 비유한 그는 이렇게 말한다. "그러므로 구부러진 나무는 반드시 도지개에 넣어 바로잡아주거나 증기를 쬐어 반듯하게 잡아줘야 비로소 곧아지는 것이요, 무딘 쇠붙이는 반드시 숫돌에 간 뒤에야 비로소 날카로워지는 것이다."[13]** 따라서 순자가 이해하는 자기 수양은

---

* "人性之善也, 猶水之就下也. 人無有不善, 水無有不下. 今夫水, 搏而躍之, 可使過顙; 激而行之, 可使在山. 是豈水之性哉? 其勢則然也. 人之可使爲不善, 其性亦猶是也." 《맹자》 제2장 〈고자장구 상편告子章句 上篇〉.

사회화 과정의 한 부분이며, 타자와의 교류에 달려 있다. 그는 인간의 자기 교정의 잠재능력을 믿지 않았다. 오히려 외부의 문화적 행위자가 시행하는 철저한 재교육이 필요하다고 생각했다.

공자가 《논어》에서 중요하게 생각한 예가 순자의 철학에서도 중심을 차지한다. 순자는 이렇게 단언한다. "스승이나 예법을 인정하지 않고 자기 멋대로 하는 것은 색을 구분하지 못하는 시각장애인이나 소리를 구별하지 못하는 청각장애인에게 의존하는 것과 같다."[14]*** 여기서 서양의 개인주의적 자기신뢰의 개념과 완전히 정반대되는 생각을 읽을 수 있다. 18세기 후반 낭만주의 시대 이후로 서양에서는 독창성·자기진정성·창의성·자기실현을 중시하는 경향이 생겼는데, 이는 모두 유교적 가치와 극명하게 대조된다.

개인의 행복을 증진하고 기술을 향상하려는 목적에 도움이 되면서 도덕적 선의 문제는 종종 무시되는 현대 자기계발의 많은 형태와는 달리, 유교의 자기 수양은 본질적으로 사회적 기능에 중점을 둔다. 유교의 가르침은 사회 전체의 이익을 위해 개인이 도덕적으로 선한 인간이 되어야 한다는 의무를 중심으로 하기에, 자기 수양은 공민公民으로서의 의

** "故枸木必將待檃括蒸矯然後直, 鈍金必將待礱厲然後利."《순자》제1장 〈선악편善惡篇〉.
*** "不是師法而好自用, 譬之是猶以盲辨色, 以聾辨聲也."《순자》제10장 〈수신편修身篇〉.

무이다.[15] 그러므로 유교식 자기계발은 개인보다 집단에 기여할 목적으로 구상된 친사회적 행위라고 할 수 있다.

그러므로 선한 인간이 되라는 말은 다수를 위한 최선을 우선시하는 형식을 취할 수 있다. 공자는 절대적으로 순종하고 예를 따르고 사회의 엄격한 위계질서를 존중하는 것이 다수의 이익에 가장 잘 부합한다고 보았지만, 불교 사상가들은 덜 보수적이고 창의성과 자기진전성을 크게 억압하지 않는 해결책을 제시했다. 불교에서 선한 삶이란 불해 원칙에 따라 사는 것을 의미한다. 또한 관심과 보살핌의 범위를 확대하라는 요청에서도 드러난다. 자비의 마음을 확대하여 일체중생一切衆生, 즉 다른 많은 사람뿐 아니라 동물이나 식물도 보듬으려 한다.

불교 사상은 일련의 인본주의적 윤리 가치, 그중에서도 불해의 원칙(아힘사ahimsā)을 중심으로 구성되어 있다. 공유된 고통 의식과 만물의 상호연결성—결국 우리는 동물로 환생할 수 있다—을 토대로 하여 모든 생명을 존중하라고 가르친다.[16] 불교의 핵심 목표는 통찰과 자비를 통해 개인적 깨달음에 이르는 길에 있다. 학자 데이미언 케이온Damien Keown은 우리가 정신적 자기실현의 상태에 도달하도록 구체적 기법을 주창하기 때문에, 불교는 종교적 삶을 "자기 변화의 한 과정"[17]으로 바라본다고 주장한다. 이러한 자기 변화는 정신적 측면에서 윤리적이다. 티베트의 14대 달라이 라마 텐진 갸초Tenzin Gyatso도 불교가 윤리적인 자기계발의 포괄적 틀을 제공한다는 데에 동의한다.[18] 달라이 라마는 정진과 수련을 통해 그리고 세상에 관한 불교의 기본 전제들을 받아들임으로써 행복과 안녕과 자비를 증진할 수 있다고 믿는다. 그는 불교가 무엇보다 자비의 실천으로 자기 변화를 위한 효과적인 심리학적·철학적·영적 틀을 제공한다고 주장한다.

앞서 언급했듯이, 모든 불자는 **법**法, 즉 **다르마**를 인정한다. 다르마의 중심에는 4개의 고귀한 진리, 즉 고집멸도라는 **사성제**가 있다. 사성제의 도제道諦는 열반에 이르는 실천적 지침인 **팔정도**八正道를 말한다. 팔정도는 지혜의 범주(정견正見과 정사유正思惟), 도덕의 범주(정언正言과 정업正業, 정명正名), 그리고 명상의 범주(정정진正精進과 정념正念, 정정正定)를 다룬다.[19] **사성제**를 인정하는 것에서 자비의 중요성은 자연스럽게 따라 나온다. 사성제의 첫 번째 진리인 삶은 고통임을 인정하면 고통은 바로 모두가 공유하는 숙명이라는 통찰을 얻고 이로부터 중생과 동료 의식을 느끼게 된다.

그러므로 불교에서 자비는 공감이 더 고양되고 확장된 형태, 즉 타자의 고통에 대한 통렬한 감수성이다. 더욱이 우리가 세상을 있는 그대로 본다면, 다시 말해 전체적으로 보고 개별적 존재에 대한 의식이 환상에 불과함을 알면 자신과 타인의 고통을 구별하지 못할 것이다. 그래서 달라이 라마는 자기 종교의 본질을 친절이라고 선언한다. "중생, 심지어

나의 적들도 나와 마찬가지로 고통을 두려워하며 행복해지 길 원한다. 이런 생각을 하면 우리는 친구든 적이든 다른 모든 존재의 행복을 심히 염려하게 된다. 이것이 바로 진정한 자비의 근본이다."[20]

세상에서 가장 행복한 사람이라고 알려진 프랑스 태생의 티베트불교 승려 마티유 리카르Matthieu Ricard는 이타주의 이론가이자 실천가이다. 그는 《이타주의Altruism : The Science and Psychology of Kindness》에서 우리의 관심 범위가 더 넓게 확장되고 더 무조건적이고 포괄적이 된다면, 이타심은 더 진실하고 심오해진다고 주장한다. 우리는 아이들과 친척, 우리에게 다정한 사람들의 행복에 관심을 쏟는 생물학적 경향이 있지만, 우리의 이타심을 더 크게 확장하는 기술을 배양해야 한다. 리카르는 이타심을 사회·경제·환경 등 모든 문제를 치유할 만병통치약이라며 이렇게 말한다. "(이타심은) 단기적으로 경제적 문제를, 중기적으로 삶의 질과 관련된 문제를, 장기적으로 미래의 환경문제를 조화롭게 풀어나갈 수 있게 해주는 아리아드네의 실Ariaden's thread*이다."[21]

불자들은 중생이 행복을 찾을 뿐 아니라 고통과 행복의 원인을 이해하기를 바란다. 그렇다면 불교의 이타주의에는

---

* 어려운 문제나 위험한 상황을 해결하는 열쇠. 그리스신화에서 아테네의 왕자인 테세우스Theseus가 아리아드네 공주가 준 실타래를 풀면서 미궁 속으로 들어가 괴물 미노타우로스Minotaur를 죽인 다음 풀어놓은 실을 잡고 미궁에서 빠져나왔다는 데서 유래했다.

매우 중요한 인지적·통찰지향적 차원이 있다. 즉 마음의 문제일 뿐 아니라 이성적 정신의 문제이기도 하다. 통찰과 자비는 하나가 빠지면 아무 의미가 없기 때문에 함께 있어야 한다. 그래서 달라이 라마는 말한다. "처음에는 자비에 대해 명상하고, 중간에도 자비에 관해 명상하고, 마지막에도 자비에 관해 명상하라." 또한 자비는 언제나 창의성과 용기, 지성과 행위와 결합되어야 한다. 왜냐하면 "지혜가 없는 자비는 맹목적이고, 행위가 따르지 않는 자비는 위선적"[22]이기 때문이다.

붓다는 자비의 초연함과 단호한 비폭력을 설명하기 위해 꿀벌을 예로 든다. "꿀벌이 꽃의 아름다움과 향기는 해치지 않고 꿀만 모으고 날아가듯, 어진 자가 세상에 들어갈 때도 그러해야 한다."[23]* 불교는 자아 중심의 자기 개념을 버리고 중생이 근본적으로 연결되어 있음을 인정하라고 촉구한다. 실제로 붓다는 개별적인 정신-생리적 실체로서 자기다움의 개념이 모든 고통의 근본 원인이라고 생각한다. 이를 극복해야만 "불성佛性", 즉 진정한 자비심으로 보듬을 수 있다. 또한 올바른 통찰은 윤리적 의무이기도 하다. 우리 모두는 우리 안에 선함과 깨달음의 잠재력을 지니고 있지만, 이를 실현하기 위해서는 먼저 자기다움의 개념을 근본적으로 재구성해야 한다.

---

* "如蜂集華 不嬉色香 但取味去 仁入聚然."《법구경》제4장 〈화향품華香品〉 제6절.

불교의 윤리는 많은 점에서 그리스 철학자 아리스토텔레스가 주창한 서양의 덕德 윤리와 비슷하다. 두 윤리 체계에서 강조하는 점은 습관적으로 선해야 한다는 것이다.[24] 불교 윤리와 덕 윤리는 특정한 덕목을 함양함으로써 진정한 선한 존재가 되기 위해 자신을 재훈련하도록 격려하는 등 성격의 장기적 변화를 유사하게 촉구한다. 불교에서 특정 과목은 통찰과 자비이다. 고대 그리스에서는 소크라테스가 절제, 용기, 정의, 실천적 **지혜**phronesis라는 4가지 고전적인 "주덕主德"을 확립했다. 그는 우리의 행위가 주요 덕목에 미치지 못하면 이를 올바르게 고쳐나가도록 계속 노력해야 한다고 주장했다. 이러한 지속적인 자기 점검과 자기 교정의 과정에 대한 보상으로 **행복한**eudaimonic* 삶, 즉 의미 있는 선한 삶이 주어진다.

소크라테스 이후의 많은 철학자도 윤리적 삶과 일상생활에서 주요 덕목을 실천하는 최선의 방법에 대해 강조했다. 그러나 아리스토텔레스는 논문 책 전체를 덕에 관한 논의에 바치고, 자신의 철학 전반에서 덕을 주요 위치로 끌어올린 최초의 철학자였다.[25] 그는 행복이 삶의 궁극적 목표이며, 행복은 선함과 불가분의 관계에 있다고 믿었다.[26]

대체로 덕에는 3가지 범주가 있다. 용기나 인내같이 자기

---

* 'eudaimonic'은 'eudaimonia'의 형용사형으로, 쾌락이나 즐거움으로 얻어지는 행복이 아닌 가치와 목적을 실천하여 얻는 행복을 뜻한다.

규율과 관련된 덕목, 정직이나 공정같이 양심과 관련된 덕목, 그리고 친절이나 연민같이 이타심과 관련 있는 덕목으로 나눌 수 있다.[27] 덕은 습관과도 관련이 있다. 진실로 선해지려면 선한 행위는 자동적으로 하고자 하는 일이 되어야 한다. 아리스토텔레스는 선한 존재가 되려면, 덕을 내면화하고 확고한 습관으로 동화시켜 항상 자발적이고 자동적으로 선행해야 한다고 보았다.

아리스토텔레스는 행복해지려면 잠재능력을 실현하여 우리의 최고 능력을 현실화하도록 노력해야 한다고 말한다.[28] 진정한 잠재능력을 발휘해야 한다는 말은 오늘날에야 개인계발과 관련된 진부한 표현이지만, 우리가 생각하는 것 이상으로 오래되었다. 아리스토텔레스는 인간으로서 주요 기능은 덕에 따른 이성적 활동이라고 주장한다.[29] 잠재능력을 실현하기 위해서는 가능한 한 최선의 인간이 되도록 행동과 정서적 반응을 조절해야 한다. 그래서 아리스토텔레스는 선을 강화하고 악을 통제하는 훈련으로 선한 인간이 될 수 있다는 강한 신념을 내보였다. 그는 《니코마코스 윤리학'Ηθικὰ Νικομάχεια》에서 행복한 마음은 "습관적으로 올바른 일을 행하는"[30] 것에서 나온다고 말한다. 가르침이나 지적 이해가 아닌 습관화를 도덕적 덕에 이르는 주요 길로 보았다.[31] 행복은 반복되는 선한 행위와 떼어놓을 수 없는 관계이다. 선한 사람이 되는 유일한 길은 선의를 가지고 반복적으로 선한 일을 행하도록 훈련하는 것이다. 그러나 이러한 선한 행위를 하고 싶어 하는 마음도 필요하다. 그래서 선한 행위가 자연스럽고 자동적인 습관이 되어야 한다.

소크라테스와 플라톤의 뒤를 이어 아리스토텔레스는 행복한 삶의 중심에 덕을 올려놓았다. 자신의 스승들과 마찬가지로 핵심 덕목(정의, 용기, 절제, 실천적 지혜)을 "이성적·정서적·사회적 기술이 복합된 것"[32]으로 본다. 그러나 스승들과는 달리 그는 선함을 이론적으로 아는 것보다 어떻게 실천할 수 있느냐를 더 강조한다. 소크라테스는 덕은 앎이라고 생각하지만, 아리스토텔레는 단순히 **아는** 것보다 지속적으로 선하게 **행동하는** 것이 훨씬 더 중요하다고 강조한다. 그는 습관의 힘이 중요하다고 설파한 최초의 선구자이다.

그리스어 **아레테**areté라는 개념에는 2가지 뜻이 있다. "덕"과 좀 더 일반적 의미에서 빼어남 혹은 뛰어남이란 뜻이다.[33] 아리스토텔레스는 덕을 지적인 덕과 도덕적 혹은 품성적 덕으로 구분한다. 지적인 덕에는 이론적이며 실천적인 지혜, 학문, 직관적 이해, 전문적인 공예 기술 등이 포함된다. 따라서 지적인 덕을 실행에 옮긴다 함은 선행뿐 아니라 무엇인가를 뛰어나게 잘한다는 뜻으로 이해할 수 있다. 아리스토텔레스가 중요하게 생각한 품성적 덕에는 정의(타인을 공정하게 대접하는 것), 용기(겁나거나 게을러서 옳은 일을 회피하지 않는 것), 절제 혹은 자기통제 등이 포함된다. 절제는 현대 심리학에서 충동을 조절하는 능력으로 설명한다. 그 외에 아리스토텔레스는 일반적 의미에서 관대한 정신, 넉넉한 마음, 장엄함, 자긍심(긍정적 의미에서의 자기존중), 착한 기질, 다정함, 신뢰성, 재기발랄함 등을 의미하는 원대한 마음 magnanimity을 내세운다.

철학자는 도덕적 덕을 습관이나 적절한 정서적 반응으로 형성되는 성품의 성향으로 이해한다. 우리는 되도록 빨리 도덕적 덕에 익숙해지고 거기에서 즐거움을 끌어내는 법을 배워야 한다. 따라서 도덕적 삶은 어릴 때부터 습관으로 몸에 배어야 한다. 그럴 때에만 정서적 반응이 그에 맞추어 발전한다. 그런 의미에서 덕은 시간을 두고 연마해야 완성되는 공예와 비교할 수 있다. 일찍 배울수록 좋다.

아리스토텔레스는 "중용" 이론으로도 유명하다. 모든 덕은 과잉과 결핍의 정중앙에 위치한다는 개념이다. 가령 관대함은 금전적 낭비와 인색함의 중간에 있고, 자기존중은 아첨과 거만의 중간에 놓인다.[34] 따라서 선하게 산다는 것은 균형의 문제이며, 극단을 피하는 문제이다. 그러나 분노나 두려움 같은 강한 감정을 아주 적절치 못하다고 주장했던 스토아 철학자들과는 달리 아리스토텔레스는 그런 감정도 때로 온당하다고 생각한다. 가령 뻔뻔한 불의를 보고 화내는 것은 정당하다. 아리스토텔레스는 말한다. "누구든지 화를 낼 수 있다. 그건 어렵지 않다. 그러나 적절한 사람에게, 적당한 정도로, 적절한 때에, 적절한 방식으로 화를 내는 것은 쉽지 않다."[35] 따라서 강한 감정은 상황에 따라 건강하고 전적으로 시의적절한 반응일 수 있다. 영국의 펑크록 밴

드인 섹스피스톨즈의 전 리드싱어였던 존 라이든John Lydon도 알고 있듯이, 분노는 에너지가 될 수 있다.[36]

아리스토텔레스는 선한 삶을 살 수 없거나 살기 어려운 사람들을 세 부류로 나눈다. 먼저 사악한 사람들이다. 지배와 사치를 향한 욕망에 이끌려 의도적으로 선함을 거부하는 자들이다. 그다음으로 "자제력이 없는 사람들", 그리고 "자제력이 있는 사람들"을 꼽을 수 있다. 먼저 전자는 이성과 선함에 반ⱨ하는 죄를 저지르는데, 그들의 강한 감정이나 느낌인 **파토스**pathos가 이성이나 선함을 압도하도록 내버려두기 때문이다. 우유부단하거나 충동적이 되면 이성은 감정을 이길 수 없다. 우유부단한 사람은 어떤 일이 닥치면 행동에 앞서 그 일에 대해 심사숙고하려고 노력하지만, 결국 감정이 이끄는 대로 일을 처리하게 된다. 예를 들어, 그가 직장에서 부당한 대우를 받는 느낌이 들었다고 상상해보자. 그러면 당장 목소리를 높여 따지기보다 문제를 이성적으로 차분하게 보려고 노력한다. 하지만 자신이 부당한 대접을 받고 있다는 의식이 너무 강해져서 사건이 있은 지 몇 시간 뒤에 분을 참지 못하고 상대에게 항의하는 이메일을 보낸다. 반면에 충동적 성향인 사람은 그 순간 앞뒤 가리지 않고 먼저 행동에 나서지만, 나중에 자신의 행동을 후회한다. 만일 충동적인 사람이라면 직장에서 회의 도중에 고함을 치며 싸울는지도 모른다. 물론 뒤에 가서는 감정적으로 격하게 대응했다고 후회하겠지만 말이다.

이번에는 자제력 있는 사람들의 경우이다. 그들은 자제력이 없는 이들과 마찬가지로 선함과 거리가 먼 감정을 강하게 느낄 때도 있지만, 이를 잘 억누른다. 그래서 겉으로는 성공적으로 선하게 사는 것처럼 보인다. 그러나 그런 삶은 그들에게 무척 힘겹다. 감정적 반응이 이성과 배치되기에 본능과 계속 싸워야 하기 때문이다.[37] 그래서 고심 끝에 분노 가득한 이메일도 보내지 않고 직장에서 공개적으로 화내지도 않지만, 사실 그렇게 하고 싶은 마음은 굴뚝같다. 다만 그 충동적 감정을 잘 억누를 뿐이다.

아리스토텔레스가 어떻게 보면 강인한 도덕적 전사戰士인 자제력 있는 사람들이 선하게 사는 일이 자연스럽고 훌륭하게 보지 않는다는 점은 주목할 만하다. 기독교도와는 달리 그는 유혹을 이겨내는 것을 우리가 할 수 있는 가장 고귀한 행위로 보지 않는다.[38] 이는 현대 독자들에게 불공평하게 보일지 모르겠지만, 그의 사상에 비추어보면 이해할 수 있다. 아리스토텔레스 사상에서 최고의 목표는 윤리적 품성을 발달시키는 데 있다. 그래야 나쁜 것을 바라지도 않고, 부적절한 감정적 반응으로 괴로워하지도 않기 때문이다. 아리스토텔레스의 견해에 따르면, 진실한 도덕적 덕은 감정이나 단순한 능력이 아니라 성품의 문제이다. 그렇기 때문에 억압에 좋은 점수를 줄 수 없다. 그와는 대조적으로 가장 유명한 "의무 윤리duty ethic"의 주창자인 이마누엘 칸트Immanuel Kant는 의지력과 의무를 최고의 선으로 내세우며 이를 다르게 바라본다. 칸트는 덕을 "의무의 명령에 복종하는 의지의 도덕적 힘"으로 정의한다.

고전학자인 에디스 홀Edith Hall은 《아리스토텔레스의 길 Aristotle's Way》*에서 아리스토텔레스의 덕 윤리학이 고전적 자조론 체계로 얼마나 적절한 사례인지 아주 매력적으로 보여준다. 홀은 아리스토텔레스의 선한 삶, 즉 **행복**eudaimonia은 행위에 대한 도덕적 책무를 강조한다는 점, 다시 말해 우리는 **행복**을 적극적으로 "실행"해야 한다는 점에 주목한다. 왜냐하면 아리스토텔레스에게 "행복은 행위(실천praxis)"[39]이기 때문이다. 또한 "잠재능력의 실현"에서 "실현"이란 말에는 2가지 의미가 있다고 강조한다. "의식하고 의식한 것을 현실화하는 것—아리스토텔레스의 사상에는 이 2가지가 포함되어 있다."[40]

따라서 아리스토텔레스는 우리에게 선해야 하고 선함을 실천해야 한다고 동시에 요구한다. 어느 하나만으로는 충분하지 못하기 때문이다. 선한 성향이 습관적 덕행으로 옮겨지지 않으면 그 선한 마음도 아무 쓸모가 없다. 그리고 성품과 감정적 반응을 적절히 단련하지 않으면 충동에 맞서 선을 행한다 해도 여전히 아리스토텔레스의 고귀한 이상에 어긋난다. 순수한 선함에서 비롯된 덕행으로 가장 유명한 예

---

* 《열 번의 산책》, 예문아카이브, 2020.

가 선한 사마리아인의 행위이다. 잘 알다시피 기독교 신앙에서 이타심의 중심에는 사마리아인의 이야기가 있으며, 선한 사마리아인이란 이름은 이기심 없는 이타심을 표현하는 약칭이 되었다. 《누가복음》에서 예수는 한 이야기를 들려준다. 한 사람이 예루살렘 여리고로 가는 도중에 강도를 만난다. 강도는 그를 발가벗기고 잔인하게 구타한 뒤 짐승처럼 죽게 길가에 내버려두었다. 어느 제사장이 길을 가다가 그를 보았지만 그냥 지나친다. 그 뒤에 레위 사람도 마찬가지였다. 그런데 그를 본 어느 사마리아인이 측은한 마음이 들었다. 그는 발걸음을 멈추고 "상처에 올리브기름과 포도주를 붓고 상처를 싸맨 다음, 자기 짐승에 그를 태워 여관으로 데려가 돌봐주었다. 다음 날에는 2데나리온을 꺼내어 여관 주인에게 주고 말하기를 '이 사람을 돌봐주십시오. 비용이 더들면, 내가 돌아오는 길에 갚겠습니다' 하였다(《누가복음》10:33~35)".[41]* 당시 사마리아인과 유대인은 서로에게 많은 어려움과 고통을 주던 적대 관계에 있었다.

예수의 가르침 중에는 이웃을 우리 몸처럼 사랑하라는 계명이 있다. 더 나아가 원수도 용서하고 심지어 사랑하라고 촉구한다. 신약의 복음서들은 선함 혹은 자비에 관한 예수의 독특한 통찰을 보여준다. 하느님의 선함이 무한하다고 가르친 예수는 평등한 사랑의 왕국과 근본적으로 새로

---

* 《성경》 인용은 '표준새번역'을 따랐다.

운 세상의 질서를 약속한다. 전능한 구세주이자, 사람을 깨우치는 스승이자, 병을 치료하는 자이자, 기적을 행하는 자인 예수는 자신을 따르는 제자들에게 모범이 되는 삶을 살았다. 예수의 **아가페**, 예수의 최고 사랑은 이타적일 뿐 아니라 자기희생적이다. 이는 그의 용서의 메시지(누가 오른쪽 뺨을 때리면 왼쪽 뺨마저 돌려 대라는 것)와 십자가에서 마친 극적인 종말과 함께 "아버지, 저 사람들을 용서하여 주십시오. 저 사람들은 자기네가 무슨 일을 하는지 알지 못합니다"*라는 외침으로 설명된다.

《마태복음》에 따르면, 예수는 자기 가르침의 중심에 있는 이타심의 계명을 가능한 한 아주 분명한 표현으로 전한다. "네 마음을 다하고 네 목숨을 다하고 네 뜻을 다하여, 주 너의 하느님을 사랑하여라 하셨으니, 이것이 가장 중요하고 으뜸가는 계명이다. 둘째 계명도 이것과 같은데 '네 이웃을 네 몸과 같이 사랑하여라' 한 것이다. 두 계명에 모든 율법과 예언자의 본뜻이 달려 있다(《마태복음》 22:37~40)."[42] 그런데 산상수훈에서 예수는 더 극적인 요구를 한다. "네 이웃을 사랑하고 네 원수를 미워하여라 하고 이른 것을, 너희가 들었다. 그러나 나는 너희에게 말한다. 너희의 원수를 사랑하고 너희를 박해하는 사람을 위하여 기도하여라. 그래야만 너희가 하늘에 계신 너희 아버지의 자녀가 될 것이다. 아

---

* 《누가복음》 23:34.

버지께서는 악한 사람에게나 선한 사람에게나 똑같이 해를 떠오르게 하시고, 똑같이 비를 내려주신다. 너희가 너희를 사랑하는 사람만 사랑하면 무슨 상을 받겠느냐(《마태복음》 22:37~40)?"**43**

예수가 던진 메시지의 핵심에는 모든 것을 포괄하는 절대적 사랑—우리에게 의도적으로 해를 끼친 사람들까지 염려하는, 어쩌면 가장 힘든 이런 사랑을 특별히 강조하는 무조건적이면서 모든 것을 다 끌어안는 사랑—이 있다. 원수까지 사랑하는 행위에 내재된 원대한 마음은 자기 자녀를 죽인 사람들에게 복수는커녕 그들의 개심을 구하면서 그들을 용서할 수 있는 사람들의 예에서 가장 강력하게 드러난다.

애니메이션 영화 〈아이스 에이지〉에서 모든 동물이 빠르게 다가오는 빙하를 피해 남쪽으로 이동할 때, 우울함에 빠진 매머드 맨프레드는 그들과 정반대 방향으로 걸어간다. 가족을 잃은 상실감으로 자살충동을 느낄 만큼 우울한 그는 영원한 추위 속에서 겪는 고통으로 오히려 영원한 위안을 얻는다. 그러나 본디 선하고 다른 이들에 대한 배려가 마음속 깊이 자리한 그는 마침내 자기 파괴적인 행동에서 벗어나 길 잃은 어느 인간의 아이를 구하여 가족의 품으로 돌려보내기로 한다. 우리는 나중에 맨프레드가 구해준 아이가 바로 그의 사랑하는 아내와 갓난아이 아들을 죽인 인간 사냥꾼의 자식임을 알게 된다. 따라서 근본적으로 포용적인 사랑의 기독교적 형태는 용서라는 심오한 마음의 능력, 그리고 우리 가운데 아무리 악하고 잔인한 자라도 사랑으로 치유될 수 있다는 굳건한 믿음에 근거한다.

그렇다면 선하게 살라는 명령은 20세기와 21세기의 자조론에서 어떤 형태로 나타나고 있을까? 이 명령은 아직도 유효하고 중요할까? 우리가 살펴본 것처럼, 이타주의와 고전적 덕목은 우리를 관계적이고 깊이 상호 연결된 존재로 보는 일반적인 개념에 힘입어 과거에는 자기계발 철학의 중심에 있었지만, 오늘날에는 그 중요성이 쇠퇴했다. 현대 자조론에서 선하게 살라는 것은 윤리적 의미보다 성과를 향상시킨다는 표현에서 뛰어남의 의미를 강조한다. 그러니까 효율성이나 생산성 혹은 창의성을 최적화하는 것뿐 아니라, 낭만적 관계든 혹은 직업적 관계든 혹은 친구 사이이든 다른 사람들과도 관계를 능숙하게 잘 맺어야 한다는 것, 그리고 수입이나 경력에서도 긍정적 변화를 가져와야 한다는 것 등을 포함한다. 이런 의미에서 오늘날엔 선하게 산다는 것은 대체로 자신감, 의사소통, 충동 조절, 자기 수용self-acceptance 과 관련된 특정한 기술을 증진하거나 습득하는 것으로 이해된다.

선한 행동을 한다는 것이 오늘날의 자조론 풍경에서 완전히 사라진 것은 아니다.《성공하는 사람들의 7가지 습관》을 쓴 코비와 같은 여러 작가는 "성품 윤리"보다 "성격 윤리"를 앞세우는 오늘날을 한탄하며, 단순히 더 뛰어나기보다 선을 행하는 것을 강조하고 고전적 덕목을 계속 옹호한다.[44] 현대의 선행은 자기를 넘어서는 대의명분에 동의하고, 친절을 실천에 옮기고, 다른 사람들의 성장을 도와주고, 자비로운 사고방식을 개발하는 식으로 봉사와 의무를 다하고 공동체에 대한 관심을 잃지 않는 형태로 나타난다.

오스트리아의 정신의학자이자 프로이트 및 융과 더불어 "심리학의 3대 거장" 중 한 사람인 알프레트 아들러Alfred Adler의 저술이 최근 자조론 세계에서 재조명되고 있다. 흥미롭게도 아들러의 사상에 대한 관심은 일본에서 새롭게 시작되어 서양으로 다시 퍼졌다. 아들러의 자기초월과 공동체 지향의 심리학이 동양 사회의 상상력을 먼저 사로잡았다는 사실은 놀랍지 않다. 왜냐하면 역사적으로나 문화적으로 동양이 서양보다 훨씬 더 사회친화적인 가치를 소중히 여기기 때문이다. 오늘날엔 아들러의 "열등감 콤플렉스inferiority complex" 이론이 잘 알려져 있지만, 사실 그는 데일 카네기Dale Carnegie* 와 코비에게도 큰 영향을 미쳤다. 현재의 자조론 작가들이나 독자들이 아들러의 사상을 많이 좋아하는 이유를 쉽게 확인할 수 있다.

아들러를 연구한 일본 학자이자 철학자인 기시미 이치로 岸見一郎와 작가인 고가 후미타케古賀史健가 공동 저술하여 여러

---

* 인간관계에서 나타나는 심리와 스트레스를 분석하고 인간관계론을 체계화한 대표적인 자기계발 작가.

나라 언어로 번역된 세계적 베스트셀러《미움받을 용기嫌わ
れる勇気: 自己啓発の源流アドラーの教え》*라는 책이 있다. 처음에는 의심이
많았던 학생 격의 청년(고가)과 스승 격인 철학자(기시미)의
대화를 가독성 높은 소크라테스식 문답 형식으로 풀어낸 이
책은 아들러가 내세운 개인심리학의 원리를 전해준다. 스승
격인 철학자는 의심 많은 제자 격의 청년에게 아들러의 생
각에 담긴 지혜와 실질적 유용성을 차근차근 능숙하게 설명
해준다.

　아들러는 우리가 사는 세상이 지극히 주관적일 뿐 아니라
과거가 중요하지 않다고 주장한다. 그의 심리학은 본질적으
로 결정론이나 인과관계를 인정하지 않고, 대신 목적과 목
표와 공동체를 중시한다. 아들러는 우리가 현재의 어떤 특
정한 목적을 달성하려다가 증상이나 문제점을 만든다고 생
각한다(심리학자나 신경언어 프로그램을 시행하는 치료사들은 이
를 "이차적 이득"이라 부른다). 예를 들어, 낮은 자존감과 비만
은 인간관계에서 상처받지 않게 보호해주는 기능을 할 수
도 있다. 프로이트에게는 **미안한 얘기이지만**, 아들러는 트라
우마를 존재하지 않는 것으로 본다. 우리는 현재의 목적에
맞게 경험을 이해한다. 따라서 우리는 과거 경험이 아닌 스
스로 부여하는 의미에 의해 결정된다. 아들러는 말한다. "사
람들은 과거의 어떤 원인에 의해 이끌리는 것이 아니라 스

---

* 《미움받을 용기》, 인플루엔셜, 2014.

스로 설정한 목표를 향해 움직인다."[45] 그래서 아들러는 근본적으로 시각을 전환하여 현상을 반대로 보라고 주문한다. "문제들"은 문제가 아니라 특정한 심리적 목표를 충족하기 위해 창조되었다.

일본의 자조론 도서인 《미움받을 용기》의 제목이 시사하듯, 아들러 심리학의 중심에는 용기라는 고전적 덕목이 있다. 아들러는 우리가 용기가 없어 긍정적 변화를 추구하지 못한다고 본다. 또한 모든 문제는 본질적으로 인간관계에 있다고 주장한다. 대표적으로 적극적 방어기제인 낮은 자존감을 들 수 있다. 누군가 우리를 부정적으로 판단하여 상처 주기 전에 스스로 예방 차원에서 자존감을 낮춘다. 자신에 대해 최악의 상황을 생각하면, 어느 누구도 부정적 판단으로 우리를 괴롭히거나 화나게 하지 못한다. 따라서 낮은 자존감은 용기 부족을 나타내고, 그 핵심 원인은 두려움—다른 사람이 미워할지도 모르고, 그래서 따돌림의 대상이 될지도 모른다는 두려움—이다. 먼저 스스로가 자신을 미워함으로써, 그리고 개방성과 친밀성과 취약성 및 때로는 의미 있는 모든 인간관계를 회피함으로써 우리는 기본적으로 자신을 보호하려고 한다.

이렇듯 아들러는 용기—특히 "미움받을 용기"—를 자신이 생각하는 심리학의 중심에 놓는다. 그런데 선함에 관한 논의에서 훨씬 더 중요한 것은, 진실로 우리 자신을 계발하고자 한다면 관심을 자기 이익에서 다른 사람에게로 돌려야 한다는 아들러의 확신이다. 즉 관심을 사회적 이익에 두어야 한다.[46] 자기신뢰와 조화로운 사회적 삶이 늘 변함없는 삶의 목적이 되어야 한다. 모든 인간관계의 목표는 아들러의 표현대로 "공동체 의식community feeling"이며, 이는 다른 사람들을 적이 아닌 동료로 바라보는 데에서 가장 분명하게 드러난다.

따라서 아들러가 특히 싫어하는 것은 자기중심성이며, 열등감 콤플렉스도 여기에 해당한다. 예를 들어 만일 인정받고자 하는 욕망에 사로잡혀 있다면, 다른 사람들에게 관심을 갖는다 해도 다분히 피상적으로 보일 것이다. 실제로 우리는 남들에게 전혀 관심을 두지 않는다. 왜냐하면 그들은 우리의 자기중심적 게임에서 그저 인질에 지나지 않기 때문이다. 《미움받을 용기》에서 철학자는 청년에게 다음과 같이 설명한다. "자네는 다른 사람들이 자네를 좋게 생각해주길 원하기 때문에 그들이 자네를 어떻게 바라보는지 걱정하지. 그건 다른 사람들에 대한 관심이 아니야. 자기 자신에 대한 집착일 뿐이지. (…) 자네는 공동체의 한 부분이지 중심이 아니야."[47] 진정한 자존감은 자신이 공동체에 유익한 존재라는 느낌에 기초해야 한다. 따라서 자기긍정이나 자아존중감에만 집중하는 것은 잘못되었다. 우리에게는 타인에 대한 신뢰와 결합된 소박한 자기 인정과 가치 있는 기여를 하겠다는 용기가 필요하다.

의미치료 창안자이자 홀로코스트의 생존자인 프랑클도

《삶의 의미를 찾아서》에서 아들러와 비슷하게 자기 밖에 있는 의미와 목적을 강조한다. 삶에서 기대하는 것을 묻지 말고 삶이 우리에게 기대하는 것을 물어야 한다는 것이다. 프랑클의 말을 들어보자. "삶의 궁극적 의미는 문제에 대한 옳은 답을 찾고 개개인에게 끊임없이 부여되는 임무를 수행하는 책임을 다하는 데 있다."[48]

아들러의 모형과 마찬가지로 프랑클의 의미치료는 여러 중요한 점에서 프로이트의 정신분석과 다르다. 그의 의미치료는 정신분석처럼 과거를 회고하고 내면을 들여다보기보다 미래에 초점을 맞춘다. 프랑클의 목적은 "신경증 환자들의 전형적인 자기중심성"을 강화하기보다 환자에게 삶의 의미를 직면하게 함으로써 의미의 전환을 가져와 자기중심성을 깨뜨리는 데 있다.[49] 프랑클은 충동과 본능 사이의 갈등에서 실존적 문제로 초점을 바꾼다. 더 나아가 우리의 "의미에의 의지will to meaning"를 프로이트식의 단순한 승화sublimation 행위*가 아닌 삶의 주요한 동기로 생각한다.

프랑클은 선하고 충만하게 살기 위해서는 삶의 잠재적 의미들을 현실화하는 책임을 충실히 다해야 한다고 주장한다. 그러한 의미는 단순히 자기가 바라는 최선의 모습이 되게 해달라는 식의 자기중심적인 목표가 아니고, 자신 밖에 있

---

* 심리학에서 '승화'는 자신의 부정적 특성인 욕망이나 충동을 예술이나 종교 활동과 같은 사회적으로 용인되는 선에서 해결하려는 방어기제를 말한다.

는 것이어야 한다. 그러므로 자신을 위한 자기계발이나 학습, 성장은 프랑클이 말하는 진정한 삶의 의미일 수 없다. 그는 아들러와 마찬가지로 자기초월을 목표로 삼아야 한다고 주장한다.

"진정한 삶의 의미는 자기 내면이나 정신이 마치 폐쇄된 체계인 양 그 안에서 찾을 것이 아니라 세상에서 찾아야 한다." 인간답게 된다는 것은 "늘 자기 자신이 아닌 어떤 것 혹은 어떤 사람, 즉 성취해야 하는 의미이든 만나야 하는 사람이든 다른 대상에 주목하고 다른 대상으로 향하는 것이다"라고 그는 말한다.[50] 그렇다면 우리의 주된 임무는 어떤 이념이나 사람에게 도움을 주는 것이다. 아들러와 마찬가지로 프랑클은 자신에게 초점을 맞추는 것은 안타깝게도 부적절한 목적일 수밖에 없다고 생각한다. 왜냐하면 진실로 선한 목적은 자신의 정신보다 더 크고 더 중요한 것을 포함해야 하기 때문이다.

셀리그먼도 자기계발에서 선함의 역할에 대해 몇 가지 흥미로운 생각을 펼친다. 그는 오늘날 같은 개인적 통제의 시대에 우리가 개인적인 충족감을 신성한 권리인 양 여기면서 자기 자신을 너무 드높인다고 주장한다. 그가 관찰했듯이, 우리는 "개인적 쾌락과 고통, 성공과 실패를 전례 없이 심각하게" 잘못 받아들이고 있다. 의무를 중요하게 생각한 조상들과는 달리 우리는 감정(더 정확하게는 자신의 감정)을 중시하고 개인적인 만족과 상실에 지나치게 신경을 쓰고 있다. 셀리그먼은 말한다. "우리 사회가 자아에게 그동안 한 번도 누리지 못한 권력, 즉 자신을 변화시키고 나아가 자기가 생각하는 대로 자신을 바꾸고자 하는 권력을 부여하고 있다."[51] 그러나 셀리그먼은 자기를 드높이는 가운데 공동체나 가족에 대한 의식, 제도나 국가에 대한 책무가 약해졌고, 더 숭고한 목적의식도 후퇴했다고 주장한다. 우리가 의미를 찾으려고 내면을 바라보는 것은 불가피하게 "공공선에 대한 의무 약화"[52]를 초래한다. 오늘날 우울증이 전염병처럼 확산되는 것은 이와 같이 "과도한 자기에의 전념과 약해진 공공선에 대한 책임감"[53]이 크게 작용한 결과이다. 셀리그먼은 앞서 아들러와 프랑클처럼, 자아는 "의미를 담기엔 너무나 가난한 장소"[54]라고 결론을 내린다.

최근에 다른 많은 자조론 작가도 사회적 참여의 "선함" 형태와 이기적이고 탈정치적인 개인 계발에 초점을 맞춘 형태 사이의 메울 수 없는 간극을 극복하기 위한 처방들을 내놓고 있다. 그런데 앞에서 살펴보았듯이, 일부 정치적 좌파 성향의 사상가들은 자조론 산업이 본능을 억압하고 고통의 사회적 원인을 처리하도록 고안된 자본주의 이데올로기를 뒷받침하고 있다고 생각한다. 그들은 생산성을 높이고 스트레스에 대처하는 기제를 강화하는 방식으로 사회구조적인 문제를 개인화하면서, 효율성과 이익의 증진이라는 신자유주의의 대의명분에 기여하는 유순하고 충직한 하인들을 생산하는 것이 자조론 산업의 목표라고 주장한다.[55] 이러한 주장은 대부분 천편일률적이다. 게다가 좌파 사상가들도 "선하게 살라"는 말의 의미를 사회활동가의 입장에서 너무 협소하게 이해한다. 선함을 실천하는 일은 아주 다양한 방식이 있기 때문에, 이는 그 자체로 환원론적 가정이다. 그리고 우리가 살펴보았듯이, 이타주의는 정치적 얼굴뿐 아니라 여러 얼굴을 지니고 있어서 요약하듯 간략하게 처리할 수 없다. 더구나 자기계발은 사회적 행위이든 개인적 이기심에서 비롯된 행위이든 자기다움이라는 개념과 아주 밀접한 연관이 있다. 자신을 공동체에 속한 관계적이고 상호의존적인 구성원으로 생각한다면, 우리 자신을 개선하는 일은 필연적으로 더 큰 영역인 공동체에 긍정적 영향을 미칠 것이다. 레네 레이첼 안데르센Lene Rachel Andersen, 토마스 비요크만Tomas Björkman, 로슨, 재커리 스타인Zachary Stein* 등 많은 철학자는 내면의 변화와 사회의 변화는 서로 불가분의 관계라고 강조하면서 **빌둥**이라는 18세기 개념을 부활시키고 있다.[56] 많은 사회 활동가 역시 새로운 사회적 상상을 구축하고 효과적인 체제 변화를 이끌기 위해서는 개인의 정신적 발전이 필수 조건이라고 생각한다.[57]

게다가 일부 자존론 작가들도 우리가 겪는 많은 고통의

---

* 레네 레이첼 안데르센은 덴마크의 경제학자이자 철학자이고, 토마스 비요크만은 스웨덴의 사회적 기업가이자 철학자이다. 재커리 스타인은 발달심리학 관점에서 사회 정의 및 교육 문제에 집중하고 있는 심리학자이자 철학자이다.

사회적 원인을 예리하게 인식하고, 매우 명시적인 접근 방식을 제시하고 있다. 그들은 회복탄력성과 자기이해와 자기인식의 강화를 우리가 사회적 행동을 취하고 불만의 구조적 원인 중 일부를 규명할 용기를 주기 위해 고안된 첫 단계라고 생각한다. 글로리아 스타이넘Gloria Steinem의 고전적 작품인《내면으로부터의 혁명Revolution from Within : A Book of Self-Esteem》* 이 바로 그런 사례이다. 이 책에서 스타이넘은 여성의 부족한 자존감이 사회적 문제에서 비롯되었음을 강조하면서, 내적 변화와 외적 변화를 결합하기 위한 구체적인 방법을 제시한다. 캐티 케이Katty Kay와 클레어 시프먼Claire Shipman이 함께 쓴《자신감 법칙The Confidence Code : The Science and Art of Self-Assurance — What Women Should Know》**에서도 문화가 만들어낸 남성과 여성 사이의 자신감 격차를 진단하면서 자아존중감과 젠더 사이의 상관관계를 분석하고 있다. 케이와 시프먼의 치료법이 스타이넘보다 과학적 근거에 더 많은 비중을 두지만, 둘 모두 사회적 성에 따라 자아존중감이 불평등하게 나타나는 것의 사회적 원인을 바로잡는 데 목적을 두고 있다.

심지어 초프라의《성공을 부르는 7가지 영적 법칙》과 같이 비법을 전한다는 주술적인 자조론에서도 우리가 추구하는 것을 다른 사람들에게 먼저 줘야 한다는 권고를 찾아

---

* 《셀프 혁명》, 국민출판사, 2016.
** 《나는 왜 자꾸 눈치를 볼까?》, 리듬문고, 2019.

볼 수 있다. 가령 이런 식이다. "기쁨을 원한다면 다른 사람들에게 기쁨을 주라. 사랑을 원한다면 사랑을 베푸는 법을 배워라. 관심과 인정을 원한다면 먼저 관심을 주고 인정하는 법을 배워라. 물질적 풍요를 원한다면 다른 사람들이 물질적으로 풍요로워지도록 도와주어라. 사실상 그대가 원하는 것을 가장 손쉽게 얻는 방법은 다른 사람들이 원하는 것을 얻도록 도와주는 것이다."[58] 물론 이런 식의 처방은 다소 모호하고 탈정치적인 데다 그런 소소한 친절이 반드시 정치 구조에 영향을 미치는 것도 아니라고 주장할 수 있다. 하지만 우리는 사회 변화가 사회적 태도의 변화를 포함한 여러 다양한 방식으로 이루어질 수 있다는 사실을 잊지 말아야 한다.

오늘날에 "선함"은 어떤 다른 형태로 나타날 수 있을까? 고전적 방식의 이타주의가 여전히 중요하게 남아 있지만, 요즘은 비건, 의식 있는 소비자주의, 다른 종이나 식물에 대한 관심 등 새로운 형태의 이타주의가 주목받고 있다. 최근에 등장한 좀 더 포괄적이고 미래지향적인 형태의 선함의 사례는 멸종저항* 사상가들이 내세우는 것이기도 하고 스웨덴의 환경운동가 그레타 툰베리Greta Thunberg도 옹호하는 선한 조상이 되자는 운동이다.[59] 미국의 시민권 보호 운동가인 마리언 라이트 에덜먼Marian Wright Edelman은 《등잔불들Lanterns : A

---

* 영국에서 시작된 국제적 기후 운동 단체.

Memoir of Mentors》에서 독자들에게 이런 주문을 한다. "선한 조상이 돼라. 당신보다 더 큰 무엇을 위해 싸우라. 지상에 머무는 동안 지구를 위해 가치 있는 일을 하라."[60] 조상으로서 책임을 다한다는 것은 무엇보다도 미래세대들이 살기에 적합한 세상을 만드는 일이다. 따라서 선한 조상이 된다는 개념은 근본적으로 미래지향적 형태의 이타주의이며, 선함에는 현재 살아 있는 사람이나 생명체 혹은 바로 아래의 후손들뿐 아니라 앞으로 태어날 더 먼 미래세대들에 대한 관심도 포함해야 한다는 확신에 근거한다. 이는 관심의 범위를 시간상으로 확장시킨 것이다. 지니를 위해 한 가지 소원을 남겨둔 알라딘의 예로 돌아가 생각하면, 선한 조상이 된다는 것은 아직 세상에 나오지 않은 모든 사람을 위해 한 가지 소원을 남겨두는 일이다.

5장

겸손을 갖추라

겸손은 결점을 기꺼이 인정하는 마음가짐이다.
사람이든 동물이든 식물이든 심지어 기계든,
우리가 극복하지 못한 것을 극복한
누구에게서든 혹은 무엇에서든
기꺼이 배우고자 하는 마음가짐이다.

겸손하라는 명령은 얼핏 들으면 특별히 매력적으로 느껴지지 않는다. 자아존중감이나 자기가치를 높게 평가하는 오늘날 추세와 충돌할 뿐 아니라, 거의 모든 자조론 문학의 핵심 메시지 중에 하나인, 성취를 자찬하고 스스로에게 자긍심을 느껴야 한다는 메시지와도 모순된다. 그러나 겸손이 온순함을 의미하지는 않으며, 허약함과 같은 의미도 아니다. 이 고대의 덕목은 무시하고 짓밟아도 가만히 있는 심리 상태인 순종과 아무 상관이 없다. 단순히 낮은 자아존중감을 뜻한다고 오해해서도 안 된다.

오히려 겸손은 세상의 질서 속에서 우리의 위치를 이해하며 나오는 정신적 고상함의 한 형태이다. 욕망과 두려움에서 한발 물러나 우리는 그저 일부에 지나지 않는, 더 큰 세계를 바라봄으로써 실천에 옮길 수 있는 것이다. 겸손은 시각을 바꾸고, 세상이라는 더 큰 그림 속에서 우리가 제한된 의미를 지닌 존재라는 사실을 깨닫는 것이기도 하다. 환상에서 벗어나 우리 자신을 어느 한 공동체의 일원으로, 어느 특정한 역사적 시점의 존재로, 더 나아가 심각한 결함이 있는 종으로 이해하는 것을 의미한다. 또한 겸손은 부족한 것에 신경을 쓰기보다 가지고 있는 것을 고맙게 여기는 감사의 마음과도 밀접한 관련이 있다. 마지막으로 소크라테스가 잘 알고 있었던 것처럼 겸손은 우리가 모르는 게 얼마나 많은지를 인식하고, 맹점을 인정하는 마음과도 연관이 있다.

성 아우구스티누스는 겸손을 다른 모든 덕목의 토내라고 말했다. 과거와 현재의 다른 많은 작가도 겸손에 관한 깊은 생각들을 보여주고 있다. 공자도 마찬가지이다. 공자는 더 큰 세계 안에서 우리의 위치를 알고, 예와 전통을 따르는 것이 그 시대의 악을 없애는 해독제와 같다고 믿었다. 그의 사상에서 개인적 필요나 욕망은 언제나 사회 전체의 최고 이익 다음에 오는 부차적인 것이다. 그러니까 유교에서 겸손은 그 근본정신이 매우 친사회적이며, 집단의 선을 개인적 여망이나 야망의 충족보다 훨씬 더 높게 평가한다.

기독교 정신에서도 겸손은 핵심 가치 중의 하나로, 자기 포기와 하느님에 대한 완전한 순종의 형태로 나타난다. 예를 들어, 독일 태생인 중세 신학자 토마스 아 켐피스Thomas à Kempis는 신의 뜻에 순종하는 독실한 삶을 위해서는 딱 한 가지 방법밖에 없다고 생각했다. 바로 그리스도를 본받는 것, 특별히 그리스도의 수난의 고통에서 분명하게 드러나는 그의 겸손을 본받는 일이다. 물론 기독교식 겸손, 즉 자책·부끄러움·죄·자기부정 등이 모두의 입맛에 맞지 않을 수도 있다. 그래도 여전히 신학자들에게 배울 중요한 것들이 있음을 잊지 말아야 한다. 그들은 우리에게 오만함과 허세를 피하고, 완벽하지 않은 종이라는 것을 인식시키고, 전체로서 인류의 운명에서 각자의 역할이 극히 제한적이라는 사실을 명심하도록 가르쳐주기 때문이다.

우리 모두는 서로에게뿐 아니라 다른 종에게서도 배울 것이 많다. 가령 식물처럼 살려고 노력한다면, 자연의 자원을 무분별하게 착취하지 않고 조화롭게 생존하는 법을 발견할 수 있을 것이다. 선사禪師, Zen masters인 고양이*처럼 살려고 노력한다면, 쉼 없는 활동보다 안녕과 자기 관리를 우선으로 하고, 관심과 인정을 받으려는 무의미한 노력을 중단하는 법을 배울 수 있다. 늑대처럼 살려고 노력하면, 직관과 충성을 배울 수 있다. 늑대는 가정과 양육에 관한 좀 더 정교한 해결책을 찾고, 어른들의 지혜를 활용하며, 훨씬 더 친사회적인 행동을 하고, 놀이의 가치를 소중히 여기는 법을 보여주기 때문이다.

그렇다면 겸손은 결점을 인정하고 극복하려는 노력과 연관이 있다. 타자에게서 최고의 기량을 배우려는 기꺼운 태도도 겸손에 해당하기 때문이다. 그런데 자연과 동물을 최고의 스승으로 인정하는 이들과는 정반대편에 있는 사람들

---

* 톨레가 고양이들은 모두 선사라고 표현한 데서 따온 말이다.

도 있다. 그들은 인간이 기계가 되는 법을 배워야 한다고 주장한다. 트랜스휴머니즘transhumanism 이론가들은 인간을 신체적으로 허약하고 불완전한 존재로 보며, 우리의 몸은 기계공학적으로 강화시킬 수 있고 또 그렇게 해야 한다고 주장한다. 그러나 원활하게 작동하는 기계에 비유하여 인간을 완벽하지 못한 존재라고 인정하는 트랜스휴머니즘은 과연 겸손의 한 예로 볼 수 있을까? 아니면 그와는 정반대로, 끝을 모르는 오만함으로 추진된 기획은 아닐까?

겸손에는 지속적인 자기 교정과 자기계발을 받아들이는 태도로서의 학습 능력도 포함된다. 여기서 먼저 이렇게 물어보자. 왜 겸손의 문제를 신경 써야 하는가? 그 이유는 겸손이 장구한 역사를 지닌 고대의 덕목이기도 하지만, 독특한 심리적 특성의 하나이기 때문이다. 최근의 심리학 연구에서 밝혀진 바에 따르면, 겸손한 사람들이 그렇지 않은 사람들보다 더 장점이 많다고 한다.[1] 겸손한 사고방식을 지닌 사람이 인지 기술이나 대인관계 및 의사결정 기술에 상당히 긍정적인 영향을 미친다고 알려져 있다. 또한 겸손한 사람들은 학습 능력과 문제해결 능력이 남들보다 더 뛰어나다고 한다. 피드백을 진심으로 받아들이는 겸손한 학생들이 결국엔 타고난 재능은 많지만 스스로의 능력에 자부심이 지나쳐 어떤 충고도 받아들이지 않는 학생들을 따라잡는 경우가 많다고 한다. 겸손이 지능지수인 IQ보다 훨씬 더 중요한 수행 능력 예측 지표가 될 수 있다는 연구 결과들도 있다.[2] 그 외에도 지도자의 겸손은 지도자를 따르는 사람들에게 신뢰와 업무 참여도와 창의적인 전략적 사고를 촉진시켜, 전반적으로 그들의 수행 능력을 끌어올린다고 한다.[3] 이렇게 보면 겸손은 학습 능력에 아주 긴요한 것이면서 자기계발의 필요조건이라고 할 수 있다. 지식의 한계나 성품의 결함을 인정하지 않으면, 이를 해결하는 데 필요한 어떠한 조치도 할 수 없기 때문이다.

또한 겸손은 나르시시즘을 치료하는 유일한 치료약이다. 많은 점에서 우리 시대의 골칫거리인 나르시시즘은 개인적 차원에서나 사회적 차원에서나 해결해야 할 문제이다. 나르시시즘은 '셀카'를 찍는 밀레니얼 세대와, 불과 몇 년 전만 해도 자기과시적 행동으로 간주되던 것을 정상처럼 조장한 제45대 미국 대통령*과 자주 연관되는 현상이다. 그러나 이는 더 큰 변화의 징후에 불과하다. 2009년에 미국 심리학자 진 트웽이Jean Twenge는 미국에서 나르시시즘이 유행처럼 번진다고 진단하면서, 이를 젊은 세대에게 과대성 감정, 찬양받고 싶은 욕구, 공감능력 부족 등이 급격하게 증가하면서 광범위하게 나타나는 양상으로 규정했다.[4] 트웽이의 연구 결과를 접한 많은 학생이 자신들의 태도를 변호하고 나섰지만, 결과적으로는 역설적이게도 트웽이의 연구를 더 확실하게 입증하는 셈이 되고 말았다. 한 학생이 이에 관해 신

---

* 도널드 J. 트럼프Donald J. Trump를 말한다.

문에 기고했다는 글을 보자. "우리 세대가 스스로를 아주 고귀하게 생각한다는 견해는 아주 옳습니다. 그로 인해 역사상 최고로 기억될 테니까요." 또 다른 학생은 이렇게 반박했다. "하지만 우리 세대는 정말 특별하죠. 이를 아는 게 뭐 잘못됐나요? 우리 세대가 내보이는 것은 허영이 아닙니다. 자긍심이죠."[5]

젊은이들의 자기애적 특성이 급증한 배경에는 서양에서 유행한 자아존중감 운동, 그리고 전반적으로 자기 가치와 자기 찬양에 몰두하는 현상이 있다. 자아존중감 개념이 사람들의 마음을 처음으로 끌어당긴 때는 사회심리학자 모리스 로젠버그Morris Rosenberg가 자아존중감을 자기가치와 동일시하면서 **로젠버그 자아존중감 척도**Rosenberg self-esteem scale를 개발한 1960년대 중반이었다.[6] 1970년대에 들어 미국에서 영향력이 더욱 막강해진 자아존중감 운동 지지자들은 학업 성취도 저하, 범죄, 마약 복용, 10대의 임신 등 광범위한 개인적·사회적 문제의 근원이 바로 낮은 자아존중감이라고 주장했다. 이후 자아존중감 운동의 여러 이념들이 학습과 양육 방식에 큰 파장을 불러왔다. 이 운동에는 어떤 형태의 비판도 어린아이들의 행복을 저해하므로, 아이들의 실제 기술이나 수행 능력과 상관없이 무조건 칭찬해주고 긍정적으로 대해야 한다는 원칙이 있다. 그런데 이런 사고가 유치원에서 "저는 특별해요! 저 좀 보세요!"라는 노래를 가르친다거나, 경쟁이나 시합에서 꼴찌를 해도 상을 주는 식으로 나타나고 있다.[7] 오늘날 평가 기법에 관한 교육을 받는 관리자들은 "appraisal(평가)"라는 단어에 칭찬이란 뜻의 "praise"가 들어 있음을 명심하라는 말을 예사롭게 듣는다고 한다.

하지만 오늘날엔 자아존중감에 집중하는 현상을 비판적으로 바라보는 심리학자들이 점점 늘어나고 있다. 그들은 자아존중감에 초점을 맞추다보니 나르시시즘이 급증했을 뿐 아니라, 실패에 대처하는 회복탄력성이 떨어지고 친사회적 행동도 점점 줄어들고 있다고 비판한다. 수많은 자아존중감 관련 논문을 분석한 심리학자 로이 바우마이스터Roy Baumeister는 자아존중감이라는 개념에 부정적이다. "여러 해 연구한 끝에 미안한 얘기지만, 내가 얻은 결론은 자아존중감을 잊고 자기통제와 자기 규율에 더 집중하라는 것이다."[8] 이 모든 것을 고려해 살펴보면, 겸손이라는 고대의 덕목을 되살리는 일이 매우 시급하다. 이를 염두에 두고 이제부터 초기 기독교 신학자들이 무엇을 가르치고자 했는지 살펴보자.

기독교 사상에서 크게 부각되는 겸손은 원죄라는 개념에 바탕을 둔다. 아우구스티누스는 아담과 이브가 저지른 원죄가 그들의 후손 모두를 타락시켰으니, 죄 많은 타락한 종이라고 생각했다. 최초 인간인 아담과 이브는 에덴동산에서 지식의 나무에 달린 금지 열매를 일부러 따서 맛봄으로써 인간에게 영원한 저주를 안겨주었다. 그러므로 동족 책임이라는 가혹한 논리에 따라, 고통에 대한 책임은 근본적으로 우리에게 있다. 우리에게 닥친 모든 문제의 일차적 원인은 원죄이기에 현재 처한 상황과 고통은 고대에 저지른 죄의 값이다.

아우구스티누스는 아담과 이브처럼 누구나 불쌍한 피조물이라고 생각한다. 탐욕과 욕망의 지배를 받는 우리가 그로부터 이성과 자기통제도 끊임없이 압도당하게 놔두기 때문이다.[9] 그는 인간은 스스로 알아서 할 능력이 전무한 존재라고 주장한다. 우리의 노력으로는 결코 구원받을 수 없으며, 신의 은총만이 우리를 구해줄 수 있다는 것이다. 신앙에서 비롯된 아우구스티누스의 여러 생각들, 가령 원죄와 심각하게 훼손된 상품으로서의 인간에 대한 비관적 견해, 타락과 죄와 자책과 수치심에 대한 선입관, 성적 욕망에 대한 비난, 인간의 주체적 능력을 의심하는 시선 등이 본질적으로 기독교적 자아에 대한 자기이해의 틀을 형성해왔다. 결국 영혼의 허약함이 우리를 해치는 모든 악의 근원이라는 뜻이다.

아우구스티누스의 《고백록》은 서양 문학에서 위대한 자서전 가운데 하나로, 고백문학의 청사진을 보여주며, 심리학적 통찰이 돋보이는 저술이다. 《고백록》은 현대의 자기계발 문학에 지속적인 영향을 미친 주요 양식, 즉 타락과 불행에서 벗어나 속죄와 구원으로 향하는 여정을 연대기 순으로 서술하는 개인적 구원의 서사라는 양식을 확립했다. "나는 한때 길을 잃었으나, 이제 그 길을 찾았다"는 궤적을 따라 전개되는 이야기들은 탕자湯子의 비유를 되풀이하는 식이다. 또한 좀 더 넓은 의미에서 타락한 존재에서 신의 은총을 받아들이는 존재로 발전하는 인류에 관한 성서 이야기를 재현하기도 한다. 아무튼 개인적 차원의 구원이든 인류의 구원이든, 그런 이야기들은 눈물의 계곡을 벗어나 광명의 세계로 들어서는 영혼의 여정이라는 우의적인 여행기에 기원을 둔다.[10]

아우구스티누스의 주요 통찰력은 매우 겸손하고 본질적으로 반反자조적이다. 왜냐하면 오로지 신만이 은총을 베풀어 우리를 구원할 수 있기에, 우리 스스로 돕는다는 것은 불가능하다고 주장했기 때문이다. 의지와 이성은 우리를 치유할 수 없고, 오직 믿음만이 치유할 수 있다는 것이다. 따라서 그리스도인의 자조는 겸손한 항복, 모든 진정한 행위 역량은 신에게 있다는 깨달음에 기초한 순종의 행위라는 형태로만 나타난다. 게다가 구원은 겸손한 자, 즉 자신의 무력함을 인정하는 자에게만 주어지는 선물이다.

아우구스티누스와 마찬가지로 켐피스도 신의 뜻에 온전히 순종할 것을 내세운다. 독일에서 1380년경에 태어나 1471년까지 살았던 켐피스는 현대적 경건Modern Devout이라 불리는 종교 운동에 참여한 성직자다.[11]* 경건도 겸손과 아

---

* 라틴어 '디보티오 모데르나Devotio Moderna'로 알려진 '현대적 경건'은 14세기 후반에 네덜란드에서 시작되어 유럽 전체로 확산되었다. 겸손과 순종과 간소한 삶 같은 진정한 경건을 실천하고자 하는 평신도 중심의 종교 개혁 운동을 말한다.

주 가까운 개념이다. 경건과 관련하여 아주 유명하고 후대에 많은 영향을 미친 책《그리스도를 본받아 De Imitatione Christi》에서 그는 일상에서 적용 가능한 실천적 금언들을《성경》에서 따와 제시한다. 본질적으로 영적인 자조론 도서라 할 수 있는《그리스도를 본받아》는 신의 뜻에 따르는 독실한 삶의 길을 보여준다. 켐피스는 개인의 내면에서 일어나는 종교적 경험과 영적 구원을 강조하고, 이는 경건함을 강화하면서 겸손하고 소박하고 선한 은둔의 삶을 살면 이룰 수 있다고 말한다.

책 제목에서 보여주듯, 선한 삶을 사는 방식은 오로지 그리스도를 본받는 것뿐이다. 그리스도의 겸손함과 수난의 고통과 선하심을 본보기로 삼아야 한다. 그리스도는 이렇게 선언한다. "나를 떠나서는 아무런 도움도 없고, 아무런 조언도 없으며, 영원한 치유도 없으리라."[12] 켐피스는 이 말을 가슴 깊이 새긴다. 그의 메시지는 자기희생적이다. 불자들처럼 그는 욕망을 없애야 한다고 주문한다. 그러나 기독교식 자기희생은 불교의 원리와는 사뭇 다르다. 중간 단계가 없기 때문이다. 기독교의 처방은 욕망을 완전히 뿌리 뽑으라는 식의 급진적인 자기희생이다. 욕망은 우리를 영원한 저주 속으로 끌어들이기 위한 악마의 유혹이기 때문이다.[13]

켐피스는 우리 자신을 가치 없는 존재로, 심지어 경멸의 대상으로 간주하라고 요구한다. 그는 급진적인 반反자아존 중감의 원리를 내세운다. 자기를 지우는 극단적 형태의 겸손을 설파하고, 물질보다 영혼을 우선시하면서 육신에 대한 경멸을 표방하는 통상적인 기독교 교리를 넘어선다. 인간의 영혼마저도 혐오의 대상에 포함되기 때문이다. 그의 견해는 근본적으로 인간 본성을 인간 혐오의 시각에서 평가한다. 우리를 허약하고 타락하고 유혹에 넘어가기 쉬우며 악한 존재로 바라보며, 계속 자신을 낮추라고 요구한다. 그에 따르면, 우리는 그저 "먼지와 재"에 불과하다. 따라서 "좋은 것은 당신이나 그 누구의 것으로 돌리지 말고, 모든 것을 하느님의 것으로 생각하라. 그분 없이 당신은 아무것도 가질 수 없기 때문이다".[14] 솔직히 켐피스는 우리가 아주 천하고 부족한 것이 너무 많은 피조물이기 때문에 하느님의 은총을 받을 자격도 없다고 생각한다. 구원에 이르는 길은 오로지 우리가 약하고 사악한 존재라는 사실을 끊임없이 상기하는 것밖에 없다. 그래서 그는 이렇게 고백한다.

제가 제 자신을 낮추어 아무것도 아닌 존재라는 사실을 고백하면, 우쭐대는 자기 존중의 마음을 죄다 거부하고, 실제로 그렇사옵니다만 저를 티끌 같은 존재로 여긴다면, 비로소 당신의 은총이 저에게 다가오고 당신의 빛이 제 가슴속을 비추게 되리라 믿습니다. 그러면 제 자존심의 모든 흔적이, 마지막 하나까지 다, 아무것도 아닌 제 자신의 저 깊은 심연 속에 빨려 들어가 영원히 사라지게 될 것이라 믿습니다. (…) 저 혼자로는 아무것도 아니고 너무나 약하기만

합니다. 허나 단 한순간이라도 당신이 저를 굽어보시면, 저는 다시 강해지고 새로운 기쁨으로 충만하게 됩니다. (…) 그동안 제가 사악한 자기애에 이끌려 길을 잃었지만, 이제는 당신만을 사랑하면서 당신을 알게 되고 제 자신도 찾았나이다. (…) 가장 귀하고 아름다우신 주님, 제게 그럴 자격이 없지만 저를 더욱더 가엾게 어루만져주시어, 무엇보다 제가 감히 당신의 사랑을 바라옵고 기도하게 해주소서.[15]

《그리스도를 본받아》에서는 친절이나 자비를 강조하는 부분이 거의 없다. 그 이유 중 하나는 켐피스가 자기 외의 다른 사람을 관심의 대상에서 제외했기 때문이다. 그의 관심 대상은 오로지 경멸적인 자기 자신이다. 그는 우리가 이웃이 아닌 우리 자신을 아주 가혹하게 평가해야 한다고 강조한다. 더욱이 그는 세상에서 물러나와 내면의 삶으로 들어가야 한다고 주장한다. 공동체나 동료들에 관해서는 좋은 말을 남기지 않았다. 성인聖人은 "사람들과 어울림을 피하고 고독 속에서 하느님께 헌신하는 길을 택한 사람들"이라고 다시 한번 알려주며, 세네카의 가장 인간 혐오적인 발언을 인용하여 들려준다. "나는 사람들과 너무 자주 어울렸다. 그 틈에서 지내다가 집에 돌아오면 더 못난 인간이 되어 있었다."[16] 그러므로 인간관계에 에너지를 낭비하지 말고 모든 사랑을 하느님에게 투자하도록 노력해야 한다.

진정으로 선함을 바란다면 우리 자신이 그저 "지상을 떠도는 나그네이자 순례자"[17]에 지나지 않음을 깨닫고 지금 여기에서의 삶보다 내세에서의 영혼 구원에 더 우선해야 한다. 선한 죽음이 오래 사는 것보다 더 중요하다. 또한 공자와는 달리 켐피스는 자기계발로 가는 통로로서의 학습을 권하지 않는다. 그의 단언을 들어보자.

"천체의 행로를 알고 영적인 것은 무시하는 우쭐대는 지식인보다 하느님을 섬기는 겸손한 농부가 그분을 더 기쁘게 해드린다. 진실로 자기가 누구인지 아는 사람들은 자신의 하찮음을 깨닫고 대중의 칭찬을 즐기지 않는다."[18]

켐피스는 겸손을 실천하는 방식으로 우리 자신을 끊임없이 낮추고, 경건과 근면과 고통을 받아들이며 우리를 일깨우는 본보기(특히 예수 그리스도와 성인들)를 따르라고 처방한다. 그러나 개인의 모든 행위 주체성을 포기하고 하느님의 뜻에 우리의 뜻을 완전히 바치는 것이 무엇보다 중요하다.

"스스로 자기 자신의 주인이 되지 않고 더 탁월하신 분에게 복종하며 사는 것이 좋은 일이다. 다스리기보다 복종하는 것이 훨씬 더 안전하다. (…) (사람들은) 진정한 마음으로 하느님에 대한 사랑으로 온전히 순종하지 않으면 결코 마음의 자유를 얻지 못한다. (…) 그러므로 당신이 생각하는 바를 자신 있게 내세울 것이 아니라 다른 사람의 생각에 귀를 기울여라."[19]

현대 독자들에게는 인간을 경멸하고 자기 비하를 강조하는 켐피스의 말이 가혹하고 잔인하게 들릴지도 모르겠다.

건강한 자아존중감을 강조하는 오늘날의 시각에 비추어보면 자기계발을 위한 수단으로서 자기비하의 개념을 꺼내는 것이 엉뚱해 보일 수 있다. 구원을 바라는 속죄의 실천으로 켐피스가 최우선으로 생각한 철저한 자기혐오는 고전적인 덕목으로서의 겸손의 범위를 넘어선다. 오늘날 그러한 부정적인 태도는 치료가 시급한 정신 건강 문제로 간주된다. 어쩌면 우울증 증상이라고, 혹은 어릴 적에 정신적으로나 신체적으로 학대를 당한 결과라고 해석될 수도 있다. 하지만 켐피스의 접근 방식이 너무 낯설거나 심지어 불편하다면, 그만큼 옛날과 지금의 사고에 큰 차이가 있음을 보여주는 것이다. 과연 자기에게 경멸을 쏟아내면서 위안받을 사람이 있을까? 오늘날 우리들은 상상조차 하지 못할 일이다. 그런데 켐피스의 《그리스도를 본받아》가 성경 다음으로 가장 많이 읽힌 기독교 텍스트라니, 얼마나 놀라운가? 어쩌면 그가 주장한 자기혐오는 개인의 자질과 관련된 것이 아니라 인류 전체가 공유하는 집단적 성격의 문제를 다루는 것으로, 약의 쓴맛을 없애주었는지도 모른다.

순종 개념도 오늘날 독자들을 불편하게 만드는 자기계발 전략이다. 건강한 자아존중감을 중시하는 우리들은 당연히 우리의 행위능력과 자율성을 소중히 여긴다. 오늘날 시각에서 섬기고 복종하면서 자신의 행위능력을 다 포기하는 것은 마조히스트에 해당된다. 더욱이 순종은 철학적으로도 어려운 문제다. 행위능력을 타인이나 초월적 존재, 혹은 운명이나 잘 알지도 못하는 우주적 힘에 맡긴다면, 과연 우리가 자기계발을 할 수 있을까? 만일 그렇다면 우리의 잠재적 완벽성을 포함하여 모든 권한을 누군가 혹은 무엇에게 맡겨버리는 것은 아닐까? 자신의 결점을 순종하는 마음으로 참아내며 은총만을 바라야 한다는 켐피스의 권고는 이런 식으로 읽힐 수 있다. 그가 말하지 않았던가? "우리는 스스로나 타인을 바로잡을 수 없다면 하느님이 달리 결심하실 때까지 묵묵히 참으며 기다려야 한다."[20]

그러나 순종의 문제를 다르게 볼 수도 있다. 애초에 자발적으로 이루어진 순종 행위는 역설적으로 상당한 정도의 행위능력을 발휘한 결과이기도 하다. 어떤 경우에는 《모피를 입은 비너스Venus im Pelz》라는 애정소설을 쓴 레오폴트 폰 자허마조흐Leopold von Sacher-Masoch가 잘 알고 있었듯이,* 순종이 달콤할 수도 있다. 원치 않는 행위능력을 적극적으로 내던지면 해방감을 느낀다. 당연하다. 그것은 끔찍한 종류의 자유 a terrible kind of freedom**에서 벗어나는 것이기도 하고, 억압으로 다가오는 운명에 대한 책임에서 해방되는 것이기도 하다. 원하지 않는 행위능력을 포기할 때 더 행복해지는 사람들이

---

* 오스트리아의 소설가인 자허마조흐의 자전적 소설로, 사랑하는 여자의 노예가 되는 한 남자의 이야기를 그린다. 가학-피학성 변태성욕 소설의 전형으로 독일 사실주의 문학의 걸작으로 알려져 있다. 피학성 변태성욕을 뜻하는 '마조히즘 masochism'이란 용어가 이 소설가의 이름에서 유래되었다.

** 자신의 행위능력을 자유롭게 마음대로 발휘한 결과가 부정적일 때 찾아오는 절망과 고통.

있을 수 있다.

물론 켐피스와 같은 극단적 겸손이 잠재적으로 행복을 증진하는 부수 효과를 가져올 수 있다는 생각은 당연히 켐피스의 정신과 전혀 어울리지 않는다. 그러면 기독교식 자기계발에는 한 가지 문제점이 남는다. 살펴보자. 켐피스는 궁극적으로 지금 여기에서의 경험을 향상하려는 노력을 버리고, 영혼과 내세에서의 행복 가능성을 개선하고자 했다. 이를테면 지상에서 고통스럽다면 내세에 더 행복해질 수 있다는 것이다. 그러면 미래지향적이고 궁극적으로 사변적인 영혼의 고양이 진정한 자기계발이라고 할 수 있을까? 물론 그것이 우리에게 위안과 목적의식과 강한 소속감을 제공한다면 자기계발이라고 할 수는 있다. 이것이 행복과 의미를 안겨주는 다른 방식보다 더 중요하다면, 켐피스와 아우구스티누스는 여전히 소중한 안내자로 남을 수 있다.

그러나 켐피스식으로 스스로를 고약하게 대하고 채찍질하는 방식은 우리를 괴롭게 한다. 자신을 드높이겠다는 것을 바로잡아줄 수는 있어도, 이는 자기 연민과 자비를 내세우는 불교의 메시지와는 사뭇 다르다. 따라서 이제는 덜 극단적이고 온건한 방식의 겸손을 생각해보자. 우리에게는 나르시시즘이라는 스킬라scylla와 자기혐오라는 카리브디스charybdis*를 모두 피하는 중도가 필요하다.

앞에서도 언급했지만 겸손은 여러 얼굴을 지니고 있다.

기독교에서 말하는 겸손은 자기 비하, 맹목에 가까울 정도의 고통 숭배, 그리고 자신의 행위능력을 포기하고 초자연적인 존재에게 의존하는 형태로 나타난다. 이런 으스스한 겸손이 다시 부활할 것 같지는 않다. 그와는 대조적으로, 오만한 자기중심주의와 맞서 싸우라는 공자의 처방이 훨씬 더 매력적으로 다가온다. 자기의 테두리를 넘어서 세상을 바라보고, 자신이 속한 공동체에 더 많은 관심을 가지고, 절대 이기적인 욕망에 이끌리지 말라는 생각이 서양에서 서서히 호소력 있는 처방으로 받아들여지고 있다.

겸손하라는 명령의 또 다른 해석은 최근의 자조론 추세에서 찾아볼 수 있다. 바로 우리가 다른 종에게서 배울 것이 많다는 생각에 초점을 맞춘 자조론이다. 동식물에서 배우라고 권하는 자조론에는 우리 문제가 인간이라는 종 특유의 문제라는 뜻이 담겨 있다. 말하자면 자신을 계발하기 위해서는 인간이 아닌 다른 생명체를 보고 배워야 한다는 것이다. 이는 종으로서 인간의 한계를 솔직히 인정하고 다른 종을 모범으로 삼아 배우려는 겸손의 한 양식이다.

프로이트가 말한 것으로 널리 알려진(잘못 알려진 것일지도 모른다) 말이 있다. "고양이들과 함께 보낸 시간은 결코 헛되지 않다." 톨레는 자기가 키우는 고양이들을 "선사"라고 불

---

* 스킬라와 카리브디스는 그리스·로마신화에서 좁은 해협의 양쪽 면을 차지하고서 지나가는 선원들을 괴롭혔다는 괴물들의 이름이다.

렀다.[21] 스타이넘은 말한다. "동물들은 자아존중감을 가르치는 교수들이다. 자의식 없이 자신감이 넘치며, 철저히 본래의 자기를 유지하기 때문이다."[22] 동물에게서 배워야 한다고 충고하는 사람들은 이들만이 아니다. 진지하게든 농담 비슷하게든 수많은 자조론 도서가 우리를 닮지 않았지만 우리 친구들이라 할 만한 존재에게서 배울 점이 많다고 말하고 있다. 사실 이는 전혀 새로운 생각이 아니다. 많은 문화권에서 정령이나 토템 동물들이 인간의 안내사 역할을 한다고 믿는다. 샤머니즘에서는 그런 동물을 우리와 같은 존재로 동일시해야 한다고 요구한다. 오늘날엔 웹사이트 곳곳에서 새로운 주술인 양 "당시의 영혼 동물은 무엇입니까"라는 식의 퀴즈들이 난무하고 있다(나도 풀어봤는데, 내 영혼 동물이 좀 더 우아한 늑대나 고양이과 동물이 아닌 거북이라고 나와 대단히 실망했다).

지난 30년간 자조론 문학에서 우리가 본받아야 할 행동을 하는 동물 가운데 늑대가 1위를 차지했고, 그 다음 순위가 고양이었다. 최근에는 나무늘보가 주목받는 동물로 등장했다. 어쩌면 자연스러운 일이겠지만 비즈니스 세계에서 가장 존중받는 동물은 다름 아닌 상어다. 에스테스의 《늑대와 함께 달리는 여인들》이 최초로 동물에서 영감받아 쓴 자조론 도서로 가장 성공한 경우이다. 시인이자 이야기 작가이자 융 심리학 전문가인 저자는 여성들이 본디 지니고 있던 야성적·직관적 본능을 되찾아야 한다고 주장한다. 에스테르는 전통 심리학에서 여성들에게 정말 중요한 문제를 다루지 않았다고 지적한다. 여기에는 "원형적인 것, 직관적인 것, 성적이고 주기적인 것, 여성의 나이, 여성의 길, 여성의 인식, 여성의 창의적 열정"[23] 등이 포함된다.

에스테스는 늑대 연구에서 영감을 받아 책을 썼다고 한다. 무엇보다도 늑대는 야성의 상징이다. 길들여지지 않고, 자유로운 영혼을 지니며, 직관적이고, 때로는 포악하지만 때로는 사랑스럽다. 우리는 내면의 늑대와 재접속함으로써 인간의 한계와 자신의 중요한 한 부분을 억압하거나 심지어 없애버리라는 문명사회의 요구도 겸허히 인정하게 된다. 에스테르는 우리를 본능적 영혼으로 되돌아가도록 안내해주는 선생이 다름 아닌 늑대라고 생각한다. 늑대들은 본능을 신뢰하는 방법, 영역을 설정하는 방법, 무리를 찾는 법, 몸에 자신감과 자긍심을 심는 법들을 다시 배울 수 있게 돕는다. 어디 그뿐이랴. 조심하고 경계하는 법, 직관에 더 많이 의존하는 법, 넘어졌을 때 위엄 있게 다시 일어서는 방법도 가르쳐준다. 또한 충성과 관계에 관한 소중한 교훈도 배울 수 있다. 늑대는 강한 연대를 형성하는 법을 알고 있기 때문이다. 그들은 생명을 위해 짝짓기하고, 그래서 자기 새끼들을 맹렬하게 지킨다. 마지막으로 늑대는 우리에게 인내력과 회복 탄력성과 무리의 힘과 자기 보존의 기술을 가르쳐준다.

독일 변호사이자 늑대광인 엘리 H. 라딩어Elli H. Radinger 가 최근에 좀 더 정연하게 내놓은 《늑대의 지혜The Wisdom of

Wolves》*도 비슷한 전제를 바탕으로 한다. 라딩어는 심층심리학에 관심이 없다. 다만 서정적 감정에 치우치지 않고 과장 없이 아주 진지하고 냉정하게 늑대에게서 배울 수 있는 것을 제시한다. 라딩어는 이 책에서 모호한 페미니스트의 태도를 보여준다. 정말 중요한 결정들은 모두 암컷 늑대가 내린다고 말하지만, 한편 늑대를 의식儀式과 가족과 확실한 위계질서를 존중하는 동물로 찬양하는 부분에서는 혹시 전통주의자가 아닌가 하는 인상도 풍긴다. 늑대 세계는 가족을 중심으로 이루어진다. 늑대들은 나이 든 가족 구성원을 절대 방치하지 않고 무리의 일원으로 보살필 뿐 아니라 정중하게 대접한다. 사실 나이 든 늑대 가족 구성원이 있는 무리는 그에게서 지혜를 배우기 때문에 다른 무리에 비해 사냥을 더 잘하고 생존력도 더 높은 경우가 많다고 한다. 늑대는 불변의 충실성·충성심·신뢰성의 모범이다. 라딩어의 말을 빌리자면, 늑대들은 "뛰어난 부르주아"이다. 찬사의 의미이다.[24]

늑대는 본래 위계질서와 "우두머리 수컷alpha male"형 리더십이 아닌 강하고 공정한 리더십을 존중한다. 전제적이고 공정치 못한 지도자를 배격한다. 라딩어는 비즈니스 세계에서 무자비하고 착취적인 행동을 정당화하기 위해 애호하는 우두머리 늑대의 신화에 대한 정체를 폭로한다. "월 스트

---

* 《늑대의 지혜》, 생각의힘, 2018.

리트의 늑대"라 불리는 조던 벨포트Jordan Belfort가 영업사원들을 위해 쓴 자조론 도서《늑대의 길Way of the Wolf : Straight Line Selling—Master the Art of Persuasion, Influence, and Success》은 잘못된 정보를 제공하는 책으로 유명하다. 왜냐하면 최고의 늑대형 지도자들은 알려진 세평과는 달리 정신적 강인함과 사회적 지능을 발휘하며, 누구를 지배하고 공격하는 게 아니라 조용하고 현명한 방식으로 권위를 행사한다. 또한 늑대는 온몸으로 분명하고 효과적으로 의사를 전달하는 의사소통의 대가라 할 수 있다. 라딩어는 늑대들이 좀처럼 서로 싸우지 않는 이유가 바로 뛰어난 의사소통 기술 때문이라고 생각한다.[25]

가장 놀라운 사실은 늑대들이 자기 방식의 사냥에 적합하도록 잘 준비된 동물은 아니라는 것이다. 턱은 몸집이 큰 동물을 공격하는 데 적당하지 않고, 먹잇감을 물어 죽이는 힘도 없다. 게다가 나이가 들면 송곳니와 앞니가 약해진다.[26] 그 외에도 오므릴 수 있는 발톱도 없고, 먹잇감을 꽉 눌러 제압할 수 있을 만큼 앞다리의 힘도 세지 않다. 우리는 보통 늑대를 뛰어난 사냥꾼의 본보기라고 생각하지만, 라딩어는 그게 아니라 늑대 무리가 탄력과 회복력 및 협동 정신이 뛰어나고, 성공 확률이 높은 행동을 잘 짜기 때문이라고 말한다. 놀랍게도 늑대의 공격은 약 80퍼센트가 실패로 끝난다. 대부분의 늑대들은 단순히 먹잇감을 지치게 만들어 잡는다. 여기에는 영리한 계획도 한몫한다. 늑대들은 먹잇감을 구석으로 몰아 더는 도망가지 못하게 만드는 솜씨가 아주 뛰어나기 때문이다. 또한 참을성도 많고 끈기도 있다. 그러나 원래 세운 계획을 실행하기에 위험이 너무 크다고 생각되면 분별 있게 손실을 계산하고 철수한다. 마지막으로 늑대들의 사냥은 항상 역할 분담이 분명하고 철저한 노동 분화를 통한 협동 작업이라는 점이다. 라딩어는 이러한 늑대들의 사냥법에서 배울 점을 들려준다.

늑대들은 놀이도 중요하게 생각한다. 그들에게 놀이는 단순히 재미로 그치는 게 아니라 사회적 학습의 중요한 부분을 차지한다. 예를 들어, 늑대들은 놀이로 자기통제와 의사소통 같은 기술을 습득하고, 신체 운동도 하고, 무리의 결속도 다진다. 또한 어린 늑대들은 놀이로 여러 가지 사회적 역할을 배운다. 마지막으로 늑대들은 대자연의 섭리에서 인간의 하찮음을 가르쳐주고, 우리 안에 야성이 숨어 있음을 상기시켜준다. 라딩어는 늑대 무리의 복잡한 사회 체제를 연구하면서 도덕과 책임과 사랑에 관한 소중한 교훈들을 배웠다고 술회한다. 따라서 그녀의 만트라는 "예수라면 어떻게 했을까What Would Jesus Do, WWJD"가 아닌 "늑대라면 어떻게 했을까What Would Wolves Do, WWWD"이다.[27]

늑대가 잃어버린 야성적 본능을 일깨워주고 강한 사회적 연대감을 보여주는 본보기라면, 고양이는 아주 다른 이유로 오래전부터 인간의 부러움을 샀다. 프랑스 작가 스테판 가르니에Stéphane Garnier는 전 세계적으로 베스트셀러가 된《고양이처럼 살기로 했습니다Agir Et Penser Comme Un Chat》*에서 옛날부터 인간이 고양이에게 매료된 사실을 설명하면서, 고양이에게서 배울 수 있는 교훈을 우리 삶에 관한 조언으로 제시한다. 그는 고양이들의 행동을 과학적으로 상세하게 설명하지는 않지만, 고양이의 삶이 건강하고 만족스러운 삶을 중심으로 이루어지며, 많은 시간을 안락함과 쾌락을 추구하는 데 사용한다고 지적한다. 자기관리의 대가인 고양이들은 외모를 깔끔하게 가꾸고, 잠자고, 다리를 쭉 펴고, 일광욕을 즐기고, 놀이를 좋아한다. 본질적으로 그들은 쾌락을 요구하고 취할 줄 아는 쾌락주의자들이다. 또한 일상의 변화를 극히 싫어하는 습관적 동물이고, 지극히 독립적이면서도 충성스럽다. 가장 중요한 것은 자기충족적이라는 사실이다. 자신의 가치나 선호도를 알고, 타자에게도 자기 방식으로 관심을 내보인다. 가르니에는 이 이상을 설명하지 않는다. 그러나 이처럼 다른 것은 신경 쓰지 않고 오로지 자기 행복만을 극대화하는 성향—자급자족의 주권을 행사하는 형태의 성향—이 바로 고양이 같은 사람들이 많은 사람을 끌어들이는 핵심 특징이다.

고양이 같은 사람들의 매력은 바로 자기신뢰에서 비롯된 자율성이다. 그들은 고양이처럼 타인의 인정을 신경 쓰지 않는다. 가르니에는 말한다. "우리가 고양이들을 좋아하는 이유는 그들이 스스로를 사랑하기 때문이다. 왜 이것저것

---

* 《고양이처럼 살기로 했습니다》, 이마, 2017.

묻지 않고 고양이처럼 못하는가?"[28] 가르니에는 수수께끼 같은 고양이의 정체를 밝히기보다 고양이를 쾌락을 추구하는 나르시시즘의 전형으로 제시하는 데 그쳤다. 이렇듯 너무 한쪽으로 치우쳐 고양이의 성향을 제시하긴 했지만, 그래도 자율성, 자기 관리, 건강하고 만족스러운 삶, 자기가치 등이 높게 평가받는 시대에 고양이와 같은 존재 방식이 매력적으로 보이는 까닭은 분명히 확인할 수 있다. 고양이는 겸손과는 거리가 먼 존재이다.

좀 놀랄지 모르겠지만, 최근의 자조론 문학에서 본보기로 삼아야 할 동물로 나무늘보가 추가되었다. 예전에는 선물 포장지에 전설 속 유니콘이 많이 등장했지만, 이제는 귀여운 나무늘보가 그 자리를 대신한다. 나무 위에서 사는 털투성이의 포유동물인 나무늘보는 인기 있는 밈meme*으로, 바이러스처럼 동영상이 널리 퍼지면서 온라인에 많이 등장하고 있다.[29] 그뿐 아니라 최근에는 점점 더 많은 자조론 도서가 대개는 가볍고 익살스럽게 "나무늘보의 길"을 옹호하고 있다.[30]

따지고 보면 나무늘보를 둘러싼 열풍은 생산성, 활동성, 성취, 경쟁력, 효율성 증진 등이 가장 귀중한 집단 가치로

---

* 진화생물학자인 리처드 도킨스Richard Dawkins가 《이기적 유전자The Selfish Gene》에서 처음 사용한 용어로, 인간의 유전자처럼 대를 이어서 전해져 오는, 다시 말해 사람들 입을 통해 재생산되는 사상이나 종교나 이념 같은 모든 문화적 현상을 말한다. 요즘은 온라인상에서 유행하는 인기 있는 콘텐츠를 가리킨다.

평가되는 오늘날 같은 시대에, 기술이 급변하는 가속화 시대에 나름 이해되는 측면이 있다. 나무늘보는 대부분의 시간을 노동에 투자해야 하는 자본주의 사회의 격심한 생존경쟁에 저항하는 귀여운 상징으로 부각되었다. 느긋한 반反영웅인 나무늘보는 동물의 왕국에서 오블로모프Oblomov*와 같은 존재이다. 지구상에서 가장 느린 포유동물이며, 최고속도도 1분에 약 4.5미터밖에 되지 않는다. 그들은 축 늘어진 해먹처럼 나뭇가지에 매달려 흔들거리며 대부분의 시간을 보낸다. 하루에 10~18시간 정도 잔다. 혼자 서성거리며 노는 것을 좋아하는 행복한 내향성 동물이다. 악력이 대단해서, 주요 서식지인 중남미 열대우림에서는 이따금 죽은 나무늘보가 나무에 대롱대롱 매달린 상태로 발견되기도 한다. 신진대사가 매우 느린 초식동물이어서 한번 식사하면 소화하는 데 한 달이 걸리기도 한다. 털이 마구 뒤엉켜 헝클어진 몸은 녹조류나 기타 기생물들이 기생하기에 좋은 환경인데, 나무늘보들은 그런 기생물들과 호혜적인 공생 관계를 유지한다. 그리고 귀가 작은 데다 청력도 미약하지만, 그 덕분에 소란스러운 정글에서도 대체로 편안하다. 그러나 포식자가 접근하는 소리를 듣지 못해 그대로 가만히 있기만 한다. 이런 특성들 때문에 나무늘보는 오래 생존하지 못할 것이라 생각

---

* 러시아 작가 이반 곤차로프Ivan Goncharov의 소설인 《오블로모프Обломов》에 등장하는 주인공으로, 거의 자기 방과 침대를 떠나지 않은 채 아무것도 하지 않고 무기력하게 살아가는 잉여 인간의 전형으로 그려진다.

할 수도 있다. 하지만 그들은 멸종되기는커녕 수백만 년 동안 계속 지구상에 존재하고 있다. 어쩌면 그들이 에너지 보존의 기술을 완전히 터득했기 때문인지도 모른다.[31]

미국 작가 제니퍼 매카트니Jennifer McCartney는 《나무늘보의 철학에 관한 작은 책The Little Book of Sloth Philosophy : How to Live Your Best Sloth Life》(2018)에서 나무늘보가 "움직이는 마음챙김mindfulness in action"이라면서, "관조적이고 유유자적하며 느긋하면서도 집중력이 있다"고 말한다.[32] 숨을 천천히 깊게 들이마시고 내쉬는 나무늘보들은 타고난 요가 수행자이며, 게다가 서두르지 않는 것이 어떤 이득을 가져다주는지 너무나 잘 알기에 충격이 적은 운동만 한다고 지적한다. 따라서 자조론에서 나무늘보가 삶의 모범으로 부각된 것은 미니멀리즘의 삶과 마음챙김의 유행으로 이어진 사람들의 갈망을 반영한 결과일 수도 있다. 다시 말해, 지금 이곳의 삶을 향유하기 위해 속도를 늦추고, 긴장을 완화하고, 모든 일을 서두르지 않으려는 사람들의 심정을 대변한다. 나아가 나무늘보에게서 영감받은 자조론은 게으름을 적극적으로 다시 불러내 긍정적으로 대접하고 있다. 게으름은 자본주의 사회의 많은 핵심 원칙에 어긋나며, 이 시대에 매우 비천한 특성 가운데 하나일 뿐 아니라 중세 시대에는 7가지 대죄* 중 하나였다.

---

* 기독교에서 경계하고 피해야 하는 죄의 뿌리로, 죽음에 이르게 하는 큰 죄로 '교만· 시기·분노·나태·탐욕·탐식·정욕' 등을 지목한다.

동물의 왕국에서 벌어지는 일을 관찰한 내용 중에 어떤 이야기들은 우리를 감동시키지만, 때로는 동물들의 행태를 너무 노골적으로 인간에 비유하여 기분을 상하게 만들 수도 있다. 어쨌든 그런 것은 차치하고 동물에서 영감받은 자조론이 겸손과 무슨 상관이 있을까? 우리는 동물들을 우리의 본능적 혹은 무의식적 본성에 대한 은유로 생각할 수 있다. 이러한 방식으로 보면 동물을 본보기로 삼는 자조론은 우리의 야성을 다시 불러내고, 반反이성적이고 직관적인 본성과 재접속하고, 항상 머리로만 사는 것을 중단하라는 것으로 이해될 수 있다. 이성에 대한 맹목적 숭배를 바꾸려면 동물들의 삶의 방식을 따라야 한다고 말이다. 그 외에도 늑대를 찬양하는 자조론 도서들을 보면 이제는 많이 사라진 대가족 사회로 돌아가라고 한다. 오늘날 많은 공동사회 구조가 지닌 결함이 점차 명백해지면서 자조론에서 제시한 대안이 잃어버린 공동체 삶의 방식에 대한 향수를 불러일으킨다. 점점 더 원자화되고 외로움에 시달리는 사회에서 외로운 늑대보다 무리를 지어 사는 동물이라는 개념이 더욱 매력적인 이유이다.

그러나 좀 더 심오한 차원에서 이런 류의 자조론 도서들은 훨씬 더 근원적인 의미, 결국 인간이 만물의 영장이 아니라는 의미를 내비친다. 인간 안에 내재한 우월감(결정적으로 오만하다는 뜻)을 논박하면서, 인간 중심의 전제 가운데 핵심에 도전한다. 그들은 신이 인간에게 동물의 왕국을 지배하도록 권한을 부여했는지 의문을 제기한다. 그동안 많은 철학자와 인류학자, 동물학자들이 우리와 동물의 차이점에 대한 질문에 씨름해왔다. 어쨌든 우리 인간은 DNA의 99퍼센트를 침팬지와 공유하고, 돼지와도 상당 부분을 공유하고 있다. 그렇다면 우리 인간이 정확히 어떤 특질과 능력 때문에 털 달린 조상과 다른 것인가? 이성적으로 사고하고 본능을 통제하고 우리 뜻에 맞춰 주변의 세상을 형성할 수 있는 능력 때문일까? 아니면 무엇인가를 만들어내거나 상징적 의미를 구성하는 능력 때문인가? 지금 우리가 논의하는 맥락에서 가장 중요해 보이는, 바로 우리 인간이 스스로를 개선할 수 있는 능력을 갖고 있기 때문일까?

프랑스 철학자로《동물, 그러니까 나인 동물 L'Animal Que Donc Je Suis》의 저자인 자크 데리다 Jacques Derrida는 인간과 동물의 근본적인 차이를 구별하는 원칙이 과연 옳은지 의심한다. 그는 우리가 동물을 "타자화"하는 데 어떻게 그렇게 자신하는지 그 이유를 묻는다. 찰스 포스터 Charles Foster는《동물이 되어보자 Being a Beast》*에서 오소리·여우·사슴·수달 등 여러 야생동물처럼 살려고 시도한 자신의 노력을 상세히 들려준다. 그러면서 "종의 경계가 허황된 것은 아닐지라도 분명히 모호한 데가 있으며, 때로는 허점투성이인 것으로 드러났다"고 결론지으며 이렇게 말한다. "진화생물학자에게 물어

---

* 《그림, 동물이 되어보자》, 눌와, 2019.

보라. 아니면 주술사에게 묻든지."[33]

　인간 외의 존재에게 배워야 한다는 겸손한 태도 가운데 훨씬 더 극단적인 형태가 바로 식물계에서 영감받아야 한다는 생각이다. 식물들도 스승이 될 수 있다. 우리는 자연스럽게 우리가 나무나 식물보다 더 우수한 존재라고 생각해서는 안 된다. 다른 생명체들과 조화롭게 살고, 다른 생명체의 서식지를 부당하게 이용하거나 파괴하지 않는 등 식물은 우리보다 잘하는 것들이 많다. 이런 생각을 중점적으로 다룬 책으로 사라 스펜서Sarah Spencer의 《나무처럼 생각하기 Think Like a Tree : The Natural Principles Guide to Life》와 애니 데이비드슨 Annie Davidson의 《나무처럼 살아간다 How to Be More Tree : Essential Life Lessons for Perennial Happiness》*가 있다. 데이비드슨은 나무들이 경이로운 것은 단순히 이산화탄소를 산소로 바꾸기 때문만은 아니라고 한다. 그는 나무가 "다른 나무들과 연결망을 구축하고, 위협을 받으면 조치를 취할 줄 알고, 땅바닥에 쓰러져도 계속 생존할 수 있는 온갖 현명한 방법들을 안다"고 말한다. 나무들이 지구상에서 거의 4억 년 동안이나 생존해왔다며 그 기간이라면 "심오한 지혜를 축적하기에 충분한 시간"이 아니겠냐고 반문한다. 요컨대 그녀는 나무들이 "적응과 생존과 번성의 대가"[34]라고 본다. 나무들은 인내심을 발

————

* 《나무처럼 살아간다》, 덴스토리, 2020.

휘하고 폭풍우를 견뎌내고 다른 생명체들과 평화롭게 공존하는 법과 같은 삶의 귀중한 교훈을 우리에게 가르쳐줄 수 있다.

철학자 마이클 마더Michael Marder도 우리가 식물을 더 닮아야 한다고 생각한다. 햇빛과 물에서 맑게 살고 땅에서 필요한 것을 얻고 생을 마감할 때에 이를 다시 땅에 돌려주는 삶을 제안한다. 무엇보다 자신과 환경 사이의 경계에 너무 집착해서는 안 되며, 동일성의 개념을 좀 더 유동적으로 채택할 필요가 있다. 또한 "식물의 윤리vegetal ethics"를 지지해야 하며, 식물의 존재 방식을 포용해야 한다. 식물을 맛있으면 섭취하고 보기에 예쁘면 화분에 가두는 식의 하등 생명체로 취급하는 것을 중단해야 한다. 식물은 환경을 착취하는 우리들의 강한 소유욕과 폭력적인 방식을 진지하게 거부한다. 우리와 달리 식물은 본래 다른 종을 존중하며, 자기와 타자의 경계를 구분하지 않는다. 마더는 우리의 인간중심적인 사고를 아주 강력하게 반박하며 식물에 대해 이렇게 말한다. "정원에서 조심스럽게 재배될 때는 가치가 떨어지고 불필요한 존재이지만, 사물과 동물과 인간이라는 고전적 범주에서는 형이상학의 잡초와 같은 생명력 강한 존재이다."[35]

자기계발 문헌에 식물과 관련된 은유가 많이 나오는 까닭은 우연이 아니다. 자기계발 분야가 처음 나왔을 때 많은 작가는 본성(자연)의 좋은 부분들을 잘 배양하고, 뿌리를 튼튼하게 내려 보상을 얻고, 자신을 양육하고 영양을 공급해 비옥하게 만들고, 변화의 씨앗을 뿌리고, 태양을 향해 얼굴을 들어 올리고 손을 쭉 펼쳐 나쁜 습관이나 부정적인 생각들을 뿌리 채 뽑아내라고 촉구한다.

영장류의 일원으로서 인간은, 동족은 물론 다른 생명체까지 괴롭히고, 전례 없이 빠른 속도로 자연을 파괴하는 데 여념이 없는 불안하고 위험한 존재이다. 태연하게 우리가 주장하는 인간의 우수성을 절대적이고 당연한 사실로 내세워서는 안 된다. 실제로 인간이 아닌 스승으로부터 배울 것이 너무 많다. 그들은 우리의 문제들을 해결하는 놀랍고 새로운 방법들을 제시한다. 식물과 동물을 본보기로 내세운 진지한 자조론 도서를 보면 인간은 결함이 많은 문제적 존재이며, 정신적·육체적 고통을 쉽게 겪거나 가하는 경향이 있으며, 종의 장벽을 넘어 확장된 시선으로 우리 안에 내재한 한계를 해결할 필요가 있다고 상기시킨다. 이러한 도서들은 인간이 피조물의 우두머리가 아닐 수 있음을 겸허히 받아들이며 거만한 인간중심주의에 강하게 이의를 제기한다.

우리의 친구인 동식물에게서 배워야 한다는 주장의 정반대편에 철학적 지평이 있는 사람들은, 우리 몸을 시급히 과학기술의 도움을 받아 향상시켜야 한다고 주장한다. 트랜스휴머니즘 지지자들은 궁극적으로 인체를 완전히 초월하는 것을 목표로 인간을 개선하기 위한 과학기술의 사용을 적극 옹호한다. 트랜스휴머니즘 사고가 완벽한 인조인간과 대비해 인간의 불완전성을 인정하는 겸손의 본보기가 될 수 있을까? 트랜스휴머니즘의 주장은 우리 자신을 개선하려면 외부의 과학과 기술의 도움을 동원해야 한다는 사실을 겸허하게 받아들이면서 인간의 나약함과 결점을 객관적으로 바라보는 것일까? 아니면 슈퍼 인간의 지위에 오르고픈 욕망을 드러내는 심히 오만한 견해일까?

아일랜드의 저널리스트 마크 오코널Mark O'Connell이 쓴 《기계가 되기 위해To Be a Machine : Adventures among Cyborgs, Utopians, Hackers, and the Futurists Solving the Modest Problem of Death》*이라는 책이 있다. 이 책에서 오코널은 과학기술의 도움으로 자신의 동물적 본성을 극복하고자 하는 많은 사람의 이야기를 생생하게 들려주고 있다. 그가 조사한 사람들은 그들이 생각하는 "최적 이하suboptimal"의 인간 조건에 불만이 많은, 어쩌면 우리 시대에서 가장 극단적인 유형의 자기계발을 꿈꾸는 사람들일지 모른다. 그들은 인간이 질병에 취약하고 늙어가며 죽음으로 향하는 신체뿐 아니라 부적격한 정신과 엉망진창인 충동 조절, 지속적인 자기 파괴 심리 등으로 인해 심각하게 방해받고 있다고 주장한다. 따라서 생명공학기술의 도움을 받아 근본적으로 우리의 인지능력, 감각, 생명력 등을 증진하고, 궁극적으로 생명 마감일을 지워버리거나 연기하고

---

* 《트랜스휴머니즘》, 문학동네, 2018.

자 희망한다.

　오코널은 인간의 "생명 활동과 그 불만"에 초점을 맞추고 있다. 다시 말해 제한된 신체적·지적 능력과 탄소를 기반으로 하는 생물학적 형태에 대단히 불만이 많은 사람이 관심 대상이다.[36] 트랜스휴머니즘 지지자들은 동물한테서 배울 것이 아니라, 기계가 되진 않더라도 기계를 모방해야 한다고 믿는다. 급진적 형태의 기술 낙관주의techno-optimism*에 고무된 그들은 생명 연장, 냉동 보존, 유전자 선택, 뇌 이식 기술, 정신 전송(마인드 업로딩mind uploading), 마음으로 조절하는 아바타 등을 꿈꾼다. 비록 과학기술의 완전한 노예가 되더라도 그들은 생물학적 한계에서 완전히 해방되는 것을 목표로 삼는다.[37] 트랜스휴머니스트들을 몸과 마음을 "전면적인 재정비가 시급한 구식 기술, 유행에 뒤진 형태"[38]라고 생각한다. 이들 중 일부는 인간의 이성적 사고에서 일어나는 편견이나 오류가 생물학적 유전에 의해 결정되기 때문에 머리가 좋아지는 약을 복용해야 한다고 보고, 또 어떤 이들은 뇌의 일부를 대체하는 신경 보철을 채택하자고 한다. 이들은 개인의 지능만이 아니라 인류 전체의 지능을 향상하고자 한다는 점에서 가히 유토피아적인 노력이라 할 수 있다.

　트랜스휴머니스트는 몸을 단순히 정신을 담은 용기에 지나지 않는 것으로 간주하면서 인간의 생명을 기계나 도구로

---

* 과학기술의 발전이 인류의 향상이나 개선에 도움이 될 수 있다는 주장.

바라보는 시각에 동의한다. 그들의 은유나 수사를 보면 종종 당혹스럽다. 인공지능AI의 선구자 마빈 민스키Marvin Minsky는 인간의 뇌는 안타깝지만 "고기 분쇄기"에 불과하므로 더 높은 수준의 기능을 확보하기 위해서 업그레이드해야 한다고 말한다.[39] 미래학자 레이 커즈와일Ray Kurtzweil은 몸을 "귀찮을 정도로 보수해야 하고 수없이 많은 유형의 고장을 일으키는 아주 허약한 (…) 버전 1.0의 생물체"[40]라고 표현한다. 바이오해킹biohacking* 전문의 복합 기업인 그라인드하우스Grindhouse의 최고정보책임자 팀 캐넌Tim Cannon은 이렇게 주장한다. "겨우 조금 진화된 침팬지에 불과한 인간에게 필요한 최적화는 아직 이루어지지 않았다. 우리가 보유한 하드웨어는 윤리적이지도 않고, 바라는 식으로 되지도 않았다. 우리의 하드웨어는 아프리카 대초원에 있는 깨져 열린 두개골에게는 대단한 것일지 모르겠지만, 우리가 살고 있는 지금 이 세상에서는 별 쓸모가 없다. 이제는 하드웨어를 바꿔야 한다." 그는 인간을 "결정론적 메커니즘"으로 생각하면서 우리 자신을 신과 같은 존재로 생각하는 잘못을 더는 저지르지 말라고 충고한다. 이제는 "생물학 게임"에서 벗어나야 한다고 주장한다.[41]

오코널은 트랜스휴머니즘 정신이 본질적으로 자기개선에

---

* 생명공학의 전략적 개입으로 인간의 수행능력이나 건강이나 행복 등을 증진하는 데 목적을 둔 인간생물학의 접근 방식. '인간증강human augmentation'이라고도 한다.

대한 미국의 고전적 믿음이 급진적 형태로 나타난 것이라면
서도, 이제는 자기라는 개념 자체를 제거하는 극단적 방향으
로 나아가고 있다고 우려한다. 물론 자기개선이 미국만의 독
특한 사상은 아니다. 철학자이자 미래학자 맥스 모어Max More
와 같은 트랜스휴머니스트들은 그들의 기획을 아주 오래되
고 광범위한 자기계발 프로젝트와 연결한다. 모어(그는 자신
의 성姓을 일부러 겸손과는 거리가 먼 'More'라고 붙였다)는 "개인,
조직, 인류의 발전과 가능성에 대한 제한"을 극복하는 것을
목표로 내세우면서 "모든 것을 잘하고 더 현명해지고 더 유
능해지고 더 건강해지는 것"을 바란다고 말한다.[42] 결국 모
든 트랜스휴머니스트들의 궁극적 목표는 근본적으로 과학
기술로 인간을 개선하는 데 있다.

트랜스휴머니스트들이 인간을 컴퓨터에 비유하는 것, 더
구체적으로 말해, 인간의 마음을 쓸모없게 된 하드웨어(우리
몸은 물질로 이루어져 있으며, 점차 소멸해가면서 기능장애를 일으
킨다)에 갇힌 소프트웨어에 비유한 은유는 탁월하다. 오늘날
엔 정신(마음)을 컴퓨터에 비유하는 표현이 흔하다. 그런데
트랜스휴머니스트들은 은유를 문자 그대로 받아들여 표현
수단과 그 안에 담긴 취지의 경계를 흐린다. 과거에 인간 몸
을 묘사한 은유적 표현을 살펴보면, 고대에는 펌프나 샘물
과 같은 물과 관련된 용어를 사용했다. 고대 그리스나 로마
에서 표현된 영혼이나 체액의 개념이 바로 여기서 영감받은
것이다. 르네상스 시대에는 인간의 몸을 종종 시계 장치와

같은 기계적 작용에 비유했다. 반면에 증기기관과 가압 에너지가 출현한 산업혁명 시기에는 무의식과 불안정한 내면의 심리적 압박을 세심하게 관리해야 한다는 프로이트의 생각에 영감을 주었다.[43] 오코널의 말에 따르면, 오늘날엔 인간의 마음이 "중추신경계라는 웻웨어wetware*를 따라 움직이는 신경 암호로서, 데이터를 저장하고 처리하는"[44] 하나의 장치로 그려진다.

기억해야 할 것은 몸과 마음의 관계를 묘사하기 위해 사용하는 은유가 실생활에 상당한 영향을 미친다는 사실이다. 은유는 매력적인 수사적 표현이냐 아니냐의 문제가 아닌, 중대한 문화적 전제를 반영하는 동시에 내면의 삶에 대한 생각의 방향을 결정한다. 그런 은유들이 지금 다루는 자조론 형태를 포함해 질환을 치료하기 위해 개발하는 치료법을 결정할 수도 있다. 트랜스휴머니즘은 "우리가 동물 이상의 존재가 되고 싶다면 우리를 기계로 만들어주는 과학기술의 잠재력을 받아들여야 한다"[45]고 제안한다.

따라서 트랜스휴머니스트들의 노력을 겸손한 정신으로 볼 수도 있다. 그들은 인간에게 결함이 많다는 사실을 그대로 인정한다. 그들에게 인간은 기능이 약화된 고기 분쇄기이고, 불완전한 채 죽어가는 동물에 지나지 않는다. 따라서

---

* 인간의 몸에 있는 하드웨어와 소프트웨어를 지칭하는 용어. 특히 하드웨어인 중추신경계와 소프트웨어인 마음을 말한다.

장애를 일으키는 여러 기능을 최적화하기 위해 과학기술의 도움이 필요하고, 근본적으로 기계처럼 되는 법을 배워야 한다고 주장한다. 이는 맞는 얘기일지도 모르겠으나, 이들의 모든 모험적 시도는 굉장히 오만한 기획일 수 있다. 이들은 본래 주어진 것 이상을 원한다. 자신들은 죽음에서 제외될 테고 생물학의 법칙을 넘어설 수 있으며, 인간 최적화를 위해 창조의 기본 법칙을 마음대로 주무르면서 신의 역할을 할 수 있고, 또 해야 한다고 생각한다. 여기서 인간 최적화가 무엇인지에 대해 당연히 많은 의문이 든다. 바이오해킹 집단에 속하는 사람들 중 일부는 슈퍼 인간이 되기를 바랄 뿐이다.

바이오해킹(컴퓨터와 관련된 또다른 은유)은 피하이식 또는 다른 개입으로 지각 능력과 정보처리 능력을 증강하는 것을 말한다.[46] 근본적으로 바이오해커들은 몸을 과학기술과 결합하여 사이보그가 되기를 원한다. 대표적인 사례로 실리콘밸리의 기업가 세르게이 파게트Serge Faguet —물론 그를 겸손한 인물이라고 말하는 사람은 아무도 없다— 는 심신 기능의 향상을 위해 첨단기술, 건강하고 만족스러운 삶을 위한 영양, 약물, 노화 방지 및 그 밖의 여러 접근 방식을 결합하여 "급진적 바이오해킹extreme biohacking"을 실행했다. 일례로 그는 일반적인 기준으로 거의 완벽한데도 값비싼 보청기를 귀에 꼽고 다닌다. 급진적 바이오해커 중에는 (안전을 생각해서) 극소량의 엑스터시나 환각제를 투여해 지능을 높이거나, 내향적인 성격을 바꾸고 싶어 내분비과 의사의 도움으로 호르몬 체계에 변화를 꾀하려고 할지도 모른다.

파게트는 신경과 의사, 심장과 의사, 내분비과 의사, 심리 치료사 등으로 구성된 의료팀이 처방해준 약을 매일 60알씩 복용한다. 의료팀은 파게트가 말한 자기 "문제점들", 가령 "염려와 불안, 내향성, 체중, 집중력, 분노 관리, 꾸물대는 버릇" 등을 해결하기 위해 데이터에 기반한 치료 방안을 찾고 있다. 파게트는 사업 수행 능력을 더 높이기 위해(다시 말해 사업을 더 공격적으로 추진하기 위해) 테스토스테론의 분비를 늘리기 위한 에스트로겐 차단제를 복용한다. 또한 노화를 늦추고자 근육 성장을 촉진하는 소마트로핀 주사를 매일 맞으며, "정신이 더 맑아지고 감정에 휩쓸리지 않는 것이 더 좋다"고 생각하며 항우울증 약물도 복용한다. 단기적 이익만 생각하지 않는 그는 50년 계획을 세우고 "좋은 기분, 자신감, 집중력, 에너지, 의지력, 스트레스 회복탄력성, 지력, 평정심, 건강, 장수, 사회적 불안과 억제의 제거, 항상 실천하기, 최소 투자와 최소 위험"[47] 등의 목표를 달성하기 위해 노력한다. 이 목표들을 보면 우리 시대의 자기계발 정신이 깔끔하게 요약된 듯하다. 게다가 그는 지금 힘쓰지 않고 모든 것을 취하고자 한다. 그러나 그가 자기계발의 탐구에 쏟아부은 돈은 2018년 기준 25만 달러(약 3억 원)였다.

파게트는 최적의 인지 및 신체기능 상태를 유지하고자 하기 때문에, 그의 자기최적화 노력은 나름 현명한 예방책이라 할 수 있다. 그가 원하는 자질들은 전반적으로 21세기 자조론에서 다루는 중요한 인간적 소망에 해당한다. 따지고 보면, 건강, 지능, 장수, 안정된 기분, 자신감, 외향성, 집중력, 에너지, 합리적 공격성, 높은 생산성, 회복탄력성, 사회적 불안과 억제의 제거 등은 문화적으로 가치 있는 존재 상태를 대변해준다. 이런 자질들은 우리들의 소망 목록에 대부분 속하기도 한다. 차이점이라면 파게트나 그와 비슷한 사람들은 이러한 소망을 과학기술 및 의학적 방식으로(상당한 돈을 투자하면) 이룰 수 있는 인체공학적 문제라고 생각한다는 점이다.

파게트는 이러한 자질을 모두 갖추는 것이 왜 바람직한지 명확히 밝히지 못한다. 다른 많은 트랜스휴머니스트들처럼 그도 형식적으로 우주를 정복할 때까지 오래 살고 싶다고 말할 뿐이다. 더욱이 그가 내세운 논리도 실망스럽다. 그런 식의 자기계발은 그 자체가 가치 있는 목적이란다. "결국 실질적 가치는 당신 자신을 업그레이드하여 더 좋고 더 똑똑한 사람으로 수백만 년 동안 사는 데 있다."[48] 파게트의 소망 목록에는 인간의 감동적인 기본 욕구인 사회관계와 이타심이 빠져 있다. 그의 삶에서 "감정과 기타 등등"이 들어설 여지가 없다. 그는 인공적으로 향상된 몸과 마음, 그리고 늘어난 수명으로 실제 무엇을 할지에 대한 개념이 전혀 없다. 따라서 그는 더 높은 목적 없이 극단적으로 효율성만 향상시킨 사례이다. 효율성을 위한 효율성은 진정으로 의미 있는 생존을 보여주는 청사진이 결코 아니다.

　최근에 사회학자 그레타 바그너Greta Wagner는 특히 학생
들 사이에서 약물로 인지능력을 증진시키려는 경우가 얼마
나 많은지 보여준 바 있다. 메틸페니데이트·모다피닐·암페
타민과 같은 각종 각성제로 인한 신경 기능의 증진이 윤리
적으로 여러 가지 문제를 불러일으키고 있다.[49] 트랜스휴머
니즘의 여러 자기최적화 방식과 스포츠 경기에서의 "뇌 도
핑"은 속임수처럼 보인다. 내적 노력이 없는 자존의 방식
이기 때문이다. 엄밀히 말하면 그런 시도는 자조라는 이름
을 붙일 수도 없다. 왜냐하면 정신을 변화시키는 생산품이
나 약물을 사용하고, 대부분 다른 사람의 도움을 받아야 하
기 때문이다. 개인적으로는 나의 조건을 수용하면서 내 힘
으로 문제들을 극복하고 싶다. 특이하게 한쪽으로 기울어진
인지능력, 전반적으로 충분치 못한 심리 기술, 노화되어가
는 몸에 담긴 결함 많은 인간 하드웨어를 받아들이면서, 완
벽하지도 않고 결과도 늦지만 내 방식대로 문제를 해결하
고 싶다. 어쩌면 나는 미래에 대한 전망이나 야망이 부족한
사람일지 모른다. 그러나 아무리 모든 것을 고려해봐도 기
계보다는 차라리 결함을 안고 죽어가는 동물이고 싶다. 노
력을 기울이고 열심히 실천하고 시행착오도 겪으면서 얻어
낸 결과가 아니라 돈을 주고 구매할 수 있는 생산품과 같은
기술 최적화의 결과물은 정말 합당한 공을 들이지 않고 얻

어낸 불로소득과 같지 않을까? 내 안에 있는 엄격하고 구태의연한 청교도식 사고방식 때문인지는 몰라도, 나는 시간을 실제로 투자하는 것이 중요하고, 열심히 노력하는 자에게는 보상이 주어진다고 믿는 사람이다. 약물을 상용하거나 기묘한 장치들을 이식하는 것은 전통적 의미에서의 자기계발이라고 인정할 수 없다. 거기에는 학습 과정이 빠져 있고, 우리의 심리, 정신, 윤리적 성향이 아무 변화 없이 그대로 남아 있기 때문이다.

파게트의 사례는 신자유주의적 수행능력 증진이 족쇄 풀린 듯 늘어나면 얼마나 위험한지 보여준다. 다른 분야도 마찬가지이지만, 수행능력 증진에서도 효율성이 유일한 선은 아니더라도 그 자체로 가치 있는 목적으로 간주되기 때문이다. 효율성을 위한 효율성의 증진보다는 그 효율성으로 실제 삶에서 무엇을 할 것인가 하는 문제가 훨씬 중요하다. 효율성이 어떤 목적에 기여할 수 있는가? 효율성을 가장 잘 활용하는 방법은 무엇인가? 효율성으로 우리가 시간을 벌 수 있지만, 그렇게 얻어낸 시간을 의미 있게 보내지 않는다면, 굳이 효율성을 증진하겠다고 법석을 떨 필요가 있겠는가?

이 문제를 잘 보여주는 또 다른 예로, 의사소통과 운송 과정을 가속화하는 이메일과 그 밖의 과학기술의 발명이 있다. 옛날에는 이러한 기술이 우리의 시간을 절약해주기 위해 개발되었고, 우리는 이 남은 시간을 더 중요한 것에 할애한다는 낙관주의적 전제가 있었다. 그러나 오늘날 우리는 새롭게 해방된 시간의 대부분을 아무 의미 없이 온라인에서 죽이고 있다. 게다가 아직도 우리의 근무시간은 과거와 거의 같다. 역설적이게도 이메일과 중단 없는 연결성 때문에 주 4일 근무와 같은 근무 일수 단축이 널리 확대되지 않고 있다. 조만간 그런 일이 일어날 것 같지도 않다. 여가 활동을 더 많이 누리지도 못하고 있다.

많은 연구 결과가 제시한 바에 따르면, 우리의 정신 건강이 지금처럼 심각한 적이 없었다고 한다. 우리는 친구나 자녀들과 함께 혹은 창의적 존재들과 함께 자연으로부터 더 많은 것을 배우지도 않고, 자연 속에서 더 많은 시간을 보내지도 않는다. 오히려 정반대이다. 타자와의 관계가 좋아지기는커녕 되레 점점 더 메마르고 귀찮아지고 있다.

다음 이야기는 집요한 효율성 증진 시도들(개인적 차원에서든 더 광범위한 경제적 수준에서든)이 심오한 목적의식 없이 이루어지면 왜 공허하고 자기목적으로 가는지 깔끔하게 잘 보여준다.

미국의 한 투자은행에 다니는 은행원이 애타게 기다리던 휴가를 받아 태국으로 여행을 떠났다. 1년 내내 눈코 뜰 새 없이 일한 탓에 심신이 지친 그는 그에 상응하는 멋진 휴식을 눈이 빠지도록 기다렸다. 호화로운 최고급 호텔을 예약한 그는 호텔에 묵으면서 저녁에는 호텔 바에서 칵테일을 마시며 시간을 보냈다. 그리고 낮이 되면 리조트의 모래 해변을 애무하듯 부드럽게 어루만지고, 근처 어촌의 금방이라도 무너질 것 같은 선창에 밧줄로 묶어 정박해놓은 형형색색의 작은 배들을 가볍게 흔드는 에메랄드빛의 잔잔한 푸른 바다에서 낚시를 하며 행복한 시간을 보냈다. 사실 여행지에서 첫날 오후에 은행원은 햇빛이 쏟아지는 선창가에 무료하게 앉아 있던 그곳 어부 한 사람을 만나 거래를 했다. 어부는 매일 몇 시간씩 자신의 작은 낚싯배에 그 은행원을 태워 낚시하기 좋은 지점으로 데려다주기로 합의했다. 사흘째 되는 날, 배에서 낚시를 하던 은행원은 문득 어부가 어떻게 사는지 궁금해졌다. 그래서 어부에게 물었다.

"운이 좋은 날엔 고기를 몇 마리나 잡습니까?"

"다섯 마리요. 그 이상은 잡지 않아요."

"왜요?"

은행원은 어부의 말에 놀라 물었다. 둘째 날에 물고기를 일곱 마리나 잡은 그는 셋째 날인 그날도 기록을 깨겠다는 꿈에 부풀어 있던 참이었다.

"그러면 안 됩니까?"

어부가 대답했다.

"다섯 마리만 있으면 되거든요. 우리 가족이 다 덤벼들어도 그 이상은 못 먹어요. 게다가 남으면 보관도 어려워 금방 상하니까요."

"아니, 남으면 시장에 내다 팔면 되잖습니까? 호텔에 팔든지."

"그래서 뭐 하게요?"

어부는 어깨를 으쓱이며 무슨 상관이냐는 듯 대꾸했다.

"뭐 하다니요? 당연히 돈을 벌어야지요! 그러면 몇 주 안에 배 한 척 더 사고, 고기 잡을 사람을 한 명 정도는 데려다 쓸 수 있을 겁니다. 두 사람이 힘을 합하면 고기를 더 많이 잡을 수 있을 테니 돈도 더 많이 벌게 되고요. 그러다보면 나중엔 소함대 규모의 여러 척의 고깃배들을 장만하고, 생선 보관용 창고도 세우고, 그렇게 보관한 생선을 멀리 떨어진 시장으로 갖고 가 팔 수도 있으니까요."

"그렇게까지 할 이유가 있을까요?"

은행원의 말에 어부는 정말 당혹해하며 되물었다.

"부자가 되셔야죠!"

"부자가 되면요? 돈 벌어서 뭐 하려고요?"

은행원은 어이가 없다는 듯 웃음을 터뜨렸다. 어부가 농담으로 하는 말이 아닌가 싶었다. 그런데 어부가 더는 아무 말도 하지 않고 가만히 있자 은행원은 더 설명해줘야겠다 싶었는지 다시 입을 열었다.

"돈을 벌면 포르셰 자동차도 사고, 에어컨 빵빵하고 수영장도 있는 큰 집도 사고, 멋진 옷도 입고 다니고, 최첨단 장비나 전자 기기도 장만할 수 있어요. 물 대신에 샴페인을 마시고, 매일 굴도 먹을 수 있고. 어디 그뿐인가요? 부인한테 명품 핸드백과 멋진 구두도 사줄 수 있으니 얼마나 좋습니까? 나중에 아이들을 하버드대학교에 보낼 수도 있고요!"

어부는 별 감흥도 없이 덤덤한 표정이었다. 그에게는 별로 시답지 않은 모양이었다. 은행원은 기껏 설명해주었는데 어부가 별 반응을 보이지 않자 점점 부아가 치밀었다. 그런데 문득 멋진 생각이 떠올라 다시 말을 이었다.

"돈을 벌면 여기처럼 멋진 곳으로 휴가를 떠나실 수도 있어요. 온종일 햇빛 즐기며 고기를 낚으시면 되잖아요."

"아이고, 저는 벌써 그렇게 하고 있습니다요."

어부는 미소를 지으며 대답했다. 그리고는 노를 저어 은행원을 다시 해안으로 데려다주었다.[50]

마음가짐이나 사고방식을 좀 더 겸손하게 가지면 폭넓은 사회적 결과를 낳을 수 있다. 아무 목적의식 없이 이루어지는 대부분의 효율성 증진의 추구(경제적 관점에서 그리고 인간의 기능을 조작하려는 트랜스휴머니스트들과 관련하여)도 억제할 수 있다. 자신의 인지적·정서적 한계를 깨닫고, 결함을 솔직하게 인정할 수도 있다. 겸손한 사고방식은 인간이 최고의 탁월한 존재라는 인간중심적 환상을 깨뜨림으로써, 우리로 하여금 다른 종은 물론 지구라는 이 행성도 존중하게 만든다. 인간의 이성이 찬양할 가치가 있는 유일한 선은 아니다. 어떤 점에서는 많은 동물이 우리보다 더 낫다. 더 빠를 수도, 더 사나울 수도 있다. 듣고 보고 냄새 맡는 것을 우리보다 더 잘 할 수 있다. 우리보다 자기 관리도 잘하고, 편하게 잘 쉬고, 서로 잘 뭉치기도 한다. 많은 동물이 우리보다 더 안정적이고 서로 잘 도와주는 사회구조 속에서 지내고 있다.

우리는 켐피스처럼 자기혐오 설교자가 되는 것을 피하고 싶어 한다. 그러려면 자존심이나 자기애를 한 단계 혹은 10단계 정도 낮추어야 한다. 왜냐하면 겸손은 자기애와 그와 연관된 모든 악을 막아주는 데 효과 있는 유일한 수단이기 때문이다. 본질적으로 겸손은 결점을 기꺼이 인정하는 마음가짐이다. 아울러 사람이든 동물이든 혹은 식물이든 심지어 기계든, 우리가 극복하지 못한 것을 극복한 그 누구에게서든 혹은 무엇에게서든 배울 것이 있다면 기꺼이 배우고자 하는 마음가짐이다. 배울 기회는 참으로 무궁무진하지 않은가.

6장

간소해져라

사치품과 삶의 편안함을 가져다준다는
많은 것이 필요하지도 않을 뿐더러
인간의 존엄에 단연코 방해된다.
간소하게, 간소하게 살아라.
_ 헨리 데이비드 소로

오늘날 제대로 살기 어려울 정도로 세상이 너무 복잡해지는 바람에 많은 사람이 "의미 위기meaning crisis"와 "센스메이킹 위기sensemaking crisis"를 겪고 있다고 보는 사상가들이 점점 늘어나고 있다. 급증하는 복잡성에 대처하기 위해 시스템적이고 통합적인 사고가 필요하다는 주장도 다시 크게 부각되고 있다.[1] 동시에 근래 몇 년 사이에 간소하게 살고 일하고 존재하는 것에 대한 관심도 크게 늘어났다. 우리는 지정학적·경제적 구조가 복잡해질수록 단순함으로의 회귀를 갈망하는 것 같다. 많은 사람이 일상생활에 깊숙이 침투한 디지털 통신 기술로 인해 삶이 군더더기 없이 매끈해지기는커녕 더 없이 복잡해졌다고 느낀다. 또한 소비 중심의 생활방식으로 생활공간에 대한 통제력을 잃고 점점 더 어수선해진다고 염려한다. 아울러 사회 분위기에 떠밀려 필요하지도 않은 물건을 많이 구매할수록, 역으로 미니멀리즘을 꿈꾸고 기본으로 돌아가고픈 마음이 굴뚝같아진다. 더욱이 점점 더 도시

화되고 녹색이 사라진 도시에서 주로 실내 작업을 많이 하
다보니 역으로 자연의 치유회복력에 대한 호기심이 되살아
나고 있다.

이처럼 간소함에 대한 갈망은 기능성 디자인이나 좀 더
절제된 스칸디나비아식 혹은 일본식 미학을 표방한 가구나
의류의 유행에서도 분명하게 나타난다. 따라서 생활의 복잡
성을 해결해주겠다고 약속하는 온갖 자조론 처방이 최근에
급증한 것은 그리 놀랄 일이 아닌 것 같다. 곤도 마리에의
정리 정돈에 관한 조언부터 자연회귀 치료법, 생활비 계산
법, 디지털 해독 치유까지 다양한 처방들이 제시되고 있다.

그러나 간소한 삶에 대한 욕망은 최근에 등장한 새로운
현상이 아니다. 금욕주의의 형태로 수천 년 동안 우리와 함
께했다. 스토아학파를 비롯한 많은 철학자와 불교, 자이나
교, 힌두교, 이슬람 수피교, 기독교, 유대교 등 여러 종교의
사상가가 금욕적 삶의 기술을 설파해왔다. 그리고 더욱더
높은 영적 목표를 추구하는 것을 유일한 사명으로 받아들인
사람들―대표적으로 은둔자, 탁발승, 요가 수행자―은 종
종 극도로 엄격한 생활 방식을 취했다. 그들은 물질의 소유
와 세속의 관계뿐 아니라 모든 관능적 쾌락에도 눈을 감았
다. 금욕 행위에는 보통 단식, 독신 생활, 암자나 독실에서의
생활, 자발적 가난voluntary poverty* 등 한 번에 몇 시간 혹은 며

---

* 사회에 만연된 물질주의에 저항하는 삶의 방식으로, 독일 경제학자 에른스트 F.

칠씩 나무 기둥에 올라앉아 있거나 개인위생을 포기하는 여러 형태의 육체적 고행 등이 있다. 실제로 우리는 자신을 채찍질하는 수도사, 따끔거리는 동물 털로 만든 셔츠를 맨살 위에 입고 다니는 독실한 기독교인, 바늘 침대에서 잠자는 수행자들에 대해 알고 있다.

온건하든 극단적이든 모든 금욕주의는 검소함이 영성과 깊은 관계에 있다는 전제에 바탕한다. 세속의 욕망을 억제해야만 영혼을 정화할 수 있으며, 영적인 문제에 온전히 집중할 수 있다고 보는 것이다. 육체의 요구에 끌려다니면 물질세계의 족쇄에서 벗어날 수 없기 때문이다. 이런 의미에서 극단적 금욕주의는 육체를 통제하려는 노력으로, 육체를 정신보다 저급하게 취급하는 이분법적 시각에 기초한다. 금욕적 실천의 일부는 명백한 신체적 자기 학대라 할 수 있다. 가장 극단적인 금욕주의는 육체와 육체의 기본적 욕구를 전적으로 적대시하는 태도를 취한다.

더구나 물질의 소유, 세속적 관계, 관능적 쾌락을 다 거부한다고 해서 정신적 깨달음이 보장되는 것은 아니다. 붓다는 몇 년 동안 엄격한 금욕 생활을 하다가 이러한 방식으로는 추구하는 목표에 가까워질 수 없음을 깨닫고는 이를 포

슈마허Ernst Friedrich Schumacher가 주창했다. 이런 삶의 방식은 이미 미국의 초월주의 사상가인 헨리 데이비드 소로Henry David Thareau가 《월든Walden》에서 물질의 노예가 되지 않기 위해 의도적으로 가난을 받아들여야 한다고 생각한 데서 알 수 있듯이, 예전부터 많은 사상가가 직간접적으로 언급해온 삶의 방식이다.

기했다. 대신에 금욕주의와 과도한 소비의 극단을 피하기 위해 훨씬 더 적합한 "중도"의 길을 탐구했다. 이는 간소한 삶의 방식이 특히 오늘날 선불교의 중심인 까닭이다. 또한 선불교의 정갈하고 소박한 미학에도 그 정신이 반영되어 있다.[2]

간소함으로는 고대 스파르타인들도 빠뜨릴 수 없다. 신체를 단련하고 근력을 키우는 것, 지극히 소박한 삶을 사는 것, 그리고 군사훈련에 매진하는 것이 그들 삶의 전부였다고 할 수 있다. "스파르탄spartan"이란 단어는 아주 엄밀하게는 미니멀리즘과 동의어이다. 그러나 기쁨 없는 금욕이라는 뜻을 함축하는 "스파르탄"은 찬사가 아니다. 오늘날 사용하는 간소함이나 소박함이란 단어는 18세기 철학자 루소와 19세기 미국의 초월주의자 소로가 재창조했다. 많은 현대인처럼 두 사람은 점점 복잡해지는 세상에서 벗어나고자 삶을 간소화하려고 노력했으며, 삶의 진정성을 찾고자 자연으로 떠났다. 여기서 먼저 두 사람의 이야기를 해보자.

루소와 소로에 앞서 르네상스 시대 이탈리아의 인문주의 학자 피치노는 자연이 주는 치유의 힘을 알고 있었다. 그는 《삶에 관한 세 권의 책》에서 우울증에 걸리거나 기력이 쇠한 사람들에게 다음과 같은 처방을 내린 바 있다. "햇빛을 받아 반짝이는 물살과 녹색과 빨간색을 자주 바라보고, 꽃밭이나 숲을 자주 드나들고, 즐거운 마음으로 강줄기를 따라 걷거나 아름다운 초원 속을 거닐어보라."[3]

그러나 현대 생활의 복잡성과 곳곳에 도사린 위험을 해소하기 위해 자연으로 돌아가자고 제안한 최초의 서양 철학자 가운데 한 사람은 루소였다. 그는 현대 도시 사회에서 점점 커져가는 소외감에 맞서기 위해서는 자연을 다시 품고 고독을 추구하고 발과 마음을 정처 없이 떠돌도록 내버려두어야 한다고 주장했다.

루소의 마지막 미완성 작품《고독한 산책자의 몽상 Les Rêveries du promeneur solitaire》에는 간소한 삶 속에서, 더 중요하게는 자연 속에서 위안과 의미를 찾으려는 노력이 기록되어 있다. 그가 사회에서 벗어나 마음의 평화를 얻고자 한 노력은 인간 본성 human nature을 포함하여 자연만물의 선함에 대한 믿음에서 비롯된 것이 아니라, 당시 조직적으로 계속되던 대중의 조롱에 대한 반응이었다. 당대 사람들은 그와 그의 사상을 크게 반대했고, 그로 인해 그는 몹시 괴로워했다. 사회에서 배척당했다는 생각에 상처받은 그는 평정심과 존재 이유를 되찾기 위해 부단히 노력했다.

《고독한 산책자의 몽상》에 담긴 글은 1776년 9월에서 1778년 4월 사이에 쓰인 것으로, 열 번의 산책을 중심으로 느슨하게 엮여 있다. 루소는 그 산책들로 도시와 파리 사회와 자신을 괴롭히는 많은 것에서 자유로워진다. 숲과 들녘을 자유롭게 거닐면서 진정한 자아를 되찾고, 마침내 그동안 헤어나지 못한 고통스러운 사회적 상황을 잊고 진정으로 단순히 **존재하는** 인간이 된다. 루소는 말한다. "이 고독과 명상의 시간들은 다른 것에 신경 쓰지 않고 아무 방해도 받지 않은 채 오롯이 내 자신이 되는, 진실로 자연이 내게 예정한 그런 존재가 된다고 말할 수 있는, 그날 하루 가운데 유일한 시간이다."[4] 사회적 가치나 사회의 집단적 판단과 불화를 겪으며 괴로워하는 내적 고뇌가 세밀하게 묘사되어 있는 그의 글은 새로운 현상이었다. 그의 갈등은 지극히 현대적으로 보였다. 다시 말해 오늘날 자기실현과 진정한 삶을 바라는 욕구와 상당히 일치했다.

그렇다면 상처받은 자아를 회복하기 위해 루소가 택한 주요 전략은 무엇이었을까? 그는 우선적으로 자연의 치유력에 의존했다. 특히 경외감을 불러일으키는 자연의 아름다움과 우리가 더 큰 전체의 아주 작은 부분에 지나지 않는다는 사실을 상기시키는 자연의 능력을 숭배했다. 많은 낭만주의 사상가가 강조했듯이, 숭고함이 깃든 자연의 모습을 보면 우리 자신이 얼마나 옹졸하고 하찮은 존재인지를 깨닫게 된다. 달리 말해, 자연은 인간을 겸손하게 만드는 강력한 힘이 있다. 하찮은 인간사를 더 큰 틀에서 객관적으로 바라보게 해준다.

루소는 고독도 권했다. 그의 이런 자세는 인간이 사회적 동물로 태어나 공동사회의 일원이 된다는 계몽주의의 생각과는 대조된다. 어쨌든 그는 홀로 있는 시간을 소중히 여겼다. 이것이 사회의 관습에 순응하라는 그 어떤 요구로부터 완전히 해방되어, 자기 자신과 소통할 수 있게 해준다고 봤다. 그는 식물과 동물에 둘러싸여 홀로 호젓하게 산책을 하면 무거운 짐―언제든 적의의 시선으로 바뀔지 모르는 주변 사람들의 비판적 시선이라는 짐―을 훌훌 벗어던지는 느낌이 들었다. 루소는 "사람들의 얼굴에서는 오로지 적의와 증오심만 보이는데, 자연은 늘 변함없이 나에게 미소를 짓고 있으니"[5] 어찌 고독을 사랑하지 않을 수 있겠느냐고 자문한다. 물론 고독을 병의 치료제로 찬양한 사람은 루소만이 아니다. 초기 기독교의 사막의 교부들Desert Fathers* 그리고 그 이전과 이후의 많은 은둔자도 진정한 영적 자아는 세상에서 멀리 떨어진 한적한 곳에서만 그 모습을 드러낸다고 믿었다. 그리고 윌리엄 워즈워스William Wordsworth를 포함하여 많은 낭만주의 시인이나 사상가도 홀로 고독하게 자연 속으로 물러나는 것을 옹호했다. 낭만주의자들도 자연 속으로 들어가는 것이 진정한 자아와 재결합하고, 건강과 온전한 정신을 회복하고, 창의성을 드높인다고 생각했다.[6]

그러나 자연환경만 회복의 힘을 지닌 것은 아니다. 걷는 행위에도 그 힘이 있다고 낭만주의자들은 생각했다. 신체의 움직임이 마음도 움직이게 만든다는 것이다. 낭만주의 시인 존 클레어John Clare는 "고독아, 나 그대와 함께 걷노니"라

---

* 3세기부터 이집트 북부의 스케티스와 켈리아 사막에서 생활하기 시작한 초기 기독교의 은둔자와 금욕주의자들.

고 말했으며, 워즈워스는 "떠도는 구름처럼 외로이" 배회하는 것에 영원성을 부여했다.* 워즈워스가 평생 산책한 거리를 계산하면 약 28만 8000킬로미터라고 하니, 그는 자신의 말을 직접 실천에 옮긴 시인이기도 하다. 아무튼 낭만주의자들에게는 자연 속을 거니는 것이 그들 마음도 떠돌게 하는 방편이었다. 그들은 정해진 목적 없이, 정처 없이 마음을 자유롭게 풀어놓았다. 그래서 루소는 자연 속을 거닐면 자해의 도구로 전락한 사고를 멈출 수 있었다고 했다.

마음의 평화를 되찾기 위한 낭만주의자들의 이러한 전략들이 최근에 다시 크게 부각되고 있다.[7] 지난 20년 동안 "자연 치유"에 관한 많은 자조론 도서가 야생과 접하면서 자연 상태 속에서 본연의 모습 되찾기, 산림욕 하기, 차가운 강물에서 수영하기, 조류 관찰하기, 도심의 공원을 자주 찾기, 집의 정원을 더 자주 어슬렁거리기 등을 권했다.[8]

걷기도 치유 행위로 재발견되고 있다. 물론 프랑스 파리에서 **플라뇌르**flânerie 예술이 등장한 19세기 후반에 이미 걷기는(도회적 방식으로) 주목을 받았다. 아무튼 걷기에 대해 낭만주의자들의 생각과 유사한 최근의 도서를 예로 들자면, 조너선 호번Jonathan Hoban의 《늑대와 함께 걷기Walk with Your Wolf:

---

* "고독아, 나 그대와 함께 걷노니"는 클레어의 〈고독Solitude〉이란 시에 나오는 구절이며, "떠도는 구름처럼 외로이"는 워즈워스의 〈떠도는 구름처럼 외로이 배회했노라I Wandered Lonely as a Cloud〉라는 시에 등장한다. 워즈워스의 이 시는 흔히 〈수선화Daffodils〉라는 제목으로 알려져 있다.

Unlock Your Intuition, Confidence, and Power》가 있다. 이 책에서 호번은 걷기를 시작하고, 자연의 치유 능력을 재발견하고, 우리 안의 야성을 되찾으라고 권고한다. 걷기로 스트레스를 해소하고 에너지를 재충전하고 감정을 적절히 처리할 수 있기 때문이다.[9]

고독을 강조하고 정신적 스트레스를 해소하는 방법으로 몽상과 명상과 마음을 자유롭게 풀어놓는 것을 내세운 낭만주의자들의 처방도 오늘날 자조론에 많은 영향을 미치고 있다. 사라 메이틀랜드Sara Maitland의 《혼자 있는 법How to Be Alone》*과 같은 최근의 많은 자조론 도서는 "고독의 부족"이 얼마나 위험한지를 강조하면서, 재충전하고 자신과 재결합하기 위해 침묵과 홀로 있는 시간이 정말 중요하다고 주장한다.[10] 우리는 중단 없는 디지털 연결성으로 인해 다른 사람들과 제대로 연결되지도 못하고 진정 혼자 있지도 못하는, 새로운 중간 지대에 놓여 있기 때문이다.

따라서 루소나 최근의 루소 추종자들이 내세운 전략은 현대 특유의 소외 경험에 대응하기 위한 해결책으로 구상되었다. 좀 더 단순한 존재 방식은 더욱더 복잡하고 소모적인 사회 동역학 관계에서 우리를 해방시킨다. 다시 자연을 만나고, 침묵과 고독을 추구하고, 발과 마음이 떠돌도록 내버려두는 것은 간소함을 바탕으로 한 삶의 방식으로 언제든 실

---

* 《인생학교》, 프런티어, 2016.

행에 옮길 수 있으며, 휴식을 제공하는 수단이다.

따라서 최근의 자조론이 이런 간소한 삶이 주는 혜택을 재발견하여 다시 내세운다는 것은 전혀 놀랍지 않다. 우리는 자연에서 그 어느 때보다 시간을 보내지 못하고, 소셜미디어로 타인과 끊임없이 접속하면서 걷기를 위한 걷기의 습관을 잃어버렸다.

물론 자연을 "녹색 프로작green Prozac"[11]*의 거대한 저장소로 보는 신낭만주의적 시각에 이의를 제기하는 목소리도 있다. 그들은 자연을 약물 취급하고 도구화하는 태도를 문제삼는다.[12] 우리가 초원이나 습지나 바다나 삼림지대에서 단순히 행복과 평화를 끌어내려고만 하지 말고, 이를 어떻게 보존할 것인지를 더 많이 생각해야 한다는 것이다. 또한 자연의 치유 능력을 무턱대고 과대평가해서는 안 된다고 지적한다. 자연은 정신 건강을 보장해줄 수 없으며, 시골에 사는 사람들에게도 우울증이나 기타 정신 건강상의 문제가 발생하지 않느냐고 반문한다.[13]

소로에게도 자연과 고독의 치유 능력은 아주 중요했다. 잘 알려져 있다시피 그는 19세기 중반에 매사추세츠 주 콩코드에 있는 월든 호숫가의 오두막에서 은거했다. 그곳에서 그는 2년 2개월 동안 직접 생계를 꾸리며 "자기 뜻에 따라"

---

* '프로작Prozac'은 대표적인 항우울제의 이름이다.

깊이 있는 삶을 살고자 노력했다. 소로는 "삶에 꼭 필요한 것"[14]에만 의존하는 지극히 간소한 삶을 원했다. 그가 생활에 필요하다고 꼽은 것은 아주 간단하고 명확했다. 의식주와 따뜻함뿐이었다. 그는 대부분의 "사치품과 삶에 편안함을 가져다준다는 많은 것이 필요하지도 않을 뿐더러 인간의 존엄에 단연코 방해된다"[15]고 생각했다. 그는 철저하게 간소하고 독립적으로 살고자 했다.

무엇보다도 소로는 대다수 사람들이 안타깝게도 "조용한 절망quiet desperation"의 심정으로 살고 있다고 생각하고는, 자신은 그런 삶에서 벗어나고자 했다.[16] 그의 만트라는 "간소하게, 간소하게 살아라"였고, 그는 호화로운 카펫, 멋진 가구, 고급 요리보다 자유를 더 높이 샀다.[17] 너무나 잘 알려진 그의 말을 들어보자.

"나는 온전히 내 뜻대로 살되 삶의 본질을 직접 마주하고 싶어 숲으로 들어갔다. 삶에서 배워야 할 것이 있다면 과연 내가 터득할 수 있는지 알고 싶었다. 그리고 생을 마감할 때 올바르게 살지 못했구나, 후회하고 싶지 않았다. 그래서 숲으로 들어갔다. (…) 나는 깊이 있는 삶을 살면서 삶의 정수를 모두 빨아들이고 싶었다. 강인하게, 스파르타 사람들처럼 살면서 삶이 아닌 것은 모조리 없애버리고, 낫을 크게 휘둘러 길을 내고 풀을 밑동까지 바싹 베어내어 삶을 한쪽 구석으로 몰고가서는 가장 낮은 수준까지 끌어내리고 싶었다…".[18]

이 말은 단순히 기억할 미니멀리즘의 강령이 아니다. 소로
는 간소한 삶의 경제를 대단히 진지하게 받아들였다.《월든》
첫 장에서 소개한 "생활비"라는 개념은 우리의 시선을 사로
잡는다. 사실 대부분 아무 생각 없이 되도록 많은 돈을 벌어
가능한 한 많이 사들이고 쌓아두려 애쓴다. 그러나 소로는
근본적으로 왜 일해야 하는지를 실용적 관점에서 판단한다.
실제로 그는 문제를 뒤집어 생각했다. 먼저 필수품을 정한
다음에 그것을 구입하는 데 필요한 돈을 계산했다. 기본 생
활비만 확보하면 그 이상 벌려고 일하지 않았다. 불필요한
사치품보다 시간과 자유를 더 소중히 여겼기 때문이다. 소
로는 최소 생활비를 위해 1년에 6주만 일용직으로 일했다.
그 덕에 시간을 자유롭게 활용할 수 있었다. 게다가 일이 끝
나자마자 일을 까맣게 잊고 지낼 수 있었다.

그해의 남은 기간에는 자신이 진정 바라고 소중히 여기
는 것, 바로 철학하기와 자연 속에서 시간을 보내는 자유를
누렸다. 그의 삶의 체계에는 부와 사회적 존중감이라는 규
범적 가치가 들어올 자리가 없었다. 계획을 세워 비물질적
인 간소한 생활 방식으로 살아가는 그는 자기 시간의 유일
한 주인이었다. 어떻게 보면 소로는 오늘날 일과 생활의 균
형을 놓고 벌이는 갑론을박을 예견한 것이 아닌가 싶다. 물
론 소로는 생활을 우선에 두었다. 그는 돈을 받고 하는 일을
필요악이라고 생각하고, 되도록 그런 일에 시간을 허비하
지 말아야 한다고 생각했다. 이런 점에서 그의 태도는 독일

사회학자 막스 베버Max Weber가 자본주의의 정신적 엔진으로 묘사한 프로테스탄트의 노동 윤리와 뚜렷하게 대조된다. 이 윤리는 오늘날까지도 우리의 핵심 가치와 노동과 관련된 사고방식에 많은 영향을 미치고 있다.

소로의 자급자족하는 간소한 삶에 영향을 받아 현대에 등장한 것이 "자발적 간소함voluntary simplicity"과 "경제적 독립financial independence"의 생활 운동이다.[19] 자발적 간소함을 지지하는 사람들은 규모 축소downsizing를 내세우며 물질주의를 거부한다. 그들은 과소비하는 생활 방식이 지구를 황폐화시키고, 세상 곳곳에서 필수품이 부족해 극심한 고통을 겪는 상황에서 지극히 비윤리적이라고 주장한다. 게다가 과도한 물욕이 삶에 의미를 제공하지도 행복을 증진시키지도 않는다. 좋은 삶에는 많은 것이 필요하지 않다. 풍요로움은 마음의 상태이기 때문이다.[20]

예를 들어, 간소한 삶을 위한 공동체* 회원들은 "비물질적인 것에서 만족과 의미를 추구"하는 데 많은 시간과 에너지를 쏟기 위해 자발적으로 낮은 소득과 그보다 훨씬 더 낮은 수준의 소비를 한다. 그들은 물건을 사고 과시하는 것 외의 목표에 많은 시간을 할애하려고 한다. 여기에는 "공동체와

---

* 자원과 에너지 소비를 줄이는 삶을 소비문화의 대안으로 내세우는 공동체. 물질적으로는 간소하고 내적으로는 풍요로운 삶을 탐구하고 증진하는 데 필요한 방안들을 공유하는 풀뿌리 네트워크다.

사회 참여, 더 많은 시간을 가족과 보내기, 예술 프로젝트나 지적 기획, 좀 더 만족스러운 직장 생활, 정치 참여, 지속가능한 삶, 영혼 탐구, 독서, 명상, 휴식, 즐거움 추구, 사랑 등등"[21]이 포함된다.

미국의 사회활동가 두에인 엘긴Duane Elgin은 소로의 정신에 입각하여 자발적 간소함을 "외적으로 간소하지만 내적으로 풍요로운 삶의 방식 (…) 그 과정에서 더 많은 생명이 우리에게 돌아올 것이라는 신념 속에서 의도적으로 선택한 간소한 삶"[22]이라고 정의한다. 역사학자 데이비드 시David Shi는 자발적 간소함을 "깨달음을 통한 물욕 억제"[23]로 이해한다. 간소한 삶을 추구하는 생활 방식 운동들은 일반적으로 검소와 자연과 자급자족을 중시하며, 과시적 소비보다 창의성과 사색을 우선시한다. 또한 장기적인 지속가능성과 사회 정의에 관심이 많다.[24] 따라서 자발적 간소함은 생활필수품을 거부하는 금욕과는 달리 진정으로 필요한 것에 대한 깊은 이해에서 비롯한 선택이다.

이러한 접근 방식이 대다수의 현대인이 기본적으로 따르는 물질주의적 생활 방식보다 우리를 더 행복하게 만든다는 사실은 많은 심리학 연구에서 드러나고 있다. 예를 들어 심리사회학자 팀 카서Tim Kasser는 《물질주의의 큰 대가 The High Price of Materialism》에서 물질주의가 심리에 어떤 영향을 미치는지 보여준다. 그는 삶에서 만족도가 매우 낮은 이들은 가장 열정적으로 소비하는 경향이 있다고 밝혔다. 의미는 돈보다 중요하고 인간관계는 소비를 이기기에, 탐욕과 과도한 물욕이 행복에 이르는 지름길은 될 수 없다. 물질주의자들은 물질과 지위를 과대평가하는 반면 우정이나 좋은 경험, 이타심 등은 과소평가한다. 따라서 그들은 비물질주의자 친구들보다 긍정적인 감정을 덜 느끼고 근심과 우울증에 더 시달린다. 카서는 물질주의가 사실은 심리적 행복과 안녕을 심각하게 해친다고 결론을 내린다.

같은 맥락에서 흥미로운 것이 또 하나 있다. 2010년대에 밀레니엄 세대의 관심을 끈 것으로, 미스터 머니 머스태시 Mr. Money Mustache라는 별명을 지닌 검소함의 스승인 블로거 피터 애드니Peter Adeney가 널리 퍼트린 경제적 독립과 조기 은퇴 Financial Independence, Retire Early 운동이다.[25] 일명 **파이어**FIRE라 불리는 이 운동의 철학은 공격적인 저축(이상적으로는 소득의 70퍼센트 저축)과 과감한 지출 억제를 권장하는 데 있다. 이사람들은 현명한 장기 투자로 그 자산에서 나오는 수입으로 독립적인 삶을 살고자 한다. 그래서 자기 자본(주식에 투자된 돈)이 절대 줄어들지 않도록 그 자본에서 연간 4퍼센트 이상을 인출하지 않는다는 "4퍼센트 규칙4 percent rule"에 맞춰 생활하려고 한다.

그들의 저축 전술은 너무나 **빡빡하다**. 가령 매일 어디든 걸어가고, 침실은 임대하고, 잠은 소파에서 자고, 슈퍼마켓에서 할인 판매하는 물품만으로 생활하는 것을 고집한다. 그들의 궁극적 목표는 되도록 일찍 은퇴하는 것, 이상적으로는 표준적인 은퇴 연령보다 수십 년 앞서 은퇴하는 것이다.

이런 생각들은 비키 로빈Vicki Robin과 조 도밍게스Joe Dominguez 공저의 베스트셀러 《돈인가 삶인가Your Money or Your Life》*에 서 처음으로 대중화되었다. 이후 약 20년이 지나고 야콥 룬 피스게르Jacob Lund Fisker의 《조기 은퇴의 최선두에 서다Early Retirement Extreme》와 그랜트 사바티에Grant Sabatier의 《파이낸셜 프리덤Financial Freedom: A Proven Path to All the Money You Will Ever Need》** 에서 다시 주목받기 시작했다. 소로와 마찬가지로 로빈과 도밍게스는 우리가 일에 얼마나 많은 "삶의 에너지"를 쏟는 지, 그 대가로 얻어내는 것이 과연 그만한 가치가 있는지 숙 고하라고 주문한다. 요컨대 그들은 묻는다. 삶의 시간을 투 자한 만큼 일에서 충분한 행복을 누리는가? 급여는 그 희생 에 상응하는가? 그들은 자신의 뜻에 따라 의미 있게 살라고 권장하면서도, 경제적으로 지독한 방법(과도할 만큼 저축하는 것)도 마다하지 말라고 주장한다.

그들의 구상은 시간 측면에서 소로나 자발적 간소함 운동 이 권장하는 방식과 다르다. 파이어 운동은 가급적 빠른 시 간 내에 많은 돈을 벌어 더 많은 시간을 하고 싶은 일에 쓰 자는 것이다. 이런 의미에서 이 운동의 간소한 삶의 방식은 미래지향적이다. 현재의 검소함이 미래의 일로부터의 자유

---

* 《부의 주인은 누구인가》, 도솔플러스, 2019.
** 《파이낸셜 프리덤》, 반니, 2021.

를 보장해준다는 뜻이다. 따라서 간소함이나 규모 축소는 목적을 위한 수단일 뿐이다. 이 운동의 진정한 목적은 최대한 빨리, 최대한 많은 자유 시간을 확보하는 데 있다. 소로가 1년 단위의 "생활비"를 계산했다면 파이어 운동의 추종자들은 생애를 고려한다. 따라서 이 운동 철학은 비록 추종자들이 생각하는 더 나은 미래가 최대한 일찍 도래하기를 원하더라도, 현재보다 미래지향적이다.

간소한 삶을 살면서 진실로 중요한 것을 최우선으로 삼는 생각은 여전히 매력적이다. 오늘날 미니멀 라이프, 디지털 해독, 정리 정돈 등에 관한 자조론 도서들이 유행하는 것에서 알 수 있듯이, 이러한 욕구는 어느 시대보다 더 강하게 나타난다. 이러한 추세와 관련된 가장 유명한 대표 인물이 일본의 정리 정돈 전문가 곤도 마리에가 아닌가 싶다. 하지만 그 외에도 우리의 소유물을 많이 버리고 육체적·정신적 공간에 대한 통제권을 되찾고자 하는 욕구를 대변해주는 사람들은 많다.[26]

여기서 실제로 필요하지 않지만 소유욕을 억지로 부추기는 소비 자본주의를 생각해봐야 한다. 많은 사람이 생활공간을 어지럽히는 쓸데없는 물건에 둘러싸여 허우적거린다. 트렌드 전망가 제임스 월먼James Wallman은 우리를 점점 더 불안하게 만드는 불필요한 물건 속에서 우리 자신을 잃어버리면서 집단적 "질식stuffocation"에 빠져 고생하고 있다고 설명한다.[27]

하지만 이제는 점점 더 많은 사람이 소비주의에 등을 돌리고 있다고 월먼은 주장한다. 미국의 경제학자이자 사회학자인 소스타인 베블런Thorstein Veblen이《유한계급론 The Theory of the Leisure Class》에서 설명한 '과시 소비conspicuous consumption'가 우리를 행복하게 만들기는커녕 오히려 더 우울하게 한다며, 이에 대한 대응으로 많은 사람이 점차 소비주의에 등을 돌리고 있다. 그래서 간소한 삶을 찾아 도시에 있는 직장을 버리고 시골 오두막이나 작은 집으로 이주하거나, 아니면 친구나 가족과 함께 더 많은 시간을 보내기 위해 직장에서의 승진을 포기하는 식으로 "적절한 거리두기medium chilling"*를 실천에 옮길 수 있다. 그러나 월먼은 물건에 짓눌린 질식 상태에서 벗어나는 최선은 단순히 경험에 집중하는 것이라고 제안한다. 모두 경험주의자가 되어 무의미한 물건들을 계속 축적하기보다는 의미 있는 활동을 추구하라고 말한다.

곤도 마리에가 세계적으로 인기를 누리는 것은 물질주의에 피로감을 느끼는 사람들이 급속도로 늘어나고 있다는 신호임에 틀림없다. 그러나 겸손한 모습의 정리 수납 전문가인 그가 영어로 말하지 않으면서도 넷플릭스 쇼를 확보할 수 있었던 것을 단순히 사람들이 자본주의에 지쳤기 때문이라는 말로는 다 설명되지 않는다. 곤도의 집 정리 방법론은

---

* 의미 있는 삶에 더 많은 시간을 투자하기 위해 물질적 기회를 포기한다는 의미. 자신의 감정이나 필요에 더 집중하기 위해 다른 사람들의 행동이나 말에 정서적으로 개입하지 않고 중립적 반응을 내보이는 것을 의미하기도 한다.

내면 깊은 곳에 있는 영혼의 욕구를 잘 건드렸다고 볼 수도 있기 때문이다.《정리의 힘》에서 곤도는 물건을 정리한다는 말뜻 그대로뿐 아니라 은유적 의미에서 우리 집을 잘 정리된 상태로 유지하라고 요청한다. 기본적인 풍수 사상에 근거해 모든 사물에는 기氣가 있다면서, 생활공간의 구성이 양기의 원활한 순환에 영향을 준다고도 주장한다. 물건이 어지럽게 뒤죽박죽 쌓여 있으면 기의 흐름이 차단된다. 또한 외부 공간은 내면을 반영하는데, 외부 공간의 모습으로 그 소유자가 내면에 간직한 가치를 알 수 있기 때문이다. 모아둔 물건들은 우리의 심리 상태를 드러낸다. 따라서 버리지 못하고 붙들고 있는 쓸모없고 지저분하고 잘 어울리지 않는 물건들은 과거에 대한 집착이거나 미래에 대한 불안을 의미할 수 있다. 곤도는 말한다. "주변의 물건들을 정직하게 살펴보면서 과거에 대한 집착과 미래에 대한 불안을 인정하면, 진정으로 중요한 것이 무엇인지 알 수 있다. 이 과정은 중요한 결정을 내릴 때에 우선 가치를 확인하고 의심과 혼란은 줄이는 데 도움을 준다."[28]

좀 더 실용적 측면에서 곤도는 위치보다 물건의 종류에 따라 정리 정돈할 것을 권한다. 가령 의류에서부터 시작하여 책, 종이류, 자질구레한 소품들, 마지막에 정든 물건들까지 순서대로 끝내라고 제안한다. 각 종류의 물건들을 꺼내 방 한가운데 모아놓은 다음에는 하나하나 만져보고 "설렘"이 느껴지는지 확인한다. 설레지 않는다면 그 물건은 과감히 버린다. 이때 심장과 내면의 소리에 귀를 기울이는 것이 중요하다. 머리로만 생각하면 안 된다. 장차 필요할지도 모르겠다거나 단순히 과거의 인연을 떠오르게 하는 물건들이 아닌 우리를 진실로 행복하게 만드는 물건만 보관해야 한다. 이 과정을 거치면 진정으로 필요로 하는 것을 확인할 수 있다. 왜냐하면 진짜 필요로 하는 것은 정리하는 그 순간에 분명하게 드러나기 때문이다. 버리는 것에는 낡은 관습이나 시대에 뒤진 생각들도 포함된다.

또한 곤도는 물건을 수직으로 쌓아 보관하지 말라고 권한다. 수평 보관은 곤도의 정리법의 핵심인데, 그렇게 하면 소유물을 한눈에 볼 수 있다. 가지고 있는 것을 모르면 같은 물건을 계속 사들이거나, 같은 옷만 계속 입고 다닐 것이다. 설레게 하는 물건만 보관하라는 곤도의 충고는 쉽게 무시할 수도 있지만, 언뜻 보이는 것보다 훨씬 더 급진적인 제안이다. 왜냐하면 진정한 필요와 욕망, 그리고 이제는 필요 없어진 것에 대해 생각하게 하기 때문이다. 더불어 그 과정에서 자신을 진실로 행복하게 만드는 것이 무엇인지 심사숙고하게 된다. 마찬가지로 중요한 것은, 곤도가 말하는 원칙에 따라 소유물을 줄여나가면 근시안적이고 충동적으로 물건을 사들이거나 생활공간을 온갖 물건들로 뒤죽박죽 어지럽히는 일이 훨씬 더 줄어든다. 이상적인 결과는 어떤 물건을 사들일지를 좀 더 신중하게 생각하고, 쓸데없는 것들은 절대로 구매하지 않는 것이다. 곤도식으로 생활공간을 정리하면, 물질에서 벗어나 경험과 정신을 중시하는 시각의 전환이 일어날 수도 있다. 또한 곤도의 방법을 제대로 실행하면, 우리에게 필요한 것은 이미 있음을 깨달을 수 있다. 그러면 특별한 때를 위해 물건을 고이 보관하거나 새 물건을 계속 갈망하기보다 우리를 행복하게 해주는 물건을 바로 사용할 수 있다. 그런데 곤도의 방법은 경제적으로 중대한 결과를 초래할 수도 있다. 모두가 욕구를 진정 충족시키지 못하는 물건을 더는 구매하지 않는다면 산업 전반이 붕괴될지 누가 알겠는가.

곤도 이전에도 일본하면 일본 국민의 상상력 저변에 깔려 있는 미니멀리즘이 떠오른다.* 일본을 생각할 때 보통은 일본 전통의 선불교와 의도적으로 단순한 미학, 신토神道와 **와비-사비**侘·寂를 떠올린다. **와비-사비**는 모든 현상의 덧없음을 인정하고, 유한성과 불완전성에서 미美를 찾는 미의식 혹은 미적 태도를 말한다. 또 어떤 이론에서는 일본에서 미니멀리즘이 널리 퍼진 이유를 일본의 지리적 특성과 연관시키기도 한다. 험준한 산악 지대 가운데 오직 10분의 1만 경작 가능하고, 지진과 쓰나미와 화산 분출이 심심치 않게 발생하는 곳이 일본이다. 때문에 과거 일본인들은 화재나 전쟁, 도적, 자연재해 등이 일어났다 하면 바로 귀중품만 챙겨

---

* 이어령은 일본의 문화 전반을 분석하여 일본 사람들의 이런 특성을 "축소 지향"이라고 표현한 바 있다. 이에 관해서는 이어령, 《축소지향의 일본인》(문학사상사, 2008)을 참고할 것.

피신해야 했다. 따라서 소유물을 생존에 필요한 최소한으로 줄이는 법을 터득했다.[29] 수 세기 동안 일본은 정체되고 고립된 폐쇄 문화였으므로 오래된 미학 전통이 많이 보존되어 있다. 일본에 미니멀리즘 원리가 지배적인 또 다른 이유를 실용적 관점에서 설명하면, 어쩌면 섬 몇 개로 이루어진 데다가 인구밀도가 높기 때문일지도 모른다. 특히 생활공간이 극도로 제한되는 대도시에서는 미니멀리즘의 원리를 따를 수밖에 없었을 것이다.[30]

반면에 프랑스 문화는 특히 의류와 음식, 화장품 분야에서 엄격한 품질 중심의 접근 방식을 택한다. 프랑스의 베스트셀러 작가로 일본에서 수십 년을 산 도미니크 로로Dominique Loreau는 《단순함의 기술 L'art de la simplicité》*에서 프랑스와 일본의 두 전통을 생산적인 대화로 이끌며 프랑스계 일본인의 생활방식에 대한 조언을 뚜렷하게 전한다. 어쩌면 당연하겠지만, 로로의 핵심은 "적을수록 좋다less is more"**와 "양보다 질quality tops quantity"이라는 표현이다. 가령 로로는 곧 입다 버릴 옷 스무 벌보다 질 좋은 캐시미어 한 벌을 사라고 제안

---

* 《심플하게 산다》, 바다출판사, 2012.

** 독일의 건축가인 미스 반 데어 로에Ludwig Mies van der Rohe가 자신의 건축 특징을 요약한 말. 이에 앞서 영국의 시인인 로버트 브라우닝Robert Browning이 '결점 하나 없는 화가'로 알려진 이탈리아 화가 안드레아 델 사르토Andrea del Sarto의 예술적 고뇌를 극적 독백 형식으로 쓴 시 〈안드레아 델 사르토〉에서 이 말을 처음 사용했다. 아울러 《탈무드Talmud》에도 이와 비슷한 의미를 담은 구절이 나오며, 오늘날에는 경영학 등 여러 부문에 사용된다.

한다. 유행에 따라 값싸고 평범한 것이나 솜씨가 형편없는 의류보다 고급스럽고 고전적인 아취가 있는 필수품에 투자해야 한다. 품질 중심의 접근 방식은 외모 관리, 정신 건강, 우정, 가구 등 삶 전반에 적용되며, 음식에서도 마찬가지이다. 고영양분 건강식으로 소식해야 한다.

그러나 로로는 말 그대로의 가벼움에 너무 사로잡혀 있는 것 같다. 그는 이렇게 경고한다. "기억하라. 무게는 당신의 적이다. 무게는 물건에도, 건강에도 안 좋다."[31] 또 이렇게도 말한다. "우리는 살을 찌울 때마다 조금씩 죽어간다."[32]

가벼움에 대한 집착과 이따금 보이는 속물적 성향이 좀 불편할 수 있겠지만, 그래도 그는 자기 관리에 대해 중요한 점을 지적한다. 그는 유대-기독교 문화권에서 몸을 잘 관리하는 것이 전통적으로 무시되어왔으며, 죄와 금기, 이기적 탐닉과 결부되어 부정적으로 취급되었다고 말한다.[33] 대조적으로 예방의학의 전통이 강한 아시아의 많은 문화권에서는 오늘날 이른바 "자기 관리"가 수천 년 동안 아주 진지하게 적용되어왔다. 따지고 보면, 몸과 마음과 기운이 떨어지거나 아프기 전에 충분히 잘 관리하는 것은 현명한 삶의 방식이다.

소유물을 세심하게 정리하는 것은 간소한 삶에 효과적이다. 그러나 곤도가 보여주듯이, 그 과정은 더 깊은 의미가 내포된 상징적인 것이기도 하다. 단순하게 유지한다는 것은 필요의 우선순위를 정하고 현재 가진 것에 감사하며, 우리를 행복하게 만드는 것이 무엇인지 이해하는 일이다. 가령 가공식품이 아닌 건강에 좋은 간단한 음식—마이클 폴런 Michael Pollan이 인상적으로 언급했듯이, "양이 너무 많지 않고 not too much" "채소 위주mainly plants"인 음식—을 섭취하는 일과도 관련 있을 수 있다.[34] 또한 사회관계망을 정리하여 정말 중요한 인간관계에만 시간과 에너지를 투자하는 것을 의미할 수 있다. 아울러 일하든 놀든 한 번에 한 가지에만 집중하는 것도 포함된다. 요약하자면, 단순하고 간소하게 하는 것은 삶을 진정으로 변화시킬 수 있도록 "적을수록 좋다"라는 원칙을 적용하는 것이다.

21세기에 간소함을 유지한다는 것은 또 다른 중요한 일을 내포한다. 그중에는 전자 기기의 스위치를 끄고 디지털로 인한 정신 산만함에서 벗어나 마음을 정리하는 일도 포함된다. 칼 뉴포트Cal Newport는 《디지털 미니멀리즘Digital Minimalism : On Living Better with Less Technology》에서 과학기술이 우리를 행동 중독자로 만들고 있다고 주장한다. 화면의 노예가 되어버려 더는 스스로 정한 방식으로 과학기술을 이용하지 못하고 오히려 과학기술이 우리를 이용하고 있다. 시간과 에너지를 절약하고 더욱 즉각적인 커뮤니케이션을 제공해줌으로써 삶을 더 수월하게 만들어준다는 과학기술이 사실은 굉장히 심각한 문제점들을 수없이 야기하고 있다. 과학기술은 정신 건강과 신체의 안녕을 모두 크게 위협한다. 역설적이게도 우리는 스마트폰이나 다른 기기들이 줄여준 시간을 대부분 온라인에서 헛되이 낭비하고 있다.

또 하나는 전원을 끄지 않고 접속되어 있어 늘 연락이 가능하기 때문에 일과 사생활의 경계가 더욱 모호해졌다. 스트레스와 관련된 질환이 급증했고, 항상 생각이 다른 곳에 있어서 멀리 떨어진 사람이나 장소에 관심을 쏟으며, 주변 친구나 동료, 아이들에게 관심을 기울이지 못한다. 늘 정신이 흐트러져 있기 때문에 우리의 존재성은 온갖 디지털 구멍 속으로 계속 빠져나가는 실정이다. 결국 스마트폰을 보거나 넷플릭스 연재물을 몰아보면서 매일 많은 시간을 허비하거나, 온라인 쇼핑이나 게임, 심지어는 온라인 포르노에 빠져 극심한 피로에 시달리고 해독 중독의 주요 증상을 보인다고 진단한다.

뉴포트가 그려낸 우리의 모습은 정말 암울하다. 디지털화된 생활 방식으로 우리의 집중력은 12초에서 8초로 감소했다고 한다. 이는 집중력이 9초밖에 안 되는 금붕어보다도 더 짧다.[35] 공감능력도 급격히 줄어들었다고 한다.[36] 게다가 인스타그램과 같은 플랫폼에 심하게 편집되어 단편적으로 올라오는 타인들의 선별된 모습을 우리의 삶과 계속 비교한다. 그 결과 자신은 부족하고 결핍되어 산다고 여긴다. 무엇보다도 자신의 생각 안에 혼자 있는 경우가 거의 없다는 점이 가장 염려스럽다. 이 영속적인 "고독의 박탈solitude deprivation"은 깊이 있는 사고나 자기감정과의 접촉을 더욱 어렵게 만든다. 말하자면 멈춤이 없는 연결성이 우리를 예전보다 훨씬 더 외롭게 만들고 있다. 온라인상에서 사회관계를 아무리 많이 쌓는다 해도 그것은 실제 삶의 현장에서 쌓이는 의미 있는 접촉을 대신할 수 없다. 게다가 온라인 생활은 우리의 사악한 본능을 자극하여 분노와 증오, 잔인함, 트롤링, 집단따돌림을 조장한다. 그리고 온라인에서 너무 오래 머물기 때문에 행복과 만족스러운 삶에 더 큰 도움을 주는 활동에서 눈을 돌리게 만든다.

이메일과 문자메시지를 계속 확인하는 것처럼 사소하고 무해한 듯 보이는 일이라도 큰 문제를 야기할 수 있다. 중단한 일을 다시 집중하는 데는 최대 25분 정도가 필요하다. 직장인은 평균적으로 1시간에 36번, 그러니까 2분마다 한 번씩 이메일을 처리하거나 인터넷 계정을 확인하면서 하루 일과의 4분의 1을 보낸다는 말도 있다.[37] 이는 정신을 지속적으로 집중해야 하는 일에서 바람직하지 못하다. 한편 스마트폰 사용자들은 일반적으로 하루에 39번이나 스마트폰을 만지고 평균 3시간 정도를 스마트폰에서 눈을 떼지 못한다고 알려져 있다.[38] 이제는 "노모포비아nomophobia : no mobile phone phobia", 즉 휴대전화가 없으면 불안과 공포에 휩싸이는 공포증이 널리 퍼지는 실정이다.

훨씬 더 심각한 문제는 어린 세대에게 미치는 정보과학기술의 악영향이다. 1995년에서 2012년 사이에 출생한 세대는 기본적으로 소셜미디어 환경에서 자랐다. 그들은 하루

평균 9시간 동안 지속적으로 스마트폰을 사용한다고 한다.[39] 몇몇 연구 결과에 따르면, "아이젠iGen"*이란 별칭을 가진 이 세대가 유례없이 늘어나는 정신 건강 문제로, 특히 우울증과 불안증으로 고통을 겪고 있다. "10대의 유행병인 불안증"이나 수십 년 만에 최악의 정신 건강 위기로 묘사되는 이런 문제가 나타난 시기와 미국에서 스마트폰 보유가 보편화된 시기가 정확히 맞물린다는 사실은 우연이 아니다.[40] 미국의 심리학자 트웽이는 스마트폰이 본질적으로 한 세대 전체를 파괴하고 있다고 확신한다.[41] 아이젠 세대는 홀로 생각하는 법이 없고, 대면 접촉을 거의 경험하지 못했기 때문에 자신과 타인의 감정을 어떻게 이해해야 할지 모른다. 뉴포트는 말한다. "20세기 중반에 고도로 가공된 식품이라는 '혁신'이 세계 보건 위기를 초래한 것과 거의 같은 방식으로 일종의 사회적 패스트푸드인 디지털 의사소통 도구들의 의도치 않은 부작용이 심각한 우려를 불러일으키고 있다."[42]

어쩌면 가장 심각한 문제는 "관심경제"라는 용어에서 분명히 드러나듯이 새로운 정신 건강 위기를 맡는 정보과학기술이 되도록 많은 중독을 불러일으키도록 특별히 **고안되었다**는 사실이 아닐까 싶다. 전자 기기에 더 관심을 많이 쏟을수록 어딘가에 있는 누군가는 우리를 사로잡는 것으로부

---

* 아이폰iPhone과 세대를 뜻하는 제너레이션generation의 합성어. 트웽이가 1990년 중반 이후 태어난 사람을 지칭하는 용어로 사용했다.

터 더 많은 이익을 취하고 있을지 모른다. 그런 점에서 스티브 잡스Steve Jobs가 자녀들에게 아이패드를 사용하지 못하게 했다는 이야기는 그 속이 뻔히 드러난다.[43] 정치논평가 빌 마허Bill Maher는 소셜미디어의 거물들에 대해 "티셔츠 차림으로 아이들에게 중독성 있는 상품을 파는 담배 농장의 주인들이다. 솔직히 '좋아요'를 확인하는 것이 바로 새로운 흡연 방식이기 때문이다"라고 말하면서, 담배 회사인 필립모리스가 "당신의 폐를 원했다면 애플스토어는 당신의 영혼을 원한다"고 결론지었다.[44]

조금 과한 말로 들릴지 모르겠지만, 사실 과학기술은 그 자체로 좋고 나쁨이 없다. 가치중립적이란 뜻이다. 과학기술의 가치는 어떤 목적으로 어떻게 활용하는가에 달려 있다. 그러나 애덤 알터Adam Alter가 《거역할 수 없는 것Irresistible : The Rise of Addictive Technology and the Business of Keeping us Hooked》*에서 밝혔듯이, 기술 기업들은 실제로 여러 가지 교묘하거나 때로 뻔히 드러나는 방식으로 중독 행동을 유발하고자 한다. 소름 끼치는 넷플릭스 다큐드라마 〈소셜 딜레마〉에서 보여주듯이, 페이스북, 인스타그램, 쇼핑 플랫폼 등은 모두 우리가 덫에 걸리도록 고안되었다. 인터페이스, 배경색, 글꼴, 레이아웃, 오디오 기능 등은 가능한 한 관심을 오랫동안 붙들 수 있도록 최적화되어 있다.

---

* 《멈추지 못하는 사람들》, 부키, 2019.

사용자를 체계적으로 낚아 꼼짝 못하게 하는 전략은 게임 세계에서 가장 분명하게 드러난다. 게임은 도달할 수 없는 목표인데도 시간이 갈수록 조금씩 어려워지는 방식으로 교묘하게 조정하여 달성할 수 있을 것처럼 목표를 제시한다. 그런 식으로 조금씩 발전해나가고 앞으로 전진해나간다는 고도의 심리적 보상은 우리를 게임에 계속 빠져들게 만든다.[45]

관심 낚기도 영리하게 계산된 클리프행어 엔딩cliff-hanger ending*으로 에피소드를 끝내는 넷플릭스 시리즈나, 긍정적 피드백의 메커니즘이 공학적으로 교묘하게 설계된 구조에서도 분명하게 나타난다. 후자는 사회적으로 인정받고자 하는 욕구를 이용한다. 사회적으로 인가받으면 뇌 안에서는 도파민이 분출되는데, 특히 "좋아요"와 같은 긍정적 피드백이 예기치 않은 순간에 전달되면 더 강하게 분출된다. 알터는 과학기술에 의한 행동 중독이 물질 중독과 동일한 뇌의 영역을 활성화시킨다고 주장한다. 또한 행동 중독은 "사회 참여, 사회적 지지, 정신적 자극, 유효성 의식"과 같은 충족되지 못한 심리적 욕구에 의해서도 생겨난다.[46]

이런 모든 이유 때문에 정보과학기술 제품들을 충동적으로 사용하는 것은 "사람의 성품에 결함이 있어서가 아니라

---

* 새로운 갈등이나 충격적인 사건이 일어나는 시점에서 에피소드를 끝내 다음 회를 계속 시청하게 만드는 기법.

막대한 이익을 추구하려는 비즈니스 계획의 실현으로 생겨난 결과"라고 뉴포트는 결론짓는다. 말하자면 "인간의 자율성을 침해하는 기술들이 뇌의 깊숙한 곳에 있는 취약한 부분들을 점점 더 정확하게 공격해 침탈해가는 반면에, 우리는 여전히 기술이라는 괴짜 신들에게서 받은 재미있는 선물들을 만지작거리고 있을 뿐이라고 순진하게 믿으며 승패가 뻔한 싸움"[47]에 참여하고 있다.

그렇다면 어떻게 해야 할까? 아마 대부분 이메일이나 문자메시지 등을 갑자기 중단하기는 어려울 것이다. 일을 할 때나 사회적 삶을 조율해가는 과정에서 필요하기 때문이다. 따라서 뉴포트는 가치에 뿌리를 둔 기술 사용의 철학이 필요하다고 주장한다. 기술의 덫에서 빠져나오기 위해서는 30일 동안 디지털 해독을 하고, 그다음에는 장기적 관점에서 사용하려는 기술들에 관한 냉정하고 철저한 비용 편익 분석을 하라고 제안한다. 또한 생활비에 관한 소로의 생각을 동원하여, 어떤 물건의 비용이란 "지금 당장에 혹은 장기적으로 그 물건과 바꿀 수밖에 없는 우리 삶의 몫"[48]이라는 사실을 명심해야 한다고 말한다. 우리가 사용하는 기술들이 단조로운 전환이나 사소한 편의성만 제공한다면, 그 기술들에 쏟아붓는 정신적·육체적 비용은 제값을 다하지 못한 것이다.

뉴포트는 우리의 더 심오한 가치부터 삶에 끌어들이고 싶은 기술들까지 신중하게 선택하도록 유도한다. 그리고 그렇게 선택한 기술들은 우리가 소중히 간직하는 가치를 뒷받침

해주는 도구여야만 한다고 충고한다.

뉴포트에 의하면, 우리 모두는 디지털 미니멀리스트가 되어 "관심 뿌리치기attention resistance"에 동참해야 한다. 아울러 "충동적인 사용의 희생자가 되는 것을 피하면서" 전자 기술에서 최대한의 가치를 끌어낸다는 목적으로 엄격하게 정해진 방식으로만 기술을 활용해야 한다.[49] 좀 더 구체적으로는 디지털 기술을 언제, 어떻게, 무슨 목적으로 사용할지 개인적으로 규칙을 엄격히 세워야 한다는 의미이다. 또한 우리가 소홀했을지 모르는 의미 있고 생산적인 여가 활동을 다시 시작하는 것을 의미한다. 이를테면 혼자만의 시간을 갖고, 긴 산책을 하고(스마트폰은 집에 놔두고), 실제로 얼굴을 맞대고 이야기를 나눠야 한다. 그리고 아무 생각 없이 문자를 보내거나 손가락으로 화면을 쓸어 넘기고 이메일이나 개인 계정을 확인하는 일, 저급한 디지털 오락에 매몰되는 일을 멈추는 것을 의미하기도 한다. 어쩌면 더 깊이 있고 생산적인 지적 자극을 위해 무언가를 만들거나 어떤 일에 가담하는 것 그리고 슬로 미디어slow media*로 돌아가는 것을 뜻할지도 모른다.

2020년부터 지금까지 진행 중인 코로나19 팬데믹은 인간

---

* 2000년대 초반 복잡한 미디어 구성과 즉각적인 소통 방법을 중시하는 디지털 문화에 대응하여, 좀 더 건전한 취지로 더욱 즐겁고, 오래 지속되며, 윤리적인 고품질 미디어를 만들고 사용하자는 움직임.

과 기술의 관계를 포함하여 거의 모든 것을 바꾸고 말았다. 세상의 흐름이 느려지고 많은 사람이 갇혀 지내면서, 일상과 대면 활동은 대부분 줄어들었다. 그 사이에 통신 기술의 위상은 다시 한번 크게 바뀌었다. 정신을 산만하고 위협하는 것에서 삶의 구원자로 역전되었다. 통신 기술 덕분에 많은 지식노동자가 재택 근무를 하게 되었다. 우리는 종의 경계를 뛰어넘은 바이러스로 인해 물리적으로 떨어져 있어야 하지만, 사회연결망 속에서 함께할 수 있었다. 인터넷을 마비시킬 정도로 화상 대화를 나누고 마음이 통하는 사람끼리 온라인 단체를 만들기도 하며, 실시간으로 동영상을 전송하기도 한다. 또한 격리 상황을 공유하고, 상의만 정장을 입고 가상 배경에서 얼굴만 크고 작게 배치한다. 어느 누구도 디지털 해동을 생각하지 않는다.

그런데 많은 사람에게 재택근무가 뉴노멀new normal이 되면서 기술과 관련된 오랜 욕구가 다시 불타올랐다. 팬데믹은 직업의 미래를 더욱 앞당겼다. 많은 거래가 온라인에서 이루어지면서 가상 모임, 온라인 학습과 쇼핑, 재택근무 문화는 사회구조를 새롭게 바꾸기 시작했다. 상황이 이렇다 보니 기술 활용에 대한 철학은 빨리 세워야 할 시급한 문제가 되었다. 집에서 일하고 물건을 구입하고 나아가 사회 활동까지 한다면, 일과 여가의 경계는 더욱 흐려질 수밖에 없기 때문이다. 직장 생활의 상당 부분이 온라인에서 이루어진다면, 가상이 아닌 현실에서의 사생활은 더욱 중요해진다.

최근 미니멀리즘과 기본으로 돌아가기에 영감받은 자조론이 급증하는 현상은, 우리의 사회·경제·기술 환경이 점점 더 복잡해질수록 간소한 삶을 바라는 욕구가 더욱 높아진다는 것을 시사한다. 이러한 추세는 코로나19 이후의 세상에서도 계속 이어질 것으로 보인다. 아니, 어쩌면 더 강해질 수도 있다. 한때 금욕주의 형태의 간소함은 영성과 확고하게 일치했다. 반면에 우리 시대의 간소함은 스트레스를 푸는 방법이자 물리적 생활공간, 시간, 소비하는 것들, 관심 범위 등에 대한 통제력을 회복하는 수단으로 나타난다. 21세기형 간소함의 추구는 속성상 영적인 것보다 세속적이다.

그럼에도 간소함과 영성 사이의 고대 연결 요소는 완전히 사라지지 않았다. 겉으로 보면 다분히 세속적인 처방이지만 그 표면 아래에는 아직 그런 정신이 숨어 있기 때문이다. 곤도 마리에의 방식을 그 예로 들 수 있다. 풍수 사상뿐 아니라 신토 의식을 끌어와 소유물과 사는 공간을 존중해야 한다고 말한다. 간소하고 의미 있게 살고자 하는 욕구는 물질적 짐을 덜어내어 한층 평온하고 고귀한 문제에 에너지를 다시 집중시키려는 노력이기도 하다. 그리고 현재 우리 삶을 지배하는 디지털 기술의 가장 독성 강한 부작용인 주의 산만은 현재의 순간을 인식하기 어렵게 하기 때문에 기술에 대한 불안감을 더욱 높인다. 여기서 마음챙김의 존재 방식을 삶에 다시 끌어들이고 싶은 이들의 욕구가 드러난다.

코로나19 이전 세상에서 삶을 간소하게 만들어준다는 기술공학의 약속은 역효과를 내고 말았다. 아주 중대하고 새로운 스트레스 요인을 제공했을 뿐 아니라, 우리의 인지 형태를 변화시키고 지금 여기에 존재하는 능력을 떨어뜨렸으며, 다른 사람들과 깊은 관계를 형성하는 능력을 약화시켰다. 무엇보다 우리를 전보다 더 외로운 존재로 만들었으나, 역설적이게도 고독이라는 회복의 순간도 빼앗아버렸다. 그렇기 때문에 코로나19 이후의 세상에서 기술의 역할을 심도 있게 논의해야 하는 과제가 남았다. 지금으로서는 앞에서 서론한 문제점들이 더욱 악화되지 않을까 하는 염려를 지울 수 없다. 더욱이 예전에는 여러 선택 가운데 하나라고 생각한 것이 유일한 선택이 될지도 모른다. 팬데믹 이전에는 당연하다고 여겨서 별로 신경 쓰지 않은 대면 접촉이 이제는 건강을 위협한다.

사회적 선택에는 많은 윤리적 함의가 있다. 사람을 만나고 여행을 가고 여가 활동을 할 기회가 영원히 줄어들거나, 아니면 다른 형식으로 나타날 수 있다. 공적인 삶과 사적인 삶을 온라인에서 보내야 할수록 인간과 기술과의 상호 관계를 통제하고 조절하는 일은 더욱 복잡하고 어려워질 수 있다. 그렇다면 간소함을 추구하는 바람은 코로나19 사태 이후인 2020년부터 실현되기가 더욱 어려워졌을 것이다.

7장

상상력을 발휘하라

춤추는 별을 탄생시키기 위해서는
자기 안에 혼돈을 품어야 한다.
_ 프리드리히 니체

스토아학파는 자기계발의 주요 도구로 이성을 옹호했지만, 이보다 상상력이 더 중요한 역할을 한다고 강조한 사람들이 있다. 그들은 순전히 지적인 기능이나 통찰만으로 정서와 행동상의 지속적인 변화를 가져올 수 없다고 생각한다. 인간은 이성적 동물만이 아니며, 우리 안에는 충분히 의식하지 못하는 감정에 이끌리는 부분이 많기 때문이다. 만일 이성적 지식으로 모든 문제를 해결할 수 있다면, 식견이 담긴 책을 읽고 저자가 전해주는 지식으로도 자신을 바꿀 수 있다. 그리고 심리학자와 단 한 번의 상담만으로도 고질적인 나쁜 습관이나 자기 파괴적인 행태를 바꿀 수 있을 것이다. 그러나 적나라한 사실이나 정확한 진단만으로 우리 안에 깊이 뿌리 내린 신념이나 습관에 영향을 미칠 수 없다. 지식이 통찰력으로 나아가려면, 즉 우리가 반복하여 심지어 무의식적으로 실천에 옮길 수 있고, 자신과 세상을 바라보는 시각에 변화를 주려면 상상력이 필요하다.

상상력은 여러 면에서 자기계발 과정에 매우 중요한 요소이다. 무엇보다도 현재 상태를 변화시키고자 한다면, 단순히 드러난 것이 아닌 있을 법한 가능성을 상상할 줄 알아야 한다. 현재 상황과 다른 미래의 긍정적인 모습을 그려낼 줄 알아야 한다는 의미이다.[1] 말하자면 자기계발로 얻는 혜택과 보상을 분명하게 그릴 수 있어야만 자신과 지금의 상황을 개선하는 행동에 나설 수 있다. 더 나은 미래를 마음에 그려낼 수 없다면 변화의 과정에 들어설 가능성이 매우 낮다. 스스로를 무력하다고 여기고 노력하는 힘을 믿지 않거나 정기적으로 끔찍한 미래만을 상상하며 최악의 경우를 생각한다면 변화를 도모할 수 없다.[2] 따라서 미래에 대한 그림이 긍정이든 부정이든, 자기계발을 이루려는 욕구를 실현하는 데 절대적으로 중요하다. 낭만주의자들은 계몽주의 사상가들이 그토록 높이 평가하는 도구적 이성과는 대조적으로 상상력을 최고의 정신적 기능으로 처음 생각했다. 낭만주의자들은 자아 개념에서 공상·몽상·방황하는 마음을 핵심으로 간주하고, 민담이나 전래 동화, 중세 설화를 비이성적 형태의 지식이 담긴 보물 창고로 여겼다. 낭만주의자들이 그 이전의 노자처럼 독창성과 창의력과 진정성—상상력과 밀접한 관계에 있는 가치들—을 소중하게 여긴 사실은 중요하다. 이 새로운 낭만적 가치들은 자기계발의 역사에서 중요한 전환점이 되었으며, 자기실현을 추구하는 개인들을 평가하는 데에 중요한 토대를 형성해주었기 때문이다.

상상력을 창조적 시각화의 형태로 활용하는 것도 그 자체로 중요한 자기계발 기법이다. 다시 말해 시각화는 우리의 생각보다 더 오랜 역사를 지닌 도구이며, 고대 세계에서도 자기계발의 방법으로 이미 활용되었다. 가령 불교나 힌두교의 통찰 명상insight meditation*에서도 시각화는 중요한 요소였다. 한편 스토아학파는 긍정적 사고와는 정반대라고 보면 가장 적절할 **프레메디타티오 말로룸**premeditatio melorum이라는 부정적 시각화를 실천했다. 말하자면 최악의 상황에 심적으로 대비하기 위해 나쁜 상황을 의도적으로 상상한다. 이런 식으로 회복탄력성을 증진하는 방법은 최악의 상황이 벌어지지 않았을 때 감사의 마음을 불러일으키는 효과도 있다.[3]

오늘날에는 스토아학파와는 정반대 방식, 즉 가능한 한 아주 상세하고 생생하게 긍정적 결과들을 상상하라고 한다. 20세기 초 프랑스의 약제사 에밀 쿠에Émile Coué de la Châtaigneraie가 개발한 자기암시autosuggestion라는 이론이 있다. 자기최면의 한 형태인 자기암시는 행동의 변화를 원하거나 어떤 조치를 취하고 싶다면 반드시 상상력이 뒷받침되어야 한다는 생각에 바탕한다. 달리 말하면, 의식하는 마음보다 무의식

---

* 불교의 명상에는 통찰 명상과 집중 명상이 있다. '모든 것을 꿰뚫어본다'라는 뜻의 위빠사나vipassanā라고도 하는 통찰 명상은 마음을 안정적 상태에 놓고 몸과 마음과 현상에 대한 비판단적 자각을 통해 통찰을 얻는다. 오늘날의 '마음챙김 명상'이 이에 해당한다. 집중 명상은 마음을 어느 대상에 놓고 감각·심상·행위에 집중하면서 호흡을 통해 명상하는 방법이다.

의 마음이 훨씬 더 강력하기 때문에, 돌아오는 이익을 무의
식의 마음이 확인할 수 있어야 행동에 들어서게 된다. 원하
는 결과와 이를 이뤄낼 방법을 시각화하는 것은 스포츠 심
리학에서도 중요한 기법이다. 그리고 여러 면으로 보아 그
와 같은 시각화는 "긍정적 사고"의 근본적 요소이기도 하다.
특히 신경-언어 프로그래밍NLP : Neuro-linguistic programming* 심리
치료사들은 대단히 전략적인 방식으로 시각화 훈련을 활용
한다. 예를 들어 환자들에게 최대한 모든 감각을 활용하여
긍정적 결과를 상상해보라거나, 힘이나 능력이 가장 절정인
상태에서 어떤 임무를 수행하는 자신을 그려보라고 주문하
기도 한다.

아무튼 상상력은 자기계발 과정에서 결정적 역할을 해왔
다. 큰 틀에서 보면 상상력은 지금 눈앞에 없는 외부 대상에
관한 새로운 생각이나 이미지 개념을 형성하는 능력이다.
또한 과거 경험을 재창조하든, 완전히 새로운 경험을 창조
하든 마음속에서 경험을 형성하는 것과도 관련이 있다. 더
일반적으로 말하면, 상상력이 풍부하다는 것은 창의적 능력
과 문제해결 능력이 뛰어나다는 뜻이다. 이런 식으로 이해
한다면, 상상력은 학습과 경험을 통합하는 능력과도 밀접한

---

* 감각이나 언어를 통한 경험으로 형성된 뇌의 프로그램에 의해 인간의 행동이 결
  정된다는 생각을 토대로 인간 행동의 긍정적 변화를 이끌어내는 기법을 종합해
  놓은 실용심리학의 한 분야. 1970년대에 미국에서 심리치료의 한 방법으로 이용
  되다가 이후에는 커뮤니케이션 분야에서도 활용되고 있다.

연관이 있다. 상상력은 종종 이성의 대타자大他者. big other*로 불리는데, 실제로 이성적 기능과 매우 밀접하게 움직일 수 있다. 또 하나 중요한 것은 상상력이 우리의 정신투사精神投射 능력과도 연관되어 있다는 사실이다. 우리는 상상력을 발휘하여 지금의 우리를 미래로 혹은 과거로 투사할 수 있다. 또한 공상空想을 통해 자신을 환상의 영역이나 타인의 머릿속으로 투사하여 그의 관점에서 세상이 어떻게 보일지 상상할 수도 있다. 마지막으로 상상력은 모든 창조적 활동의 근본적인 원동력이라는 점도 중요하다. 그리고 상상력을 활성화하는 가장 강력한 수단은 바로 그림이나 영화, 음악, 이야기 등과 같은 다른 사람의 상상력의 산물이다. 이를 염두에 두고, 자기계발의 기술이나 방법에서 이야기가 얼마나 중요한 역할을 하는지 관심을 두어야 한다.

의지력은 제한된 자원이고, 이성의 힘은 생각하는 것만큼 광범위한 영향력을 지니고 있지 않다. 의지력이나 이성은 지속적으로 우리 습관을 변화시킬 만한 힘이 없다. 아우구스티누스의 직관적 깨달음은 오늘날 심리학자들이 대체로 인정한다. "이 괴물 같은 상황은 왜 일어난단 말인가?" 아우구스티누스는 궁금했다. "마음은 몸에 명령을 내리고, 그 즉

---

* 정신분석학에서 원래의 자기를 무의식 속에 숨겨두고 세상에는 상징 기호로 존재하는 타자. 주체에게 상징적 체계를 강요하는 어떤 질서를 뜻한다.

시 굴복하고 만다. 마음이 스스로 지시를 내리고는 저항에 부딪힌 것이다."[4] 예나 지금이나 많은 자기계발론 작가도 이 어려운 문제를 이해한다. 그래서 상상력을 활용하는 독창적인 방법들을 제안했다. 왜냐하면 상상력은 정보를 실천 가능한 통찰로 전환하는 데 도움을 주는 일종의 강력한 가교 역할을 할 수 있기 때문이다. 또한 어떤 사람들은 상상력을 무의식의 마음으로 진입하는 직행 도로라고 생각하기도 한다.

심상心象, imagery과 은유는 자기계발 이론을 더욱 공감이 가고 인상적으로 만드는 데 긴요한 장치로 활용된다. 인간의 마음을 묘사하는 데 사용되는 많은 은유, 가령 컴퓨터나 침팬지나 블랙박스 등과 같은 표현들을 생각해보라. 또한 인간을 기업이나 기계, 전투 중인 병사, 경주를 펼치는 경쟁자, 통나무, 석조 아치의 벽돌, 척박한 토양에서 자라는 여린 꽃송이 등으로 묘사하는 은유적 표현들을 얼마나 자주 접하는지 생각해보라. 이런 은유는 모두 상상력을 동원하여 지식의 다양한 영역을 서로 이어주고 있다.

지금까지 자기계발 작가들은 우리의 상상력에 호소하기 위해 이야기를 통한 방식을 가장 두드러지게 이용했다. 이야기에는 개인적 일화나 고객의 사례연구 혹은 책, 영화, 유명인의 삶에서 끌어낸 실례들이 포함될 수 있다. 또한 우화는 오래전부터 자기계발 주창자들이 즐겨 사용했다. 주로 도道 철학이나 붓다의 말씀이나 기독교의 복음서 등에 자주 등장하는 우화는 오늘날 자조론 도서에서도 중심 서술 장치가 되고 있다. 《누가 내 치즈를 옮겼을까?》도 확장된 우화인데, 그 효과가 매우 컸다.

이야기에는 특별한 힘이 있다. 오늘날 인생 코칭에서 자주 회자되는 어느 늙은 체로키 인디언의 이야기를 예로 들어보자. 이야기는 이렇다. 어느 날, 한 체로키족 노인이 함께 앉아 있던 손자에게 조언을 해주었다.

"'애야, 이 할아버지 마음에서 싸움이 벌어지고 있단다. 늑대 두 마리가 맹렬히 싸우고 있거든. 한 마리는 악이란 놈이다. 증오와 화, 탐욕, 시기, 오만, 원한, 분노, 인색함, 비겁함이지. 다른 한 마리는 선이란다. 행복과 기쁨, 평정, 사랑, 친절, 연민, 희망, 겸손, 관대함, 진실성, 신뢰이지. 두 마리 늑대가 마음에서 싸우고 있단다.' 아이는 잠시 생각하더니 할아버지에게 여쭤보았다. '어느 늑대가 이기나요?' 할아버지가 담담하게 말했다. '그야 네가 먹이를 준 늑대가 이기지.'"[5]

이 이야기는 내면의 갈등을 극화한 것이다. 우리의 그리 매력적이지 못한 자질들을 기억에 남을 만한 형상과 이름으로 표현하여, 본성의 좋은 부분과 나쁜 부분 사이에서 벌어지는 싸움을 생생한 이미지로 전달한다. 우리 안에서 싸우는 늑대 두 마리라는 이미지는 행동과 감정에 대한 인식을 높이는 효과적인 도구이다. 또한 더 사납고 잔인한 늑대 같은 행동이나 감정을 적극적으로 억제하도록 만드는 장치이기도 하다.

정기적으로 코칭 수업을 여는 한 친구는 이런 질문으로 수업을 시작한다고 한다. "자, 여러분. 이번 주에는 어느 늑대한테 먹이를 주었나요?"[6] 실제로 수강생들은 크게 공감했다. 내면에서 두 마리 늑대가 싸운다는 이야기는 자신을 이해하는 핵심 은유가 되었다.

주인공의 모험 여정을 담은 이야기들은 자조의 맥락에서 많이 활용된다. 이런 종류의 이야기들은 괴물을 죽이기 위해서든, 사악한 폭군과 싸우기 위해서든, 아니면 보물을 찾기 위해서든, 주인공이 어떤 부름에 응답하거나 도전에 나서기 위해 집을 떠나는 것으로 시작한다. 집을 떠난 주인공은 어두운 숲이나 동굴이나 깊은 바닷속이나 그 밖의 신비의 영역과 같은 미지의 영토로 모험을 떠난다. 보통은 조력자가 나타나 주인공을 돕기도 하고, 지혜로운 안내자가 주인공이 난관을 무사히 헤쳐 나가도록 가르침을 주기도 한다. 물론 위험한 유혹의 순간이 닥치기도 한다. 이따금 주인공이 그 유혹을 뿌리치지 못해 위험에 처하거나 임무를 완수하는 데 지연되기도 한다. 그러나 결국에는 주인공이 난관을 극복하고 승리자의 모습으로, 더 현명한 존재가 되어 집으로 돌아온다. 그러고는 모험 중에 터득한 지식이나 생명의 묘약과 같은 전리품을 주변 사람들과 나눈다. 이런 이야기에서 우리는 주인공과 스스로를 동일시한다. 주인공의 용기에 영감을 받고, 성공에 희망과 자신감을 품는다.

독자들에게 동기를 부여하기 위해 위인들의 감동적인 전

기를 체계적으로 활용한 선구자는 바로 오늘날의 자조론 분야를 빅토리아 여왕 시대에 창시한 스마일스이다. 그가 쓴 《자조》에 등장하는 많은 이야기는 모두 주인공의 모험과 비슷한 서술 형태를 따르고 있다. 스마일스는 주로 평범한 배경에서 태어난 사람이 엄청난 역경을 인내와 부단한 노력, 선한 삶으로 끝내 극복하고 위대한 인물로 올라선다는 이야기를 들려준다. 여기서 그런 이야기들은 남들이 일궈낸 성공이나 성취를 보여주는 하나의 예에 그치지 않고, 모두가 "크든 작든 스스로의 힘으로 해낼 수"[7] 있음을 예시한다.

스마일스의 매력적인 공식은 자조의 큰 윤곽을 제시해주는 청사진이 되었다. 오늘날의 많은 자조론 도서에서도 역경에 맞서 이루어낸 기적 같은 변신이나 초인간적인 성취에 대한 이야기를 다룬다. 그밖에 보통 사람들이나 저명인사들이 겪은 놀라운 삶의 변화나 감동적인 일화, 무일푼에서 벼락부자가 된 이야기 등도 담겨 있다. 자조론 도서들에서 이런 이야기가 나오는 이유는 추상적 이론에 이야기라는 살을 붙여 독자들의 상상력에 호소함으로써 공감을 불러일으키고 감정을 움직이려는 것이다. 더욱이 다른 사람들의 전기를 삽화처럼 넣어 혼돈의 삶을 목적과 방향을 지닌 삶으로 정제하여 질서를 부여하는 효과도 노릴 수 있다.

독자들의 심금을 울리는 감동적인 이야기로 큰 성공을 거둔 자조론 도서 출판사 중에 잭 캔필드Jack Canfield와 마크 빅터 한센Mark Victor Hansen이 설립한 **영혼을 위한 닭고기 수프**가 있다. 이 출판사는 시대를 초월하여 "인간 영혼의 정수를 보여주는 일상의 기적에 관한" 이야기로 독자들을 인도하겠다는 사명을 표방한다. 저자인 캔필드와 한센은 **닭고기 수프** 이야기를 통해 영혼을 편안하게 해주는 영양분을 제공하여 "여러분이 더 나은 사람이 되도록 고취하고, 잠재능력을 최대한 발휘하도록 도와주고, 난관을 극복하고 여러분의 주변 세상을 따뜻하게 품을 수 있도록 영감을 주겠다"[8]고 약속한다.

이야기에는 독자들을 교육하고 즐겁게 해주며, 위안과 감화를 주고, 감정과 지성 모두에 호소할 수 있는 특권이 있다. 이야기를 읽을 때 발생하는 주요 심리적 기제 중의 하나가 동일시이다. 자기 변화를 이룬 위대한 사람들의 이야기에서 우리는 그들과 스스로를 동일시하면서 그들에게 자신의 희망과 욕망을 투사한다. 스마일스도 이 점을 잘 알았던 모양이다. 그의 말을 들어보자.

"위대한 동시에 특별히 선한 사람들의 일대기는 (…) 다른 사람들을 이끌어주고 도와주고 자극하는, 아주 교훈적이고 유용한 자료들이다. 일부 최고라고 꼽는 전기들은 거의 복음서에 가깝다고도 할 수 있다. 자기 자신뿐 아니라 세상의 선을 위해 고결한 삶, 숭고한 생각, 열정적 실천의 방법을 잘 가르쳐주기 때문이다. 그런 이들의 생애가 보여주는 더할 나위 없이 귀중한 본보기들, 가령 스스로 일어서려는 마음, 흔들리지 않는 결심, 결연한 행동, 변함없는 성실성 등과 같은 삶의 일면들은 (…) 한 치의 오해도 불러일으키지 않는 투명한 언어로 스스로 성취할 수 있는 것을 제시해준다."[9]

이야기들, 본보기가 되는 선례들, 심상 그리고 일화들은 아리스토텔레스가 말한 "에토스ethos"―우리의 진실성―와 "로고스logos"―논리에 의한 설득―에 "파토스pathos"라는 감성을 더해준다. 아리스토텔레스는 파토스, 즉 감정에 호소하는 기술이 보완되지 않으면 에토스나 로고스는 아무 효과를 발휘할 수 없다고 생각했다. 더욱이 가상 질문 사고what-if thinking 능력을 활성화함으로써 감화를 주는 이야기들의 주인공처럼 우리도 스스로를 변화시킬 수 있다고 믿도록 격려한다. 이를테면 주인공 입장이라면 어땠을까 상상하는 것이다.

아리스토텔레스가 생각했듯이, 이야기는 감정을 환기시킬 뿐 아니라 격한 감정을 정화하는 힘을 가지고 있다. 미국 철학자 마사 누스바움Martha Nussbaum은 이야기가 우리를 좀 더 윤리적이고 인간미 있는 존재로 변화시키기 때문에, 자신을 계발하는 데 대단히 효과적인 수단이라고 주장한다.[10] 이야기는 무엇보다 우리를 타인의 마음속으로 투사하여 공감 능력을 키워주기 때문이다. 게다가 우리를 참을성 있고 관대한 사람으로 만들어주고, 모호성과 미묘한 차이나 불확실성을 처리하는 능력을 단련시켜줄 뿐 아니라 집중력도 높여준다.

유명한 테드 연사인 브레네 브라운Brené Brown은 이야기를

"영혼을 지닌 자료data with a soul"[11]라고 여긴다. 다른 많은 인기 있는 테드 연사들도 마찬가지이지만, 브라운은 우리의 정신뿐 아니라 가슴에도 다가갈 수 있다는 걸 알고 있다. 때문에 이야기는 다른 사람과의 관계를 형성하는 데 매우 효과적인 수단이라고 생각한다. 더욱이 이야기는 뇌의 특정 영역을 움직이게 만든다. 사실에 입각한 단순한 정보는 뇌의 언어중추를 활성화하는데, 이야기는 뇌의 언어중추는 물론 시각중추와 운동중추 그리고 감각피질과 같은 영역까지 자극한다.[12] 이야기는 거울신경세포를 활성화하여 특정한 상황에서 어떤 일을 하는 우리 모습을 상상할 수 있게 해준다. 또한 뇌에서 호르몬 반응을 불러일으키기도 한다. 예를 들어, 공포감을 자아내는 이야기는 아드레날린과 코르티솔 호르몬의 분비를 촉진하며, 연민과 공감에 호소하는 이야기는 도파민과 옥시토신을 많이 분비시킨다. 이 모든 것이 다 중요하다. 이와 같이 상상 속 경험의 몰입으로 이야기는 강력한 감정 상태를 유발할 수 있으며, 그렇게 촉진된 상태는 도덕적 반응에 영향을 주고 심지어 태도까지 변화시킨다. 결국 행동의 변화를 원한다면, 자신과 타인을 바라보는 이런 식의 시각적 변화가 동반되어야 한다.

앞서 언급했듯이, 18세기 말에서 19세기 초의 낭만주의자들은 상상력의 힘을 찬양했다. 그들은 계몽주의 시대에 인간의 이성적 기능을 중시한 문화적 편견에 맞서 자신들의 생각을 펼치고 싶어 했다. 계몽주의 사상가들은 이성의 절대적 우월성을 믿었다. 볼테르Voltaire, 드니 디드로Denis Diderot, 칸트와 같은 철학자들이 옹호한 이성·과학·진보라는 3요소는 계몽주의 가치의 정점을 이루었다. 실험과 관찰에 기초한 경험론적 탐구와 과학적 방법은 지식에 이르는 유일한 합법적 경로로 여겨졌다. 대부분의 계몽주의 사상가들은 순전히 이성적 수단에 의해서만 우리 자신을 계발할 수 있다고 믿었다.

〈계몽이란 무엇인가?Beantwortung der Frage: Was ist Aufklärung?〉라는 유명한 에세이에서 칸트는 "계몽이란 인간이 스스로 초래한 미숙함에서 벗어나는 것"이라고 주장한다. 만일 인간이 깨우치지 못한 상태로 남아 있다면, 그것은 인간의 "게으름과 비겁함" 때문이라고 한다.[13] 따라서 칸트는 우리가 스스로를 계발하여 무지에서 앎으로 나아가는 것을 도덕적 명령이라고 보았고, 이는 이성의 힘을 통해야 한다고 생각했다.

반면에 낭만주의자들은 직관·감수성·창조성·내면성, 그리고 변형의 힘을 지닌 상상력을 적극 옹호했다. 시인인 워즈워스와 새뮤얼 테일러 콜리지Samuel Taylor Coleridge는 이성에 맞서 상상력을 내세우며 상상력이 우리의 주요 안내자가 되어야 한다고 주장했다. 상상력이 지닌 경이로운 효능에 관해 깊이 생각한 두 시인은 상상력이 기억·지각·투사의 행위를 맡는다고 주장했다. 우리는 상상의 날개를 타고 과거나 미래 그리고 존재하지 않는 장소로 여행할 수 있다. 워즈워스는 낭만주의 시인에 관해 이런 말을 한다. "부재하는 것이 마치 존재하는 것처럼, 그 존재하지 않는 것에 다른 사람들보다 더 많은 영향을 받는 그런 기질을 타고난 사람들이다. 말하자면 자기 내면에 정감을 불러내는 능력을 지녔다."[14] 당연히 낭만주의자들은 스스로 선조보다 더 단단하게 상상력과 연결되어 있고, 특히 상상력이 풍부하다고 생각했다.

또한 상상력은 중요한 도덕적 기능도 있다고 생각했다. 시인 퍼시 비시 셸리Percy Bysshe Shelley는 상상력을 "도덕적 선에 이르는 위대한 도구"라고 부르면서 이렇게 말한다. "정말 선한 사람이 되려면 집중적이고 포괄적으로 상상할 수 있어야 한다. 자신을 다른 많은 사람의 위치에 둘 수 있어야 한다. 인류의 고통과 쾌락이 자신의 고통과 쾌락이 되어야 한다."[15] 달리 말하면, 상상력을 통해 타인의 입장에서 상대가 세상을 어떻게 바라볼지 상상함으로써 그의 마음을 이해하고, 공감능력도 키울 수 있다.

많은 낭만주의자는 그들이 적이라고 인정한 이성, 영혼 없는 기계적 이성이 정신적 질병을 일으킨다면서, 이를 치료하는 최고의 약은 소박함과 자연, 공상이라고 말했다. 그들은 마음을 풀어놓고 자유롭게 떠돌고 싶었다. 그래서 마음이 자기 뜻대로, 자기 속도로 자연 속을 천천히 거닐면서 초목의 냄새도 맡고 숲을 탐험하며 어슬렁거리도록 내버려두고자 했다. 더 나아가 영혼이 "다른 모든 쾌락을 능가하는 무아의 경지, 즉 황홀경 속에서 상상의 날개를 펼치고"[16] 우주를 날아다니기를 원했다. 간단히 말하면, 낭만주의자들은 자연·아름다움·숭고와 깊이 교감하며 더 큰 전체와 하나가 되고자 했다. 세상과 하나가 되는 대양의 느낌oceanic feeling*을 추구한 것이다.

낭만주의자들이 상상력을 옹호하면서 독창성·진정성·유일성·자기신뢰·자기실현 등의 가치들도 새롭게 부각되었다. 이는 현대 자조의 담론에서도 여전히 지배적인 영향을 미친다. 그렇다면 이 가치들은 상상력과 정확히 어떤 연관이 있을까? 낭만주의자들은 독창성과 유일성을 중시하면서 전통과 관습을 평가절하했다. 그들은 평범하고 정상적인 것에서 공포감을 끌어내 때로는 광기가 일종의 지혜로 여겨질 정도까지 발전시키기도 했다. 새로움과 진정성을 추구함으로써 내면과 주관적 신념에 새로운 힘을 부여했다. 단순히 기존의 지혜나 사회적 관습을 받아들이는 대신에 자신의 진정한 가치를 창조하고 실천하는 것은 바로 우리에게 달렸다고 느꼈다. 따라서 낭만주의 원칙에 따라 사는 일은 그 자체가 하나의 창조적 행위이다. 우리 고유의 가치를 확립하는 것은 상상력을 동원해야 되기 때문이다.

외부 규범보다 자신의 내적 가치에 따라 살려면 더욱더

---

* 프랑스의 문학가 로맹 롤랑Romain Rolland이 인도의 신비주의자 라마크리슈나 Ramakrishna에게서 영감받아 만든 표현으로, 1927년 프로이트에게 보낸 편지에서 전체로서의 외부 세계와 하나가 되는 느낌, 영원성을 의미하는 말로 사용했다.

자기를 믿어야 한다. 문화의 규범을 받아들이지 않겠다면, 자신의 도덕적 나침판에 의지해야 한다. 우리는 우리 배의 선장이 되어야 한다. 자기신뢰는 대부분의 현대 자조 안내서의 목표이기도 하다.

자기신뢰에 대한 가장 유명한 철학적 표현은 미국 철학자 랠프 월도 에머슨Ralph Waldo Emerson이 1841년에 발표한 《자기신뢰 Self-Reliance》라는 에세이에서 찾아볼 수 있다. 초월주의 transcendentalism와 미국 개인주의의 선구자인 에머슨은 이 글에서 본질적으로 현대 자조론을 형성하는 데 중요한 2가지 새로운 생각을 소개한다. 첫째는, 개인이 사회보다 더 중요하다는 생각이다. 둘째는, 우리의 독자적 판단이 사회의 관습보다 우위에 있다는 생각이다.

에머슨은 유럽 낭만주의 사상에서 많은 영향을 받았지만, 미국 특유의 이상주의적 개인주의를 창시한 사상가이다. 그는 우리가 현재의 환경이나 조건을 넘어설 수 있다고, 아니 넘어서야 한다고 생각했다. "인간은 자기 자신의 별이다Man is his own star"라는 문장은 그의 에세이 《자기신뢰》의 글머리에 등장하는 가장 인상적인 표현이다.[17] 그리고 그의 주장이 아주 깔끔하게 잘 요약되기도 했다. 에머슨은 비순응非順應, nonconformity을 예술 형식으로 끌어올렸고 이를 우리의 윤리적 의미라고 단언했다. 우리는 항상 자신의 판단을 믿어야 하며, 직관과 본능에 귀를 기울여야 하며, 자발성을 재발견해야 한다고 보았다.

에머슨은 사회를 "주식회사joint stock company"에 비유하면서 사회는 그 구성원이 안정과 안락을 위해 자유를 희생하겠다고 동의한 곳이라고 했다. 때문에 사회는 무엇보다 순응을 중시한다. 하지만 정신의 진실성은 언제든 우리의 주요 목표가 되어야 한다. 우리는 우리 자신을 주장해야 하며, 결코 남을 모방해서는 안 된다. 관습과 거래와 직무에 저항하는 것을 두려워하지 말고 "시대의 유순한 평범함과 비굴한 만족을 거부하고 질책해야" 한다.[18]

이런 의미에서 보면, 예와 의식과 사회적 위계질서를 중시한 공자와는 정반대의 신조를 에머슨은 설파한다. 그는 어떤 것이든 무비판적으로 받아들여서는 안 된다고 주장한다. 실로 다른 원리나 신념뿐 아니라 종교에도 적용되는 진언이다. 무엇보다도 자신에게 진실하면서 타인의 견해에 흔들려서는 안 된다.[19] 물론 에머슨도 우리처럼 주변 사람들이 자기를 사랑하고 존중해주기를 바랐다. 그러나 좋아하고 싫어하는 것을 감추지 않겠다고, 사회가 채찍질하더라도 원칙을 따르겠노라고 천명한다. 왜냐하면 "우리 자신 외에는 그 무엇도 우리에게 평화를 가져다주지 않"기 때문이다.[20]

낭만주의 사상과 에머슨의 사상은 자기계발의 역사에서 중요한 전환점이다. 두 사상은 모두 상상력에 절대적 권한을 부여했다. 무엇보다도 자신감을 갖고 자신의 가치를 창조하고 추구하며, 정통적인 가치를 비판할 수 있는 힘을 가져야 한다고 주장했다. 진정성과 자기신뢰를 드높인 낭만주의는 개인의 필요와 욕구, 판단을 사회적 결속에 대한 관심보다 더 우선시한다. 이러한 사상은 원자화된 자아의 시대를 여는 데 도움이 되었고, 여러 가지 중대한 결과를 낳았다. 철학자 바지니는 원자화된 자아는 친밀함보다 진실성—개인의 정체성과 진정성—을 더 중시한다고 주장한다.[21] 대조적으로 관계적 자아는 자신이 다른 자아들과 복잡하게 연결되어 있다고 인식한다. 즉 자신을 개별적 개체라고 생각하지 않는다.

예를 들어, 공자식 자기계발은 사회 전체의 발전과 떼어낼 수 없는 관계로 얽혀 있다면, 낭만적 자아는 자신의 유일성을 내세우고 대중과의 분리를 강조한다. 사회의 가치보다 개인의 가치를 더 소중히 여기기 때문이다. 따라서 낭만적 자아는 외로움과 고립감을 더 예민하게 느끼기 시작한다. 그렇기 때문에 낭만적 자아가 자연과 더 긴밀한 유대감을 구하려고 했는지도 모른다. 이는 자신을 더 큰 질서에 속한 일부라고 느끼는 또 다른 방식이었다.

상상력을 중시한 19세기 사상가로 후대에 많은 영향을 미친 사람이 또 한 명 있다. 바로 니체이다. 그의 유명한 선언을 들어보자. "나 그대에게 말한다. 춤추는 별을 탄생시키기 위해서는 자기 안에 혼돈을 품어야 한다."[22] 사람이 이 세상에 기여할 수 있는 유일한 길은 상상력과 창조성을 발휘하는 것뿐이라고 니체는 믿는다. 게다가 그는 신 없는 세상에

서는 예술과 창조성만이 의미와 구원의 유일한 원천이라고
주장하면서 상상력의 산물에 구원의 권능까지 부여한다.[23]

니체는 아마도 "신은 죽었다. 그리고 그 신을 죽인 것은
바로 우리다"라는 선언으로 가장 잘 알려져 있을 것이다. 신
의 죽음과 그로 인한 영혼의 진공 상태에서 우리는 신과 같
은 창조자의 역할을 받아들여야 한다. 에머슨과 마찬가지로
니체는 자기 자신에 대한 전적인 신뢰를 중시했으며, 제도
와 권위, 그리고 무엇보다도 기성의 도덕관념을 깊이 불신
했다. 세속의 시대에 종교가 더는 구원의 약속을 이행할 수
없게 되었다. 그 자리는 이제 예술과 철학과 문학이 대신해
야 한다. 《성경》이 해오던 의미 창출 작업을 문화가 떠맡아
야 한다. 허무주의와 아노미anomie*의 망령에서 우리를 구원
해줄 수 있는 것은 오직 상상력의 산물밖에 없다고 니체는
주장했다.

니체 사상은 20세기와 21세기의 자조론 도서들에 실질
적으로 많은 영향을 주었다. 또한 그가 만든 "자기극복sich-
überwindung"이란 개념은 아직도 많은 사람에게 반향을 일으키
고 있다. 이 개념은 1883년에서 1885년 사이에 쓰인 《차라
투스트라는 이렇게 말했다Also sprach Zarathustra》에서 중심적으

---

* 그리스어로 무법을 뜻하는 'anomía(ἀνομία)'에서 비롯되었다. 프랑스 사회학자 에
  밀 뒤르켐Émile Durkheim이 《자살론Le Suicide: Étude de sociologie》에서 언급하여 대중
  화된 개념으로, 개인이 따라야 할 도덕적 가치나 기준이 붕괴된 무질서 사회 상태
  를 의미한다.

로 다뤄진다.《차라투스트라는 이렇게 말했다》는 자조에 관한 일종의 우화라고도 할 수 있다. 주인공인 예언자 차라투스트라는 오랫동안 은둔자로 외딴 산속에서 살다가 사람들에게 **초인**超人, Übermensch의 원리를 가르치기 위해 하산한다. 그는 인간의 한계를 뛰어넘고, 더 높은 것을 목표로 삼고, 더 큰 꿈을 꾸기 위해 노력하라고 말한다.

그는 초인을 다음과 같이 정의한다.

> **내가 너희에게 초인이 누군지 가르쳐주겠다.** 인간은 극복되어야 할 무엇이다. 너희는 인간임을 극복하기 위해 무엇을 하였는가?
>
> 모든 피조물은 지금까지 그들을 넘어서는 무엇인가를 창조해왔다. 그런데 너희는 이 큰 흐름에서 밀려나 인간임을 극복하기는커녕 다시 동물로 돌아가고 싶은가?
>
> 인간에게 원숭이는 무엇인가? 웃음거리인가 아니면 고통스러울 정도로 당혹스러운 존재인가? 초인에게는 인간도 바로 그러하지 않겠는가. 웃음거리 아니면 고통스러울 정도로 당혹스러운 존재….
>
> 인간은 동물과 초인 사이에 묶여 있는 밧줄, 즉 심연 위에 걸려 있는 밧줄이다.[24]

안개가 낀 것처럼 서술은 모호하지만 초인은 잠재능력이 충만한 미래의 창조물이다. 니체는 우리에게 가상 시나리오를 상상해보라고 요구한다. 만약 현재의 한계를 극복할 수 있다면? 우리는 누구이며, 어떤 사람이 될 수 있을까? 초인은 무엇보다 자기계발을 위해 끊임없이 노력하면서 인식의 한계를 극복해야 한다. 기존의 가치와 통상적인 "무리"의 도덕성에서 과감하게 벗어나야 한다. 초인으로서 우리는 사회의 도덕 체계를 떠받들고 있는 위선적인 토대를 폭로하고, 새로운 가치들을 창조해야 한다. 무비판적으로 받아들인 정신적 습관과 오래된 편견을 무너뜨리면서 "정신의 비행사"[25]가 되어야 한다. 달리 말하면, 기성의 지혜를 받아들이기보다 자신의 독창적 신념을 용감하게 껴안으면서 상상력과 더 나은 미래에 대한 담대한 전망이 이끄는 곳으로 나아가야 한다. 이는 바로 니체가 낭만주의자들, 그리고 에머슨과 공유하고 있는 신념이다. 그러나 차라투스트라처럼 니체는 미래의 초인, 가치를 전복하는 창조적 초인은 외롭고, 증오의 대상이 될 것이라고 경고하면서 이렇게 선언한다. "선하고 정의롭다는 자들을 조심하라! 그들이 누구를 가장 증오하더냐? 그들의 가치가 새겨진 서판書板을 박살내는 자, 파괴하는 자, 법을 어기는 자가 아니더냐. 그러나 그는 창조자이니라."[26]

무엇보다도 니체는 기존의 선악 개념을 넘어 내면의 법을 따르고 자신의 가치 체계를 창조하는 존재가 되어야 한다고 믿는다. 자신의 유일성과 재능을 기리기 위해 성장을 가로막는 제한적인 도덕을 용감하게 거부해야 한다. 그렇다면 자신을 어떻게 "극복"해야 하는가? 자신의 가치를 어떻게 창조할 수 있는가? 니체의 말은 우리의 혼을 불러낼 만큼 대단히 웅장하지만, 그는 실천에 옮기는 방법에 대해 구체적이고 실질적인 조언을 제공하지 않는다. 그와는 대조적으로 오늘날의 많은 자조론 도서는 자신의 핵심 가치를 어떻게 확인하고 어떻게 "가치 기반"의 삶을 살 것인지에 대해 아주 상세하게 설명한다. 예를 들자면, 《네 안의 잠든 거인을 깨워라》에서 로빈스는 기적으로 행복을 누리는 유일한 길은 "삶에서 가장 중요한 것이 무엇인지 분명히 하고, 무슨 일이 있더라도 그 가치에 따라 살겠다고 결정하는 것"이라고 주장한다. 그는 우리의 가치가 무엇이든 간에, 그 가치들이 우리를 "궁극의 운명"으로 이끄는 "나침판"이라는 사실을 늘 명심하라고 말한다.[27]

상상력을 중심 무대에 올려놓은 또 한 사람의 주요 사상가는 앞서 언급한 프랑스의 약제사 쿠에이다. 그는 1922년에 《의식적인 자기암시를 통한 자기 완성 La Maîtrise de soi-même par l'autosuggestion consciente》이라는 자조론 책을 세상에 내놓는데, 이 책은 출간 즉시 성공을 거두면서 여러 나라 말로 번역되었다. 쿠에가 자기계발의 역사에 크게 기여한 부분이 있다면, 바로 더 나은 방향으로 변화하고자 한다면 의지력에만 의존하기보다 상상력을 동원해야 한다는 생각이다. 그는 벌거벗은 의지력만으로 자기계발의 목적을 이룰 수 없다고 명시적으로 처음 밝혔다. 상상력에 호소하지 않는다면, 변화가 좋은 것이라는 상상의 확신이 없다면, 무의식은 변화로 나아가는 모든 시도와 노력을 거부할 것이라고 그는 주장한다.

쿠에는 약제사로 일하면서 후에 플라세보 효과placebo effect라고 불리는 것을 예민하게 인식했다. 그는 환자들을 늘 안심시키면서 처방약의 효능을 강조했다. 그리고 그러한 긍정적 메시지가 포함된 처방약이 설혹 빵으로 조제하더라도 다른 약보다 효과가 훨씬 더 크다는 사실을 알았다.[28] 그 이후 1886년에서 1887년 사이에는 앙브루아즈 오귀스트 리보Ambroise-Auguste Liébeault와 이폴리트 베른하임Hyppolite Bernheim에게서 최면요법을 배웠다. 그러나 두 의사와는 달리 쿠에는 최면요법이 지닌 자기치료의 가능성에 관심을 두었다. 그는 환자들이 다른 사람에게 의존하지 않고 스스로 치료할 수 있도록 해주고 싶었다. 쿠에는 자신을 치료사가 아닌 교육자로 생각한 것이다.

1910년에 약제사 일을 그만두고, 그는 낭시에 무료 진료소를 열어 1926년 사망할 때까지 수많은 환자를 돌봤다. 그의 환자 가운데 많은 사람이 제1차 세계대전에 참전한 퇴역군인들이었다. 그들은 폭탄성 쇼크shell-shock*로 고통받았다고 한다.

---

* 전쟁 중에 폭격이나 전투 같은 격렬한 상황에서 경험한 공포로 인해 정상적인 생활이 불가능해진 상태. 일종의 외상 후 스트레스 장애다. 제1차 세계대전 당시에 영국의 심리학자 찰스 새뮤얼 마이어스Charles Samuel Myers가 만든 용어이다.

1920년대에 들어서면서 그의 치료 요법에 관한 소문이 러시아와 미국에까지 퍼졌다. 특히 미국에서 쿠에의 자기신뢰에 관한 낙관적 메시지가 큰 반향을 불러일으키면서 대단한 인기를 끌었다. 1923년 뉴욕시를 방문했을 때 그는 유명인사로 큰 환대를 받았다. 또한 세속적 개인주의에 실용적낙관주의를 결합한 치료 방법으로 사회 전체에 대한 도덕적·심리적 자기 관리가 얼마나 중요한지 강조했다.[29]

쿠에는, 우리는 의식의 자아와 무의식의 자아로 나뉘어져 있는데, 무의식의 자아가 훨씬 더 강하다고 주장한다. 이는 프로이트의 생각과 대부분 유사하지만, 무의식과 상상력을 구분하지 않는다는 점에서 다르다. 실제로 쿠에는 두 용어를 바꿔 사용하는 경우가 많았다. 그의 이론 중에서 가장 주목할 점은 근대 사상 최초로, 의지력을 높은 위치에서 끌어내렸다는 것이다. 가히 혁명적이라 할 만하다. 프로이트와 마찬가지로 쿠에는 우리가 행동을 자유롭게 결정할 수 있는 이성적 존재라는 생각에 도전장을 내밀었다. 더 나아가 인간을 상상력에 휘둘리는 "불쌍한 꼭두각시"로 묘사하면서 "상상력을 이끄는 법을 알 때에만 비로소 꼭두각시 신세를 면할 수 있다"고 주장한다. 또한 통제되지 않은 상상력을 "물에 빠진 불쌍한 존재들을 모조리 휩쓸고 지나가는" 급류에 비유하기도 한다. 하지만 수로를 적절하게 터주면 급류는 운동과 열과 전기를 발생시킬 수 있다. 또 다른 곳에서는 "재갈도 고삐도 없는 야생마"로 상상력을 묘사하기도 한다.[30] 하지만 주인이 말을 잘 길들인다면 그 힘을 역전시킬 수 있다.

쿠에는 상상력을 통제하기 위한 방법으로 자기암시를 제시한다. 자기암시를 자기 최면의 한 형태로 이해한 그는 **"인간의 도덕적·신체적 존재에 상상력이 미치는 영향"**을 자기암시라고 규정한다.[31] 누구에게나 자기암시의 능력이 있다. 쿠에는 효과적인 제안 모두가 실은 자기암시라고 주장한다. 무의식이 다른 사람의 제안을 허용하지 않으면 이는 마음속에 이식되지 않는다. 의식적으로든 무의식적으로든 제안을 거부하면 아무 쓸모없게 되는 것이다. 우리는 일상생활에서 무의식적 자기암시를 계속한다. 그중 어떤 것은 우리를 심하게 해치기도 한다. 가령 스스로 꿈을 이룰 능력도 없는 쓸모없는 존재라고 생각하면 정말 그렇게 될 가능성이 높다. 사랑받을 자격이 없다고 느끼면 이 메시지를 다른 사람에게 투사하게 되고, 그러면 정말 현실이 된다. 이런 생각들이 결국엔 우리가 말하는 자기실현적 예언self-fulfilling prophecy이 되는 것이다. 반면에 의식적인 자기암시를 지배하는 기술을 배우면, 그 동력을 역전시킬 수 있다고 쿠에는 믿는다. 그러나 신체의 질병이나 도덕적인 병을 치료하고자 한다면 의지를 개입시키는 일은 절대 없어야 한다. 대신에 우리에게는 **"상상력 훈련"**이 필요하다. 왜냐하면 "의지와 상상력이 서로 적대적일 때, **예외 없이** 승리하는 쪽은 항상 상상력"이기 때문이다.[32]

쿠에의 자기암시 이론은 정신분석학의 무의식이라는 개념에서 끌어온 것이 분명하다. 그러나 19세기 후반의 큄비나 에디와 같은 마음치료 사상가들처럼 질병은 어떤 생각의 결과로, 쿠에의 말로 표현하면 상상력의 작용으로 생겨난다고 확신했다. 그는 어떤 질병들은 전적으로 머릿속에서 생겨난다고 믿었다. 거꾸로 우리가 안고 있는 많은 문젯거리의 근원이 무의식이라는 사실을 받아들이면, 무의식으로 신체적 질병이나 정신적 문제를 치료할 수 있다는 말이 된다.[33] 쿠에는 모든 사람이 다 병에 걸리지 않는다고 보았다. 《의식적인 자기암시를 통한 자기 완성》최신판에는 마비부터 종양까지 신체 및 정신의 심각한 질환이 열거되어 있고, 그의 추종자들은 쿠에의 기법으로 치유되었다고 보고되어 있다.

쿠에의 기법에 따라 스스로 병을 치료하려는 사람은 엄격한 치료법을 따라야 한다. 매일 아침 일어나기 전과 매일 저녁 잠자리에 들기 전에 반드시 두 눈을 감아야 한다. 그런 다음 20개의 매듭이 달린 줄에서 매듭을 하나씩 짚어가며 20번씩 단조롭게 다음의 말을 반복해야 한다. "**매일 모든 면에서 나는 점점 더 나아지고 있다.**"[34] 쿠에의 《의식적인 자기암시를 통한 자기 완성》에는 자신감과 자기믿음에 관한 많은 사색도 담겨 있다. 이 책이 출간된 당시만 해도 자신감이나 자기믿음은 비교적 생경한 용어였지만, 20세기에 들어서면서 점점 더 중요한 개념으로 자리 잡게 되었다. 쿠에는 누구에게나 자신감을 갖는 것이 절대적으로 중요하다고 하면서 이렇게 선언한다. "자신감이 없으면 어떤 것도 성취할 수 없으며, 자신감이 있으면 원하는 것은 무엇이든 이룰 수 있다

(물론 합리적 수준에서)."[35]

쿠에의 방법은 긍정심리학을 비롯한 현대의 많은 자조론 도서의 중심에 있는 믿음의 심리학에 중요한 기여를 했다. 쿠에와 그의 방법을 따르는 현대의 많은 쿠에 계승자는 단순히 우리의 역량을 믿는 것만으로도 바라는 바를 실현할 수 있다고 주장한다. 그래서 이런 말을 한다. **"우리가 생각하는 모든 것이 실현된다. 따라서 생각을 그르게 하지 않도록 해야 한다."**[36] 긍정심리학의 창시자인 셀리그먼과 그 이후의 많은 사람의 연구에 따르면, 낙관주의자이면서 자기 자신을 긍정적으로 바라보는 것이 그의 동기나 수행능력, 건강 등에 실제로 영향을 미친다는 것을 확인했다.[37] 하지만 쿠에의 주장을 있는 그대로 받아들인다면 마술적 사고와 다를 바 없다. 쿠에의 유명한 공식도 주술적인 특성으로 마술과 같은 분위기를 풍긴다. 현대 심리학에서도 시각화와 긍정적 결과를 상상하는 것의 중요성은 인정한다. 그러나 물리적·사회경제적 현실에서 벗어난, 정당화될 수 없는 긍정적 사고는 해를 끼칠 수 있다. 따라서 자기암시나 긍정적 사고와 관련하여 모든 것은 "합리적"이란 단어에 달려 있다. 쿠에도 타당성을 확보하기 위해 이 단어를 글에서 반복해 강조한다.

자조론 분야에서 상상력의 힘을 가장 체계적으로 활용하고, 상상력으로부터 도움받는 방법을 가장 상세하게 가르쳐주는 것은 의심할 여지 없이 신경-언어 프로그래밍이다.

신경-언어 프로그래밍은 인생 코치, 상담사, 동기부여 연사들의 세계에 큰 영향을 미치고 있다. 그뿐 아니라 로빈스의 《네 안의 잠든 거인을 깨워라》와 베스트셀러 작가이자 영국 최면술사인 폴 매케나Paul McKenna의 저서들을 포함하여 최근에 크게 성공을 거둔 자조론 도서 중에 상당수가 신경-언어 프로그래밍 기반의 사상이나 기법에 많이 기대고 있다. 신경-언어 프로그래밍은 1970년대 미국 캘리포니아에서 리처드 밴들러Richard Bandler와 존 그라인더John Grinder가 처음 창안했다.[38] 두 사람은 인간잠재력개발 운동 및 에슐런 교육센터와 관련 있는 사상가 프리츠 펄스Fritz Perls, 버지니아 새티어Virginia Satir, 그레고리 베이트슨Gregory Bateson, 최면술사 밀턴 H. 에릭슨Milton H. Erickson의 영향을 받은 것으로 알려져 있다.

밴들러와 그라인더는 담론이나 이론 곳곳에 신경학 전문 용어를 사용해가며 신경-언어 프로그래밍의 과학적 근거를 강조한다.(물론 그 과학적 근거들이 논란의 대상이 되기는 했다.)[39] 신경-언어 프로그래밍은 다른 말로 하면 "주관적 경험의 구조에 관한 연구"라고 할 수 있다. 누구나 자기가 좋아하는 방식으로 세상을 생각한다는 발상에 토대한 말이다. 타인에게 배우거나 영향력을 끼치고 싶다면 우선 상대가 현실을 어떻게 바라보는지 세심하게 관찰해야 한다. 신경-언어 프로그래밍에서는 신경 처리 과정과 언어 사용의 양상, 우리의 행동 사이에 연관 관계가 있다는 가정을 내세운다. 따라서 컴퓨터처럼 우리의 뇌도 최면, 변형생성문법 그리고 개인의 자기계발과 같은 여러 접근 방식을 혼합한, 빠르고 간단한 여러 가지 기법의 도움으로 다시 조정할 수 있다.* 신경-언어 프로그래밍을 사용하는 의사나 치료사들은 한두 차례의 신경-언어 프로그래밍 요법으로 좀 더 효과적인 의사소통이 가능할 뿐 아니라 공포증이나 우울증 및 기타 오랫동안 지속되어온 심리적 문제들도 치료할 수 있다고 주장한다.

신경-언어 프로그래밍은 사고 행태나 몸가짐을 포함하여 성공을 거둔 모범적 행동에 대한 연구를 바탕으로 한다. 우리는 성취도가 높은 사람들을 연구하고 롤모델로 삼아 그들의 기술을 배울 수 있다. 말하자면 목표 대상을 설정하여 자신을 투사한다. 만약 누군가를 롤모델로 삼고 싶다면, 먼저 그 사람이라고 상상하고 상대의 관점에서 세상을 바라봐야 한다. 정신적으로 롤모델의 입장에 서서 그의 몸가짐이나 말하고 행동하고 생각하고 움직이는 방식을 시각화하면, 무의식은 이러한 행동 양상을 통합하여 롤모델의 "탁월한 암호"를 복사할 수 있다. 신경-언어 프로그래밍의 코치인 로밀라 레디Romilla Ready와 케이트 버턴Kate Burton은 이렇게 말한다. "신경-언어 프로그래밍의 모델링 기법은 역량이 뛰어난 롤모델의 기술 이면에 있는 무의식적 행동들에 접근하

---

* 앞 문장의 내용과 이어서 생각하면 쉽게 이해 가능하다. 여기서 최면은 신경 처리 과정을, 변형생성문법은 언어 사용의 양상을, 개인의 자기계발은 행동을 구체적으로 표현한 것이라 할 수 있다.

여, 그 행동들을 다른 사람에게 가르쳐줄 수 있도록 모델로 체계화하여 롤모델의 뛰어난 역량을 완진히 복세하는 능력이다."[40]

또한 신경-언어 프로그래밍에서는 성공을 원하는 우리를 "재구성reprogram"하기 위해 상상력에 크게 의존하는 시각화 기법을 아주 정밀하게 전략적으로 잘 활용한다. 구체적으로 설명해보자. 신경-언어 프로그래밍은 우리가 내면에서 세상을 어떻게 재현하는지, 그 내면의 "지도"에 주의를 기울인다. 왜냐하면 내면의 지도가 쏟아져 들어오는 정보를 처리하는 방식에 영향을 미치기 때문이다. 이 과정에서 감각 인식은 주요 역할을 한다. 누구나 선호하는 감각이 있으며, 이는 언어 사용에 반영된다. 예를 들어 시각적인 사람이라면 "내가 보면 말이야" 혹은 "지금은 그게 훨씬 더 분명하게 보여" 등의 표현을 자주 사용한다. 청각을 선호한다면 "그거 좋게 들리는데"라든지 "그건 나한테 잘 어울리는 소리야" 혹은 "그 말은 진실로 들려" 등과 같은 말을 자주 할 가능성이 높다.

신경-언어 프로그래밍에서는 우리의 감각과 선호하는 감각 유형을 VAKOG를 사용하여 지칭한다. VAKOG는 시각 visual, 청각auditory, 운동감각kinesthetic, 후각olfactory, 미각gustatory 영어 단어의 머리글자를 따서 만들었다. 또 하나 중요한 것은 "색色과 밝기(시각), 음높이와 음의 강세(청각), 압력과 온도 (운동감각) 등과 같은 각각의 재현 체계의 특징들"을 지칭하는 "하부감각유형들submodalities"이다.[41] 우리는 하부감각유형들을 편집 가능한 사진이나 방송용 영화필름의 특징처럼 생각할 수 있다. 예를 들어 필터를 사용하거나 밝기를 조정한다든지 혹은 장면을 확대하거나 축소한다든지, 사운드트랙을 추가하거나 음량을 조절하듯이 하부감각유형을 선호하는 방식으로 편집할 수 있다.

베스트셀러 자조론 작가인 매케나는 최면요법과 신경-언어 프로그래밍 기법을 결합하여 자신감 향상, 체중 감소, 숙면, 금연 등을 원하거나 카리스마 있는 사람이 되고 싶어 하는 독자들을 도와주고자 한다. 매케나의 책에는 오디오를 활용한 최면 훈련이 들어 있다. 그는 우리를 깊은 이완 상태에 들어가게 한 다음, 긍정적인 주문이나 모호한 은유, 우화, 시각화 훈련 등을 한데 섞어 들려준다. 이 모든 것은 상상력을 불러일으키도록 고안되었다. 메케나도 상상력이 우리를 변화시킬 주요한 힘이라고 인정한다.

예를 들어 체중을 줄이고 싶다면 먼저 이상적인 체중으로 날씬해진 모습을 시각화하여, 상상해야 한다. 그런 다음엔 날씬해진 몸이 되면 느끼는 가벼움은 어떤지, 어떻게 서 있고 무엇을 보고 어떤 소리를 듣는지, 육체적 감각은 어떤지 실제로 경험하는 것을 상상해야 한다.

매케나는 이러한 훈련 과정에서 감각유형 하나하나를 신경-언어 프로그래밍 용어로 "증강ramp up"하라고 요청한다. 그래야 원하는 목표, 즉 감각의 세부사항이 풍부하여 동기

부여를 강하고 생생하게 해주는 이미지로 그려볼 수 있다. 이는 상상력이 무의식에 영향을 미치도록 하기 위함이다. 행동의 변화를 부추기는 데는 상상력이 의지보다 더 강력한 힘을 발휘한다. 매케나의 기본 공식은 타인에게 영향을 미치는 우리의 능력이나 자신감 증진 같은, 큰 틀에서의 자조론이 일반적으로 목표로 삼는 것과 같다. 그 공식에 따르면, 빛을 발하고 싶은 구체적 상황이나 카리스마와 자신감이 넘치는 모습을 각각의 경우마다 상상해야 한다. 그러고는 외부의 시각으로 상상 속 자신을 보고, 카리스마와 자신감이 넘치는 자아 속으로 걸어 들어가면 우리의 열망 넘치는 상태를 상상으로 창조하고 경험할 수 있다. 이것이 바로 초현실超現實, hyper-real 경험이다.[42]

매케나는 나쁜 기억이나 괴로운 생각 혹은 비생산적인 신념 등을 무디게 하는 데에도 이와 유사한 시각화 훈련을 해보라고 권한다. 이런 경우엔 괴로운 이미지들의 하부감각유형을 변화시킴으로써 — 일종의 상상의 포토샵을 함으로써 — 그 이미지들을 조작해야 한다.

예를 들어 굴욕당하거나 사랑받지 못한다고 느낀 순간이 마음속에 있다면, 그 삶의 그림을 우표 크기만큼 줄이는 생각을 해보라. 아니면 그 그림에 색을 다 빼버리고 멀리 사라지게 한다거나 박박 찢어 흩날려버리는 것을 상상할 수도 있다. 화나게 한 사람이 있다면, 그 사람을 돼지코나 원숭이 귀로 그려 생각할 수도 있다. 아니면 전혀 어울리지 않는 구레나릇을 붙이든지. 만일 부정적인 자기 대화를 자주 하는 경향이 있다면, 주눅 들게 만드는 내적 독백에 우스운 미키 마우스의 목소리를 입혀보라고 메케나는 권한다.

"아무도 나를 좋아하지 않아" "나는 뚱뚱해서 누구의 사랑도 받지 못하는 한심한 인간이야" "내가 하는 일은 왜 죄다 엉망인지 몰라"와 같은 혼잣말이 모두 부정적인 자기 대화에 속한다. 이때 비판적인 내면의 목소리의 음높이나 속도를 바꾸기만 해도 그 힘이나 권위가 상실되어 우리에게 악영향을 끼치는 일도 사라질 것이라고 주장한다.

또한 머릿속을 떠나지 않고 맴도는 기분 나쁜 사건의 장면이 있다면, 이와 비슷한 기법을 사용할 수 있다. 이를테면 그 장면의 속도나 사운드트랙, 프레임, 밝기, 크기, 배경 등을 바꾸면, 이후 그 장면은 우리를 그렇게 괴롭히지 않게 된다. 유머도 우리를 힘 빠지게 하고 위협하는 소리나 기억에 사용할 수 있는 귀중한 수단이다. 상상력의 힘을 활용하는 또 하나의 고전적인 신경-언어 프로그래밍의 기법은 우리가 진정으로 원하는 것을 모두 성취한 미래의 우리를 되도록 세세하게 규칙적으로 상상해보는 것이다.

신경-언어 프로그래밍에서 상상력이 활용되는 방식은 낭만주의자들이 내세우는 목적 없는 몽상이나 정신적 방황과는 상당히 거리가 멀다. 낭만주의자들의 상상력은 내면의 풍경과 외부의 풍경을 넘나들며 자유롭게 거닐지만, 신경-언어 프로그래밍의 상상력은 지극히 도구적인 성격이 강하다. 신경-언어 프로그래밍에서는 합리적 목표를 성취하기 위해 전략적으로 활용되는 상상력으로, 사실상 목적을 위한 수단, 즉 이성에 기여하기 위한 단순한 도구가 되고 만다. 좋은 측면에서 바라보면 쿠에의 통찰, 즉 상상력을 동원하지 않고서는 지속적인 변화를 이룰 수 없다는 것은 대부분의 (결코 전부는 아니다) 현대 자조론의 틀에서 기정사실로 받아들여지고 있다. 우리는 어떤 행동이나 개혁도 막을 수 있는 강력한 이해당사자로서 변화를 위한 계획에 어떤 장점이 있는지 설득해야 한다. 그리고 이는 상상력의 언어로 말해야 한다. 사실이나 숫자로는 상상력에 다가갈 수 없다. 이야기나 은유로써 가장 잘 다가갈 수 있다.

자기계발의 역사에서 낭만주의의 가치 전환은 매우 중요한 의미를 가진다. 물론 그렇게 생각하지 않는 사람도 있다. 가령 영국 철학자 알랭 드 보통Alain de Botton은 오늘날 우리가 안고 있는 많은 문제의 책임은 낭만주의 철학에 있다고 주장한다. "미숙한 직관"을 찬양하는 낭만주의자들은 정서적 삶에 이성을 적용하려 하지 않고, 자연발생적이고 직접적인 감정이 이끄는 대로 삶을 내버려둔다. 드 보통은 바로 이런 이유로 감정 교육이 발전하지 못하고 정체되었다고 주장한다.[43] 그래서 낭만주의자들이 서양 문화에 끼친 악영향에 맞서기 위해 고전주의적 가치로 되돌아갈 필요가 있다고 생각한다. 직관보다 합리적 분석을 중시해야 하고, 모호함보다 명징함을 다시 불러들여야 한다는 것이다. 아울러 아마추어식의 어설픈 자발성이 아닌 교육을 더 강조해야 하고, 이상주의 보다는 현실주의를, 정직함보다는 공손함을, 진지함보다는 아이러니를 더 우위에 놓아야 한다고 본다.

그러나 드 보통은, 물론 논의의 여지가 없진 않지만 너무 지나치다 싶을 정도로 낭만주의의 가치를 폄하하고 그와 상반되는 가치를 찬양한 게 아닌가 싶다. 계몽주의의 합리성, 특히 기계적인 이성이 서양 문화에 끼친 폐해도 적지 않기 때문이다. 흔히 그렇듯이, 진실은 중간 지대에 있다. 문제는 이성과 상상력 사이의 균형, 사회적인 것과 개인적인 것 사이의 조화를 이루는 것에 있다.

에머슨과 니체의 사상이 20~21세기 자조론에서 특히 큰 반향을 불러일으킨 사실은 누구도 부인하지 못한다. "본연의 자신이 되기"라는 말은 자기계발의 진부한 표현이 되었지만, 어쨌든 "자기신뢰self-reliance"는 모든 자조론의 기본 목표이다. 심리학의 많은 학파나 자조 치료사, 특히 인본주의 심리학자들과 인간잠재력개발 운동과 관련된 사람들이 구호처럼 자주 언급하는 말이 바로 자기신뢰이다. 그들은 모두 우리 안에 내재한 자기실현의 욕구를 강조하면서, 능력과 창의력을 최대한 발휘해야 하는 것이 우리의 실존적 의무라고 생각한다. 루소에게서 영감받은 그들의 전제는 인간은 선하게 태어났으며, 악한 외부 세력이 우리의 진정한 가능성을 성취하지 못하도록 가로막는다는 것이다. 그래서 그들은 사회적 기대에서 우리의 가치를 해방시키고, 진정한 자신을 되찾으라고 촉구한다.

부분적으로는 낭만주의에서 물려받은 유산이고 또 서구 부르주아와 개인주의의 결과이기도 하지만, 오늘날 우리는 가치를 문화적 주입이 아닌 개인의 선택으로 생각한다. 따라서 개인적으로 선택한 가치는 사람마다 크게 다를 수 있으며, 선택의 범위도 넓다. 그럼에도 문화적으로 강요되어 내면화시킨 많은 가치가 남아 있다. 다분히 개인적으로 선택한 가치로 보이는 것들도 따지고 보면 개인적이고 독지적이지 않은 것들이 많다. 그런 가치들은 대부분 통제할 수 없는 수많은 요인, 가령 양육이나 계급, 더 넓은 범위에서 문화적으로 타당성을 인정받은 신념이나 믿음 체계 등으로 형성되었다.

개인적으로 나의 핵심 가치는 창의성(의미 있는 것을 창조하고 시간을 생산적으로 활용한다는 의미에서), 진정성, 평생학습, 그리고 겸손이다. 특히 처음 2가지, 즉 창의성과 진정성은 내 성장 배경과 밀접한 관련이 있다. 프로테스탄트 독일계 혈통을 물려받은 나는 시간·말·재능·돈·기회 등을 헛되이 쓰거나 마구 흘려보내는 낭비라는 현실적인 문제점을 안고 있다. 나는 생산성과 효율성을 소중히 여기고 항상 무엇인가를 만들거나 해야 한다고 느낀다. 신용카드를 거의 사용하지 않으며, 미래 계획은 열심히 세우는 편이다. 위험을 회피하는 성향도 강하다. 어떤 형태든 잘못 관리하거나 처리되는 일이 생기면 화를 낸다. 사람들이 진심을 말하기를 그리고 진심이 담긴 말만 하기를 기대한다. 영국에서 거의 20년 가까이 살았지만 아직도 영국 사람들이 진실로 의미하고 생각하는 것이 무엇인지 가늠하지 못한다. 물론 영국 사람들이 시도 때도 없이 자신을 탓하는 식의 재기 넘치는 가벼운 농담을 즐긴다는 것은 눈치챘지만, 나는 아직도 그런 식의 농담엔 못 말릴 정도로 젬병이다. 몇 안 되는 유머에만 웃음이 나올 뿐이다. 희극? 아직도 잘 이해하지 못한다. 한마디로 말하면, 나는 걸어 다니는 고정관념이다.

니체는 초인이 나타나 "가치가 새겨진 서판"을 깨뜨려버리기를 원했다. 오늘날 "이데올로기"는 니체가 의미한 바에 적합한 말이 아닌가 싶다. 우리 시대에는 지배적인 이데올로기적 내러티브가 아주 미묘하게 또는 노골적이고 뻔뻔한 방식으로 다양한 영향을 미치고 있다. 내가 중시하는 효율성이라는 가치는 문화 속에 뿌리 깊게 박힌 프로테스탄트 직업윤리의 결과로 형성되기도 했지만, 다른 한편으로는 내가 그토록 비판하고 싶은 오늘날의 신자유주의적 가치들과 궤를 같이한다. 사실 합법적인 의미와 일반적으로 승인된 가치를 내세우는 사회구조에서 발을 빼기란 매우 어렵다. 이제 상상력은 우리를 더 나은 방향으로 변화시킬 힘으로 진지하게 받아들여지고는 한다. 또한 상상력의 산물이나 그 기능이 널리 인정받고 존중되고 있다. 사실상 창의력은 우리 시대에 최고의 재화 중 하나라고 할 수 있다.

특히 시장에서 수익을 창출할 수 있는 핵심 기술로, 이른 비 창조산업creative industry에서 높게 평가받고 있다. 블로그 활동을 하거나, 폐기물로 예술품 비슷한 뭔가를 만들어내거나, 장인정신으로 빵을 굽거나, 선반 물건들을 예쁘게 잘 배열하여 이목을 끌거나 하는 식으로 창조적 활동을 통해 생계를 꾸려가는 일이 이제는 탁월함의 표시가 되었다.

그러나 상상력의 부흥에 관한 이야기에는 마지막 반전이 있다. 오늘날 서양에서는 초개인주의hyperindividualism가 대세이다. "자기실현"은 우리의 아주 소중한 여망 가운데 하나이며, 창조성과 유일성은 높이 평가된다. 달리 말하면, 창조성과 유일성이 우리의 가치 서판에 아주 또렷하게 새겨졌다. 따라서 실질적 주류가 된 이러한 가치를 인정하면 되지, 굳이 옛 가치 서판을 부술 필요는 없다. 오늘날엔 상상력과 상상력의 산물을 소중하게 여기는 것을 반항적이거나 반문화적 행위로 보지 않는다. 역설적이게도 진정으로 독창적이고 상상력이 풍부한 존재가 되려면, 바로 이런 가치들에 도전장을 내밀어야 한다.

8장

끈기 있게 버텨내라

칭찬할 만한 장한 일은
노력과 근면함이 없으면
이루어질 수 없다.
_ 새뮤얼 스마일스

고대 그리스의 작가 이솝Aesop이 쓴 우화 가운데 토끼와 거북이의 경주는 잘 알려져 있다. 느림보 거북이는 발이 빠른 토끼가 시도 때도 없이 자신을 비웃고 조롱하자 토끼에게 경주를 제안한다. 당연히 토끼가 앞서 나갔다. 토끼는 승리에 대한 자신감이 넘쳐 경기 도중에 낮잠을 잔다. 그러나 잠에서 깨어났을 때는 끈기 있는 경쟁자 거북이가 이미 결승선을 통과하고 난 뒤였다. 이 이야기는 여러 가지로 읽히지만, 일반적으로 토끼가 어리석은 오만함 때문에 벌을 받았다고 해석된다. 토끼는 자신을 과신한 나머지 타고난 재능을 헛되이 썼고, 반대로 거북이는 승리할 만한 요소가 부족했으나 끈기로 승리한다. 이 우화에서 우리는 천천히 꾸준하게 노력하면 이긴다는 사실을 배우게 된다.

이야기를 더 끌어가보자. 이 우화에서는 태도와 노력은 물론이고 마음가짐도 중요하다. 거북이는 자신을 놀리는 토끼에게 교훈을 주고 싶은 의욕이 넘쳤다. 따라서 타고난 능력이 부족했어도 투철한 직업윤리 덕택에 승리했다. 아니면 모든 것이 성격의 문제일까? 겸손한 인내심이 오만함의 콧대를 꺾었다고 볼 수 있지 않을까? 보통 이솝의 동물 우화에서는 지혜로운 책략가가 신체적으로 더 강한 경쟁자를 기지로 물리치며 승리한다. 그러나 이 우화에서는 힘보다 머리가 중요하다는 도덕이, 덜 매력적인 고대의 덕목인 불굴의 정신으로 대체되고 있다. 불굴의 정신엔 용기―더 정확하게 말하면 역경에 직면해도 설정한 목표에서 벗어나지 않으려는 용기―가 결합된 꾸준한 목적의식이 필요하다.

이러한 자질은 끈기라고 표현할 수도 있다. 끈기는 장애물을 만나고 실패를 경험해도 굴하지 않고 주어진 과업을 계속 추진해나가는 능력을 의미한다. 회복탄력성이나 인내, 추진력, 결의 등도 비슷한 개념이다. 최근에는 거듭된 좌절에도 쓰러지지 않고 계속 전진하는 능력을 기개와 성장형 마음가짐이라고 표현하기도 한다.[1] 그런데 끈기는 윤리적 의미에서 좀 더 복잡한 두 개념, 즉 의지력과 노력과도 연관되어 있다. 의지력과 노력은 종종 도덕적 함의를 지닌 개념으로 간주된다. 사람들은 암묵적이든 명시적이든 의지력과 반대되는 개념으로 게으름, 성격의 나약함, 단련 부족을 생각한다.

행동 가치 강점 목록 Values in Action(VIA) Inventory of Strengths*에 따

---

* 긍정심리학자 크리스토퍼 피터슨 Christopher Peterson과 셀리그먼이 만든 심리검사

르면, 나의 강점은 끈기이다. 이 성격검사에서는 끈기를 다음과 같이 재치 있게 정의한다. "시작한 것을 끝까지 해내는 것. 난관에 부딪쳐도 물러서지 않고 버텨내는 것. '위험을 무릅쓰고 세상 밖으로 나서는 것.' 과업을 완수하는 데 즐거움을 찾는 것."[2] 솔직히 말하면, 끈기는 가장 빛나는 강점이 아니다. 거북이뿐 아니라 낙타나 벌, 개미도 마찬가지이다. 그러니까 힘들여 쉬지 않고 계속 노력하는 끈기는 자랑할 만한 감정은 아니다.

그러나 끈기는 평가절하된 자질이다. 나는 스포츠 활동에 거의 재능이 없지만, 장거리 달리기는 참고 잘하는 편이다. 긴 시간 달리는 데는 인내심이 가장 필요하기 때문이다. 나는 아무리 오래 걸리더라도 그 일을 다 끝내는 데서 즐거움을 찾는 사람이다. 일단 목표를 세우면 거의 포기하는 법이 없다. 이런 일이 있었다. 열 살 때 앞으로 절대 얼굴이 있는 것은 먹지 않겠다고 부모님에게 선언한 적이 있다. 그분들은 내 의견을 존중하겠다고 하셨다. 그날 늦게, 어머니가 아버지에게 하는 말을 우연히 들었다. "그냥 놔두세요. 일주일만 지나면 두 손 들 거예요." 그로부터 15년 동안 나는 비건으로 지냈다. 20대 중반에서야 다시 고기를 먹기 시작했다. 옛날에 나는 내 뜻을 제대로 잘 표현한 것이 아닌가 싶다.

진단법으로, 피검사자 성격의 강점을 분류하여 보여준다. 피검사자가 이를 바탕으로 자기계발을 해나가도록 도와주기 위해 고안되었다.

끈기에는 건강한 완고함이 포함되기 때문이다.

심리학자 앤절라 더크워스Angela Duckworth는 최근에 《그릿Grit》*에서 목표 지향적인 끈기가 인생의 성공을 위한 주요한 필요조건이라고 말한 바 있다. 그는 타고난 재능도 중요하지만 끈기가 성취를 예측하는 지표로서 언제나 최고 자리를 차지한다고 주장한다. 이 주장은 이솝 우화의 도덕적 교훈과 잘 맞아떨어진다. 말하자면 토끼에게 거북이보다 훨씬 더 빨리 뛰는 재능이 있지만, 경주에서는 이길 확률이 낮아도 끈기 있는 거북이가 승리했다.

그러나 오늘날 문화의 관점에서는 토끼에 사로잡혀 끈기보다 재능을 더 중시한다. 이런 경향은 고대 그리스에서부터 시작된 오래된 편견으로, 천재 숭배 신화와 밀접한 연관이 있다. 그러나 지나치게 천재성을 강조하다보면 곁눈질하지 않고 분투하고 노력하는 것의 중요성을 평가절하하기 때문에 문제된다.

니체는 《인간적인, 너무나 인간적인Menschliches, Allzumenschliches: Ein Buch für freie Geister》에서 천재 숭배를 날카롭게 비판한다. 니체는 천재를 어떤 마법과 같은 무엇이라 생각한다면 "굳이 우리 자신을 천재와 비교할 필요도 없고, 우리의 부족함을 찾아낼 필요도 없다"[3]고 말한다. 그는 천재라는 개념 자체가 게으르고 자기만족에 빠진 사람들의 무기가 된 경향이 있다

---

* 《그릿》, 비즈니스북스, 2019.

고 보았다. 왜냐하면 천재를 숭배하면 일반 사람들이 그를 따라가려고 굳이 목표나 기준을 더 높일 필요가 없어지기 때문이다. 또 다른 한편으로 우리는 우리의 헌신이나 성취가 부족하다고 느껴지면 기분이 상하기 때문에 끈질기게 노력하는 사람들을 싫어한다.

더크워스의 《그릿》은 임시방편의 손쉬운 해결책이 아니라 끈질긴 노력을 강조하면서 자조론 분야에 전환점을 마련했다. 그러나 이 끈기라는 고대 덕목은 스마일스의 《자조》가 나온 빅토리아 여왕 시대에 이미 중심 무대를 밟은 개념이다. 사회이동의 가능성이 높아짐에 따라 긍정적이든 부정적이든 운명에 영향을 미칠 수 있는 개인의 노력이 훨씬 더 중요해진 19세기에 훈련이나 교육, 근면함 등이 핵심 가치로 떠오른 것은 당연했다.

적어도 이론상 사회이동은 삶의 위치를 결정하는 견고한 계급 구조의 족쇄에서 우리를 해방시킨다. 그러나 죄의식과 수치심으로 이어질 수 있는 새로운 불안도 잉태한다. 19세기는 한편으로 가능성, 낙관주의, 개인의 수행 능력에 대한 자신 있는 믿음과, 다른 한편으로 번영하지 못하면 그 책임은 우리에게 있다는 생각 사이에서 긴장감이 높았다. 그 결과 커다란 어려움에 직면해서도 끈질기게 버텨내는 기술이 실존적으로 더욱 중요해졌다. 오늘날에도 여전히 그렇다. 비록 점점 더 참을성 없이 조바심을 내고, 먼 미래의 목표에 전념을 다하는 마음가짐이 줄어들긴 했지만, 역설적으로 끈기는 여전히 중요한 덕목으로 자리 잡고 있다.

개인 노력의 중요성에 대한 믿음은 자본주의를 시냉하는 큰 버팀목이기도 하다. 순전히 근성 있는 노력으로 백만장자가 된 접시닦이의 신화도 개인적인 노력에 대한 믿음 때문에 가능했다. 실제든 상상이든 무일푼에서 부자로 올라섰다는 수많은 이야기의 동력은 남의 힘을 빌리지 않고도 스스로 발전할 수 있다는 믿음이다. 그리고 바로 그런 이유로 끈기의 정치학 곳곳엔 윤리적 함정이 도사리고 있다. 특히 의지력을 논하는 경우에 의지력이 부족한 사람을 도덕적으로 비난하는 경향이 종종 나타난다. 그러나 개인적 수행 능력의 범위에 속하는 것과 속하지 않는 것을 결정하는 일은 오랜 수수께끼였다. 가령 우리 중 일부는 다른 사람보다 더 강한 의지력을 갖고 태어날까? 아니면 양육과 경험에 의해 결정된 문제이기에 스스로 해결할 수 있을까? 사회적 지위나 경제적 배경, 유전적 요인은 영향을 미치지 않을까?

끈기는 배우는 일, 즉 학습과도 연관 있다. 모든 학습 활동은 끈기 있는 노력을 요구한다. 심리학자 드웩은 기술을 배우고 발전시킬 수 있는 능력에 대한 믿음을 뜻하는 "성장형 마음가짐"이란 개념을 만들었다. 그의 주장에 따르면, 성장형 마음가짐은 진화 능력에 중요한 영향을 미친다고 한다. 몸을 쭉 펴고, 도전에 나서고, 끈기 있게 버티고, 실패에서 배우는 모든 것이 성장형 마음가짐에 수반된다. 많은 심리학자도 지속적인 발전의 핵심 요소로 실패로부터 배우는

것의 중요성을 강조한다.[4]

자기계발에도 끈기가 요구된다. 마법처럼 빠르고 화려한 변화에 대한 환상은 말 그대로 환상에 불과하다. 더할 나위 없이 훌륭한 자질을 키우고 가꾸기 위해 꾸준히 천천히 접근해야 한다는 뜻의 자기 수양이라는 아주 오래된 개념에서도 끈기의 중요성을 인정한다.

"더 좋게 발전하는 것"을 뜻하는 **카이젠**改善이라는 일본어 개념에도 장기간 점진적으로 조금씩 변화하여 더 나은 것으로 발전한다는 의미가 포함되어 있다.[5] **카이젠**은 도요타 자동차의 생산 과정과 관련하여 주목받은 개념이다. 도요타 자동차는 아무리 사소해 보이는 문제라도 하나하나 분석하여 요구 조건을 채우지 못하면 공정 관리가 제대로 발전할 수 없다고 생각했다. 그래서 공장의 생산 라인에서 단 하나의 오류라도 발견되면, 모든 공정을 멈추고 전체가 나서서 오류를 분석한 다음에 즉각 개선책을 찾아 잘못된 부분을 고쳐나갔다고 한다. 이렇게 습관의 변화를 정확하고 신중하게 지속적으로 추구해나간다는 의미의 **카이젠**은 세부적인 것에 초점을 맞춘 개선 철학이다. 화려한 혁명보다 세심한 개혁에 강조점을 둔다. 그러므로 진정한 끈기는 용기와 인내라는 두 가지 고대 덕목과 함께 나란히 있다.

고대나 중세의 신학자들도 불굴의 정신을 높이 찬양했지만, 끈기라는 현대적 개념은 빅토리아 시대에 부각되었다.

앞에서도 언급했지만, 끈기는 최초의 자조론 도서인 스마일스의 《자조》에서 핵심적인 변화 생성의 자질로 언급된 덕목이다. 《자조》는 출간되자마자 곧 세계적인 베스트셀러가 되면서 오늘날 우리가 알고 있는 자조론 분야의 주요 특징들을 확립했다. 《자조》는 찰스 다윈Charles Darwin의 《종의 기원The Origin of Species》이 출간된 해와 같은 1859년에 나왔다. 많은 사람은 《자조》를 다윈의 저서 못지않게 그 시대의 특징을 규정하는 주요 문헌 중 하나로 생각했다. 왜냐하면 《자조》가 빅토리아 시대 사람들이 가장 갈망한 것과 불안해한 것들을 드러내면서 시대의 문제를 정확하게 짚어냈기 때문이다.[6]

　19세기 후반에 자조라는 개념이 많은 사람에게 울림을 준 이유는 무엇일까? 그리고 왜 지금까지 우리의 마음을 끌어당길까? 자조는 수행 능력과 통제력을 향상시켜준다고 약속한다. 우리가 스스로 문제를 해결할 수 있으며, 운명을 책임질 수 있다고도 공약한다. 빅토리아 시대의 많은 특징은 오늘날에도 이어지면서 자조에 대한 우리의 욕구를 형성해오고 있다. 빅토리아 시대의 가장 큰 특징이라면 중산층의 급증과 사회이동 가능성이 높아진 것을 꼽을 수 있다. 빅토리아 여왕의 통치 기간(1837~1901)에는 상대적으로 정치적 안정과 경제활동의 확대와 번영이 이뤄졌다. 1851년에서 1871년 사이에만 하더라도 중산층의 규모가 3배로 늘어났다.[7] 게다가 산업혁명의 여파로 부의 주요 원천이던 토지의 중요성이 감소했고, 결과적으로 상속된 특권이라는 오래된 사회조직도 서서히 해체되었다. 이제는 제조업이나 금융, 무역과 같은 방식으로 부를 축적하기가 더욱 수월해졌다.

그러나 새로운 사회이동의 시대에 어두운 면도 있었다.[8] 이론적으로 급부상한 사회 개선의 가능성에는 양면성이 내포되어 있었다. 사회 개선이나 진보가 많은 열정과 낙관주의를 낳기도 했지만, 불안과 혼란의 원인이기도 했다. 특히 사회이동을 통한 계층 상승이 사회적 지위나 그에 맞는 예법에 관한 불안과 염려를 증폭시켰다는 사실은 주목할 만하다. 이제 막 사회적 지위를 얻은 사람들은 상대방에게 무례한 실수를 저지르지 않을까 노심초사했고, 반면에 기존 중산층 집안의 사람들은 이제 막 출세한 사람들과 자신을 구분하기 위해 귀족계급의 관례를 흉내 내는 데 신경을 곤두세웠다.[9]

사회적 상승을 갈망하는 사람들은 올바른 행동 규범과 사회적 지위를 드러내는 어려운 기표에 관한 불안감을 해소하기 위해 관련 책자들을 찾았다. 이를테면《신사들을 위한 예법, 부차적인 사회 윤리와 관습 준수에 관한 안내서Etiquette for Gentlemen, Being a Manual of Minor Social Ethics and Customary Observances》나 《예의 바르게 행동하는 법How to Behave : A Pocket Manual of Etiquette》과 같은 책자들을 많이 참고했다. 여기에는 디너파티 예법을 통달하는 법, 우아하게 앉고 일어서는 법, 초대장에 적혀 있는 "RSVP*"의 의미, 더러운 손톱이나 입 냄새를 피하는 법 등 중산층 관습에 대한 일종의 속성 과정이 들어 있다.[10]

지금은 주로 요리책이라고 알려져 있는《비튼 부인의 가정 관리 책Mrs. Beeton's Book of Household Management》에도 중산층의 적절한 행동 규칙들에 관한 많은 권고사항이 담겨 있다.[11]

빅토리아 시대에 자조에 관한 욕구가 급증한 것은 개인이나 사회 전반의 발전과 진보에 대한 강한 믿음과 연관이 있다. 당대 새로운 이상과 궁극의 목적들은 19세기에 만발한 많은 개혁 운동에서 분명히 드러난다. 노동자들의 선거권 획득을 위한 차티스트 운동chartist movement과 여성의 참정권을 보장하라는 서프러제트 운동suffragette movement 등이 그에 속한다. 그 외에도 노동환경 개선을 위해 투쟁한 노동조합들의 운동, 음주와 이로 인한 느슨한 도덕의식이 모든 악의 근원이라고 생각한 금주 운동, 그리고 모든 사람에게 교육의 기회를 확대하고 빈곤층의 경제적 상황을 개선하기 위해 추진한 교육 및 사회복지 개혁 운동 등이 있었다. 빅토리아 시대의 개혁 운동에는 품성과 가치, 행동을 포함하는 내면의 삶도 예외일 수 없었다. 사회 전반에 만연된 진보와 발전에 대한 확신이 종교의 쇠퇴가 가져온 공백을 빠르게 채우기 시작했다.

스마일스는 1812년에 스코틀랜드의 근면한 중산층 가정에서 태어났다. 제지업자이자 잡화점 상인이었던 부친 밑에

---

* 초대받은 사람의 응답을 바란다는 뜻으로, 프랑스어 'Répondez s'il vous plaît'의 각 머리글자를 딴 표현이다.

서 자란 그는 의학을 공부한 뒤 고향에서 병원을 개업했다. 하지만 그는 쉬지 않고 자기계발을 추구했다. 신문 편집자로, 철도회사 직원으로, 보험업자로 활동하기도 했다. 그러다 《자조》가 전례 없는 성공을 거두면서 이후 글 쓰는 일에만 전념했고, 결국 신문에 수백 편의 글과 스물다섯 권의 책을 쓴 작가가 되었다.

스마일스는 "젊은이들이 올바른 일에 전념하고, 그 과정에서 노동과 수고는 물론 자기희생을 아끼지 말고 남의 도움이나 후원 없이 스스로의 노력에만 의지하도록 촉구하고자"《자조》를 썼다고 말한다.[12] 그러면서 독자들에게 근면과 노력, 끈기라는 덕목을 가슴에 새기라고 거듭 당부한다. 또한 자기계발이 얼마나 힘든 일인지도 재차 강조한다. "노력과 근면함이 없으면 칭찬할 만한 어떤 것도 성취할 수 없다"면서 어려움이 닥치더라도 기죽지 말고 "인내와 끈기로 그 어려움을 극복하라"고 말한다. 그는 무엇보다 우리가 "품성의 고상함"을 이뤄야 한다고 생각한다.[13] 스마일스에 따르면, 사회적·경제적 성공의 핵심 동인은 정신을 집중시킨 의지력, 힘든 일도 즐겁게 하는 마음가짐, 부단한 노력, 대단한 인내심이다. 본질적으로 자조는 기개와 끈기에 대한 찬가이다.

스마일스의 책에는 끈기와 부지런함, 선한 삶을 통해 자수성가한 사람들의 감동적인 이야기가 많이 담겨 있다. 덕분에 우리는 영국 런던 경찰서를 창설한 로버트 필 경Sir

Robert Peel, 탐험가 데이비드 리빙스턴David Livingstone, 소설가 월터 스콧 경Sir Walter Scott, 정치가 벤저민 디즈레일리Benjamin Disraeli 및 그 외의 수많은 발명가와 기술자와 사업가와 산업계의 거물의 삶을 어느 정도 이해할 수 있다. 그중에서도 "기계의 왕"인 증기기관을 발명한 제임스 와트James Watt의 짤막한 전기傳記가 대표적이다. 와트가 이룬 업적은 끈기의 중요성과 관련된 스마일스의 메시지를 가장 잘 보여준다. 스마일스는 말한다.

"와트는 매우 근면한 사람이었다. 그의 삶은 모든 경험에서 확인되는 것처럼 최고의 결과를 일궈내는 사람이란 최고의 활력과 능력을 타고나는 게 아니라는 사실을 입증한다. 누구도 따라오지 못할 근면함과 온 정성을 다해 단련한 기술―열심히 일하고 노력하고 온갖 경험을 하면서 터득한 기술―을 바탕으로 자신의 능력을 잘 활용하는 사람이 최선의 결과를 얻을 수 있음을 보여준다."[14] 그러니까 비범한 재능을 타고난 천재가 아니라 한눈팔지 않고 열심히 노력하는 사람이 위대한 업적을 이룰 수 있다. 철학자 니체와 심리학자 더크워스나 드웩과 마찬가지로 스마일스는 천재가 너무 과대평가되었다고 주장한다. 부단한 노력과 자기 목표에 장기간 전념할 수 있는 능력이 훨씬 더 가치 있는 자산이라고 그는 믿는다. 대부분이 특별한 능력이나 천부적 재능을 축복받지 못한 사실을 감안하면, 그의 주장은 많은 독자를 안심시키는 메시지였을 것이다. 그러나 동시에 평균적인 능력이 있음에도 열심히 노력하지 않는 이들의 변명을 무색하게 만들기도 한다.

스마일스가 이기적인 목적에서 자조를 추구하지 않았다는 점은 중요하다. 그는 자조를 이타적이고 애국적인 것으로 간주했다. "지극히 고결한 의미에서 자기 자신을 도와야 한다는 의무에는 이웃을 돕는다는 의미가 포함된다"[15]고 말한다. 우리 모두가 공동체에 단단히 뿌리 내리는 관계적 존재이기 때문이다. 따라서 자기계발의 모든 활동이 국가 발전에도 기여해야 한다. 실제로 스마일스는 공자와 유사하게 국가는 국가 구성원 각각의 총합에 불과하기 때문에 국가의 발전을 자조와 떼어놓고 생각할 수 없다고 주장한다. 한 국가의 진정한 가치는 국가의 제도가 아니라 시민들의 품성이 규정한다는 것이다. "국가는 개인적 조건들의 총합에 지나지 않으며, 문명은 사회를 구성하는 남녀노소의 개인적 발전의 문제이다."[16] 스마일스의 말이다.

끈기를 옹호한 다른 많은 사람과 달리 스마일스는 넓은 의미에서 철학적으로 논란 있는 개념인 활력 및 의지력에 대한 생각을 과감히 밝힌다. 그는 의지가 "사람의 모든 활동을 고무시키고, 모든 노력에 영혼을 부여한다"는 의미에서 "의지에 활력을 불어넣는 것"은 "인간, 그 자신"이라고 주장한다.[17] 사실 의지라는 개념은 아르투어 쇼펜하우어Arthur Schopenhauer의 대작《의지와 표상으로서의 세계Die Welt als Wille und Vorstellung》에서부터 니체의 "권력에의 의지will to power"라는 개념에 이르기까지 19세기 철학의 핵심이라고 할 수 있다. 또한 의지는 현대의 자조론에서도 여전히 중심적인 역할을 하는 개념이다.

스마일스에 따르면 성장은, "주로 우리가 노력이라고 부르는 의지의 적극적인 분투에, 어려움에 맞서는 것에"[18] 달려 있다. 스마일스가 목적으로 향하는 힘이라고 정의한 의지는 우리가 마음에 무엇을 품든 그것을 행하거나 그렇게 되는 것을 가능하게 해준다.

그러나 의지력은 이론의 여지가 있는 문제적 개념이다. 왜냐하면 그것은 성공하든 실패하든 그 모든 책임을 전적으로 우리에게 돌리기 때문이며, 만약 역경과의 싸움에서 실패하면 우리의 도덕적 약점 때문이라는 의미를 함축하게 된다. 이런 점에서 의지력에는 우리의 수행 능력과 욕망의 힘을 과대평가하는 요소가 담겼다고 할 수 있다. 그래서 목표를 추구하는 능력이 부족할 때 바로 의지력의 결핍과 이를 넌지시 암시하는 허약한 품성을 거론하는 것이다. 이런 시각은 아직도 팽배하며 의지를 중시하는 이들은 끈기를 결정하는 더 복잡한 요인들을 쉽게 무시하는 경향이 있다.

의지력 못지않게 논란 있는 또 하나의 개념이 바로 펙의 베스트셀러 《아직도 가야 할 길》에서 중점적으로 다루는 게으름이다. 이 책은 현대 자조론 도서 가운데 진정한 의미의 몇 안 되는 영원한 고전이며, 오늘날 서점의 자기계발 분야에서 카네기의《친구를 얻고 영향력 있는 사람을 내 편으로 만드는 법How to Win Friends and Influence People》*과 힐의《생각하라 그리고 부자가 되어라》와 함께 시대를 떠나 호소력 있는 작품으로 나란히 진열되어 있다.

펙은 미국의 정신의학과 의사로 미 육군에서 일하다가 기독교인으로 다시 태어난 사람이다.《아직도 가야 할 길》은 보수적 가치, 정신의학과 정신분석의 통찰, 종교 사상 등이 결합된 묘한 책이다. 개인적으로 알코올과 마약 중독, 불신앙으로 괴로워했다는 펙은 정신적·영적 성장을 위한 핵심 요소로 규율 및 단련과 책임감을 앞세운다. 펙의 세계에서 나태는 대죄에 속한다. 그는 우리가 가장 시급한 문제를 직면하고도 해결하지 못한 이유가 게으름 탓이라고 주장한다.

《아직도 가야 할 길》은 "인생은 험난하다"[19]라는 유명한 문장으로 시작된다. "인생은 일련의 여러 문제로 이어져 있다"고 생각한 펙은 인생이 편안하고 쉬워야 한다는 집단적 믿음이 위험천만하다고 주장한다. 이러한 문제들을 극복하기 위해서는 규율과 단련이 필요하다. 오직 규율과 단련만이 문제들을 기회로 바꾸어, 우리를 정신적으로나 영적으로 성장하고 삶에 의미를 부여하도록 해준다. 우리를 가장 해치기 쉬운 것들에는 또한 우리를 지시하고 가르치는 능력이 있다. 펙은 우리가 가치 있는 삶의 교훈을 배우지 못한 것은

---

* 《카네기 인간관계론》, 와일드북, 2022.

고통과 단기적인 괴로움을 피하려는 성향 때문이며, 이는 순전히 게으름에서 비롯되었다고 주장한다. 이 게으름의 성벽性癖이 모든 고통과 대부분의 정신질환의 원인이라고 펙은 믿는다.[20]

펙은 정신적으로 성장하는 것에 삶의 의미가 있다고 썼다. 그런데 이를 이루려면 2가지 중요한 전략이 필요하다. 하나는 만족을 뒤로 미루는 것이고, 또 하나는 책임을 받아들이는 것이다. 만족을 뒤로 미룬다는 것은 "고통을 먼저 겪고 극복함으로써 기쁨을 증대하는 방식으로 삶의 고통과 기쁨을 예정하는 과정이다. 이것이 품위 있게 사는 유일한 방식이다".[21] 따라서 펙은 인생에서 단맛을 먼저 맛보는 것을 달가워하지 않는다.

만족을 지연시키는 능력도 끈기에 속한다. 이는 장기적인 더 높은 목표를 고수하며, 일시적인 기쁨을 맛보려고 목표로 향하는 길에서 벗어나고픈 유혹을 뿌리치는 것이다. 또한 일시적인 불편이나 고생을 참아내는 일이다. 그러나 현실에서 대다수가 일시적 감정, 즉 충동으로 특정되는 삶의 방식을 수용한다. 우리는 규율과 단련이 부족하기 때문에 가장 숭고한 목표를 끈기 있게 버티면서 추구하지 못한다.

만족을 늦추는 것만큼 문제를 스스로 책임진다는 태도도 중요하다. 이 부분에서는 건강한 균형이 필수적이다. 성향이 스펙트럼에서 신경증적인 면에 속한다면, 문제에 대해 너무 많은 책임을 떠맡으면서 자동적으로 자기 잘못이라고 결론지을 것이다. 반면에 자기애 성향이 강하다면, 그 어떤 책임도 받아들이지 않으면서 자동적으로 "세상이 잘못된 것"이라고 생각할 것이다.[22] 두 극단은 모두 책임에 대한 문제이다. 양식 있고 균형 잡힌 책임 의식은 규율과 결합되어야만 가능하다. 왜냐하면 펙이 주장하듯, 규율은 "인간이 정신적으로 진화하는 데 필요한 주요 수단"이기 때문이다.[23]

결정적으로 규율과 단련에 활기를 불어넣는 것은 사랑이다. 펙이 말하는 사랑은 낭만적 의미가 아니라 지속적인 관심과 헌신의 뜻이 담긴 노력의 한 형태이다. 당연히 이런 사랑의 반대 개념은 미움이 아닌 게으름이다. 펙에게 게으름은 정신적 성장을 가로막는 방해물이다. 펙의 이와 같은 시각은 나태를 7가지 대죄 가운데 가장 위험하게 생각한 신학자 토마스 아퀴나스Thomas Aquinas와 이탈리아의 시인 단테 알리기에리Dante Alighieri의 견해와 유사하다. 펙은 "게으름을 이겨내면 다른 모든 방해물도 극복할 수 있다"고 말한다.[24] 그는 자신의 책 가운데 정신분석학적 관점에서 종교적 관점으로 시각을 바꾸는 부분에서 게으름이 "원죄original sin"라고까지 말하며 "심지어 악마일 수도 있다"고 선언한다.[25]

《아직도 가야 할 길》 전반에는 펙의 정신분석학적 논의와 도덕주의적 논의 사이의 긴장이 좀 더 동정적인 시각에서 나타난다. 펙은 우리의 규율 능력이 한편으로 부모의 영향을 받아 형성된다고 주장한다. 사랑과 훌륭한 롤모델이 없는 가정에서 자란다면, 성인이 되어서도 규율을 획득하고 실천해나가기가 대단히 어렵다는 뜻이다. 만일 세상을 불안정하고 위험한 장소라고 생각한다면, 만족을 뒤로 미루기보다 할 수 있는 한 빨리 기쁨을 취하려 할 것이다.

다른 한편으로는 끈기 있게 버텨내는 능력이 부족한 이들을 게으르다고 낙인찍는다. 때로는 우리 문제의 원천에 대해 좀 더 부드럽고 공감 어린 시각으로 이해하기도 하지만, 자기계발에 관한 한 펙은 궁극적으로 지극히 도덕주의적이고 품성의 허약함이라는 시각에서 접근하고 있다. 모든 것을 고려해보면, 펙의 입장은 단연코 용서 없는 단호한 입장이다. 이렇게 엄격한 펙의 메시지가 그동안 많은 독자의 호응을 얻었고 지금도 여전히 큰 울림으로 남아 있다는 사실은 놀랍다.

20세기를 거치면서 품성의 허약함과 죄라는 언어는 데미지와 정신적 외상이라는 용어로 대부분 대체되었다. 전자의 언어에는 비난의 뜻이 담겨 있지만, 후자의 언어에는 무고한 희생자라는 의미가 들어 있다. 현대의 심리학자들 대부분은 끈기 있게 성장하는 능력은 여러 요인의 영향을 받는데, 그중 일부 요인들은 우리가 통제할 수 없는 것들이라고 인정한다. 그런데 많은 부분에서 펙과 생각이 같은 캐나다 심리학자 피터슨이 최근에 품성의 허약함을 강조하는 시각을 다시 부활시키고 있다. 베스트셀러《12가지 인생의 법칙》에서 피터슨은 의미 있는 삶을 살려면 자기 자신의 행동과 경험에 대해 책임을 지고, 품성을 향상하기 위해 부단히 노력하고, 전통적 가치를 포용하고, 상처 입은 피해자 의식을 버려야 한다고 말한다.

이 책에서 피터슨은 구원자의 목소리를 들려주겠다는 의도에서 글에 격조를 담아 고대의 지혜, 철학, 종교 그리고 근거는 없지만 사람들이 진실인 양 인정하는 인간 본성에 관한 사실 등을 혼합하여 보여줌으로써 독자들의 시선을 사로잡고 있다. 게다가 친구나 가족의 일화는 전통적 가치가 쇠락해가는 현실과 평등권 입법에 관한 통렬한 비난을 틈틈이 섞어가며 책의 재미를 배가시킨다. 피터슨은 2016년에 유튜브에서 정치적 올바름political correctness*에 반대하는 운동을 시작하면서 여러 신문의 헤드라인을 장식하기도 했다. 또한 그는 탈현대의 네오마르크스주의자들과 페미니즘 학계가 음모론을 퍼뜨리고 있다고 믿는다. 그들이 정체성 정치identity politics**의 복음을 설파하고, 젊은 백인 남성들을 악마화하고 있으며, 궁극적으로는 서양의 전통적 가치를 훼손하고 있다는 것이다.[26] 당연한 일이겠지만 피터슨을 옹호하고 나선 주요 지지층은 젊은 백인 남성들이다.

---

* 언어 사용이나 사회정책에서 인종, 민족, 종교, 성 정체성, 나이, 직업을 근거로 모욕하거나 차별해서는 안 된다는 신념을 바탕으로 1980년대에 미국 사회에서 시작된 사회정의 운동.
** 생물학적 성이나 사회적 성, 종교, 인종, 장애 등을 공유한 특정 사회집단에 속한 구성원들이 공통적으로 경험하는 불의에 저항하면서 배타적인 정치활동을 추구하는 운동이나 이론.

피터슨의 자조 철학을 압축해 말하면, 조건이나 상황과 상관없이 원하기만 하면 더 나은 방향으로 변화할 수 있다는 생각이다. 의지력과 끈기만 있으면 된다는 뜻이다. 허리를 쭉 펴고, 불행에서 벗어나는 방법을 이성적으로 잘 생각해내고, 운명과 행동에 대한 책임을 받아들이며, 징징대지 말고 일어나 힘차게 성장해나가면 된다.

2000년 전에, 아니 빅토리아 시대만 하더라도 이성과 의지력의 절대적 힘을 전파하는 것이 가능했을지 모르겠다. 그러나 많은 연구에서 정신과 육체, 사회적 맥락 사이의 복잡한 관계가 조명된 21세기에 이러한 주장을 편다는 것은 또 다른 문제이다. 더구나 우울증을 겪은 임상심리학자가 행동과 사고방식을 바꿀 능력은 의지력이나 의지력 부족만이 아니라 그 밖에 여러 요인의 영향을 받는다는 사실을 보여주는 모든 증거를 단번에 물리친다는 사실은 놀랍다. 유전적 요인, 사회구조, 양육 등도 능력에 강력한 영향을 미치고, 이로 인해 어떤 사람은 다른 이들에 비해 의지력을 동원하기가 대단히 어려울 수도 있다. 실제로 많은 현대 심리학자는 의지력을 제한된 자원으로 보고, 오로지 의지력으로 살 수 없으며 어떤 일을 성취할 수도 없다는 사실을 지적한다.

피터슨이 놓친 것은 무엇일까? 그는 장기적 관점에서 우리의 행동을 **어떻게** 바꿀 수 있는지를 고려하지 않았다. 차렷 자세로 똑바로 설 수 있다면 왜 그렇게 하지 않았겠는가? 《12가지 인생의 법칙》에서는 우리가 운명을 개선하지 못하고 번번히 실패하는 것을 "올라가는 것보다 내려가는 게 더 편해서"[27]라고 일축해버린다. 펙과 마찬가지로 피터슨은 자기계발을 하지 못하는 사람들을 게으름뱅이라고 무시하면서 이렇게 말한다.

"그런 사람은 올라가는 길이 힘들다고 포기하기로 마음먹었을 가능성이 매우 높다. (…) 악에 물들기는 쉽다. 실패도 마찬가지이다. 어깨에 짐을 지지 않으면 편하다. 생각하지 않고, 행동하지 않고, 신경 쓰지 않는 것이 더 쉽다. 오늘 할 일을 내일로 미루고 오늘의 값싼 쾌락 속에서 다가올 나날을 가라앉히는 일은 더 편하다."[28]

피터슨이나 펙은 모두 의지력과 규율을 구원에 이르는 길이라고 굳건히 믿는다. 우리가 실패한다면 그것은 오로지 게으르고 허약한 탓이다. 이런 점에서 그들의 책은 중세의 도덕 교과서와 하등 다를 바가 없다.

또 다른 차원의 끈기, 즉 지속가능한 좋은 습관을 배양하기 위해 좀 더 온건하고 관대한 입장을 취하는 사람들이 있다. 펙의 《아직도 가야 할 길》보다 10년 뒤에 출간되어 마찬가지로 자조론 분야의 고전으로 대접받는 코비의 《성공하는 사람들의 7가지 습관》을 예로 들어보자.

코비는 20세기의 많은 자조론 도서가 임시변통으로 제시한 "밖에서 안으로outside-in"의 해결책에 이의를 제기한다. 그는 자신의 방법을 "개인 및 대인관계의 효과성에 대한 원칙 중심의 품성에 기반을 둔 '안에서 밖으로inside-out'의 접근법"이라고 설명한다.[29]* 그가 꼽은 핵심 습관 중 3가지는 자기 극복에 관한 것이고, 나머지는 "대중 속 승리"에 관한 것이다. 무엇보다 그는 가치 기반의 삶, 성실성, 통제력 그리고 내면 지향성을 강조한다.

코비는 아리스토텔레스를 인용하면서 "우리의 모습은 반복적인 행동에서 나타난다. 따라서 탁월함이란 행위가 아니라 습관이다"라고 말한다. 그의 책 제목이 보여주듯, 습관은 삶에서 어떻게 성공을 거둘지 결정하는 강력한 일과이다. 습관은 "지속적이고 무의식적인 형태로 자주 이루어지기 때문에, 매일 끊임없이 우리의 품성을 나타내며, 우리를 쓸모 있는 사람으로 (…) 혹은 그렇지 못한 사람으로 만들어낸다". 코비는 습관을 "**지식**과 **기술**과 **욕망**의 교차점"[30]이라고 이해한다. 달리 말하면, 습관은 무엇을 행하고 어떻게 수행하고 기본 동기는 무엇인지를 결정한다.

코비는 유전학적이든 정신분석학적이든 환경론적이든 결정론적 사고에 맞서 외부 자극에 어떻게 반응할지를 항상 우리가 결정할 수 있다고 주장한다. 그의 주장에 따르면, 자극과 반응 사이에는 결정적인 간극이 있는데, 이를 어떻게 메울지는 우리 손에 달려 있다. 이는 책임responsibility이라는

---

* '밖에서 안으로'의 해결책이 개인이 아닌 외부의 성공 기준에 맞추어 자기계발의 방법을 제시하는 것이라 한다면, '안에서 밖으로'는 개인의 역량이나 품성에 초점을 둔 해결 방안이다.

개념에 기반을 둔 것으로, 책임이란 어떻게 대응할지 선택하는 능력, 즉 "대응 능력response-ability"을 의미한다. 이런 점에서 보면, 그 또한 정치적 스펙트럼의 우파에 속하는 자조론에서 인기 있었던 고전적 자유의지의 성품 윤리 원칙을 수용한다. 코비의 말을 들어보자.

"굉장히 능동적인 사람들은 책임을 인정한다. 그들은 상황이나 조건 혹은 행동을 이끌어내기 위해 형성된 조건을 탓하지 않는다. 행동은 가치에 기반을 둔 의식적 선택의 산물이지, 느낌을 바탕으로 한 조건의 산물이 아니다."[31] 그는 우리의 반응은 전적으로 우리 권한 안에 있을 뿐 아니라 늘 가치에 기반한다고 결론짓는다.

코비도 펙과 피터슨처럼 규율의 중요성을 내세운다. 그는 규율의 의미를 이렇게 설명한다. "(규율은) **문하생**disciple이란 단어에서 비롯되었다. 따라서 어떤 철학을 따르는 것이고, 일련의 원칙을 따르는 것이고, 가치 체계를 따르는 것이고, 최우선의 목적을 따르는 것이며, 최상급의 목표 혹은 그 목표를 대표하는 사람을 따르는 것이다." 우리가 자신을 다스리는 "능력 있는 관리자"라면, 우리의 규율은 내면에서부터 나온다.[32] 코비는 자아를 기업가적 존재로 이해한다. 따라서 훌륭한 자기 관리 기법을 활용하여 자신을 최적화할 수 있다고 본다. 그는 우리가 소유한 "가장 큰 자산"인 자신을 잘 돌보라고 권고한다. 자기 관리에 대한 코비의 생각을 읽어보자.

"인생에서 할 수 있는 유일하고 가장 멋진 투자는 바로 우

리 자신, 즉 인생을 살아가는 데 필요하고 인생에 기여할 수
있는 유일한 도구는 자신에 대한 투자이다. 우리는 자신의
성과를 위한 도구이며, 그래서 효과적인 도구가 되기 위해
정기적으로 끈기 있게 4가지 면에서 톱날을 가는 일이* 얼
마나 중요한지 깨달아야 한다."[33] 코비는 자신을 자산으로,
자기 관리를 투자의 한 형태로 언급하는 등 금융이나 비즈
니스와 관련된 많은 은유를 사용한다. 이는 자아를 "도구"로
묘사함으로써 원하는 성과를 효과적으로 성취하는 것이 바
로 우리의 주요 목적임을 분명히 드러낸다.

코비가 약속하는 효율성 증대는 신자유주의적 관점에서
최적화된 수행 능력에 대한 성배와도 같은 개념이다. 비효
율성이 분명히 바람직한 속성은 아니지만, 효율성을 과대평
가하는 것에는 위험이 따른다. 순수한 효율성을 최고의 선
으로 간주하면 자신을 기계와 같은 존재로 바라보면서 이
리저리 뜯어고치고 비틀어서 미세하게 조정하거나 신형 모
델로 교체해야 한다는 위험한 발상이 스며들 수 있기 때문
이다. 이런 의미에서 코비의 "성품 윤리" 접근 방법은 오로
지 겉으로만 심오한 가치를 존중하는 듯 보인다. 그는 일관
성과 진정성 있는 원칙 주도의 존재 방식과 인간관계를 내
세웠지만, 그 가치들이 소중해서가 아니라 우리가 좀 더 효율

---

* 삶의 네 영역, 즉 육체와 정서와 정신과 영혼의 영역에서 우리의 자산을 균형 있
게 잘 보존하고 향상시켜야 한다는 의미.

적인 존재가 되기 위해 필요했던 것이다. 어떻게 보면, 아리
스토텔레스도 행복과 번영을 뜻하는 **에우다이모니아**eudaimonia
에 대한 기대를 당근으로 제시하며 우리에게 선한 삶을 팔
려고 했다.

　코비는 어떤 습관을 어떤 목적으로 채택해야 하는지를 알
려주지만, 그 **방법**에 대해서는 자세하게 언급하지 않는다.
습관이 되려면 특정 활동이나 행동을 일상적으로 계속해야
한다. 그러나 많은 사람이 쓰라린 경험으로 알고 있듯이, 몸
에 배인 습관을 깨거나 새로운 습관을 들이는 일은 무척 힘
들다. 금주나 초콜릿, 과자, 담배를 줄이려고 애쓴 적이 있거
나, 규칙적으로 체육관에 가서 운동하려고 노력해본 사람이
라면 모두 고개를 끄덕일 것이다. 저널리스트 찰스 두히그
Charles Duhigg는 개인이든 조직이든 사회든 습관을 어떻게 바
꿀 수 있는지를 세밀하게 들여다본 사람이다.
　두히그는 《습관의 힘The Power of Habit》*에서 우리 뇌가 효율
적으로 기능하려면 되도록 많은 결정을 자동화해야 한다고
주장한다. 어떤 일을 따지지 않고 당연하게 하면, 즉 기분에
상관없이 실행에 옮기면 그것이 바로 습관이 된다. 가령 아
침에 일어나면 당연히 제일 먼저 양치질을 한다. 그런데 매
일 아침 6시에 일어나 날씨나 기분 혹은 전날에 술을 마셨

———

* 《습관의 힘》, 갤리온, 2012.

는지 여부와 상관없이 양치질처럼 자연스럽게 달리기를 한다면, 성공적으로 새로운 습관을 만든 셈이다.

나쁜 습관을 좋은 습관으로 바꾸고 싶다면, 두히그가 말하는 "습관의 고리habit loop"를 이해해야 한다. 두히그에 따르면, 모든 습관은 세 부분으로 나뉜다. 첫째는, 우리 뇌에게 자동 상태로 들어가라고, 어떤 습관을 활성화하라고 지시하는 신호나 자극(혹은 유인)이다. 그다음은 육체적이든 정신적이든 정서적이든 일상화되는 일이다. 마지막으로 우리 뇌가 "특정한 습관 고리를 앞으로도 계속 기억할지 말지를 결정하도록 도와주는" 보상이다.[34] 시간이 지나면 이 습관의 고리는 자동적으로 작동한다. 다행스럽게도 신경학적으로 새로운 일과를 습득할 능력이 누구에게나 있다고 두히그는 주장한다.

두히그는 대체replacement라는 개념을 중심에 두고 습관을 바꾸기 위한 처방을 내린다. 삶은 일련의 습관들로 이어져 있다. 그 습관들을 다 없애기는 불가능하다. 따라서 나쁜 습관은 좋은 습관으로 대체되어야 한다. 습관 바꾸기의 황금률이 있다면, 동일한 신호나 보상을 유지하되 일상화라는 중간 고리에 새로운 일과를 집어넣는 식이다.[35]

우선 그 습관 고리에 속하는 요소들을 전부 다 알아야 한다. 예를 들어, 오후 3시쯤이 되면 충동을 이기지 못하고 케이크를 늘 먹는다고 치자. 이를 유발한 요인은 저혈당, 축처지는 느낌, 시원한 공기를 쐬고 싶은 욕구 혹은 누구와 마음 놓고 잡담하고 싶은 마음일 수 있다. 즉 당이 아닌 시원한 공기나 잡담을 진정 원한 것이라면 케이크를 산책이나 친구와의 수다로 대체할 수 있다. 또는 감정 상태(피로·불안·우울·스트레스·권태감) 때문에 저녁마다 술을 마신다고 해보자. 이때 먼저 그 신호가 무엇인지(하루의 어느 시점과 감정 상태인지) 알면 술과 동일한 보상, 즉 휴식이나 기분의 고조나 복잡한 생각에서 벗어나게 해주는 다른 종류의 일과, 가령 요가나 글쓰기나 산책 등으로 바꿀 수도 있다.

두히그는 진실로 습관을 바꾸고 싶다면, 에너지를 "핵심 습관keystone habit"에 집중하라고 권한다. 핵심 습관이란, 삶의 전체 습관 체계에 도미노 효과를 일으키는 습관을 말한다. 흡연이나 음주, 과식, 늑장 등이 핵심 습관일 가능성이 높다. 만일 핵심 습관을 극복할 수 있다면, 그에 따른 다른 많은 비생산적인 하부 습관도 사라질 것이다. 예를 들어, 술을 너무 많이 마시는 습관을 끊으면 규칙적으로 운동하는 습관을 들일 가능성이 높아진다. 그러면 푸성귀를 더 많이 먹을 수도 있고, 그래서 소파에 드러누워 넷플릭스를 보다가 잠에 곯아떨어지는 것보다 더 큰 보상이 주어지는 활동을 할 에너지를 가질 수 있다.

이런 점에서 생산성과 대인관계의 효율성을 높이는 수단으로서 끈기 있게 가치 기반의 삶을 말하는 코비와 달리, 두히그는 단순히 끈기에 관한 공식 하나를 제공한다. 좋은 습관을 형성하는 것이 가장 발전된 형태의 끈기이기 때문이다.

습관은 일상생활에서 타협 불가능한 부분이 지속적이고 규칙적으로 반복되는 활동이다. 그리고 우리가 습관적으로 행하는 것은 무엇이든 필연적으로 잘하게 될 수밖에 없다.

심리학자 더크워스는 앞선 시대를 살았던 스마일스와 마찬가지로 기개가 재능보다 더 중요하다고 주장한다. 더크워스는 지속적으로 노력해 기술과 수행 능력을 향상하려는 추진력을 기개라고 생각한다. 끈기의 최고 귀감이라고 할 수 있는 의지가 굳센 사람들은 끈질기게 노력하고, 항상 배우고자 하는 열의에 넘치며, 쉽게 자기만족에 빠지지 않는다. 그들을 움직이는 것은 끈덕진 열정이다. 그들에게는 나아가야 할 길이 있으며, 스스로 원하는 바를 안다. 따라서 더크워스의 관점에서 기개는 끈기와 열정의 결합이다.

더크워스는 재능과 기개와 성취의 차이를 강조했다. "재능은 노력했을 때 기술이 얼마나 빨리 향상되느냐와 관련 있다. 성취는 습득한 기술을 활용할 때 발생한다."[36] 기개는 장기간 성취하는 것으로 재능과 별개라고 생각한 그는 "잠재능력과 그 능력으로 무엇을 할지는 별개의 문제이다"라고 말했다.[37] 이런 점에서 적성과 기술과 어느 정도의 기본적인 재능은 성공을 결정하는 요인으로 중요하지만, 열심히 일하고 또 개선하기 위해 거듭 노력하는 것만큼 중요하지는 않은 것 같다.

더크워스는 많은 연구를 통해 기개 있는 사람들이 그렇지 못한 사람들보다 성공 가능성이 훨씬 더 높다는 사실을 분명하게 보여준다. 그의 책에는 거북이와 토끼에 관한 이솝 우화처럼, 끈기 있는 사람들이 단순히 재능만 있는 이보다 더 크게 성취한 일화들이 많이 소개된다. 진정으로 기개 있는 사람들은 자신의 기술에 열정적인 태도를 취하며, 그 기술을 향상시키려 부단히 노력한다. 그들이 설정한 중간 단계나 낮은 단계의 목표들은 모두 더 높은 단계로 나아가기 위한 열정을 주기 때문에 그들은 대체로 흔들리지 않는다. "다른 사람들의 행복에 이바지하고자 하는 의도"로 이해되는 목적은 기개의 또 다른 중요한 특징이다.[38] 우리가 하는 일의 중요성을 믿고, 이는 더 큰 집단에 가치 있게 기여한다는 신념을 지녀야 한다. 또한 그들은 배움에 변화를 만드는 힘이 있다는 낙관적인 생각을 가지는 경향이 있다. 일반적으로 그들은 "노력으로 미래를 개선할 수 있다"고 믿는다.[39]

내면의 힘의 한 형태인 회복탄력성과 기개의 관계도 중요하다. 회복탄력성은 역경을 딛고 일어서서 "더 좋은 방향으로 다시 튀어오르는" 능력을 말한다. 넘어지거나 밀려났다가도 제자리로 돌아가는 능력이다. 회복탄력성이 있다면 자기연민에 빠지거나 파괴적인 자기비판적 생각으로 스스로를 해치지 않고 이전의 풍요로운 상태로 되돌아갈 수 있다. 동양의 "칠전팔기七顚八起"라는 사자성어가 기개에 담긴 회복탄력성의 역할을 아주 깔끔하게 잘 표현한 말이 아닌가 싶다.

더크워스는 끈기가 성공의 주요 동력으로 매우 중요하다

는 인식을 드높임으로써 오늘날 자조론 풍경에서 나타나는 불균형을 해소했다. 그의 책은 모든 좋은 일은 시간이 걸리고 지속적인 노력의 결과라는 사실을 상기시켜준다는 점에서 중요한 의의를 지닌다.

또한 기개는 실패로부터 배우는 능력을 요구한다. 기개 있는 사람들은 실패를 아주 다르게 대한다. 실패했을 때 당황하거나 수치심을 느끼거나 낙담하기보다 이를 배움의 기회로 여기기 때문이다. 물론 남들처럼 실망하고 낙담할 수도 있으나, 그들은 항상 무엇이 잘못되었고 앞으로 어떻게 하면 더 잘할 수 있을지를 궁리한다.

심리학자 드웩의 말을 빌리자면, 그들은 "고착형 마음가짐 fixed mindset"이 아닌 "성장형 마음가짐growth mindset", 즉 "심지어 (혹은 특히) 일이 잘 풀리지 않을 때에도 마음을 가다듬어 그 일을 고수하고자 하는 열정"을 지녔다.[40] 성장형 마음가짐을 지닌 사람들은 학습과 능력 향상의 가능성을 믿는다. 반면에 고착형 마음가짐을 지닌 사람들은 주어진 능력만 믿으며, 노력하면 자신의 수행 능력을 높일 수 있다는 사실을 좀처럼 받아들이지 않는다.

그 외에도 고착형 마음가짐을 지닌 사람들은 성공과 확실성을 중시하고 오류나 과실을 무시하는 반면에, 성장형 마음가짐을 지닌 사람들은 실패와 관련된 피드백을 굉장히 주의 깊게 들여다본다. 어디서 잘못되었는지를 파악하기 위해 세심한 관심을 기울인다. 언론인 매슈 사이어드Matthew Syed

는《블랙박스 사고Black Box Thinking : Marginal Gains and the Secrets of High Performance》*에서 실패에 대한 태도를 바꾸라고 설득력 있게 호소한다. 대부분은 실패하면 창피하다고 생각하거나, 남 탓을 하거나, 실패한 사실을 숨기려 애쓴다. 그런데 여기서 실패를 유익한 정보를 제공하는 기회로 생각하는 법을 배워야 한다. 따지고 보면 모든 성공은 실패로부터 배운 것이다. 실패가 없다면 발전도, 과학도, 성장도 없다.

사이어드는 이른바 "블랙박스 사고"로 실패라는 오명을 완전히 씻어내고 오히려 그 실패가 주는 혜택을 잘 활용하려는 극적인 마음가짐의 변화를 제안한다. 앞에서 살펴본 도요타 자동차의 **카이젠**이 바로 블랙박스 사고의 전형적인 사례이다.

비슷한 예로 실패를 대하는 성장 지향의 태도를 항공 산업에서도 찾아볼 수 있다. 항공기 추락 사고가 나면, 교훈을 찾아 항공기의 생산과정에 피드백을 주기 위해 블랙박스 안에 담긴 정보를 분석하는 데 엄청난 노력을 기울인다. 이런 식으로 하면 사고의 빈도가 대폭 줄어든다.

사이어드는 보건 분야에서 고착형 마음가짐이 팽배하다며 오류나 과실로부터 배우고자 하는 생산적인 절차가 제대로 작동되지 않는다고 주장한다. 미리 막을 수 있는데, 과실로 인해 미국의 사망자 수가 잠정적이지만 매년 거의 10만

---

* 《블랙박스 시크릿》, 알에이치코리아, 2016.

명에 이른다는 사실은 놀랍다. 이는 24시간마다 2대의 점보 제트기가 하늘에서 추락하면서 발생하는 희생자 수에 버금 가는 수치이다.[41] 미국에서는 예방 가능한 의료 실수로 인한 사망자 수가 심장질환과 암으로 인한 사망자 수 다음으로 세 번째로 많다. 영국에서는 한 연구결과에 따르면, 환자 10명 가운데 1명이 "의료상 과실이나 제도적 결함으로 사망하거 나 부상당한 경우"로 추정된다.[42] 프랑스는 그 수가 훨씬 높 아 거의 14퍼센트에 이른다.

사이어드는 실패를 대하는 태도에서 보건 분야와 항공업 사이에 큰 차이가 난다고 주장한다. 공개적으로 철저하게 분석된 실패에 대한 피드백이 작동되는 곳에서는 자연스럽 게 성장과 개선이 뒤따른다. 반면에 은폐와 불투명이 관례 화된 획일적인 문화에서는 비난과 치욕만이 만연할 뿐이다. 폐쇄된 방식의 사고가 불행한 결과를 초래하는 또 다른 예 가 사법 제도이다. 명백히 오심으로 드러난 사건조차 어떻 게 처리해야 할지 제대로 모르기 때문이다. 이와 대조적으 로 컴퓨터 애니메이션 스튜디오 픽사는 실패로부터 배운 것 을 잘 활용하여 독특한 제작 과정을 개발했다. 처음부터 시 청자의 피드백을 수집하고 진심으로 귀 기울였던 픽사는 피 드백을 참고하여 작품의 줄거리를 수정하고 보완한 끝에 시 청자의 마음을 사로잡는 작품들을 내놓을 수 있었다.

실패로부터 배우는 것을 꺼려하는 이유가 경직되고 획일 적인 태도 때문만은 아니다. 심리적 이유도 있다. 대표적으로 사회심리학자 레온 페스팅거Leon Festinger가 말하는 "인지 부조화cognitive dissonance"[43]는 어떤 큰 대가를 치르더라도 피하고 싶어 하는 성향을 가리킨다.

페스팅거는 우리에게 자신의 가치와 신념, 행동, 외부의 정보 사이에 조화를 이루고자 하는 강한 욕구가 있다고 주장한다. 그런데 이들 사이에 부조화가 감지되면 이를 즉시 제거하려고 한다. 왜냐하면 신념을 바꾸기보다 우리의 세계관에 어울리지 않는 증거를 무시하거나 재구성하는 것이 저항을 가장 적게 받는 길이기 때문이다. 말하자면 부조화가 내적 균형이나 자아존중감을 위협하기 때문에 우리는 우리를 불편하게 하는 것을 걸러내거나 왜곡하거나 편리하도록 바꾸게 된다. 물론 여기에는 결점도 포함된다. 이런 연유로, 페스팅거는 우리의 실수가 의식적 사고 속으로 진입하지 못하도록 많은 정신적 에너지를 투입해 자기정당화를 꾀하는 다른 대안의 이야기를 만들어내고, 대개 남에게 비난의 화살을 돌린다고 생각한다. 이는 부정적 형태의 끈기이다. 신념에 의문을 제기하는 강력한 증거가 있음에도 이를 지키고자 하는 것도 나름의 끈기 아니겠는가.

사이어드는 "개인이든 조직이든 잠재능력을 실현시키고자 한다면 실패라는 개념을 재정의해야 한다"라고 결론짓는다. 실패는 가장 중요하진 않더라도 "배우고 발전하고 더 창조적으로 되기 위한 수단"으로 꽤 중요하기 때문이다.[44]

따라서 1960년대 이후 영미권의 자기계발 풍경에서 가장 소중한 개념일지도 모르는 자아존중감은 "너무 과대평가된 심리적 특성"이라는 사이어드의 결론이 당연해 보인다. 자아존중감을 지키겠다는 집착이 강하면, 실패가 공개적으로 드러나 약하고 모자란 사람처럼 보일지 모른다는 두려움 때문에 실패를 통한 배움을 쉽게 저버릴 수 있다. 그래서 사이어드는 자아존중감보다 "실패를 인정하고 그로부터 배우는 능력"인 회복탄력성이 더 필요하다고 주장한다.[45] 따라서 자기계발에 이르는 왕도는 실패했다고 무너질 것이 아니라 그 실패를 절대 필요한 것으로 받아들이는 일종의 끈기이다.

끈기와 그와 관련된 범주를 논의하다보면 당연히 더 깊은 차원의 철학적 문제를 거론하지 않을 수 없다. 자기가 하고자 하는 일을 끈질기게 추구하는 능력은 모든 사람에게 동일할까? 그 능력을 형성하는 데 유전, 성격상 특성, 양육, 사회경제적 배경, 경험 등은 영향을 미치지 않을까? 인생에서 성공하지 못하면 게으름이나 규율 부족, 품성의 허약함 탓으로 돌릴 수 있는가? 이런 문제들은 개인의 수행 능력과 책임이라는 개념과 관련 있다. 통제할 수 있는 것과 없는 것은 무엇인가? 이 물음에는 개인적으로 우리가 책임져야 하는 것은 무엇인지에 대한 문제가 뒤따른다. 또한 자발적으로 결심하여 실제로 성취할 수 있는 것은 무엇이고, 언제 어떻게 성취할 수 있는지 등 많은 논의가 계속 이어진다.

이는 사실 결정론과 자유의지 사이의 긴장과 관련된 중대한 문제들이다. 또한 우리 모두에게 영향을 미치는 정치적 신념 및 정부 정책과 직접 연계되는 문제들이기 때문에 중요하다. 모든 사람이 열심히 노력해서 성공할 수 있는 능력을 똑같이 갖고 있다고 생각한다면, 성공하지 못한 사람들을 따뜻한 시선으로 바라보지도 않을 것이고, 또 그들을 돕거나 지원하지 않을 가능성도 높다. 반면에 끈기 있게 버텨내는 능력이 외부 여러 요인들에 영향을 받는다고 생각한다면, 어려움에 처한 이들을 위한 사회보장제도를 지지할 공산이 크다. 영국과 미국의 사회복지 수준이 계속 낮아지고, 법인세가 크게 줄어들고, 교육과 건강과 대중교통을 위한 국가 기금이 축소되는 현실은 전자의 시각에서 정당화된다. 우리는 궁극적으로 우리 운명에 책임이 있다. 누구나 각자의 물질적 조건과 상관없이 스스로 발전하고 향상시킬 능력이 있다는 것이 전제이기 때문이다. 이러한 맥락에서 보면, 고통받는 많은 사람에게 스스로 알아서 힘내보라고 방치하고, 그들이 처한 공경을 도덕적 결점 탓으로 죄책감 없이 치부해버릴 수 있다는 측면에서 "자조"는 참으로 사악한 의미의 개념일 수 있다.

그런데 앞의 전제들을 무색하게 만드는 통계 사실이 있다. 가난하게 태어났거나 권리를 박탈당한 소수자 혹은 신체적·정신적으로 학대를 받은 피해자들의 경우에는 좋은 교육을 받고, 보수가 괜찮은 직업을 구하고, 건강하고 안전하게 오래 살 가능성이 현저히 낮았다.[46] 많은 연구와 조사에 의하면, 열악한 사회경제적 배경에서 태어난 사람들은 그렇지 않은 이들에 비해 신체적·정신적 행복을 누리면서 인생에서 성공하기가 대단히 어렵고, 그럴 가능성도 미미하다는 사실이 분명하게 밝혀지고 있다. 그런데 이를 완전히 그들 탓으로만 돌린다면, 이 얼마나 말도 안 되는 주장인가.

이론적인 사회이동의 가능성, 심리학적인 무한한 자기 향상의 이론들이 통계적으로 의미 있는 사회 변화를 가져오는 것은 아니다. 이론과 사회 현실 사이의 차이는 우리를 괴롭게 만들면서도 가능·불가능한 것을 정교하게 논의할 필요가 있다는 사실을 늘 명심하게 한다.

물론 우리는 결정론적 세계관을 옹호한다면서 자신의 수행 능력과 노력에 대한 믿음을 포기하지 않도록 유의해야 한다. 드웩과 셀리그먼이 지적했듯이, 그런 패배주의적인 마음가짐도 심각한 문제로 이어질 수 있기 때문이다.[47] 이런 점에서 결정론과 우리 마음대로 할 수 있는 무한한 힘의 자유의지가 있다는 생각 사이의 중간 지대를 찾아야 한다. 둘 사이의 균형이 필요하다는 뜻이다. 좋은 소식이 있다면 더크워스와 드웩이 주장하듯, 우리는 출발선이 어디든 간에 끈기 있게 버텨내는 능력을 연마할 수 있다. 우리는 더 나은 존재가 되기 위해 점진적으로 조금씩 변화하는 것을 소중히 여기며, 그 변화가 보잘것없더라도 한결같이 소박하게 하나하나 개선해나가는 방식으로 자기계발을 이루어야 한다. 이것이 가장 합리적인 결론이 아닐까 싶다.

9장

사람의 마음을 이해하라

우리는 오로지 예술을 통해서만
자신에게서 벗어날 수 있으며,
다른 사람이 우주에서 무엇을 보는지 알 수 있다.
예술이 없다면 그 다른 세계는 달 속의 풍경만큼이나
미지의 세계로 계속 남게 될 것이다.
_ 마르셀 프루스트

우리는 3가지 주요 영역에서 자기계발을 이룰 수 있다. 우선 생각이나 감정적 반응을 조절하거나 특정 자질과 덕목을 배양하여 내면의 삶을 풍요롭게 만들 수 있다. 또는 외모나 식이요법, 운동요법 혹은 전반적인 건강 상태를 개선해 신체를 향상하는 일에 집중할 수도 있다. 아니면 다른 사람과의 상호작용을 통해 사회적 관계를 향상하고자 할 수도 있다. 물론 이 3가지는 서로 연결되어 있다. 과거의 자기계발 문헌들이 주로 내면의 삶에 초점을 맞추었다면, 20~21세기에는 신체 향상에 전념하는 경향이 높아진 만큼 사회적 차원의 자기계발도 더욱더 중요해졌다.

다른 사람과의 관계에 대한 지침을 필요로 하는 욕구가 늘어난 데에는 여러 이유가 있다. 비교적 최근 현상이긴 하지만, 우리 시대의 특징으로는 사회이동의 가능성을 들 수 있다. 적어도 이론적으로 우리는 태생적 계급의 한계를 넘어 스스로 경제적 상황을 개선할 수 있는 사회에 살고 있다.

말하자면 사회적 위계와 예법이 선조 시대보다 더 유연해졌다. 또한 서양에서는 개인을 관계적 존재가 아닌 원자화된 개체로 이해하는 경향이 생기면서 가족·공동체·교회·국가와 같은 전통적인 사회제도의 중요성이 쇠퇴하고 자아가 의미 창출의 주요 장소로 부상했다. 그러나 개인 자아의 지위가 높아지면서 새로운 자유와 함께 많은 심리적 압박도 새로 생겨났다. 가령 오늘날 서양 사회에서 목도하는 전례 없는 수준의 우울증·자기애·외로움이 그 증거이다.[1] 많은 사람이 타인과 의미 있고 지속적인 관계를 맺고 유지하는 데 더욱더 어려움을 겪고 있다.

사람들의 관계가 항상 그랬던 것은 아니다. 고대에는 자아가 근본적으로 관계적 자아, 더 넓은 사회적·문화적 상황 속에 단단히 묶여 있는 존재로 이해되었다. 공식적으로 규정된 방식으로 다른 사람들과 올바르게 상호작용하면서 사회의 위계질서와 전통과 관습화된 행동 준칙을 존중하는 것이 오늘날보다 훨씬 더 중요했다. 사회 내 대인관계의 스펙트럼에서 보면, 유교의 사회적 예법과 근대 초기 유럽의 궁정 관습이 가장 엄격한 극단에 속한다고 할 수 있다. 그러다가 19세기 말 또는 20세기에 들어 사회의 위계질서에 구멍이 뚫리기 시작했다. 하지만 앞에서 살펴보았듯이, 초반에는 점점 느슨해지는 사회의 위계질서가 올바른 의례나 규약에 대한 집착을 증폭시켰다. 빅토리아 시대에 사회이동의 가능성이 높아지면서 하층계급과 중산층에 속한 많은 사람은 부모보다 더 높은 사회적 지위를 얻었고, 그러면서 새로 진입한 계급에 어울리는 미묘한 기표들에 점점 더 신경 쓰게 되었다. 그러자 기존의 중산층들은 그들과 자신의 분명한 차이를 보여줘야 했다. 결국 두 집단 모두 전통적인 행동 규범을 더 중시하고 강조하게 되었다.

사회에서 신분을 나타내는 표시—눈에 띄는 것이든 그렇지 않은 것이든—는 여전히 중요하게 남아 있지만, 신분을 대놓고 구분하지 않는 오늘날에는 엄격하게 규정된 예의범절의 준칙을 올바르게 따르는 일이 더는 중요하지 않다. 대신에 사회적 지위는 다른 세부 사항에서 분명해지는 경향이 있다. 그럼에도 사람들은 사회적 관계의 양과 질에 대해 계속 불안해한다. 그런데 요즘 소셜미디어에서 그 균형이 무너지면서 질보다 양을 중시하는 경향이 농후해졌다. 특히 온라인상에 등장하는 "좋아요" 버튼은 정신 건강에 심각한 피해를 끼친다. 이 버튼은 사랑과 인정을 바라는 사람들의 욕구를 교묘히 이용할 뿐 아니라 이러한 욕구를 품위 없는 구경거리로 만들기 때문이다. 어느 시대든 타인에게 존경받고 싶은 욕구는 중요한 관심사이다. 특히 호감도는 20~21세기 자조론의 핵심 주제 중 하나이다. 공식적으로 정해진 역할을 지키며 공동체를 중시한 선조들에 비해 오늘날에는 타인의 호감을 사는 일에 더 많이 신경 쓰는 듯하다.

물론 타인이 우리를 어떻게 생각하는지에 대한 관심은 새롭게 등장한 것이 아니다. 타인에게 존경 또는 두려움의 대상이 되고 싶은 사람은 르네상스 시대에 이탈리아 피렌체 출신 정치철학자 니콜로 마키아벨리Niccoló Machiavelli의《군주론 Il Principe》만 봐도 된다. 그 부분에서 마키아벨리의 교훈은 아직도 매우 유이하기 때문에 굳이 다른 책을 볼 필요가 없다. 그러나 여러 증거에 따르면, 우리들 대부분은 두려움의 대상보다 호감의 대상이 되길 더 선호한다. 예를 들어, 호감도는 근대 초기의 궁정 신하들의 주요 관심사였다. 왜냐하면 그들이 모시는 사람이 자신을 존중해주느냐의 여부에 그들의 생계가 달려 있었기 때문이다. 아무튼 마키아벨리 이후 이 주제를 다룬 글은 차고도 넘친다. 이런 상황에서 타인의 호감을 얻는 방법에 관한 텍스트 가운데 미국 대공황기에 쓰인 카네기의《친구를 얻고 영향력 있는 사람을 내 편으로 만드는 법》을 으뜸으로 평가한다는 사실은 놀랍다. 이 책은 오랜 세월이 지난 지금도 출간되고 있는데, 여기에는 다 이유가 있다. 원래 영업사원이나 사업가들을 겨냥한 책이지만, 인간관계 활용법에 관해 하나같이 현명하고 실제적이며 당장 써먹을 수 있는 갖가지 요령과 비법이 가득 담겨 있다. 카네기가 제시한 핵심은 상대방의 마음을 읽어내는mentalizing 기술, 즉 다른 사람의 입장이 되어 그 사람의 관점에서 세상을 보도록 노력하여 공감을 불러일으키는 기술이다.

다른 사람의 마음을 읽어내는 기술은 신경-언어 프로그래밍의 핵심 기술이기도 하다. 1970년대에 고안된 신경-언어 프로그래밍은 오늘날 주로 다른 사람의 마음을 잘 읽어내어 영향을 미칠 수 있도록 도와주는 데 사용된다. 실제로 신경-언어 프로그래밍 치료사들은 일반적으로 대화 상대자와 자신 사이의 유사점을 체계적으로 강조하면서 친밀한 관계를 만들어내는 데 많은 에너지를 집중한다. 구체적으로 말하면, 대화 상대자의 "마음의 지도"를 읽어내는 단서를 주의 깊게 연구하여, 상대가 선호하는 것들과 가장 조화로운 주요 단어나 몸짓, 주제를 활용하여 상대의 호감을 불러일으켜 원하는 효과를 얻어낸다.

그러나 다른 사람과의 의미 있는 관계 설정은 인간의 기본 욕구 중에서도 상위에 속한다. 깊고 넓게 확장하는 최선의 방법에 대한 조언은 통제와 조정의 전략에서부터 진정성과 동정과 진심 어린 유대 관계 형성법을 내세우는 접근법까지 매우 다양하다. 그러나 그 어떤 방식이든 정신화 mentalizing, 즉 자신과 다른 사람의 마음속 감정 상태를 이해하는 능력에 중점을 둔다. 자신의 감정을 잘 파악해야 타인의 욕구나 기분, 신념, 동기를 상상하고 적절하게 대응할 수 있다. 정신화를 통해 타인의 마음에 자신을 투사할 수 있으며, 상대가 경험하는 세상의 모습을 머릿속에 그려낼 수 있다. 이는 다른 사람의 감정에 공감하거나 인지적으로 인식하는 것, 심지어 직접 경험하는 것과 관련이 있다. 만일 자신이나 상대의 감정을 이해하지 못한다면 의미 있는 관계를 형성하는 일이 불가능하지는 않더라도 매우 어려워질 것이다. 당연히 상대의 기분을 잘못 읽고 그의 의도를 잘못 파악하여

부적절하게 대응할 가능성이 높아진다.

마음을 읽는다는 것은 쉬운 일이 아니며, 그 기술을 터득한 사람도 거의 없다. 타인의 마음을 잘 읽으려면 자기알기뿐 아니라 인지 지도의 경계 너머를 상상하는 능력, 즉 타인에 대한 진정한 관심이 있어야 하며, 우리의 관심사와 매우 다른 양상으로 나타날 수 있는 지각과 신념과 관심을 진지하게 받아들이겠다는 마음도 필요하다. 달리 말하면 상상력과 열린 마음으로 타자와 맞잡고 씨름하는 것이다.

그러나 정신화를 과도하게 연습하면, 오히려 그에 따른 스트레스·마비·신경증 등이 생길 수 있다. 타인의 마음에 자신을 너무 심하게 투사하여 상대의 기분이나 생각을 계속 추측하면, 자신의 감정은 잃어버린 채 단지 추정에 불과한 타인의 감정에 극도로 민감해진다. 이를테면 상대에게만 신경 쓰느라 자신을 잃어버리는 정서상 불균형이 일어난다. 그뿐 아니다. 정신화 능력은 좋은 용도만이 아닌 나쁜 용도로도 쓰일 수 있다. 즉 깊고 의미 있는 유대관계를 형성하는 기반이 되기도 하지만, 자칫 타인을 조종하거나 착취하는 무기로 쓰일 수도 있다. 다시 말해 다른 사람이 겪는 불안과 고통에 대해 동정의 반응을 불러일으킬 수도 있지만, 대중주의자populist*가 권력을 쟁취하려 할 때도 이용될 수 있다.

---

* 흔히 부정적 의미에서 '인기영합주의자'나 '대중영합주의자'로 많이 번역한다. 하지만 여기서는 원래 엘리트 중심에 대응하여 대중적인 것을 지향한다는 긍정적 의미도 고려하여, 중립적 표현인 '대중주의자'로 해석했다.

대중주의자는 유권자들이 듣고 싶어 하는 것을 절묘하다 싶을 정도로 직관적으로 잘 아는 경우가 많기 때문이다.

먼저 정신화의 어두운 측면과 무도한 조작의 기술에 대해 살펴보자. 정치사상가 마키아벨리는 특별할 정도로 남들이 원하는 것을 이해하고, 이를 권력으로 전환하는 재능이 뛰어났다. 그는 자신이 터득한 통찰을 1513년에 《군주론》이란 작품에 담았다. 그의 사후 1532년에 출간된 《군주론》은 군주의 거울specula principum, the mirrors of princes*이란 장르, 즉 군주를 위한 자기계발서 분야에 대변혁을 일으켰다. 군주의 거울 텍스트들은 보통 통치술의 기본 원리들을 요점으로 정리해 보여주는데, 그 안에는 나라를 공정하고 평화롭게 통치하기 위해 위대한 지도자가 갖추어야 할 덕목에 관한 도덕적 성찰이 담겨 있다. 대부분의 전통적인 군주의 거울 텍스트들에서는 도덕적 선이 지도자의 필수적인 자질이고, 좋은 지도자는 도덕적으로 모범을 보이며 통치해야 한다고 강조한다. 따라서 마키아벨리의 이에 대한 도전은 정말 충격적이었다. 그는 좋은 지도자란 개인의 도덕성과는 상관없이 무엇보다 원하는 결과를 이끌어내는 효과적인 통치자여야 한

---

* 중세에서 르네상스 시대에 이르기까지 교육적인 내용을 담은 정치 저술 장르. 대체로 왕이나 왕자 혹은 그 밑의 지도자들에게 통치의 기술과 행동 준칙을 가르치는 텍스트다. 특히 새로운 군주가 등장할 때마다 국가의 지식인이나 사제들이 군주가 '거울(본보기)'로 삼아야 할 것들을 집필한 데서 유래했다.

다고 생각했다.

리더십이나 비즈니스 관리와 관련된 도서들에서도 선함보다 효과적인 능력을 더 중시하는 경우가 많다. 그러나 최근에는 흥미로운 반전으로, 선함이 효율성을 가져오고 직원의 참여도를 향상시키는 도구로 재발견되었다.[2] 리더십 개발 연구에 따르면, 선한 지도자(동정과 공감과 겸손이라는 덕목을 갖추고, 무슨 상황에서든 선을 우선시한다는 윤리적 의미에서의 선한 지도자)가 직원들에게서 최선의 성과를 이끌어내고 재정적으로도 큰 수익을 거둘 수 있다고 한다.

다시 마키아벨리로 돌아가보자. 마키아벨리는 체사레 보르자Cesare Borgia*가 이탈리아 중부의 로마냐 지역을 정복하려는 야심에서 일으킨 전쟁을 포함하여 르네상스 시대의 이탈리아 정치판을 뒤흔든 수많은 격변의 사태를 목격했다.

1494년 피렌체 사람들은 60여 년 동안 피렌체 도시국가를 통치해왔던 메디치 가문을 추방했다. 마키아벨리는 새로 회복된 피렌체 공화국에서 여러 관직을 맡았다. 그러나 1512년에 메디치 가문이 이 도시를 탈환했고, 마키아벨리의 인생은 일시에 역전되고 말았다. 관직에서 쫓겨난 그는 새로운 지도자들에게 대항하는 음모를 꾸몄다는 죄목으로 투옥된다. 몇 주 뒤에 감옥에서 풀려난 마키아벨리는 결국 현

---

* 교황 알렉산데르 6세의 아들로 추기경이자 로마 교황군 총사령관. 마키아벨리는 수단과 방법을 가리지 않고 목적을 달성하고야 마는 그를 전제군주의 전형으로 보고 '새로운 군주'의 모델로 삼았다.

실 정치에서 물러나 정치 상황을 지켜보는 관찰자의 입장으로 역사 연구에 몰두했다. 역사에 효과적인 정치 리더십의 열쇠가 숨어 있다고 믿었기 때문이다.[3] 과거의 양상을 하나하나 꼼꼼하게 연구한 마키아벨리는 과거 역사에서 현재를 위한 주요 교훈들을 끌어냈고, 그렇게 《군주론》은 탄생했다. 현대의 자조론이 초기의 모범적인 인간들의 노력을 중심으로 구성된 것처럼 《군주론》도 지난 시대의 정치 지도자들에 관한 사례연구가 많이 담겨 있다.

마키아벨리가 목격한 정치 구조의 불안정성을 고려하면, 권력을 획득하는 방법보다 유지하는 전략에 더 많은 관심을 기울인 것은 어쩌면 당연한 일인지 모른다. 그는 과거의 지도자들에게서 신속한 의사 결정과 흔들리지 않고 행동에 과감하게 나서는 능력을 높이 평가했다. 마키아벨리의 충고는 대부분 결과의 정치를 중시하는 가운데 공격에 대한 최선의 대응책에 관한 것이다. 그는 외부의 공격으로부터 국가를 효과적으로 방어하기 위해서는 일반적으로 악惡으로 분류되는 것에 의존해야 한다고 믿는다. 만일 지도자가 항상 선한 군주로 머문다면 바로 그 선함 때문에 결국 몰락할 것이라고 보았다.[4] 마키아벨리에 대해 관대한 비평가들은 그의 논리를 현실 정치라고 표현하고, 그렇지 않은 비평가들은 부도덕한 책략이라고 비판하는 이유가 여기에 있다.

마키아벨리에 따르면, 사랑받는 사람보다 두려움의 대상이 되는 것이 일반적으로 더 안전하다. 왜냐하면 사람들은 "배은망덕하고 변덕스럽고 불성실하며 소심하고 탐욕스러운 존재들이어서, 당신이 성공하면 당신 편에 서서 기꺼이 자신의 피와 재산과 생명과 자식까지도 다 내어줄 것"이기 때문이다. 그러나 전세가 역전되면, 그들은 당장 등을 돌리고 만다. 사람들은 두려워하는 사람보다 사랑하는 사람을 배신하기 쉽고, 그렇다고 양심의 가책을 느끼는 사람도 거의 없다. 두려움은 "반드시 형벌의 철퇴가 내리칠 것이라는 공포로" 사람들을 묶어두기 때문이다.[5]

마키아벨리가 두려움의 대상이 되는 것을 선호한 까닭은 단순하게 통제의 문제와 관련 있다. 타인에게 자신을 사랑하라고 강제할 수 없지만 배신하면 언제든 보복하겠다는 위협을 가함으로써 항상 두려워하게 할 수는 있다.

그러나 마키아벨리의 철학이 대단히 현대적 의의가 있는 것으로 오늘날까지 많은 주목을 끈 이유라면, 그가 이미지에 대해 깊은 관심을 가지고 본질보다 겉으로 드러난 것을 중시했기 때문이 아닌가 싶다. 그는 우리가 다른 사람들의 욕망을 충족하기 위해 그들이 무엇을 보고 듣고 싶어 하는지, 어떤 모습으로 자신을 드러내고 싶어 하는지를 반드시 알아야 한다고 주장한다. 따라서 군주는 "위대한 사기꾼과 위선자가 될" 필요가 있다. "사람들은 너무 단순하고 지금 당장 필요한 것에 지나치게 종속되어 있으므로 속이려는 자는 주위에 속아 넘어가줄 사람이 널렸다는 것을 알게 될 것이다."[6] 마키아벨리는 다른 나라의 국민에 대해서도 아주 낮게 평가한다. 눈앞에 놓인 욕구를 충복하는 데에만 급급하여 지도자가 잘못 이끌어도 따라가고 결국 수단이 아닌 목적에만 신경 쓴다는 것이다. 군주는 선한 자질을 모두 갖출 필요도 없고 어떻게 보면 그것이 바람직하지도 않지만, "선한 자질을 지닌 것처럼 보이는 것은 정말 필요하다". 중요한 것은 "자비롭고 믿을 만하고 인간적이고 종교적이고 올곧은" 자질이 아니라 그렇게 보이는 것이다.[7] 달리 표현하면, 군주는 자기 백성들이 무엇을 듣고 싶어 하는지 알고 공개 석상에서 옳은 이야기를 해야 한다. 그러나 무대 뒤에서는 사람들이 겉과 속이 다르게 행동한다는 사실도 잘 알고 있어야 한다. 그러므로 성공적인 지도력에는 효과적인 수사修辭 능력이 가장 필수적이다. 오늘날 많은 정치인도 이를 너무나 잘 알고 있다.

그렇다면 마키아벨리의 군주를 위한 조언을 타인을 조정하는 일반적인 규칙으로 전환해 생각하는 것도 그리 어려운 일은 아닐 듯싶다. 최근에 나온 R. 쇼R. Shaw의 《마키아벨리식 마음가짐Machiavelli Mindset》이 좋은 예이다. 이 책에서 쇼는 "인생은 무자비한 전쟁이다. 그 속에서 당신은 승리자 아니면 패배자가 될 뿐이다"라고 말하면서, 마키아벨리에게서 영감받은 "죄의식을 극복하는" 요령을 제공한다.[8]

예를 들어, 우리가 마키아벨리가 말하는 군주처럼 후안무치한 사람이 되었다는 가정하에 어떻게 행동해야 하는지 머릿속에 그려보기로 하자. 무엇보다도 우리는 다정한 사람으로 보이도록 해야 하며, 다른 사람들이 하루하루 행하는 덕행에 대해 말뿐이더라도 칭찬을 아끼지 말아야 한다. 비록 권력을 지키기 위해 무자비한 방어 수단을 남모르게 준비해놓고 있더라도 겉으로는 그렇게 해야 한다. 어떤 이미지로 비쳐지는지, 남들이 어떻게 생각하는지에 극도로 신경 쓰며 관심을 기울인다 해도 선함을 떠받들어서는 안 된다. 대신에 효율성이 성공의 척도이며, 어느 때든 성공이 선함을 이긴다는 생각으로 살아가야 한다. 다른 사람들을 주의 깊게 살펴보아야 한다. 그들이 무엇을 두려워하고 바라는지 아는 것이 그들을 효과적으로 조정하는 데 필수 조건이기 때문이다. 사람들이 듣고 싶어 하는 것을 말해야 한다. 그러나 동시에 우리를 좋아하기보다 존경하게 만들어야 한다. 그래야 보복이 두려워 배신하는 일이 없기 때문이다.

지도자의 위치에 있다면, 동료들이 충성을 다하는지, 현상태에 만족하는지 확실하게 알아두어야 한다. 그래야 반항하지 않는다. 성과를 내면 보상해주어 항상 우리 편에 있도록 해야 한다. 그러나 충성하지 않거나 배신하면 벌이 뒤따른다는 것도 분명하게 각인시켜야 한다. 주변에는 우리보다 더 많이 이뤘거나 경쟁자가 될 만한 사람들이 아닌 착한 사람을 두어야 한다. 결정을 내릴 때는 신속하고 자신 있게 해야 하고, 필요하다면 예전의 친구를 희생시키는 일도 주저하지 말아야 하며, 어느 쪽 빵에 버터가 발려 있는지 눈여겨봐야 한다. 이익을 위해서라면 어떻게 행동해야 하는지 늘 신경 쓰라는 말이다. 절대로 사과해서는 안 되며, 감히 우리를 비판하는 사람이 있다면 누구든 맹렬히 공격해야 하고, 비판하는 내용에 대해 시시콜콜 따지지 말고 무조건 그들의 명성을 무너뜨려야 한다.

간단히 말하면, 마키아벨리식 태도는 권력을 쥐는 것이 유일한 목표라면 효과적일 수 있다. 하지만 밤에 편하게 잠자고 싶다면 결코 따라 해서는 안 된다.

궁정문학은 자기계발 가운데 근대 초기에 인기가 급상승한 분야이다. 사회의 예의범절뿐 아니라 재치 있는 잡담과 조심스러운 옷차림에 초점을 맞추어 궁정 신하들에게 올바른 몸가짐과 도의를 가르칠 목적으로 나왔다. 궁정문학의 대표적인 작품으로는 발다사레 카스틸리오네Baldassare Castiglione의 《궁정론 Il Cortegiano》과 조반니 델라 카사Giovanni della Casa의 《예의범절 Il Galateo: overo de' costumi》을 꼽을 수 있다.

이탈리아 귀족 가문 출신으로 시인이자 외교관이고 학자이면서 궁정 신하였던 카스틸리오네는 1478년에 태어났다. 다방면의 인문학 교육을 받고 1504년에 우르비노 공작인 구이도발도 다 몬테펠트로Guidobaldo da Montefeltro 밑에서 일하게 되었다. 그는 얼마 지나지 않아 공작이 가장 신임하는 가신家臣이 되었고, 문예에 관한 해박한 지식으로 궁정 생활에 활기를 불어넣는 인물로 주목받았다. 그렇게 구이도발도 공작의 가신으로 행복한 세월을 보내면서 《궁정론》을 쓰겠다는 마음을 품게 되었다. 그는 일생 동안 세련되고 공손한 태도의 귀감이 되는 존재로 사람들의 찬사를 받았다. 그런 그가 세상에 내놓은 《궁정론》은 엘리자베스 여왕 시대에 선풍적인 인기를 끌었고, 그의 책은 다른 많은 작가에게 영감을 주어 그와 비슷한 책이 우후죽순 쏟아졌다. 한마디로 그의 작품은 유럽인들의 감수성에 지대한 영향을 미쳤다.[9]

《궁정론》은 가상의 대화 형식으로 구성된 작품이다. 일단 귀족들과 교양 있는 남성과 여성, 이들보다 덜 세련된 인물들이 모여 완벽하고 이상적인 궁주 신화가 되려면 갖추어야 하는 자질에 대해 토론을 벌인다. 그들은 모두 그 자질의 으뜸은 태연함이라는 데 동의한다. 궁정 신하는 무슨 일이 있더라도 항상 조용하고 무심한 평상심을 유지해야 하고, 애쓴다는 인상을 주지 않도록 조심해야 한다는 것이다. 겉으로 무심한 태도는 오늘날 침착함과 냉정함을 갈고닦는 것과 같은 방식으로 마음을 다지며 연습해야 하는 면밀히 계산된 태도이다. 게다가 궁정 신하는 "듣는 사람에게 혐오감이나 불쾌감을 일으키는 자기과시나 터무니없는 자기 자랑을 피해야 한다".[10] 뽐내며 허풍을 떨거나 자기애를 내보이는 것은 지금이나 예나 사람들이 싫어하기 때문이다. 그리고 궁정에서 인기 있고 사람들의 호감을 사는 것이 궁정 신하에게는 실존적으로 중요한 의미를 지닌다는 사실은 중요하다. 만일 자기가 모시는 사람을 따분하거나 기분 상하게 한다면 그들에게는 생계에 위협받는 일이 생길 수 있으며, 심하면 목숨이 위태로울 수도 있다. 따라서 궁정 신하들이 사람들을 즐겁게 하는 기술을 아주 진지하게 생각했다는 것은 전혀 놀랄 일이 아니다. 또한 그들은 후원자가 무엇을 가장 원하고 필요로 하는지를 미리 예측하기 위해 당연히 사람의 마음을 이해하는 능력을 키워야 했다.

궁정 신하는 학문에도 조예가 깊고 교양도 갖춰야 하며 예술에도 정통해야 하지만, 늘 자기가 알고 있는 것을 내세우지 말아야 하고, 잘난 체한다든지 억지로 꾸며대는 모습도 내보이지 말아야 한다. 어느 누구도 생색내며 자기를 가르치려 하거나 무식한 사람으로 취급하는 것을 좋아할 리없기 때문이다. 궁정 신하는 장황하게 떠드는 학자처럼 대화해서는 안 된다. 대신에 타고난 재능은 좀 있지만 아직 미숙한 비전문가에 불과하다는 듯 말을 조심해야 한다. 또 하나, 무예도 등한시해서는 안 된다. 그러니까 이상적인 궁정 신하는 학자이자 전사이며, 사상가이자 행동가여야 한다. 그가 이룬 모든 성취는 당연히 자신이 모시는 군주를 위한 것이어야 한다. 왜냐하면 궁정 신하의 주요 역할 중에는 군주가 덕의 길을 가도록 잘 이끄는 것도 포함되기 때문이다. 그런 의미에서 궁정 신하는 예능인이면서 정신적인 안내자가 되어야 한다. 곁에 있으면 재미있는 친구이자 스승이어야 한다는 뜻이다. 하지만 이를 남모르게 해야 한다.

카스틸리오네는 특별히 군주를 즐겁게 해주는 일과 우아한 말솜씨가 중요하다고 강조한다. 유창한 언변에는 지식과 기지와 술술 나오는 여러 가지 정보가 필요하다. 그리고 잘난 체하는 티가 나지 않도록 누구나 아는 어휘를 선택하는 것도 중요하다. 재치 있고 세련된 말을 하면서 중간중간에 "적절한 은유"도 곁들여야 하며, "몸동작으로 자기 말을 강조하고 세련미를 더할 수 있도록 해야 하는데, 이때에도 꾸미는 인상을 주거나 좀 과하거나 격한 동작이 아닌 적절한 얼굴 표정과 시선 처리로 한결 부드럽게 움직여야 한다".[11]

외모도 중요하다. "외적인 모습이 종종 내부에 있는 것을 보여주기 때문이다."[12] 궁정 신하의 옷차림은 "화려하게 멋 부리지 않고 차분하게 절제되고 단정해야" 하며, 따라서 검은색이나 그 밖의 짙은 색이 일상복에 가장 어울리는 색상이 되었다.[13] 궁정 신하는 자신이 어떤 사람이고 싶은지에 따라 옷을 골라 입어야 한다. 옷을 통해 군주의 신하로서 소망하는 바를 드러내야 하기 때문이다. 외모와 관련된 카스틸리오네의 조언 중에는 친구를 신중하게 잘 선별해 사귀라는 말이 있다. 무리들이 그렇듯, 유유상종이기 때문에 "무지하거나 사악한 이와 어울리면 그도 무지해지거나 사악한 취급을 당하기 때문이다".[14] 그러니까 입는 옷과 마찬가지로 사귀는 사람들도 우리의 품성을 드러내는 징표이다.

《궁정론》에는 특별히 여성들을 위한 조언도 담겨 있다. 16세기까지 여성은 자기계발의 대상에서 철저히 제외되었기 때문에, 카스틸리오네의 이 책이 자기계발에 관한 고전 문헌 가운데 여성을 대상으로 삼은 최초 저술이다. 《궁정론》

에서 등장인물들은, 이상적인 여성은 궁정 신화와 같이 지적이고 도덕적인 덕목을 지니되 가정과 재산을 돌보는 "여성다운" 자질과 결합되어야 한다는 데 동의한다. 덧붙여 궁정의 귀부인들은 명민하고 명랑한 정신, 여러 주제에 관한 해박한 지식, "사람들을 기분 좋게 해주는 상냥함"을 지녀야 하며, "대화의 시간과 장소, 대화 상대인 남성의 지위에 어울리는 매력적이고 솔직한 이야기로 모든 부류의 남성"을 정중하게 대접하는 방법을 정확히 알고 있어야 한다.[15] 따라서 여성들은 덕행의 귀감이 되어야 할 뿐 아니라 우아하고 세련된 의사소통의 기술과 기민한 사회적 본능을 겸비한 아주 뛰어난 잡담가의 모범이 되어야 한다.

카스틸리오네의 작품에 예상치 못한 장점이 있다면, 여성을 자기계발의 가치가 있는 존재로 판단한 것과 전통적인 여성 혐오의 시각에 반기를 들었다는 점이다. 《궁정론》 전반에 걸쳐 여성을 얕잡거나 낮게 평가하는 인물은 무례하고 어리석게 그려지는 반면에, 몇몇 재치 있는 여성들은 그와 같은 성차별적 입장을 지적으로 반박하는 태도를 드러낸다.

궁정 신하가 경제적으로나 사회적으로 자신의 군주나 사회적 자본에 의존할 수밖에 없었던 상황에 비추어봤을 때, 그들은 호감과 즐거움을 주거나 좋은 조언을 아끼지 않는 사람으로 인식되고, 군주나 주변 사람들을 항상 기쁘게 하는 것 외에 관심을 두지 않는다. 이상적인 궁정 신하에 관한 논의에서 전통적인 덕목을 중요하게 여기지만, 카스틸리오네의 작품에서는 그 외에도 외모와 수사, 그리고 밖으로 나타나는 정중한 행동을 눈에 띄게 새롭게 강조한다. 그러나 인위성과 불성실함은 어떡해서든 피해야 하는 악으로 반복 거론되고 있다. 카스틸리오네의 책에서 강조하듯이, 아마도 인위적으로 교묘하게 꾸민 태도나 부자연스럽게 사람을 즐겁게 하려는 행동은 정직하지 않고 조작적인 것으로 인식될 위험이 있기 때문일 것이다.

사람을 즐겁게 하는 기술은 농경사회에서 산업사회로 전환되는 시기에 더욱 중요해졌다. 특히 20세기 초반에 영업직이 중요시되는 자본주의 경제 체제에서는 중요한 기능이었다. 1930년대 말 미네소타 농가에서 나고 자란 카네기는 《친구를 얻고 영향력 있는 사람을 내 편으로 만드는 법》을 썼고, 이 책은 하룻밤 사이에 큰 반응을 불러일으키면서 이후 수십 년 동안 베스트셀러 목록에 오른다. 힐의 《생각하라 그리고 부자가 되어라》처럼 카네기의 책은 대공황 시기에 큰 반향을 불러일으켰다.

또한 문화사가 워런 서스먼Warren Susman이 "품성의 문화 culture of character"에서 "개성의 문화culture of personality"로의 전환을 말하는 시기에 아주 획기적인 사건이기도 했다.[16] 서스먼은 19세기의 자기계발 안내서들에서 의무, 시민으로서의 행동, 일, 명예, 도덕, 예의, 평판, 성실성 등의 가치가 여전히 중요시되었다고 주장한다. 그러나 산업화와 도시화가 가속화되고 대기업이 급부상하여 경제권을 장악하기 시작하면서 20세기 초반 수십 년 동안 자기계발의 초점은 내면의 덕목에서 외적인 매력으로 바뀌었다. 개성이 자기계발의 새로운 초석이 되었다.[17] 카리스마, 즉 개인의 강한 개성과 설득 능력이 새로운 경제 질서에서 성공하려면 갖춰야 할 필수 기술로 떠올랐다. 이러한 변화의 또 다른 결과로 외향성에 대한 숭배가 증가했다. 그 여파로 내향성과 관련된 특성들은 점점 힘을 발휘하지 못하고, 심지어 병리적 속성으로 간주되기도 했다.

카네기의 책에서는 "예, 알겠습니다! Yes, sir!"와 같은 별난 표현과 "제1차 세계대전이 끝난 직후에"로 시작하는 개인의 일화가 눈에 띄지만, 그래도 핵심 메시지는 오늘날에도 대부분의 서점에서 판매되는 것처럼 여전히 유효하다.[18] 카네기의 주요 생각은 오늘날의 시각에서도 저급하다거나 불편함이 전혀 없다. 원래 이 책은 영업 사원을 겨냥한 책이다. 대중 연설에 대한 공포감을 극복하고 성과가 뒤따르는 인간관계를 도모하기 위한 일반 기술을 소개하는 이 책은, 응용 심리학에서 얻은 통찰에 성공적인 판매 기술에 관한 실질적인 조언이 잘 배합되어 있다. 그렇지만 대부분의 권고는 금전적 거래만이 아닌 일반적인 관계에도 적용할 수 있는 조언이다.

카네기도 마키아벨리와 마찬가지로 동료들을 낮게 평가한다는 점은 놀랍다. 그는 동료를 다른 무엇보다 관심과 사랑을 받기 위해 목맬 정도로 집착에 빠져 있는 불쌍한 존재라고 생각한다. 사람은 이성적으로 생각하고 행동하는 존재라기보다 "편견으로 가득 차고 자만과 허영에 이끌리는 감정의 존재"라고 본다.[19] 게다가 자기만의 방식을 고집하는 고착화된 태도도 있다고 생각한다. 우리는 세계관을 바꾸기 싫어하며, 굳건한 신념에 이의를 제기하는 것을 달가워하지 않는다. 카네기는 이렇게 썼다. "대다수의 시민은 자신의 종교나 헤어스타일, 공산주의나 좋아하는 영화배우에 관한 생각을 바꾸고 싶이 하지 않는다."[20] 우리 마음이 늘 인지부조화를 피하려고 애쓴다는 것은 맞다. 카네기는 타인의 결점을 너그럽게 봐주고 그들을 다정하게 대하고 존중해주라는 진심 어린 충고도 건넨다. 비난하지 말고 측은히 여기되 조금은 조작하라는 것이 그의 표어이다.

카네기의 조언은 대부분 다른 사람들이 존중받는 느낌을 받도록 하는 데 맞춰져 있다. 그래야 그들을 우리가 생각하는 의제에 고분고분 따라오게 만들 수 있기 때문이다. 사람들은 자신이 중요한 존재이고 찬사의 대상이라고 느끼는 것을 제일 원한다고 그는 말한다. 그리고 독자들에게 "자기 이름은 그 사람에게 모든 언어에서 가장 감미롭고 중요한 소리"라는 것을 기억하라고 권고한다.[21] 그가 추정한 바에 따르면, 우리는 자신을 생각하는 데 시간의 95퍼센트를 보낸다. "당신이 말을 건네는 사람은 당신과 당신의 문제보다 자신과 자신이 원하는 것과 자신의 문제에 100배 이상 관심을 쏟는다는 사실을 명심하라. 그 사람에게 치통은 100만 명의 목숨을 앗아간 중국의 기근보다 더 중요한 의미를 지닌다.[22] 거의 모든 사람이 동정에 굶주려 있다고 카네기는 주장한다. 따라서 우리가 동정을 전할 방법을 찾아낸다면, 그들은 우리를 사랑하게 될 것이다. 카네기는 그런 식으로 누구나 스스로에게 가장 관심이 많다는 통찰을 도구화한다. 하지만 영리한 정신화 전술은 사람의 마음을 알아내는 것뿐 아니라 이를 실제로 활용하는 데에도 필요하다.

사람들이 우리를 좋아하게 만드는 방법에는 여러 가지가 있다. 먼저 그 사람에게 진심으로 관심을 보여야 하며, 미소를 짓고, 그 사람의 이름을 기억하여 기회가 있을 때마다 자주 불러주고 그 사람의 말을 경청해야 하며, 그 사람이 자기 자신에 관해 이야기하도록 자꾸 격려해줘야 한다. 또한 그 사람의 관심사에도 주의를 기울이고, 스스로 중요한 사람이라고 느끼도록 세심하게 신경 써야 한다. 아울러 그 사람의 삶과 그 사람이 좋아하는 것에 대해 세세하게 기억하여 적절한 때에 슬쩍슬쩍 언급하면서 관심을 보여주는 것도 도움이 된다. 그 사람이 입고 있는 옷이나 하는 말에 대해 칭찬도 하고 적절한 순간에 어깨를 가볍게 만져주는 것도 마찬가지이다.

상대방이 우리의 방식에 공감하고 따라와주길 원한다면, 우선 친밀감을 내보이며 그 사람의 의견을 존중한다는 태도를 보여야 한다(그 사람 의견이 틀렸다고 말해서는 안 된다).

그 사람의 관점에서 문제를 보도록 노력해야 하며, 그 사람의 체면을 살릴 기회를 항상 줘야 하며, 누구나 고개를 끄덕일 공통점을 찾아내야 한다. 상대방이 되도록 많이 말하도록 하여, 동의했으면 하는 생각을 마치 그 사람이 자기 생각처럼 느끼도록 만드는 것이 가장 이상적인 방법이다. 카네기는 상대방의 행동을 바꾸고 싶다면 비판하기보다 칭찬하라고 권한다. 이는 행동주의 심리학자 버러스 F. 스키너Burrhus F. Skinner의 연구에서 따온 기본 개념이다. 사람들은 칭찬을 받으면 선한 행위를 너욱 강화하지만, 아무 관심도 보이지 않으면 바람직하지 않은 행동을 줄이기 때문이다.[23] 설득의 기술에서 또 하나 중요한 요소는 상대방의 관심을 끈 다음에 우리 생각을 아주 생생하게 극화시켜 보여주는 것이다. 카네기는 이렇게 주장한다. "쇼맨십, 즉 사람들의 이목을 끄는 재능을 발휘해야 한다. 영화도 그렇게 한다. 텔레비전도 마찬가지이다. 사람들의 관심을 끌고 싶으면 그렇게 해야 한다."[24] 오늘날에도 이 충고를 지지하는 사람들이 있다. 《테드처럼 말하기Talk Like TED : The 9 Public Speaking Secrets of the World's Top Minds》*를 쓴 언론인이자 의사소통 전문가 카민 갤로Carmine Gallo가 좋은 예이다.

카네기는 사람들의 심리적 궁핍을 도구화하는 방법을 보여줬다. 얼핏 들으면 거부감이 생길지 모르겠지만, 이는 불

---

* 《어떻게 말할 것인가》, 알에이치코리아, 2014.

쾌한 것만은 아니다. 실제로 우리 모두는 다른 사람이 자신의 진가를 알아봐줬으면 하지 않는가. 그리고 다른 사람을 인정해주는 것이 부도덕한 일도 아니지 않은가. 카네기는 상생의 세계를 그렸다. 우리는 원하는 것을 얻고, 상대방도 우리와 교류하면서 가장 원하는 것, 즉 인정받아 기분이 좋으니 서로 이익 아닌가. 근본적으로 카네기는 다른 사람의 시각에서 세상이 어떻게 보일지 상상하라고, 달리 말해 정신화하여 공감대를 형성하라고 권한다.

남들이 원하는 것을 이해하고 제공하는 일은 신경-언어 프로그래밍에서도 핵심이다. 상상력을 다룬 장에서 이미 신경-언어 프로그래밍에 관해 알아보았고, 치료사들이 어떻게 무의식을 재구성하여 우리를 성공의 길로 안내하기 위해 매우 특별한 시각화 과정을 활용하는지 살펴본 바 있다. 그런데 신경-언어 프로그래밍에는 다른 사람과의 효과적인 의사소통 능력뿐 아니라 다른 사람에게 영향력을 행사할 수 있는 능력을 증진하는 기법도 있다. 신경-언어 프로그래밍의 주요 관심사 중 하나가 조화로운 관계 형성의 기술이다. 이런 연유로 신경-언어 프로그래밍에 기반을 둔 방법들은 많은 자조론 도서가 참고하고 있을 뿐 아니라, 최근에는 고수익을 올리는 비즈니스가 된 인생 코칭 분야에서도 인기가 매우 높다. 신경-언어 프로그래밍을 옹호하는 많은 동기부여 연사나 자조 지도자 중에는 많은 극성 추종자를 거느리면서 백만장자가 된 사람들이 있다. 밴들러나 매케나, 로빈스가 그렇다. 실제로 로빈스는 "운명과의 데이트 Date with Destiny"와 같은 제목의 대중 참여 세미나를 포함하여 다양한 자조 프랜차이즈를 통해 5억에서 6억 달러 정도(약 6000~7500억 원)의 자산을 지닌 것으로 알려져 있다.[25]

이미 언급했듯이, 신경-언어 프로그래밍은 사람들마다 독특하게 세상을 "묘사"하는 방식, 달리 말해 정보를 수집하고 처리하는 나름의 "재현 방식"을 지니고 있다는 전제에 기반한다. 따라서 다른 사람과 효과적으로 소통하기 위해서는 먼저 그 사람의 방식을 이해해야 한다. 사람이 사용하는 언어는 그 사람의 주관적 재현 방식을 가장 잘 보여주는 단서이다. 이런 점에서 보면, 영혼의 창窓은 눈이 아니라 언어라 할 수 있다. 따라서 다른 사람의 언어 습관과 자주 사용하는 은유에 주의를 기울이기만 해도 그 사람에 대한 소중한 정보를 얻어낼 수 있다.

영국의 최면치료사 매케나는 《순간적인 영향력과 강한 개성Instant Influence and Charisma》에서 우리의 카리스마와 영향력을 끌어올리는 다양하면서도 구체적인 전략을 대략적으로 소개한다. 매케나는 카리스마란 일종의 "암호"와 같은 것으로, 그 암호를 풀면 개성과 매력이 풍부한 사람을 본받을 수 있다고 주장한다. 그러면서 카리스마를 발휘하기 위한 주요 전략 중 하나는 영향을 미치고 싶은 사람과 우호적인 관계를 형성하는 것이라고 말한다. 다른 사람이 우리를 좋아하고 신뢰하도록 만들고 싶으면 무엇보다 그 사람과의 공통점을 키우면서 차이점을 줄여야 한다.[26] 여기에는 생리 기능을 그 사람과 맞추는 것도 포함된다. 이를테면 자세, 몸짓이나 손짓, 동작의 빠르기는 물론 더 나아가 걷는 속도나 대화할 때의 어조나 억양 같은 것을 비슷하게 따라해야 한다. 그러나 너무 뻔뻔하다 싶을 만큼 흉내 내는 것은 좀 더 섬세한 형태의 미러링을 위해 피해야 한다. 메케나도 상대의 은유나 표현 방식을 면밀히 살펴봐야 한다고 조언한다. 또한 상대방의 핵심 가치나 신념을 알아내기 위해 질문하고, 그다음부터는 이를 존중해줘야 한다고 말한다.

노련한 신경-언어 프로그래밍 코치 레디와 버튼은 《더미를 위한 NLP Neuro-Linguistic Programming for Dummies》*에서 우호적인 관계 형성과 영향력 행사에 관한 기법을 좀 더 상세하게 소개한다. 그들은 의사소통의 대가에게는 3가지 특질이 있다고 주장한다. 바로 자신이 무엇을 원하는지 알며, 상대의 반응을 잘 이해하며, 필요하다면 자기 행동을 바꾸는 유연함을 지녔다.[27] 우리는 원하는 것을 마음에 분명히 새긴 후에 대화를 시작해야 하며, 상대와의 상호작용 속에서 얻고자 하는 것을 계속 의식하고 있어야 한다. 이 과정에서 소통 방식을 조정하는 능력은 중요하다. 만일 우리 방식이 제대로 통하지 않는다면 다른 방식을 적용해야 한다. 어느 조직이

---

* 《더미를 위한 NLP》, 시그마북스, 2018.

든 가장 유연한 태도를 지닌 사람이 그 조직에서 가장 큰 영향을 미칠 가능성이 높다고 보기 때문이다.[28]

레디와 버튼은 우호적 관계란 서로의 신뢰를 구축하고 차이점보다 유사점을 강조하는 가운데 형성된다고 주장한다. 서로의 일지점을 찾고, 상대방을 되비추듯 따라하고 경청하고, 유사점을 앞세우는 것 외에도 상대방에게 중요한 것을 알아내는 데에 진정한 관심을 기울이라고 조언한다. 아울러 상대방이 세부적인 것에 관심이 많은지 아니면 큰 그림에 관심을 두는지 주의 깊게 관찰하라고 덧붙인다. 세세한 것에 신경 쓰며 까다롭게 구는 사람은 구체적인 사실에서 전제를 끌어내지 않는 뜬구름 잡는 식의 전망을 내놓는 사상가들을 꺼릴지 모른다. 반면에 자유롭게 떠돌며 큰 사상을 내놓는 사람은 세부적인 것에 집착하는 사람을 따분하고 상상력이 부족하다고 생각할 수도 있다. 또한 대화 상대가 어떤 시점을 중시하는지도 고려해야 한다. 상대가 과거에 집착하는지 아니면 현재를 중시하는지 혹은 늘 미래에 관한 얘기만 늘어놓는지를 계산에 넣어야 한다는 뜻이다. 마찬가지로 상대방의 시간, 에너지, 친구, 좋아하는 사람들, 돈 등도 존중해주는 것이 중요하다.[29]

위에서 언급한 내용은 모두 "밖에서 안으로" 해결책인데, 그중 일부는 낯선 사람과 처음 관계를 맺을 때 실제로 효과가 있다. 그러나 이러한 해결책은 의도적으로 계산된 것이어서 좀 더 깊은 관계로 이어질지 의문이다. 따라서 매케나는 진정한 카리스마를 내보이며 상대에게 영향을 미치려면 또 다른 요소가 필요하다고 주장한다. 바로 진정성 있는 모습으로, 이는 우리가 소중하게 생각하는 가치와 삶이 조화로울 때 드러난다. 타인을 만날 때 마음 상태가 균형을 이루어야만 비언어적 표현과 전체 에너지가 말과 조화를 이룬다. 만일 자기 파괴적인 내면의 목소리, 의심, 두려움, 그 밖의 비생산적인 마음 상태와 계속 씨름한다면 에너지를 한데 모아 밖으로, 즉 타인을 향해 충분히 발산하지 못한다.

진정한 카리스마를 지닌 사람은 타인에게 진심 어린 관심을 내보이는 경우가 많다. 가치와 삶의 조화로 마음의 평화를 이룬 그들은 외부 세계에 주의를 충분히 집중하고, 외부 세계와의 질적인 상호작용에 헌신적일 수 있다. 우리가 우리 안의 불안정한 마음에 신경을 뺏길수록 바깥세상에는 더 적게 줄 수밖에 없다. 지극히 당연하다. 에너지는 유한한데, 그 에너지의 큰 몫이 내부로 향하니 그럴 수밖에 없다. 프로이트가 지적했듯이, 우울증 환자들의 중대한 문제점은 심리적 에너지의 대부분을 내면의 심리적 싸움에 소진한다는 것이다. 만일 그런 부류에 속한다면, 상대방이 존중받고 중요한 사람으로 대접받는다는 느낌이 들도록 만들기가 무척 어렵다. 결국 사람들은 존중받고 중요한 존재로 인정받기를 가장 원한다. 여기서 매케나와 카네기의 생각이 완전히 일치한다.

신경-언어 프로그래밍은 사람들의 상호작용을 증진하는 방법에 관해 몇몇 귀중한 통찰을 제공한다. 대화할 때에는 상대의 말뿐 아니라 표현 방법까지 주의를 기울이며 경청함으로써 상대를 진지한 대화상대로 대하라고 주문한다. 그렇게 집중하고 경청하는 자세를 보이면, 상대는 존중받는다는 생각에 기분이 좋아질 것이다. 그러나 이런 기법들로 관계가 더 깊어질지는 불확실하다. 왜냐하면 이 기법들은 의도적으로 교묘하게 꾸며낸 냄새를 풍기고, 때로 조작이라는 의심을 불러올 수도 있기 때문이다. 좀 더 자연스러운 사회적 상호 작용을 중시하거나 대화 자체가 즐겁거나 세상에 나 혼자가 아니라는 느낌을 주기 때문에 특별한 목적 없이 대화를 즐기는 사람들에게는 신경-언어 프로그래밍 기법들이 매력적이지 않을 것이다. 신경-언어 프로그래밍은 거래의 인간 상호작용이라는 개념에 기반한다. 그렇기 때문에 누군가는 이것을 현실주의적 모형으로 받아들일 수 있다. 많은 사람은 결국 '나한테 무슨 이득을 주지?'라는 생각을 품고 상대에게 다가가기 때문이다. 단지 상대가 나를 좋아했으면 하는 마음일 뿐이라도 말이다. 또 어떤 사람은 신경-언어 프로그래밍이 사람과 사람과의 접촉을 위축시키는 위험한 방식이라고 생각할 수도 있다.

이런 측면에서 신경-언어 프로그래밍 기반의 자조론이 영업 판매직 종사자들이나 성적 접촉을 기대하며 상대를 유혹하려는 사람에게 특히 인기 있었던 이유를 알 수 있다.[30]

그런데 여기서 카네기의 방식도 원래 영업사원을 겨냥한 사실을 기억하자.《친구를 얻고 영향력 있는 사람을 내 편으로 만드는 법》은 의사소통을 더 즐겁고 명료하고 깊이 있게 만들기보다 더 효과적으로 하는 데 초점을 맞춘 도서들이 출간되는 데 일조했다. 카네기의 경우와 마찬가지로 신경-언어 프로그래밍 기반의 자조론도 종종 판매 전략이나 기법을 명시적으로 강조하면서 영업사원 특유의 마음가짐이나 사고방식을 많이 내세웠다. 그런데 이는 모든 유형의 대인관계에도 적용할 수 있다. "이런 식이든 저런 식이든 모두가 온종일 자신을 팔고 다닌다"[31]는 매케나의 말을 생각하면 그렇다.

마키아벨리·카스틸리오네·카네기·매케나의 조언에는 아주 단순한 교훈이 하나 있다. 타인에게서 뭔가를 얻고자 한다면―그것이 나를 좋아해줬으면 하거나 두려워했으면 하는 것이든 또는 호의를 얻거나 영향력을 행사하거나 무엇을 팔고 싶거나 하는 식의 좀 더 구체적인 결과를 얻고자 하는 것이든―교류하는 사람을 진지하게 대해야 한다는 것이다. 타인을 진심 어린 관심으로 대해야 한다. 그의 말과 표현법을 경청하고, 가장 원하는 것과 두려워하는 것을 알아야 하며, 그의 언어와 비슷한 언어로 소통해야 한다. 달리 말해 정신화해야 한다.

그런데 오늘날 많은 사람이 왜 정신화를 어렵게 느낄까? 나르시시즘의 시대라고 하는 오늘날에 우리는 전에 없는 우리 자신의 심리 드라마에 사로잡혀 남에게 줄 것이 없기 때문에 그럴까? 자기가치와 자아존중감에 붙들려 다른 사람의 중요성을 계속 깎아내리기 때문일까? 아니면 소셜미디어 탓일까? 연구에 따르면, 우리는 소셜미디어의 과도한 사용으로 공감능력이 저하되고, 대면할 때보다 온라인상에서 더욱 잔인하고 난폭해진다고 한다. 게다가 가상공간에서 사람들과 지내는 시간이 늘어나면서 직접 만나 상대의 얼굴 표정과 감정을 올바르게 읽어내는 능력이 크게 떨어졌다.[32]

정신화가 어려운 또 다른 이유는 사회학자들이 사회 영역의 "경제화economization"라고 부르는 것과 관련 있을 수 있다. 사회 영역의 경제화란 개인적 자아나 다른 사람과의 상호작용을 포함하여 모든 것을 경제학의 프리즘으로 바라보는 경향이 농후해졌다는 것을 뜻한다. 달리 말하면, 효율성 증진이라는 신자유주의의 명령이 우리가 살아온 경험의 모든 영역에 영향을 미치고 있다는 의미이다. 우리는 다른 사람과의 관계를 이득이냐 아니냐 식의 거래 관점에서 보는 경향이 짙어졌다. "사회적 자본"*이라는 표현이나, 경영이라는 맥락에서 공감이나 감성지수와 같은 개념을 대인관계의 효과를 증대하기 위해 연마해야 하는 "소프트스킬"로 언급하는 것에서 확인할 수 있다.

이런 모든 요소는 타인과의 관계를 원만하게 형성하는 능

---

* 특정 사회에서 구성원들이 공유하고 있는 상호이해·규범·가치·신뢰·협동 등을 바탕으로 한 대인관계에서 사회가 효율적으로 기능하도록 하는 여러 요소들을 일컫는 용어.

력에 영향을 끼치고, 대인관계라는 기본 과제를 해결하는 안내자가 필요하다는 인식을 더욱 강화한다. 그러나 20~21세기에 이를 다룬 자조론 도서들이 급증한 현상을 비교적 덜 비판하는 견해도 있다. 사실 어느 시대든 사람들은 정신화 작업과 씨름해왔는데, 다만 우리 시대에 들어 그런 능력의 필요성이 더욱 긴요해졌다는 것이다. 틀린 말은 아니다. 정신화 능력이 주요한 소프트스킬 중 하나이고, 이는 오늘날과 같은 서비스 경제 시대의 장점임에 틀림없다. 또한 예전의 공동사회 구조와 사회화의 방식이 많이 무너졌기 때문에 좀 더 적극적으로 협력 관계를 맺어야 한다. 오늘날과 같은 원자화와 불안정의 시대에는 스스로 공동체를 찾아내고 구성해야 한다.

또한 정신화에는 역설이 숨어 있다. 즉 자신의 심리 세계에서는 자신이 주체이지만, 타인의 심리 세계에서는 객체에 불과하다는 사실이다. 이를 헤아리기가 참으로 힘들다. 왜냐하면 이 사실에 함축된 의미를 진심으로 인정한다는 것은 우리의 자기의식에 위협되기 때문이다. 더욱이 저 밖에는 세상을 바라보는 다른 방식이 존재한다는 사실을 솔직하게 인정하려면 상상력뿐 아니라 용기도 필요하다. 왜냐하면 우리의 신념이나 가치나 해석이 절대적 진리가 아니라 단지 주관적 선호에 불과하다는 사실을 용인할 수 있어야 다른 방식의 세상 이해도 인정할 수 있기 때문이다.

마지막으로 정말 어려운 까닭이 있다. 진실로 타인을 알기는 어렵다. 모든 사람은 자신의 진가를 알아주기를 절실히 원한다는 카네기의 생각이 어느 정도 맞지만, 그것만으로는 그의 복잡하고 미묘한 다른 많은 욕구를 알 수 없다. 상대가 진실로 원하는 바를 상상한다는 것은 실로 어렵다. 특히 상대도 자신을 잘 모르기에 더욱 그렇다. 명작《잃어버린 시간을 찾아서À la recherche du temps perdu》를 쓴 마르셀 프루스트Marcel Proust를 포함하여 많은 위대한 작가가 근본적으로 타인은 알 수 없다는 문제를 붙들고 씨름해왔다. 그러나 또 다른 한편으로 프루스트는 예술과 문학이 정신화 능력을 향상시키는 데 도움을 줄 수 있다고 생각했다. 그는 말한다.

"우리는 오로지 예술을 통해서만 자신에서 벗어날 수 있으며, 다른 사람이 우주에서 무엇을 보는지 알 수 있다. 그들이 본 것은 우리가 본 것과 다르며, 예술이 없다면 그들이 본 풍경은 미지의 풍경으로, 달에 존재하는 그런 알 수 없는 풍경으로 계속 남을 것이다."[33]

특히 소설은 등장인물의 삶 속으로 자신을 투영하고 동일시하도록 우리를 초대하여, 그 세계에서 우리가 정신적·상상적 개입을 지속적으로 하도록 요구한다. 말하자면 소설은 등장인물들의 시각을 충분히 공유하여 그들의 관점에서 세상을 바라보도록 만드는 힘이 있다. 따라서 위대한 작가들이 만들어내는 허구의 세계는 정신화 능력을 연마하고, 우리와 사뭇 다르게 세상을 바라보는 여러 방식에 참여할 수 있는 굉장히 멋진 훈련장이다.

10장

지금 이 순간을 살아라

사람들은 할 일을 미루거나 옛일만 기억한다.
현재를 살지 못하고 퇴화된 눈으로 과거를 한탄하거나,
주변을 둘러싼 온갖 풍요로운 부도 보지 못하고
발끝으로 서서 미래를 앞서 보려고만 한다.
_ 랠프 에머슨

최근 아주 보편적인 자조론 경향 가운데 하나가 마음챙김 mindfulness이다. 심지어 이를 상품화하는 현상이 곳곳에서 드러난다. 이런 상황은 문제이다. 겉보기에 그럴듯한 마음챙김 책들은 정작 그에 담긴 호소력과 매력을 훼손했고, 나아가 그 책들이 내세운 방법을 상투적인 것으로 만들어버렸다. 어쨌든 마음챙김에 대한 관심이 절정에 오르면서 자조론 시장도 그 방향으로 움직였다. 따지고 보면 끊임없이 새로운 것을 갈망하는 인간의 욕구에 따라 모든 자조론의 추세도 저마다 수명을 달리하며 흥하거나 쇠했다. 따라서 그 동향을 살펴보면, 그 사회의 지배적인 가치와 선입견을 잘 알 수 있다. 이런 점에서 인기가 절정에 달한 마음챙김도 우리 시대의 화급한 집단적 욕구를 분명하게 드러낸다.

　　본질적으로 마음챙김은 지금 이 순간을 사는 방법을 다시 배우는 것이다. 마음챙김은 현재 하는 일에 무비판적으로 온전히 집중하라고 장려한다. 또한 우리 마음이 사사로운 온갖 생각을 좇아 과거에서 미래로 분주히 오가지 않도록 훈련하여 오롯이 현재에만 집중할 수 있는 능력을 배양하라고 요구한다. 아울러 생각의 내용에 파묻혀 길을 잃지 말고 생각의 움직임을 인식해야 한다고 주문한다. 이런 마음챙김이 많은 사람의 마음에 큰 반향을 일으킨 것은 오늘날 사람들이 현재의 순간을 충만하게 살아가는 능력을 잃어버렸다고 스스로 분명하게 깨달았기 때문이다.

마음챙김의 유행은 존 카밧진Jon Kabat-Zinn의 《불행으로 뒤덮인 삶Full Catastrophe Living》*과 《당신이 어디를 가든, 그곳에 당신이 있다Wherever You Go, There You Are》**가 출간되어 베스트셀러에 오른 1990년대부터 시작되었다. 의미심장하게도 이는 인터넷이 출현한 시기와 맞물린다. 마음챙김의 인기는 삶이 점점 더 디지털화되면서 급속도로 치솟았다. 소셜미디어, 중단 없는 연결성, 연중무휴 쇼핑 가능한 문화, 빠르게 변화된 의사소통 습관 등은 마음챙김의 인기에 결정적 요인으로 작용했다.

우리의 현존재가 피를 계속 흘린다고 느끼면, 출혈을 막기 위한 방어책을 강화하려는 욕구는 강해진다. 그렇다면 현실은 어떤지 보자. 우리는 타인이 무엇을 생각하고 느끼는지, 좋아하고 싫어하는지 지속적으로 접한다. 홀로 생각

---

* 《마음챙김 명상과 자기치유》, 학지사, 2017.
** 《존 카밧진의 왜 마음챙김 명상인가?》, 불광출판사, 2019.

과 느낌을 만끽하면서 지내는 경우는 드물다. 일을 하든지 놀이를 하든지 직장에서 근무하든지 집에서 쉬든지 남을 돌보든지 혹은 휴가를 즐기든지, 수많은 전자 알림과 메시지와 광고가 마치 관심을 끌려고 경쟁하듯 정신을 끊임없이 어지럽힌다. 거의 모두가 스마트폰을 들고 다니니 그럴 만도 하다. 이제는 정신을 집중할 수 있는 시간이 극히 짧아졌다. 정말 걱정스러운 상황이다. 현재를 경험하고 지금 하는 일에 온전히 헌신할 능력이 점점 떨어지고 있다. 이런 상황에서 저하된 능력을 회복할 방법에 관심을 기울이는 것은 당연하다.

마음챙김은 마케팅 과정에서 대상에 따라 불교사상에서 비롯된 사실을 강조하거나 무시하기도 한다.[1] 마음챙김은 자애와 동정을 포함하는 패키지 상품의 한 부분으로 제시되면서, 서양식 개인주의와 신자유주의의 "욕심은 좋은 것greed is good"*이란 가치에 신물 난 이들의 흥미를 일으켰다. 이런 마음챙김은 더 많은 이타심과 연결성을 바라는 욕망도 만족시켜준다. 또한 영혼의 공허함을 채워줄지도 모르는 다른 문화권의 이국적 수행법에 대한 관심도 담겨 있다.[2]

마음챙김은 서양 과학의 인정을 구하면서 아주 다른 방식으로 나타나기도 한다. 사실 마음챙김이 유명해진 데에는 신

---

* 1987년에 개봉된 올리버 스톤Oliver Stone 감독의 영화 〈월 스트리트〉에서 마이클 더글러스Michael Douglas가 연기한 주인공 고든 게코의 대사. 어떤 수단을 동원해서라도 돈을 벌고 싶은 마음을 표현한 문구의 대명사이다.

경과학자와 심리학자들의 역할도 한몫했다고 할 수 있다.[3] 그들은 고대 명상 수행의 효험에 대한 임상 연구를 실시하여 마음챙김의 효과를 인정하는 신용장을 부여해주었다. 마음챙김은 정서적·신체적 행복과 안녕에 도움이 된다는 점을 강조하면서, 스트레스를 굉장히 효과적으로 완화하고 생산성을 높여주는 기법으로 상품처럼 판매된다. 이런 까닭에 고대의 지혜나 영성적인 가르침에 불편함을 느꼈던 사람들에게도 마음챙김은 매력적일 수 있었다.

앞에서 대략 살펴보았듯이 빠른 변화와 멈춤 없는 소통, 경쟁적인 개인주의가 특징인 오늘날 마음챙김의 호소력이 강해진 데에는 많은 이유가 있다. 그런데 현재를 살아가는 능력에 대한 걱정은 현대에 들어 갑자기 생겨나지 않았다. 현대의 기술자본주의 시대가 정신을 산만하게 만들기 때문에, 현재 순간의 집중력을 연마하는 데 대한 관심이 긴급한 시대적 요청으로 떠올랐다. 그러나 현재에 존재하며 현재를 살아가는 기술을 습득하는 일은 길고 풍부한 역사를 가진 고대 인간의 염원이다. 특히 아시아의 철학과 종교는 전통적으로 현재를 온전히 사는 것을 상당히 강조해왔다. 불교 사상에서는 자비로운 삶과 더불어 명상이 깨달음에 이르는 주요 통로로 인식된다. 태극권과 요가도 호흡과 신체의 움직임을 조절하여 생각을 단단히 고정시키는 방식으로, 마음을 몸과 더 확고하게 연결시키고자 하는 오랜 전통의 수행 기법이다.[4] 《베다Veda》, 《우파니샤드Upanisad》, 《바가바드기타Bhagavad

Gītā》 등과 같은 고대의 경전에서 언급된 "요가yoga"는 "멍에로 매다to yoke"로 번역될 수 있다. 요가의 목적은 말 그대로 인간의 정신을 신성한 것과, 몸을 마음과 한데 묶는 것에 있다. 그러나 "요가"는 산스크리트어의 어원으로 따져보면 "집중하다to concentrate"라는 의미도 담겨 있다.[5] 《파탄잘리의 요가 수트라Pātañjalayogaśāstra》에서 중심 범주로 집중이란 뜻의 **사마디**samādhi(삼매三昧)가 등장한다. 현인인 파탄잘리는 머리를 바닥에 대고 거꾸로 서는 방법을 설명하는 대신, 복합적이고 전체적인 시각에서 현재 순간에 대한 우리의 자각을 향상하는 방법을 조언한다. 그런데 파탄잘리가 소개하는 이런 식의 아주 중요한 정신적·인지적 차원의 요가는 마음보다 몸에 더 많은 강조점을 두는 서양식 요가 수행법에서 등한시하는 경향이 있다.

현재에 거^居하는 데 대한 관심은 아시아 문화권에만 국한되지 않는다. 예를 들어, 로마 황제였던 아우렐리우스도 《명상록》에서 현 순간에 집중하라고 하면서 이렇게 말한 바 있다. "하루의 매시간 적극적으로 주의를 기울여라. (…) 지금 하고 있는 일에 정밀한 분석과 흔들리지 않는 위엄과 인간적인 동정심과 공평한 정의로 주의를 기울여라. 그리고 그 밖의 다른 모든 생각은 마음에서 비워야 한다." 아우렐리우스는 우리가 매번 생의 마지막 순간인 것처럼 일을 수행한다면, 다시 말해 "분명한 목적의식을 갖고 격정에 이끌려 이성의 명령에서 이탈하는 법 없이, 허위에 빠지지 않고 자기

애를 버리고 주어진 운명에 불평하지 않는다면" 목표를 가
장 잘 이룰 수 있을 것이라고 약속한다.[6]

아우렐리우스는 마음을 비우고 자아로 돌아가는 것이 얼
마나 큰 회복의 힘을 선사하는지 모른다고 말한다. 그래서
현상의 세계에서 나와 "내면의 성채"로 물러나 명상해야 한
다고 주장한다. 우리가 언제든 자아로 물러날 수 있으면 굳
이 산이나 들이나 바다로 갈 필요는 없다며, 이렇게 말한다.
"어느 곳으로 피난하거나 물러서든 자기 자신의 마음으로
물러나는 것만큼 더 큰 고요와 안식을 주는 것은 없다. 특히
즉각적으로 온전한 평안함을 주는 마음속 생각에 깊이 침잠
할 수만 있으면 더더욱 그렇다." 바로 이런 이유로 마음속으
로 물러설 수 있도록 해야 한다. 그래야 우리 자신을 "다시
새롭게renew" 할 수 있다.[7]

루소도 지금 이 순간의 힘을 소중하게 생각했다. 그에게
현재를 산다는 것은 독으로 가득한 문화적 규범으로부터 해
방되어, 진정한 자아와 재결합하고 고양된 감수성의 상태
에 도달하게 하는 수단이다. 그러한 상태에 대해 루소는 이
렇게 말한다. "과거를 불러내거나 미래로 다가설 필요 없이,
내 영혼이 온전히 머무르며 영혼에 속한 온 존재를 끌어모
을 수 있는 반석과 같은 자리를 찾을 수 있다. 그곳은 시간
이 존재하지 않는 곳이며, 비록 감지할 수 없지만 현재가 영
원히 지속되어 그 현재가 흘러간다는 징후도 보이지 않는
곳이며, 상실이나 즐거움, 쾌락이나 고통, 욕망이나 공포와

같은 것도 느끼지 못하며, 오로지 현존에 대한 느낌, 영혼을 온전하게 채워주는 존재에의 느낌밖에 없는 곳이다."[8] 아우렐리우스와 루소에 따르면, 가장 중요하고 필수적인 것은 내면의 시간에 머무르는 것이다. 진실로 현재를 살아가기 위해서는 분주한 마음이 시간 여행을 하지 못하도록 그 마음을 지금 여기에 단단히 고정시켜야 한다. 아울러 소외의 두려움과 자기연민이 고개를 쳐들지 않도록 해야 하고, 일시적으로라도 바라고 추구하는 모든 것을 중지해야 한다.

에머슨도 시간을 대하는 우리의 태도에 문제가 많다며 깊은 우려를 표한 바 있다. 그는 과거를 특별히 신경 쓰거나 미래를 걱정할 것이 아니라 현재를 존중하는 법을 다시 배워야 한다고 충고하면서, 이렇게 불만을 표한다. "사람들이 할 일을 뒤로 미루거나 옛일만 기억한다. 현재를 살지 못하고 퇴화된 눈으로 과거를 한탄하거나 자신을 둘러싸고 있는 온갖 풍요로운 부富도 보지 못하고, 발끝으로 서서 미래를 앞서 보려고만 한다. 우리는 시간을 넘어 현재 속에서 자연과 더불어 살아야만 행복해지고 강해질 수 있다."[9]

우리가 현재에 있지 않다면 대체 어디에 있을까? 지금 이 순간의 복잡다단함과 경이로움에 주의를 기울이지 않고 있다면, 틀림없이 과거나 미래에 거주할 공산이 크다. 이럴 때 경험은 유쾌할 수도, 불쾌할 수도 있다. 지난 사건을 즐겁게 회상하거나 후회할지도 모르고, 그 사건에서 헤어나지 못한 채 곰곰이 반추할지도 모른다. 또는 가능하거나 아니면 완전히 환상에 불과한 특정 미래를 상상하고 있을 수도 있다. 시야가 낙관주의냐 비관주의냐에 따라 흥미진진한 기회로 가득한 미래를 상상할 수도 있고, 자신이나 사랑하는 사람에게 일어날지도 모르는 온갖 불행을 걱정하며 안절부절못할 수도 있다.

그러나 우리는 마음이 어디를 배회하도록 할지 그 범위를 확장해야 한다. 오늘날 엄청나게 빠른 속도로 발전하는 과학기술 덕택에 물리적으로 멀리 있는 사람이나 정보, 이미지에도 관심과 주의를 기울일 수 있게 되었다. 스마트폰이 다리를 놓아주기 때문이다. 동일한 방에 있지 않거나 심지어 다른 나라에 있어도 쉽게 소통 가능하며, 그들이 공개적으로 표명한 생각을 관찰할 수도 있다. 또한 인스타그램이나 페이스북을 팔로우하거나 모든 트위터를 눈여겨보며 상대의 삶에 푹 빠져들 수도 있다. 그 결과 실제 우리와 함께 있는 사람들, 현존하는 사람들에게 충분한 관심과 주의를 기울이지 못할 수 있다. 그러니까 소셜미디어 영역에서 헤어나지 못한 채 표면적으로 우리와 함께 "현재에 있으나" 사실은 다른 곳에 있는 사람들과 사교적인 모임을 갖거나 가족 식사를 하는 식의 삶을 경험한다.

"현재를 살아라"라는 명령은 특별히 극적인 자기계발의 전략으로 들리지 않는다. 그러나 자기계발을 한다는 것이 얼마나 어려운지, 생각들이 얼마나 자주 과거나 미래나 먼 곳에 있는 사람이나 사건을 향해 떠도는지, 정신이 얼마나 순순히 흐트러지도록 내버려두는지를 고려하면, 현재를 사는 법을 배우는 것이 상상할 수 있는 자기 변화를 위한 기법 중에서 가장 어려우면서도 근본적이지 않을까 싶다. 다시 한번 말하지만, 옛사람들도 이런 사실을 잘 알고 있었다. 그러나 우리와 달리 그들은 현재를 사는 일을 과소평가하지 않았고, 그 과제가 요구하는 지속적인 헌신과 수행, 노력의 중요성도 잘 알았다.

옛사람들은 또 하나의 중요한 비밀도 알고 있었다. 바로 현재에 거한다는 것이 단순히 현재의 순간에 주의를 기울이는 것이 아니란 사실이다. 우리의 지각과 의식에는 좀 더 근본적인 변화가 필요하다. 이는 오늘날 심리학자들이 말하는 "(인지적) 탈융합" 혹은 "맥락으로서의 자기 경험"이라는 지각과 관련 있다.[10] 이러한 개념들은 우리가 단순히 경험과 생각, 감정의 총합은 아니며, 현재 경험 밖에 또 다른 자아가 있음을 함축한다. 인지적 탈융합은 그저 생각과 감정이라는 것을 강조하면서, 그 신뢰성에 의문을 제기하는 방법이다. 다른 식으로 말하면, 뒤로 물러나와 우리의 경험들을 더욱 공평무사한 방식으로 관찰하는 것이다. 어떤 사람들은 "관찰하는 마음"을 언급하기도 한다. 지금 일어나는 생각들을 그냥 지켜보는 의식의 초현함을 뜻한다. 불자들은 이런 생각을 자아라고 부르는 영속적이며 개별적인 실체가 사실 존재하지 않는다는 "무아無我" 이론 속에서 더욱 심도 깊게 다룬다. 아무튼 이 모든 모형은 생각의 내용에 크게 주의를 기울이지 말고, 그것의 형식과 움직임에 더 집중하는 법을 배워야 한다는 의견에 바탕한다.

불자들은 우리가 자신에 대해 모르고, 현상의 진정한 본질을 모르는 것이 고통의 원인이라고 믿는다.[11] 불교 경전에는 잠과 꿈과 잠에서 깨어나는 것과 관련된 은유가 가득하다. 이는 대부분이 위험한 환상에 사로잡혀 있다는 것을 보여준다. 따라서 불교에서는 혜안慧眼, insight을 대단히 높게 평가한다. 왜냐하면 혜안만이 우리를 고통에서 해방시킬 수 있기 때문이다. 그러나 변화 생성의 힘을 지닌 혜안은 이론적이거나 지적인 것이 아니며, 형이상학적이거나 추상적인 것도 아니다. 이는 끈기 있는 명상과 평생에 걸쳐 지금 여기에 실제하는 것에 전념하고 주의를 기울이는 노력의 결실이다. 따라서 불교에서 말하는 혜안은 근본적으로 현재를 지향하는 삶에 주어지는 보상이다.

붓다는 "모든 것은 우리 마음이 만들어낸 것"[12]*이기 때문에 명상으로 마음을 통제하는 것이 매우 중요하다고 강조한다. 그러나 불교의 마음 통제는 생각을 더욱 논리적인 통로로 밀어넣는 것이 아니라는 점에서 스토아 철학에서 말하는 마음통제와는 사뭇 다르다. 불교는 마음을 현재 순간에 고정시키고, 생각의 내용에 붙들리지 말고 하늘에 구름 가듯

---

* "心爲法本." 《법구경》 제1장 〈쌍서품雙敍品〉 제1절.

이 흘러가는 것을 지켜보기만 하라고 독려한다. 붓다는 이렇게 선언한다. "마음은 이리저리 흔들리고 분주하여 지키기도 어렵고 억제하기도 어려우니, 지혜로운 자는 활 만드는 장인이 화살을 곧게 하듯 마음을 곧게 해야 할 것이다. (…) 마음은 들뜨고 가벼우며 제멋대로 욕심을 따라 흐르기 때문에 지키기 어려우니, 마음을 억제하는 것은 참으로 훌륭한 일이로다. (…) 어느 적이 다른 적에게 가하는 해보다도, 증오하는 사람이 다른 사람에게 가하는 해보다도, 잘못 이끌린 내 마음이 나에게 더 큰 해악을 끼치는 도다."13*

불교에서는 현재에 대한 자각과 진정한 혜안을 얻는 주요 방법으로 명상 수행을 제시한다. 생각을 관찰하고 잠재우는 식으로 그리고 호흡, 감각적 지각, 진언眞言, 심상心象 혹은 선종禪宗 전통의 역설적 진술 등에 집중하는 식으로 명상을 할 수 있다. "원숭이"처럼 쉼 없이 어떤 생각·느낌·지각에서 다른 생각·느낌·지각으로 이리저리 뛰어다니는 마음을 다스릴 목적으로 수행하는 명상은 내면의 평화를 경험하고 정신을 집중하는 능력을 배양하기 위한 기법이다. 우리를 현재에 머무르지 못하게 하는 흔한 마음의 방해물 가운데에는 육욕, 적개심, 둔감함과 나태, 흥분과 걱정, 의심 등이 있다. 이것들을 이겨내면 서서히 자아 중심의 세계관에서 벗어나

---

* "心多爲輕躁 難持難調護. 智者能自正 如匠搦箭直. 輕躁難持 惟欲是從. 制意爲善. 心像造處 往來無端. 念無邪僻 自爲招惡."《법구경》제3장〈심의품心意品〉제1, 3, 10절.

고, 따라서 무지로부터도 헤어나는 법을 배울 수 있다.

불교를 자기계발의 가르침으로 간주하는 합당한 이유가 있다. 불교는 명상과 혜안과 자비로운 삶을 강조함으로써 우리의 고통을 극복하는 포괄적인 윤리적·정신적 뼈대를 제공한다. 그러나 불교에서는 고려해야 할 복잡한 개념이 하나 있다. 바로 "무아"이다. 불자들은 진정한 본성에 대한 우리의 무지가 모든 고통의 근원이라고 믿는다. 더 구체적으로는 자아가 별개의 영원한 실재라고 생각하는 것 자체가 바로 무지라는 것이다. 불교의 일차적 목적은 자아가 개별적인 고정된 실재라는 생각을 버리고, 자아는 다른 모든 존재와 마찬가지로 영원한 것도 아니고 실체가 있는 것도 아니라는 것을 깨닫게 하는 데 있다.[14]

"무아無我"라는 교리인 **아나타**anatta는 팔리어로, 영혼이라고 부를 수 있는 영원한 실재는 없다는 뜻이다. 물론 살아 있는 모든 생명체에는 자아라는 영원한 실재가 없다. 이 교리에 따르면, 고유의 지속적인 특질을 지닌 "자아"라고 불리는 고정된 실재는 전혀 존재하지 않는다. 존재하는 것이라곤 오직 일시적이고 순간적인 사건이나 상태의 흐름 속에 참여하는 정신적·물리적 요소들뿐이다. 즉 흐르는 강물 속 H_2O라는 물 분자와 같은 것으로만 존재한다. 우리 몸속의 세포조차도 변화에서 벗어날 수 없다. 그렇다면 경험이나 감정이나 신념도 고정된 것이 아니라 덧없이 지나가고 변화할 수밖에 없는 것이다.[15] 어떻게 보면, 이 교리는 소크라

테스 이전의 그리스 철학자 헤라클리투스Heraclitus의 "만물은
유전流轉한다"라는 생각과 너무나 흡사하다.

불교에서는 고정된 실재로서의 자아라는 개념의 뿌리를
오온五蘊이라는 **스칸다**skandha, 즉 색온·수온·상온·행온·식온
이라는 다섯 종류의 무리에 두고 있다. 이 모든 요소는 영
속적이지 않다. 게다가 자아의 집합체는 벌 떼나 물고기 떼
같은 다른 구성체 속에도 함께 무리 지을 수 있다. 이 개념
은 이성적으로 받아들이기가 어려울 만큼 흥미롭다. 미첼
S. 그린Mitchell S. Green과 같은 철학자는 우리가 살아 있는 동안
신체나 정신에 어떤 종류의 지속성이 존재한다며 반박하기도
한다. 다시 말해, 생존하는 동안에는 "**전반적으로 동일한 모
양과 기능**"을 유지하며, "**대부분 조금 전 순간과 동일한 물질
로 구성된 상태**"로 있다는 것이다.[16] 또한 기억상실이나 인지
장애를 겪지 않는 한 우리는 기억으로 이전의 인격 단계와
연결되는 존재라고 주장한다. 일리 있다. 하지만 자아를 "무
리 개념"으로 보는 불교식 생각을 문자 그대로 받아들일 필
요는 없다.

불교에서는 자아를 별개의 실재이며 자기 나름의 느낌과
지각과 사고를 지닌 존재로 보는 서양식 개념을 인지적 왜
곡이라고 본다. 불교 명상의 궁극적 목적은 그런 환상에서
깨어나도록 하는 데 있다. 붓다는 이렇게 충고한다. "가을
연못에서 시든 연꽃을 꺾듯 자애를 끊어라."[17]* 이는 자기다
움이라는 개념을 진심으로 놓아버리면 더 겸손해질 수 있기

때문이다. 자애에 대한 집착에서 벗어나면 욕망이나 두려움, 하는 일은 모두 우리에게 그렇게 간절하거나 화급하지 않으며, 심지어 사소해보일 것이다. 이처럼 불교에서는 자아에 대한 집착이 고통의 주요 원인이라고 보는데, 오늘날 많은 사람이 역설적이게도 불교 전통의 마음챙김 수행법을 자아를 강화하고 더 많은 회복탄력성을 부여하기 위한 수단으로 이용하고 있다. 요즘의 마음챙김 유행에 대한 비판에서도 이런 점을 당연히 지적하고 있다.[18]

불교의 마음챙김과 명상을 수행하면 메타인지 형식의 현재 순간에 대한 자각을 기를 수 있다. 마음챙김과 명상의 목적은 첫 번째 단계로, 우리는 그런 생각들을 잠재울 수 있다는 사실을 깨닫도록 도움을 주는 데 있다. 두 번째 단계로, 그렇게 하여 눈을 밝게 뜨면 자아 중심에서 벗어날 수 있으며, 자아가 고정된 실재를 지닌 개별적이고 자율적인 개체라는 개념이 환상에 지나지 않는다는 사실을 받아들이게 된다. 다시 말해, 자아라고 생각하는 것이 실은 그 자체가 유동적이고 덧없는 요소들이 무리 지어진 것에 불과함을 알게 된다. 이를 깨달아야만 삼라만상이 서로 연결된 관계적 존재이고, 인간도 자아라는 제한된 경계 너머에 있는 무한한 우주의 일부에 지나지 않는다는 사실을 이해할 수 있다.

---

* "當自斷戀 如秋池蓮." 《법구경》제20장 〈도행품道行品〉제13절.

불교 사상에 대한 서양의 관심은 새로운 현상이 아니다. 이 관심은 무역과 식민주의, 이민, 세계화의 영향을 받으며 주기적으로 부침을 거듭했다. 그러나 그러한 관심이 최근 몇 십 년 사이에 깜짝 놀랄 만큼 급증했다. 20세기 후반부터 서양에서 자본주의의 물질주의와 전통적인 기독교에 대한 환멸이 고조되면서 또 다른 방식의 영성을 추구하는 욕구가 생겨났다. 1960년대 후반에 "선禪 열풍"이 히피를 비롯한 영성 구도자들의 반문화적 상상력을 휘어잡았다. 필립 카플로 Philip Kapleau의 《선의 세 기둥 The Three Pillars of Zen》과 일본인 지도자 스즈키 순류鈴木俊隆의 《선심초심禪心初心》*이 고전의 반열에 즉각 오르게 된 것도 그즈음이다. 또한 1950년에 중국이 티베트를 침략하면서 티베트의 라마교 생불生佛들이 조국을 떠나 서양으로 향했고, 그로 인해 티베트불교와 그 문화에 대한 서양인의 관심이 더욱 높아졌다. 그러다 서서히 서양의 학생들이 아시아의 불교 사원에서 수행하기 시작했고, 그들은 나중에 모국으로 돌아가 그동안 배운 것을 다른 사람들에게 가르쳤다. 14대 달라이 라마 텐진 가쵸Tenzin Gyatso 는 가장 유명하고 영향력 있는 불교 사상가로, 그가 저술한 불교 자조론 도서들 대부분은 서양에서 베스트셀러가 되었다. 그뿐 아니다. 수많은 평신도 지도자가 유럽과 미국 곳곳에 명상을 위한 장소뿐 아니라 워크숍과 강의를 개설하면서

---

* 《선심초심》, 김영사, 2013.

불교의 명상 수행을 전파하는 데 큰 역할을 하고 있다.[19]

따라서 서양 사람들이 문화적으로 마음챙김에 매료된 것은 불시에 생겨난 현상이 아니다. 불교의 수행법에 대한 서양의 오랜 관심이 그 바탕에 있었고, 1997년에 개봉한 영화 〈쿤둔〉이나 〈티베트에서의 7년〉이 그런 관심에 불을 더욱 지폈다.* 하여간 지금은 마음챙김을 기반으로 한 자조론 도서들이 무수히 많다. 그래도 가장 영향력 있는 책을 꼽으라면 존 카빗진의 《불행으로 뒤덮인 삶》과, 글이 좀 더 짧고 읽기 쉬운 《당신이 어디를 가든, 그곳에 당신이 있다》를 들 수 있다. 1944년생으로 지금은 매사추세츠대학교 의과대학 명예교수인 카밧진은 카플로와 틱낫한 같은 선禪 지도자들과 함께 수학했다. 그는 1979년 매사추세츠대학교 메디컬센터에 마음챙김 기반 스트레스 감소MBSR：Mindfulness-Based Stress Reduction 프로그램을 창시했다. 지금은 전 세계에서 수많은 기관과 병원이 이 마음챙김 기반의 프로그램에 영향받은 프로그램을 많이 운영하고 있다.

카밧진은 마음챙김을 수련으로 향상할 수 있는 기술로 이

---

* 마틴 스코세이지Martin Scorsese 감독의 영화 〈쿤둔〉은 14대 달라이 라마의 생애와 그가 쓴 글을 바탕으로 만들어졌다. '쿤둔'은 '성하聖下'라는 뜻으로 달라이 라마의 칭호이다. 〈티베트에서의 7년〉은 오스트리아 등산가 하인리히 하러Heinrich Harrer 가 히말라야 등정에 실패한 뒤 제2차 세계대전 당시 영국군의 포로가 되었을 때 티베트의 수도 라싸로 도망간 1944년부터 1951년까지 7년 동안 티베트에서 경험한 내용을 바탕으로 쓴 책을 프랑스 영화감독 장 자크 아노Jean-Jacques Annaud가 영화화했다.

해한다. 그는 수행법의 기원이 불교라는 사실을 인정하면서도 마음챙김을 본질적으로 보편적 수행법이라고 판단한다.[20] 따라서 마음챙김을 불교의 맥락에서 분리하여, 좀 더 보편적인 과학적 구조 속에 심어놓는 노력을 기울인다. 우선 그는 마음챙김을 스트레스 감소에 매우 효율적인 도구이면서 윤리적인 측면에서도 긍정적인 부수 효과를 가져다준다고 본다. 《불행으로 뒤덮인 삶》에서는 마음챙김을 "의도적으로, 현재 순간에, 아무 판단도 하지 않고, 주의를 집중함으로써 일어나는 자각"[21]이라고 정의한다. 자각은 주의 집중하는 한 형태이며, 인식력을 행사하는 한 방법이다. 올바른 마음챙김은 아무것도 하지 않고, 무엇에도 애쓰지 않는 것이다. 생각을 관찰하고, 생각의 내용에 매달리지 않고 그냥 지나가도록 내버려두는 존재 방식이다.

마음챙김 수행법에는 핵심 원칙으로 7가지의 마음 태도가 있다. 비판하지 않음non-judging, 인내patience, 초심a beginner's mind, 신뢰trust, 애쓰지 않음non-striving, 수용acceptance, 내려놓음 letting go이다.[22] 이중에서 판단하지 않음이 가장 중요하다. 이를 수행하기 위해서는 의견이나 좋고 싫음에 사로잡히지 않도록 노력하고, 다른 사람이나 그들의 경험을 좋고 나쁘다고 평가하지 말아야 한다. 대신에 그런 것들을 지금 이 순간에 나타나는 모습 그대로 받아들여야 한다. 인내는 "모든 일은 다 때가 있으므로, 제때에 일어난다는 사실을 이해하고 받아들이는" 지혜와 관련이 있는 마음의 태도이다.[23]

카밧진은 전반적으로 우리가 너무 많은 일을 하면서 정작 충만한 존재로 살아가지는 못한다고 생각한다. 정신없이 바쁜 생활 방식은 말 그대로 더는 숨을 고를 수 없음을 의미한다. 최근 수십 년 동안 사람들의 스트레스 지수가 급격하게 치솟고 있다. 이런 상황에서 카밧진은 마음챙김을 수행하면 건강상 다양한 부문에서 의미 있는 혜택을 누릴 수 있다고 주장한다. 즉 마음챙김은 스트레스 조절뿐 아니라 면역 체계를 강화하고, 염증을 줄이고, 마음의 방황과 생각에 사로잡히는 일에 적절히 대응하도록 도와준다. 또한 조망수용 perspective-taking,* 정신 집중, 학습, 기억, 감정 조절, 위협 평가 등에도 도움이 되며, 자기 수용과 다정함과 자기연민을 풍요롭게 키울 수 있다.

아마도 마음챙김의 가장 중요한 것은 생각의 내용에 덜 집착하고 형식에 더 주의를 기울이면서 자아의 드라마에 너무 사로잡히지 않도록 도움을 줄 수 있다는 것이다. 카밧진은 이렇게 말한다. "당신의 생각은 그저 생각일 뿐이고, 그게 '당신'이나 '현실'이 아님을 볼 수 있다는 것이 얼마나 해방감을 주는지 놀랍다."[24] 우리 생각의 내용을 의도적으로 평가절하하는 것은 수용전념치료ACT에서도 핵심 원리이며, 지금 이 순간의 힘에 관한 톨레의 철학에서도 중점적으로 다뤄진다. 또한 카밧진은 "무아"라는 불교 개념과 연관된 중요

---

* 타인의 입장에서 그의 생각이나 감정, 처한 상황 등을 추론하는 것.

한 생각으로, 지속적인 별개의 자아란 없으며, 오직 자아 구성의 지속적인 과정, 즉 그가 말하는 "자아 만들기selfing"[25]만 있다는 생각을 펼친다. 여기서 "자아 만들기"란 일종의 정신 작용으로, 붙잡아서 맞잡는 과정을 말한다. 그러면서 우리가 무심히 자아 만들기 과정에 있는 자신을 지켜볼 수만 있다면, 생각의 내용에서 자아를 떼어낼 수 있다고 보았다.

카밧진은 《불행으로 뒤덮인 삶》의 첫 장 제목을 〈여러분이 살아야 할 오직 한 순간들〉이라고 정했다. 카밧진의 주장에 따르면, 현재의 순간은 우리가 가지고 있는 전부이다. 왜냐하면 현재 순간은 "우리가 무엇을 알고 있는 유일한 시간이고, 지각하고 배우고 행동하고 변화하고 치유하고 사랑하기 위해 가지는 유일한 시간"[26]이기 때문이다. 가장 기본적인 의미에서 명상은 "의도적으로 현 순간에 있는 것"[27]을 의미한다. 하지만 카밧진은 그것이 얼마나 어려운지도 잘 알고 있다. 사실 평생 꾸준히 수행해야 터득할 수 있는 경지인지도 모른다. 우리 마음은 "스킬라와 카리브디스와 같은 과거와 미래라는 두 괴물이 놀라운 힘으로 끌어당기고, 또한 삶의 자리에 제공하는 꿈같은 세상"[28]과 끊임없이 싸우고 있기 때문이다. 그러므로 카밧진의 마음챙김 생활은 의식적이고 의도적이며 현재에 집중하는 삶이다. 또한 인식하지 못하는 것과 자동적으로 끌려가는 두 쌍둥이의 위협에 맞서 지속적으로 싸워야 하는 존재 방식이다.

생각은 우리가 아니며, 생각의 내용에서 우리를 분리할 필요가 있고, 진정한 자아는 생각 너머 어딘가에 있다는 인식은, 많은 사람이 숭배 대상으로 삼은 톨레의 책《지금 이 순간의 힘Tho Power of Now ; A Guide to Spiritual Enlightenment》*에서도 중심 원리로 등장한다. 1948년 독일에서 태어나 지금은 캐나다에 살고 있는 톨레는《뉴욕타임스The New York Times》에 "미국에서 가장 인기 있는 영성 작가"[29]로 묘사되기도 했다. 그는 오프라 윈프리Ophra Winfrey도 자신을 열렬히 지지한다고 말하기도 했다.

톨레는 어린 시절의 대부분을 불안과 우울증으로 고통받았다. 그런데 내적인 변화를 겪은 뒤에 케임브리지대학교 박사 과정을 그만두고 영적 지도자의 길로 들어섰다. 그가《지금 이 순간의 힘》에서 경험했다고 언급한 에피퍼니epiphany, 즉 어느 한순간의 갑작스러운 깨달음이라는 통찰의 경험이 있기 전까지 그는 종종 이런 생각을 했다고 한다. "나는 더는 내 자신과 살 수 없어." 그런데 이런 약한 생각은 그에게 변화를 불러일으키는 촉진제가 되었다. "그렇다면 나는 하나인가, 둘인가? 내 자신과 살 수 없다면, 나는 둘이라는 게 아닌가. '나'와 '내'가 같이 살 수 없는 '내 자신', 이렇게 둘이라는 말이 아닌가?"[30] 이 둘이 동시에 실재할 수 있는지 의문이 들었다. 이러한 인식 뒤에 에너지의 소용돌

---

* 《지금 이 순간을 살아라》, 양문, 2008.

이 속으로 빨려 들어갔다가, 그다음에는 아무것도 없는 진공 속으로 들어가고, 한참 뒤에 지복의 상태로 그 진공 속에서 빠져나왔다. 그는 이를 자신이 겪는 고통이 강제로 자신을 "결국 마음이 그려낸 허구에 불과한 불행과 심한 두려움에 휩싸인 자아와의 일체화에서 벗어나게 한 것"으로 이해했다. 달리 말하면, 그 자아가 자신이 아니라는 것을 깨달았다는 의미이다. 허위의 고통받는 자아가 사라지면서 순수한 의식의 형태로 자신의 진정한 본성이 나타난 것이다.[31]

톨레는 현재를 살기 위한 열쇠는 자신을 마음과 동일시하는 것을 중단하고, 비자발적으로 쉴 새 없이 흐르는 생각이 본질이라는 착각에서 벗어나, 그것이 우리 자신이 아니라고 인식하는 데 있다고 말한다. 진정한 자아는 이리저리 흔들리는 감정과 강박적인 생각 너머에 있다. 불교 승려들이나 카밧진과 마찬가지로 톨레는 자아는 마음이 꾸며낸 개념이라고 생각한다. 우리의 생각과 자신을 일체화하지 않고 그 생각의 양상을 그냥 지켜보는 법을 배워야 한다. 그러면서 자기에 대한 집착을 내려놓아야 한다고 톨레는 주장한다.

생각이나 감정 대부분은 기억과 기대 사이에서 강박적으로 흔들릴 때 과거 혹은 미래를 중심으로 생겨난다. 과거는 우리에게 일체감과 원인과 결과를 둘러싼 이야기들을 제공하는 반면 "미래는 어떤 형태든 구원이나 실현을 약속한다".[32] 하지만 이 둘은 모두 환상이다. 그렇기 때문에 우리는 마음의 "감시자"로서 현재를 사는 법을 배워야 한다. 해야 할 일은 오로지 지켜보는 것이며, 분석이나 판단은 피해야 한다.

카밧진과 아주 흡사할 정도로 톨레 역시 현재 이 순간이 우리가 실제로 소유한 전부라고 주장한다. 지금 이 순간은 가장 소중한 것일 뿐 아니라 존재하는 유일한 것이다. 그는 말한다. "현재에 주의를 집중하라. 현재 이 순간에 일어나는 당신의 행동과 반응과 기분과 생각과 감정과 두려움과 욕망에 주의를 기울여라."[33] 톨레는 현재를 사는 일이 구원으로 이르는 왕도라고 생각한다.

"진정한 구원이란 두려움과 고통, 결핍과 부족을 감지하는 것에서 벗어나는 것, 따라서 그 어떤 식의 원함이나 필요나 매달림이나 집착에서 해방되는 자유의 상태를 말한다. 또한 강박적인 생각이나 부정성 그리고 무엇보다 심리적 욕구로서의 과거와 미래로부터 벗어나는 자유가 바로 구원이다."[34] 지금 이 순간 말고는 구원에 더 가까이 다가가기 위해 우리가 할 수 있는 일도, 얻을 수 있는 것도, 그 어떤 것도 없다. 그는 우리 자신을 마음에 예속된 상태에서 해방시켜야 의식이 근본적으로 변화할 수 있다고 말한다. 그리고 이와 같은 근본적인 의식의 변환이 자신뿐 아니라 인류 전체와 지구를 구하기 위해 필요하다고 주장한다. 후자의 이러한 생각은 톨레의 두 번째 책인 《새로운 지구New Earth : Create A Better Life》*에

---

* 《삶으로 다시 떠오르기》, 연금술사, 2005.

서 중점적으로 다뤄지고 있다.

따라서 인류의 기본적인 문제는 마음, 더 정확하게는 "마음과 자신을 잘못 일체화하는 것"[35]에서 비롯되었다. 톨레는 생각이 우리를 괴롭히는 심각한 질병이 되었다고 주장한다. 자신을 마음과 동일시하는 것은 생각을 강박으로 만드는 원인이고, 모든 고통의 근원이다. 마음의 노예가 되어버린 우리는 그저 강력하고 각별한 도구에 지나지 않은 마음이 우리를 괴롭히지 않도록 마음 너머로 벗어나야 한다. 의식적 현존, 우리의 더 깊은 자아는 생각 뒤에 자리 잡아야 한다. 그는 불교의 생각을 긍정하며 이를 "무심無心"의 영역이라 부른다. 그러나 톨레는 이런 식의 생각과의 분리를 마음챙김과 동일하게 보지 않는다. 그보다는 이를 무념無念 의식 혹은 관념 없는 의식으로 표현한다. 어쨌든 의도적으로 현재의 순간에 정착하면서 생각을 판단 없이 지켜보는 원칙은 같다.

정신과학과 의사들이나 심리학자들도 우리 생각의 형식과 내용을 구분할 필요성에 대해 많은 연구를 해왔다. 《스스로 변화하는 뇌The Brain That Changes Itself》*에서 도이지는 강박장애OCD : obsessive-compulsive disorder에 관한 제프리 M. 슈워츠Jeffrey M. Schwartz의 선구적인 연구 결과를 소개한다. 슈워츠는 강박장애를 겪는 사람들을 위한 치료법을 개발했지만, 그

---

* 《기적을 부르는 뇌》, 지호, 2008.

치료법은 누구에게나 해당된다. 그의 치료법에는 아주 간단한 재분류 작업이 들어 있다. 다시 말해, 세균의 공격을 받는다거나 난로의 전원을 끄지 않아 집이 불타고 있는 게 아닌가 생각하는 대신, 나를 공격하는 것은 강박장애라는 사실을 상기해야 한다. 도이치는 이 방법에 대해 이렇게 설명한다. "슈워츠는 환자들에게 강박장애의 보편적인 **형식**(의식에 침입하는 걱정스러운 생각이나 충동)과 강박의 **내용**(즉 위험한 세균이나 불)을 구분하라고 가르친다. 환자가 내용에 신경을 쓰면 쓸수록 증상이 더 나빠지기 때문이다."

이처럼 단순해 보이는 재분류 행위를 통해 환자는 강박의 내용과 거리를 두면서, 불자들이 명상으로 고통을 감지하는 방법, 즉 "고통이 자신에게 어떤 영향을 미치는지 관찰하면서 고통으로부터 자신들을 섬세하게 분리하는"[36] 것과 비슷한 방식으로 자신의 강박을 바라볼 수 있다. 그래서 슈워츠의 강박 장애 환자들은 지금 일어나는 일을 의식적으로 생각하면서 현재에 머무르는 법을 훈련한다. 말하자면 떠오른 생각의 내용과 심각하게 맞서며 끙끙대기보다 강박 장애를 앓는 자신의 마음을 관찰하라고 권유받는다.

형식과 내용의 동일한 구분은 수용전념치료의 핵심이기도 하다. 《행복의 함정》에서 러스 해리스는 인지행동치료와는 달리 수용전념치료는 부정적인 생각이나 느낌과 맞서라고 권하지 않는다고 설명한다. 오히려 이를 인지하고 받아들인 다음, 내려놓으라고 조언한다. 생각의 내용에 매달리지 않은 채 생각을 판단하지 않고 관찰하고 받아들이고 그것이 왔다가 사라지는 것을 지켜보는 것, 그리고 당연히 지금 이 순간에 머물도록 전념하는 것은 수용전념치료가 고대 불교의 원리들과 분명히 일치하는 대목이다. 수용전념치료가 관찰하는 자아와 생각하는 자아가 서로 다르다는 것을 강조한다는 점도 마찬가지이다.

또한 해리스는 정체성과 의식에서 생각을 제거하라고 권고한다. 마음이 비생산적인 생각을 퍼붓거나 역효과만 가져다주는 신념으로 괴롭힐 때마다 '고맙다, 마음아'라고 생각하도록 훈련하고, 마음이 만들어내는 내용을 너무 심각하게 받아들이지 않도록 단련해야 한다고 주문한다. 아울러 여러 생각 때문에 괴로울 때면 그 생각들은 내가 아니고 또 현실이 아니라는 사실을 상기하라고 제안한다. 오히려 그 생각들은 그냥 말이나 의견, 신념, 어떤 이야기, 가정假定, 즉 본질적으로 마음이 일으키는 소음에 지나지 않는다고 여기라는 것이다. 도움이 되지 않는 생각과 거리를 두기 위해서는 일종의 선전 문구처럼 "음, 내가 …라고 생각하고 있군"과 같은 말을 덧붙이는 것도 좋다. 예를 들어 '누구도 나를 사랑하지 않아'라는 생각이 들면, 이를 곧이곧대로 인정하기보다 '내가 누구도 나를 사랑하지 않는다고 생각하고 있구나'라는 식으로 재구성하기만 해도 그 생각은 곧 무력해진다. 이처럼 지금 이 순간에 작용하는 마음을 한발 뒤로 물러서서 관찰한다는 전략은, 불교 사상이나 마음챙김에 기반을

둔 자조론이나 톨레의 철학이나 수용전념치료를 관통하는
중요한 전략이다.

　마음챙김이나 지금 이 순간에 집중하라는 식의 자조론
수행법을 비판하는 사람들이 없는 것은 아니다. 미국의 학
자 로널드 E. 퍼서Ronald E. Purser는 그가 "맥마인드풀니스
McMindfulness"*라 이름 붙인 마음챙김 산업을 그동안 가장 신
랄하게 비판해왔다. 마음챙김이 고도로 상업화된 것은(다른
많은 자조론 추세에서도 마찬가지이지만) 사실이다. 마음챙김 산
업의 규모는 연간 40억 달러(약 5조 원)에 달한다고 추산되
며, 아마존에서는 "마음챙김"이란 제목을 단 책이 무려 10만
권 이상 판매되고 있다.[37] 명상과 마음챙김 전문가로 알려진
앤디 퍼디컴Andy Puddicombe이 설립한 디지털 건강 회사 헤드
스페이스의 앱만 하더라도 2억 5000만 달러(약 3200억 원)의
가치를 지닌 것으로 추정되며, 그 앱으로 벌어들이는 연간
수입이 무려 5000만 달러(약 600억 원) 이상으로 추산된다.[38]
더욱이 마음챙김 기반의 각종 프로그램들이 현재 여러 학교
에서, 월스트리트에서, 실리콘밸리에서, 그리고 영국과 미국
의 정부 기관에서 진행 중이다. 구글에서는 여러 해 동안 사
내에 마음챙김 전문가 차드 멍 탄陳一鳴을 고용했다. 그는 명

---

* 세계적인 햄버거 패스트푸드 회사인 '맥도날드McDonald'에 빗대어 만들어낸 이름
　으로 보인다.

함에 "정말 유쾌한 친구Jolly Good Fellow"라는 직함을 새기고 다닌 것으로 유명하다. 세계적으로 가장 영향력 있는 지도자나 정치인들이 모이는 다보스 세계경제포럼에서도 최근 몇 년 동안 마음챙김 대담이 인기 있었다고 한다. 그리고 아마 가장 논란이 많았던 사례가 아닌가 싶은데, 미국 육군에서 전투병의 "작전수행 능력"을 높인다고 마음챙김 기반 스트레스 감소 프로그램을 도입한 경우를 들 수 있다.[39]

하지만 그동안 너무 도구화되고 상업화되었다는 이유로 마음챙김 자체를 비난하는 것은 옳지 않아 보인다. 마음챙김은 하나의 기법이며, 과학기술의 여느 부문처럼 잘 쓰일 수도 있고 잘못 쓰일 수도 있기 때문이다. 퍼서처럼 점심시간에 마음챙김 수업을 착취당하는 노동자들을 진정시키기 위한 교활한 책략이라며 격하게 반대하는 것은 초점을 벗어났다고 생각한다. 직원들의 회복탄력성과 복지를 증진하려는 노력이 범죄 행위는 아니며, 오히려 그 반대의 경우—번아웃이 오도록 내버려둔 다음에 해고하는 것—가 분명 바람직하지 않은 선택이다. 더욱이 마음챙김은 다분히 사적인 수행법이며, 비자발적인 것은 차치하고라도 강제로 시켜서 되지도 않는다. 최악의 시나리오는 회사 차원에서 마음챙김 워크숍을 개최하는 경우이다. 이는 아무런 효과가 없다. 직원들이 스트레스를 잘 관리하도록 도와주는 것이 최선이다. 어떤 형태로든 퍼서가 주장하듯, 마음챙김이 우리를 "자본주의라는 기계에 잘 맞물려 돌아가는 톱니바퀴"[40]로 전락하게 할 가능성은 거의 없다.

마음챙김을 비판하는 또 다른 사람들은 마음챙김(더 일반적으로는 자조론)이 스트레스의 사회적 원인을 밝히기보다 스트레스를 개인화하고 의료화한다고 주장한다. 그들은 카밧진 같은 부류가 고통을 개인화시킴으로써 피해자를 비난하는 탈정치화된 진단을 제공한다고 말한다.[41] 그러면서 마음챙김은 정치적 변화를 촉진하지 않기 때문에 착취적인 신자유주의의 현상을 유지하는 데 공모하는 셈이라고 주장한다. 그러나 이런 식의 비난은 곤혹스럽다. 방석이 새를 잡는 데 적합하지 않은 도구라며 비난하는 것과 같다. 정치의 변화는 칭찬할 만한 목표일 수 있지만, 이는 전통적으로 사회 활동가나 정치운동가, 노동조합, 정치인, 입법자들의 몫이다. 마음챙김 교사나 치료사에게 그런 일을 기대하는 것은 합당하지 않다. 카밧진이 장려한 종류의 마음챙김은 스트레스를 줄이고, 집중력과 행복지수를 높이고, 회복탄력성과 건강과 전반적인 심신의 안녕을 향상하고자 고안된 자조의 도구이다. 이런 목적에는 잘못이 없다.

그러나 서양식 마음챙김을 세상을 변화시킬 잠재력과 함께 본질적으로 혁명적이고 사회적으로 변혁을 불러일으키는 운동으로 제시하는 사람들을 경계해야 한다. 너무 많은 것을 내세우며 주장하는 것은 과잉 판매나 수상한 상품명에서나 찾아볼 수 있다. 속세의 마음챙김은 자조의 도구, 그 이상도 이하도 아니다. 점점 더 확산되고 있는 마음챙김 수행이 자동적으로 높은 수준의 사회적 자비로 이어지리라는 전제도 잘못된 생각이다. 또한 마음챙김이 정치와 사회와 환경 전반의 모든 문제를 해결할 수 있을 것이라고 가정해서도 안 된다. 마음챙김은 분명히 그렇게 해오지 않았다. 절정기에도 마찬가지였다. 동시에 마음챙김으로 나타나는 크고 작은 모든 종류의 친절한 행위를 그 자리에서 폄하하지 않도록 주의해야 한다.

개인의 발전과 정치 참여 사이의 역학관계는 많은 사람이 말하는 것 이상으로 복합적이다. 비행기를 탈 때, 객실의 압력이 떨어지면 산소마스크를 먼저 착용하라는 말을 듣는다. 그래야 남을 더 효과적으로 도울 수 있기 때문이다. 마찬가지로 프랑스 태생의 불교 승려 리카르는 우리 자신이 먼저 변화해야 세상을 변화시킬 수 있다고 주장한다. 그는 이렇게 말한다. "아무 준비도 하지 않은 채 다른 사람을 돕겠다고 무작정 뛰어드는 것은 시간을 들여 의술을 배우고 병원을 짓기도 전에 길거리에서 수술하겠다는 것과 같다." 우리집부터 먼저 정리하고 난 뒤에 일을 시작해야 한다는 뜻이다. 리카르는 이어서 이런 말을 한다. "만약 다른 사람을 돕고 싶다면, 원래 의도에 어긋나지 않게 그들을 도울 수 있을 만큼 여러분 자신의 자비와 이타적인 사랑과 용기를 제일 먼저 함양해야 한다. 우리 자신이 꼭 껴안고 있는 자아중심주의를 버리는 것이야말로 주변 사람들에게 봉사하는 강력한 수단이다. 따라서 개인적인 변화가 얼마나 중요한지를 평가절하해서는 안 된다."[42] 우리 자신을 계발하는 것과 사회를 발전시키고자 하는 소망은 서로 배타적인 목적이 아니다. 리카르나 틱낫한이 입증했듯이, 그 둘은 함께 갈 수 있다. 실제로 점점 더 많은 사회활동 단체에서 많은 젊은 활동가가 마음챙김을 수행하거나 다른 식의 심리적·영적 발전을 추구하면서 내면 변화와 외부 변화 사이의 경계선을 다시 그리고 있다.[43]

더욱이 마음챙김은 확실히 대중을 위한 새로운 마약이 아니다. 회복탄력성을 강화하는 것이 착취적인 신자유주의 체제에서 필연적으로 우리를 복종하는 하인으로 만든다는 믿음은 너무 단순한 생각이다. 마음챙김 명상의 결과는 예측할 수 없기 때문이다. 우리는 명상으로 스트레스를 줄이고 집중력을 향상시킬 수 있다. 그러나 그렇게 증진된 에너지로 무엇을 할지는 절대 미리 결정되지 않는다. 가령 직장에서 더욱 생산적인 직원이 되어 회사에 더 큰 가치를 더해줄 수도 있다. 그러나 직장을 그만둘 용기를 얻거나 까다로운 상사와 직접 맞붙어 조직의 변화를 요구할 수도 있다. 또는 일을 그만두고 지도자 역할을 해보자고 결심하고는 좀 더 자비로워진 시각에 맞추어 모든 것을 새롭게 구성해갈 수도 있다. 정치 개혁을 위한 운동에 나설 수도 있고, 해외 자원봉사단에 지원할 수도 있으며, 붉은 고기를 덜 먹거나 코로나19 봉쇄 기간 동안 이웃 노인에게 음식을 제공할 수도 있다.

마지막으로 우리는 서양식 마음챙김을 문화적 전유cultural appropriation* 행위로 치부해서도 안 된다. 다시 말하지만, 좀 더 섬세한 시각이 요구된다. 마음챙김은 대체로 서구 국가에 온 아시아 사람들이 그 메시지를 전파하고자 가르친 수행법으로 알려져 있다. 그렇다면 서양에서의 마음챙김의 인기를 문화적 전유의 하나라고 주장하기보다 다른 문화에 대한 개방성과 전통을 배우고자 하는 기꺼운 태도가 드러난 것으로 보아야 한다. 현재의 지금 이 순간을 살아야 한다는 부분에서 서양 문화보다 다른 문화권이 훨씬 더 잘한다고 인정하는 것은 잘못된 것이 없다. 결국 다른 문화권은 천년 이상 긴 세월 동안 이를 높게 평가하고 연마해온 것이 아닌가. 반면에 서양에서는 이제야 배우겠다고 발걸음을 뗐다. 나는 우리가 이 기술을 배우겠다고 나선 것이 참으로 훌륭한 선택이라고 확신한다.

---

* 다른 문화권의 전통이나 관습 등을 그 문화에 대한 이해나 존중 없이 무단으로 사용하거나 도용하는 것.

우리에게는 아직 배울 것이 너무나 많다

    미래의 역사가들은 오늘날의 자조론 풍경에 대해 어떤 생각을 하고, 어떻게 이해할까? 틀림없이 다양한 자조론 도서로 가득 채운 베스트셀러 목록을 보며 저마다 한마디씩 던질 것이다. 실제로 오늘날 자조론 도서들은 확실한 증거를 기반으로 기법을 알린다는 내용부터 심원한 비법을 전한다는 내용, 수행 능력을 향상시키는 접근법, 그냥 하고 싶은 대로 하라는 식의 입문서에 이르기까지, 다양하고 넓다. 여기에는 타인을 효과적으로 조정하는 방법을 알려주는 기법과 더불어 진정성에 기반을 둔 조언도 있으며, 더욱 무자비한 경쟁자가 되어야 한다고 촉구하거나 좀 더 자비롭고 이타적인 사람이 되는 방법을 보여주는 작품들도 있다. 어떤 작가들은 우리가 기계와 같은 존재가 되어야 한다고 주장하고, 또 다른 작가들은 자연으로부터 배워야 할 것이 많다고 설득하기도 한다. 아울러 마음을 통제하는 기법을 제시하거나 통제를 포기하고 자아를 내려놓으라고 권하기도 한다.

아마 미래의 역사학자들은 그런 다양성에 혼란스럽거나 좌절할 가능성이 높다. 상황이 어떻든 모든 것을 고려한 절충주의가 그 자체로 요즘 시대의 인상적인 특징이 아닌가 싶다.

이런 현상은 우리가 안고 있는 문제들이 다면적이고, 이를 규정하고 표현하는 방식이 매우 다양하다는 것을 시사해준다. 대중주의가 복잡하고 긴급한 문제들에 대해 아주 간단한 해결책을 제시하면서 인기가 급상승한 정치 영역에서와 마찬가지로, 일부 자조론은 모든 것을 단순화하는 경향으로 나아가고 있다. 하지만 우리는 복잡한 존재이며, 우리의 문제들도 마찬가지이다. 단순한 해결책으로는 다층적인 특성을 지닌 슬픔을 해소할 수 없다. 우리는 문제의 복잡성을 받아들여야 하며, 뒤엉켜 있는 내면의 매듭을 풀어내기 위해서 시간과 노력이 필요하다는 사실도 인정해야 한다.

동시에 다양한 자조의 접근 방법과 모형들 이면에는 모두가 공유하는 근본적인 목적이 있다. 수단은 달라도 바라는 소망은 종종 유사할 수 있다. 예를 들면, 연결성과 의미에 대한 공통된 욕망이 있다. 또한 통제의 욕구(우리의 인지와 감정은 물론 다른 사람을 통제하고자 하는 욕구)도 마찬가지이다. 더불어 지속가능하고 미니멀리즘식 생활 방식을 지지하는 경향도 눈에 띄게 증가했으며, 자연과 다시 연결되어야한다는 요구도 더욱 강해지고 있다. 오늘날 많은 자조론 도서가 급속도로 성장하는 일상생활의 디지털화와 관련된 불안증을 강조하면서, 현재 이 순간에 집중하며 정신이 흐트러지는 것을 막는 여러 방법을 제시한다. 또한 오늘날 대부분의 자조론이 회복탄력성을 높이고 빠른 속도로 질주하는 외부의 변화와 경제적 불확실성에 대응하는 능력을 향상해야 한다고 주장한다.

우리의 자조 문화는 고대의 자조 문화와 여러 면에서 다르다. 오늘날 우리는 항상 행복해야 한다고 생각한다. 많은 사람이 재난이나 불행에서 벗어난 삶을 기대한다. 점점 더 많은 사람이 스스로 유명세와 부를 누릴 자격이 있다고 생각한다. 대부분이 부모 세대보다 더 나은 삶을 누리기를 희망한다. 과거엔 달랐다. 삶은 근본적으로 고통스러운 것이며, 나쁜 일은 언제든 일어나기 마련이라는 사실을 대체로 모두가(그리고 현실적으로) 받아들였다. 불교 신자나 스토아 철학자들은 인간의 실존을 오늘날 서양 사람들보다 더 암울한 시선으로 바라보았다. 그리고 초기 기독교인들은 인간이란 심각한 결함을 안고 있을 뿐 아니라 반드시 죽게 될 운명의 존재라고 믿었다. 그래서 구원이 필요하다고 생각했다.

우리는 다른 많은 점에서 자기계발을 하는 선조들과 다르다. 과거의 자기계발 문헌들은 선善에 분명한 강조점을 두었다. 그러나 현대의 자조론에서는 선에 대한 사유가 거의 사라지다시피 했다. 현대의 우리는 성격보다 성품, 성공을 이루기 위한 효과에 집중한다. 또한 노력은 조금만 들이면서 즉각적인 결과만을 바란다. 그런 이들의 심리에 맞추어 많은 자조론 작가들은 극적이고 즉각적인 변화를 약속한다.

하지만 옛사람들은 자기계발이란 평생에 걸친 프로젝트이며, 결코 완성될 수 없고 엄청난 노력과 시간이 요구되는 과업이라는 것을 알고 있었다. 따라서 서두르지 않고 한 걸음씩 점진적으로 자신을 발전시키고 수양하는 길을 택했다. 옛사람이 조심스럽고 점진적인 개혁을 강조했다면, 오늘날에는 즉각적인 변화를 기대하는 경향이 짙다.

오늘날 대부분의 자조론이 인간은 본래 경쟁적 존재라는 가정에 바탕한다는 점도 중요하다. 그래서 인간을 적대적인 환경에 놓인 자율적인 행위자로 그리는 경우가 많다. 이는 인간을 관계적이고 상호 의존적이며 사회적인 존재, 즉 좋든 나쁘든 우리가 속한 더 큰 공동체의 일부로 바라보던 옛날의 시각과는 분명한 대조를 이룬다. 공자 시대에 중국에서는 자기계발을 사회 전반을 발전시키는 데 필수적인 측면으로 생각했다. 자기계발을 이룬 사람들이 본보기를 보여주면, 다른 사람들이 감동을 받아 따라오는 식의 파급 효과가 생긴다고 보았다.

18세기 독일 철학자 칸트도 우리에게는 우리 자신을 향상해야 하는 사회적 의무가 있다고 생각했다. 그 유명한 정언명령定言命令, categorical imperative을 통해 칸트는 자기에게 좋은 것이 아니라 다른 모든 사람이 그렇게 했으면 좋겠다고 여기는 것만을 행동해야 한다고 주장한다. 다시 말해, 다른 사람들이 하지 않았으면 한다면, 우리의 행위가 보편화되는 것을 원치 않는다면, 그런 행위를 금해야 한다. 예를 들어,

잔디밭에 들어가지 말라는 푯말이나 오리에게 먹이를 주지 말라는 주의 사항을 무시해도 우리에게는 피해가 없다. 그러나 칸트의 정언명령을 적용하면, 다른 사람들이 모두 자신과 같은 행동을 취해 불가피하게 잔디밭이 훼손되거나 오리의 건강에 문제가 생기면 어떤 기분일지 자문해봐야 한다.

칸트는 다른 사람을 보살펴야 하는 의무를 자신에게도 확대해야 한다는 견해를 강하게 내세운다. 《윤리형이상학 정초Grundlegung zur Metaphysik der Sitten》에서 우리는 가능한 한 최대로 자신을 계발할 책임이 있다고 주장한다. 그러면서 "자신에게 있는 재능을 함양하면 여러 면에서 쓸모 있는 사람이 될 수 있다"는 가정하에 생각해보자고 한다. 만일 그 사람이 재능, 그 타고난 능력을 발전시키지 않으면 그는 근본 의무를 태만한 것이라고 칸트는 주장한다.[1] 우리에게는 자기계발의 의무가 있다는 뜻이다. 우리가 타고난 능력을 계발하지 **않으면** 인간으로서 번영을 이룰 수 없기 때문에, 그런 선택은 보편적 법칙이 될 수 없다.[2] 칸트와는 대조적으로 공자는 사회 전반의 발전을 위해 자기계발이 필수적이라고 생각한다. 공자는 자기계발을 근본적으로 친사회적인 행위로 간주했다.

현대 자조론의 창시자인 빅토리아 시대의 스마일스도 개인의 발전과 국가의 발전 사이에는 중요한 상관관계가 있다고 주장한다. 그의 주장은 자아를 관계적인 관점에서 바라본 시각이 아닌 "열정적인 개인주의energetic individualism"라는 개넘에 근거한다.[3] 이 차이는 매우 중요하다. 스마일스는 이렇게 말한다. "국가의 발전은 각 개인의 근면함과 열정과 올곧음의 총합이다. 반면에 국가의 쇠퇴는 각 개인의 게으름과 이기심과 악덕이 합쳐진 결과이다. (…) 그렇기 때문에 최고의 애국심과 박애 정신은 법이나 제도를 바꾸는 것보다 각 개인이 자유롭고 독립적인 행위로 스스로를 향상되고 발전하도록 도와주고 자극하는 데에서 생긴다."[4] 그러니까 스마일스는 자기계발의 사회적 중요성을 강조하면서, 국민들이 자기계발을 할 수 있도록 정부가 후원해야 한다고 요구한다. 그러나 그의 발언은 어쩌면 영국 수상 대처의 유명한 주장인 "사회라는 것은 없다"라는 말을 예고한 것인지도 모른다. 우리 운명(그것이 경제적인 것이든 그 어떤 것이든)에 대한 책임은 우리 자신에게만 있으며, 우리 운명에 영향을 끼칠 수 있는 것은 우리 안에 있다고 스마일스는 주장한다. 여기에는 노력에 사회적 혹은 심리적 방해 요소들이 있다는 것을 인정하지 않는다.

자기계발의 정치적 함의는 스마일스의 경우뿐 아니라 다른 자조론에서도 찾아볼 수 있다. 스마일스처럼 저자 자신의 정치적 견해를 은근히 드러내는 자조론 도서로, 피터슨의 《12가지 인생의 법칙》이 있다. 피터슨은 책에서 태연하게 문화 전쟁을 부추기는데, 평등 입법에 불만이 있는 젊은 백인 남성들의 기분을 북돋을 목적이었던 것 같다. 그러나 다행히도 자조론 도서 대부분은 그렇게 분명하게 정치적 성향을 내보이지 않는다.

좋은 자조론이란 끈덕지게 따라붙는 두 가지 위험, 즉 자기계발 능력을 과대 또는 과소평가하는 경향을 잘 헤쳐나가야 한다. 전자는 심리적·사회경제적 현실과는 동떨어진 비현실적인 기대만을 키우면서 끊임없이 괴로워하고 자기 비난만을 일삼는 자아가 빚어질 수 있다.[5] 따라서 우리의 의지력, 행위 능력, 변화 능력을 무턱대고 과대평가하는 자조 안내서는 가능성에 대한 우리의 인식을 왜곡하는 지극히 유해한 동화로 전락할 수 있다.

좀 더 넓은 사회적 차원에서 우리의 변화 능력을 과대평가하는 일은 무정한 정치로 이어질 수 있다. 모두에게 자기계발의 잠재능력이 똑같이 있다고 믿는다면, 우리는 삶을 좋게 변화시키지 못한 사람들을 비난할 가능성이 있다. 가령 비만인에게는 왜 건강식을 하지 않았냐고, 학대당한 피해자에게는 왜 가해자 곁을 떠나지 않았냐고, 육체적으로나 정신적으로 아픈 사람에게는 왜 그 지경이 되도록 가만히 있었냐고, 가난한 자에겐 왜 부자가 되려 노력하지 않았냐고 비난을 퍼부을지 모른다. 자신의 행동이 우리의 발전에 중요한 전부라고 믿는다면, 유전적 소인이나 사회환경, 자기계발을 어렵게 만드는 외상성 상해 같은 요소들은 고려되지 않을 가능성이 높다.

자기계발의 잠재능력을 과소평가하는 경우도 마찬가지로 좋지 않은 결과를 낳을 수 있다. 우선은 타고난 능력이나 재능을 잠재능력보다 더 높게 평가할 가능성이 있다. 이미 마무리되고 완성된 것만 중요하게 여기는 상황에서는 대체로 잘못을 감추고, 성취한 것을 과장하고, 알지 못하는 것을 부인하고 나설 공산이 크다. 또한 학습이나 인내, 점진적으로 유유하게 발전해가는 것의 중요성을 지나치게 과소평가할 것이다. 아울러 우리의 능력은 고정되어 있어 아무리 노력해도 별반 차이가 없다고 믿기 때문에 무력감과 우울감을 느낄 수 있다.[6]

개인적 차원을 넘어서 생각해보자. 만일 우리가 사회의 구성원으로서 우리 자신의 개선 가능성을 믿지 않는다면, 우리는 **빌둥**과 재능의 계발에 대한 투자를 중단할 가능성이 높다. 우리는 교육의 중요성을 무시하며 개인의 성장에 결정적 영향을 미칠 부문을 더는 지원하지 않을 수 있다. 또한 교도소 개혁과 사회 복귀 프로그램에 대한 투자를 중단하여 마약이나 알코올중독으로 고통받는 사람들을 방치할 수도 있다. 마찬가지로 비만인에게는 제한된 보건의료 예산을 낭비할 필요가 없다고 결론 내릴지도 모른다. 결과적으로 인간의 기본적인 발전 가능성을 과소평가하는 사회는 아주 심각한 디스토피아적 사회가 될 것이다.

항상 어느 특정 문화가 개인의 자기계발 능력을 과소평가하거나 과대평가하는 것은 아니다. 미국이 대표적인 사례이다. 의심할 여지없이 미국은 자기계발이라는 개념이 문화 속에 깊이 배어 있는 나라이다. 행복에 대한 근본적인 권리와 극적인 자기 재창조의 가능성에 대한 믿음, 그리고 자수성가한 백만장자의 신화는 강력한 구원을 기대하게 만드는 이야기로 남아 있다. 동시에 미국은 여전히 사형 제도를 유지하는 몇 안 되는 서구 국가 중 하나이다. 사형제도는 개인의 본성이 특정한 행위에 의해 완전히 결정되고, 진정한 자기계발이 불가능하다는 생각에 근거한 제도이다.

앞에서 언급한 사항들에서 교훈이 하나 있다면, 자기계발은 개인적인 차원은 물론 사회 전체 차원에서도 굉장히 중요한 문제라는 것이다. 내적 변화와 외적 변화는 함께 이루어져야 한다. 달리 말하면, 우리가 자신과 타인에 대한 사고방식을 바꾸지 않는다면 오늘날 가장 긴급한 위기들, 예컨대 기후변화, 사회 불평등, 심리적 소외, 그리고 무엇보다 중요한 민주주의 쇠퇴 등을 해결할 수 없을 것이다. 자기계발의 장구한 역사가 보여주듯, 자신을 변화시키는 것은 여러 형태로 나타날 수 있으며, 그중 어떤 것은 다른 것보다 공정하고 정의로운 사회를 구축하는 데 더 적합할 수 있다. 오늘날 자조론 산업은 그 많은 형태 가운데 하나일 뿐이다. 물론 오늘날의 자조론도 굉장히 다양하다. 알든 모르든 이 책은 오랜 세월 요동치며 지속되어온 전통을 바탕으로 고대 자기계발의 기술이 표방한 영원불변의 주제 10가지를 새로운 방식으로 분명히 표현한다.

감사의 말

감사의 마음을 전해야 할 분이 너무 많다. 우선 저를 지지
해주고, 우정과 귀중한 탁견을 나눠주고, 활기찬 토론을 진
행해준 분들에게 감사의 예를 표하고 싶다. 이니드 앨리슨
Enid Allison, 케이트 알셰이커Kate Alshaker, 클레멘스 아딘Clemence
Ardin, 피터 앳킨스Peter Atkins, 주디스 보벤시펜Judith Bovensiepen,
피터 뷰즈Peter Buse, 아네스 카르디날Agnès Cardinal, 제러미 카레
트Jeremy Carrette, 세실 슈발Cecile Cheval, 사라 콜빈Sarah Colvin, 메
리 코스그로브Mary Cosgrove, 안드레아스 에슬Andreas Essl, 개빈
유스터스Gavin Eustace, 마리 유스터스Marie Eustace, 앤젤로스 에
반젤루Angelos Evangelou, 클로이 갤리언Chloe Galien, 안드레아스
게를리히Andreas Gehrlich, 스콧 하스Scott Haas, 엘리자베스 하틀리
Elizabeth Hartley, 카차 하우스타인코르코란Katja Haustein-Corcoran, 벤
허친슨Ben Hutchinson, 마리 허친슨Marie Hutchinson, 린디 제퍼슨
Lindi Jefferson, 윌 제퍼슨Will Jefferson, 마리 제토Marie Jettot, 스테
판 제토Stéphane Jettot, 팀 줄리어Tim Julier, 아네테 케른슈텔러

Annette Kern-Stähler, 야나 클루스만Jana Klusemann, 옌스 클루스만 Jens Klusemann, 마리 콜켄브록Marie Kolkenbrock, 레이철 레만Rachel Lehmann, 고든 린치Gordon Lynch, 미키 맥기Micki McGee, 로라 무니 Laura Mooney, 스티븐 모리스Stephen Morris, 지그하르트 네켈Sighard Neckel, 파트리시아 노빌로 코르발란Patricia Novillo-Corvalàn, 카타 리나 파슈코우스키Katharina Paschkowsky, 요아너 페티트Joanne Pettitt, 닉 필리스Nick Phillis, 안나 폴러드Anna Pollard, 아나 드 큄포 Ana de Quimpo, 피터 리드Peter Read, 카트린 리더Katrin Ridder, 안야 뢰케Anja Röcke, 아멜리아 사베르왈Amelia Saberwal, 듀나 사브리 Duna Sabri, 에른스트 샤프네르Ernst Schaffner, 에바 샤프네르Eva Schaffner, 탄야 모지아스 슬라빈Tanya Mozias Slavin, 악셀 슈텔러 Axel Stähler, 알리 스튜어트Ali Stewart, 누리아 트리아나 토리비오 Nùria Triana Toribio, 캐서린 보이스Katherine Voice, 그레타 와그너Greta Wagner, 리즈 웰러Liz Weller, 그리고 서랜 웰러Saranne Weller에게도 감사의 말을 전해야 한다.

홀륭한 에이전트였던 제니퍼 번스틴Jennifer Bernstein과 지극 히 예리한 통찰력을 지닌 편집자 제니퍼 뱅크스Jennifer Banks 에게도 감사의 마음을 전한다. 두 뛰어난 여성의 피드백은 더 없이 소중했다. 원고를 빈틈없이 교정해준 앤 캔라이트 Anne Canright도 마찬가지이다. 글이 원래보다 더 없이 좋아진 것은 그의 손길이 닿았기 때문이다. 예일대학교 출판부의 조이스 이폴리토Joyce Ippolito와 아비게일 스토치Abigail Storch에 게도 고맙다는 말씀 전한다. 환상적인 그들의 노력 덕택에

이 책이 빛을 발했다고 할 수 있다.

인간 에너지에 관한 프로젝트에 기금을 지원한 웰컴트러스트에도 감사의 말을 전한다. 이 프로젝트의 내용이 모양을 조금씩 달리해서 이 책에 들어가 있다. 또한 2019년에서 2020년까지 레버홀름 연구기금 덕택에 연구를 잘 마무리할 수 있었다. 깊은 감사의 마음을 전한다. 함부르크 고등연구소의 연구기금(2020~2021)도 빼놓을 수 없다. 그 기금 덕분에 이 책을 완성할 수 있었다. 마땅히 그 연구소의 모든 분에게 감사 인사를 드려야 한다. 특히 아스트리드 보트만루코Astrid Bothmann-Lucko, 프랑크 페렌바흐Frank Fehrenbach, 소냐 그레버마고치Sonja Gräber-Magocsi, 탄야 크루제 브란다오 Tanja Kruse Brandao, 그리고 안나 노이바워Anna Neubauer에게 감사를 표하고 싶다. 아울러 동료였던 카트린 하메르슈미트Katrin Hammerschmidt, 디트마어 폰 데어 포르트텐Dietmar von der Pfordten, 소냐 프린츠Sonja Prinz, 그리고 찬시 탱Chenxi Tang에게도 고맙다는 말을 전한다. 함부르크 고등연구소에 연구기금을 제공한 차이트 슈티프풍 에벨린 운트 게르트 부케리우스 재단에도 깊이 감사드린다.

딸 헬레나Helena에게도 고맙다고 하고 싶다. 많은 점에서 나와 정반대이기에 최고의 선생이 아니었나 싶다. 마지막으로 내 파트너인 셰인 웰러Shane Weller에게도 고마움을 전한다. 신념으로 따지면 비관주의자이자 허무주의자인 그는 인간의 자기계발 능력을 믿지 않는다. 그는 사뮈엘 베케트Samuel

Beckett처럼 우리가 계속 살아가야 하기 때문에 사는 것이라고, 그런데 보라고, 최악으로 가고 있다고 주장한다. 그래도 텍스트는 개선될 수 있다고 생각하는 사람이다. 그의 피드백 덕택에 내 글이 제기한 논점들(그 논점들에 대해 그는 근본적으로 거의 다 동의하진 않았지만)이 더 예리해지고 좀 더 정연해졌다. 초고를 쓸 때 날카롭고 명민한 그의 생각들이 얼마나 큰 도움이 되었는지 모른다.

사랑과 슬픔을 담아 이 책을 내 친구 페레나 트루슈Verena Trusch에게 바친다. 자기계발에 관한 한 내가 알고 있는 사람 가운데 가장 훌륭하고 끈기 있었으며, 주위 사람들에게 많은 영감을 심어주었던 정말 좋은 친구였다. 다시 한번 친구를 떠올리며 영면을 빈다.

주석

서문

1   Jonathan Rowson, *The Moves That Matter: A Chess Grandmaster on the Game of Life*(London: Bloomsbury, 2019), p. 37.

들어가며

1   Grand View Research, "Personal Development Market Size, Share and Trends Analysis Report by Instrument(Books, e-Platforms, Personal Coaching/ Training, Workshops), by Focus Area, by Region, and Segment Forecasts, 2020~2027", www.grandviewresearch.com/industry-analysis/personal-development-market(July 2020). 아울러 Steve Saleno, SHAM: How the Self-Help Movement Made America Helpless(New York: Three Rivers Press, 2005, p. 8)를 참고할 것.

2   Seneca, *Letters from a Stoic: Epistulae Morales ad Lucilium*, trans. Robin Campbell(London: Penguin, 2004), p. 64.

3   Adam Alter, *Irresistible: The Rise of Addictive Technology and the Business of Keeping Us Hooked*(New York: Penguin, 2017); Carl Newport, *Digital Minimalism: On Living Better with Less Technology*(London: Penguin Business, 2019)를 참고할 것.

4 예를 들어 Stephen R. Covey, *The 7 Habits of Highly Effective People: Powerful Lessons in Personal Change*(New York: Free Press, 2004, p. 51)를 참고할 것.

5 Micki McGee, *Self-Help, Inc.: Makeover Culture in American Life*(New York: Oxford University Press, 2005), p. 51.

6 George Lakoff and Mark Johnson, *Metaphors We Live By*(Chicago: University of Chicago Press, 2003)를 참고할 것.

7 Massimo Pigliucci, *How to Be a Stoic: Ancient Wisdom for Modern Living* (London: Rider, 2017, p. 153)에 인용된 것이다.

8 Jordan B. Peterson, *12 Rules for Life: An Antidote to Chaos*, foreword by Norman Doidge(London: Allen Lane, 2018), p. 8.

9 Abraham Maslow, "A Theory of Human Motivation", *Psychological Review* 50(1943, pp. 370~396).

10 칼 로저스Carl Rogers는 우리의 "실현화 경향actualizing tendency"에 관한 글에서 실현화 경향을 "유기체를 유지하거나 향상하는 데 기여하는 방식으로 모든 능력을 개발하려는 유기체 고유의 타고난 경향성"이라고 이해한다. Carl Rogers, "A Theory of Therapy, Personality and Interpersonal Relationships as Developed in the Client Centered Framework"(*Psychology: A Study of a Science, vol.3. Formulations of the Person and the Social Context*, ed. S. Koch, New York: McGraw-Hill, 1959, p. 196)을 참고할 것.

11 이런 이론과 그 외의 다른 기본적인 인간 욕구에 관한 이론의 비교분석은 Thane S. Pittman and Kate R. Zeigler, "Basic Human Needs"(*Social Psychology: Handbook of Basic Principles*, ed. A. W. Kruglanski and E. T. Higgins, New York: Guilford Press, 2007, pp. 473~489)를 참고할 것.

12 Robert Kegan, *The Evolving Self: Problem and Process in Human Development* (Cambridge, MA: Harvard University Press, 1982), p. 107.

13 나와 함께 이러한 욕구에 관해 논의한 옌스 클루제만Jens Klusemann에게 감사의 마음을 표한다.

14 빌둥Bildung이란 개념, 그리고 이 개념과 자기계발과의 관련성에 관한 좀 더 상세한 연구는 Anja Röcke, *Soziologie der Selbstoptimierung*(Berlin: Suhrkamp, 2021, pp. 85~91)을 참고할 것.

15 Carol S. Dweck, *Mindset: Changing the Way You Think to Fulfil Your Potential*(London: Robinson, 2017).

1장 너 자신을 알라

1　Plato, "Apology", in *Complete Works*, trans. G. M. A. Grube et al. (Indianapolis: Hackett, 1997), p. 21.

2　Galen, *On Temperaments. On Non-Uniform Distemperment. The Soul's Traits Depend on Bodily Temperament*, ed. and trans. Ian Johnston(Cambridge, MA: Harvard University Press, 2020); Merve Emre, *The Personality Brokers: The Strange History of Myers-Briggs and the Birth of Personality Testing*(London: Penguin, 2018).

3　C. G. Jung, *Psychological Types*, trans. R. F. C. Hull and H. G. Baynes (London: Routledge, 2017).

4　Richard E. Nisbett, *The Geography of Thought: How Asians and Westerners Think Differently — and Why*(Boston: Nicholas Brealey, 2003)를 참고할 것.

5　Julian Baggini, *How the World Thinks: A Global History of Philosophy*(London: Granta, 2018)를 참고할 것.

6　위의 책, 187쪽.

7　R. J. Hankinson, *The Cambridge Companion to Galen*(Cambridge: Cambridge University Press, 2008)을 참고할 것.

8　우울증에 관한 더 자세한 설명은 *The Nature of Melancholy: From Aristoteles to Kristeva*, ed. Jennifer Radden(Oxford: Oxford University Press, 2000); Matthew Bell, *Melancholia: The Western Malady*(Cambridge: Cambridge University Press, 2014)를 참고할 것.

9　Marsilio Ficino, *Three Books on Life: A Critical Edition and Translation with Introduction and Notes*, ed. Carol V. Kaske and John R. Clark(Tempe, AZ: Medieval & Renaissance Texts & Studies, 1989), p. 371.

10　이 책은 1975년 이후 매년 개정되었으며, 때로는 상당 부분이 수정되기도 했다. 가장 최근의 개정판은 Richard N. Bolles and Katherine Brooks, *What Color is Your Parachute 2021: A Practical Manual for Job-Hunters and Career-Changers*(Berkeley, CA: Ten Speed Press, 2020)를 참조할 것.

11　Norman Doidge, *The Brain That Changes Itself: Stories of Personal Triumph from the Frontiers of Brain Science*(London: Penguin, 2008), p. 243.

12　Sigmund Freud, "Mourning and Melancholia", in *The Standard Edition of the Complete Psychological Works of Sigmund Freud*, ed. and trans. James

Strachey(London: Vintage, 2001), ch. 14, p. 244.

13 위의 책, 246쪽.

14 Louise L. Hay, *You Can Heal Your Life*(London: Hay House, 2006), p. 3.

15 Steve Peters, *The Chimp Paradox: The Mind Management Programme for Confidence, Success and Happiness*(London: Vermilion, 2012).

16 Daniel Goleman, *Emotional Intelligence: Why It Can Matter More Than IQ* (London: Bloomsbury, 1996), p. 36.

17 위의 책, xii쪽.

18 위의 책, 43쪽.

19 C. G. Jung, *Psychological Types*, trans. R. F. C. Hull and H. G. Baynes (London: Routledge, 2017), p. 407.

20 Joseph Campbell, with Bill Moyers, *The Power of Myth*, ed. Sue Flowers(New York: Broadway Books, 2001), p. 124.

21 위의 책, 148쪽.

22 위의 책, xv쪽.

23 위의 책, 123쪽.

24 Jung, *Psychological Types*, p. 349.

25 위의 책, 309쪽.

26 위의 책, 337쪽.

27 위의 책, 356쪽.

28 위의 책, 310쪽.

29 Insights Discoveries 웹사이트, www.insights.com(2020년 2월 13일 접속).

30 Richard Wiseman, *59 Seconds: Think a Little, Change a Lot*(London: Pan Books, 2015), pp. 303~304.

31 위의 책, 302쪽.

32 위의 책, 305쪽.

33 예를 들어 Gregory J. Boyle, "Critique of Five-Factor Model(FFM)"(*The Sage Handbook of Personality Theory and Assessment*, vol. I, ed. Gregory J. Boyle, Gerald Matthews and Donald H. Saklofske, Los Angeles: Sage, 2008, pp. 295~312)을 참고할 것.

34 Dan P. McAdams, "What Do We Know When We Know a Person?" (*Journal of Personality* 63, no. 3, 1995, pp. 365~396)을 참고할 것.

35 그럼에도 성격유형 검사가 20억 달러(약 2조 5000억 원) 규모의 산업으

로 발전했다는 사실도 언급해두는 게 좋을 것 같다. Emre, *The Personality Brokers*를 참고할 것.

36 이런 점에서 보면 클루제만이 제시한 검사 방법은 예외에 속하는 바람 직한 검사 방법이라 할 수 있다. Jens Klusemann and Christopher Niepel, "Entwicklung und erste Überprüfung des dialog Persönlichkeitinventars (dpi) für den Einsatz im Coaching"(*Zeitschrift für Arbeits-und Organisationspsychologie* 61, no. 1, 2017, pp. 31~44)을 참조할 것.

37 Mitchell S. Green, *Know Thyself: The Value and Limits of Self-Knowledge*(New York: Routledge, 2018, p. 135)를 참고할 것.

2장 마음을 다스려라

1 스토아주의에 관한 일반적인 정보는 예를 들어 John Sellars, *Stoicism* (London: Routledge, 2006); Suzanne Bobzien, *Determinism and Freedom in Stoic Philosophy*(Oxford: Oxford University Press, 2002); *Cambridge History of Hellenistic Philosophy*, eds. Alegra Keimpe et al.(Cambridge: Cambridge University Press, 1999)을 참고할 것.

2 Seneca, *Letters from a Stoic: Epistulae Morales ad Lucilium, trans. Robin Campbell*(London: Penguin, 2004), p. 15.

3 위의 책, 230쪽.

4 Epictetus, *Of Human Freedom*, trans. Robert Dobbin(London: Penguin, 2010), p. 11.

5 위의 책, 81쪽.

6 Seneca, *Letters*, p. 69.

7 Epictetus, *Of Human Freedom*, p. 14.

8 위의 책, 52쪽.

9 위의 책, 13쪽.

10 같은 책.

11 Marcus Aurelius, *Meditations*, trans. Martin Hammond(London: Penguin, 2006), p. 48.

12 Diskin Clay, "Introduction" to Marcus Aurelius, *Meditations*, trans. Martin Hammond(London: Penguin, 2006), p. xxxiii.

13 Marcus Aurelius, *Meditations*, pp. 47~48.

14 위의 책, 17, 32쪽.

15 위의 책, 113쪽.

16 위의 책, 31쪽.

17 위의 책, 57쪽.

18 위의 책, 10쪽.

19 Massimo Pigliucci, *How to Be a Stoic: Ancient Wisdom for Modern Living* (London: Rider, 2017, p. 153)에서 재인용했다.

20 Phineas Parkhurst Quimby, *The Quimby Manuscripts: Containing Messages of New Thought, Mesmerism, and Spiritual Healing from the Author*, ed. Horatio W. Dresser(n. p.: Pantianos Classics, 1921), p. 73.

21 Mary Baker Eddy, *Science and Health with Key to the Scriptures*(Boston: Writings of Mary Baker Eddy, 2000), p. viii.

22 위의 책, 109쪽.

23 위의 책, 40쪽.

24 예를 들어 Emma Kate Sutton, "Interpreting 'Mind-Cure': William James and the 'Chief Task … of the Science of Human Nature'"(*Journal of the History of Behavioural Sciences* 48, no. 2, Spring 2012, pp. 115~133)를 참고할 것.

25 William James, *The Varieties of Religious Experience*(Cambridge, MA: Harvard University Press, 1985), pp. 92~93.

26 William Walker Atkinson은 *Thought Vibration or the Law of Attraction in the Thought World*(Chicago: The Library Shelf, 1906)에서 비슷한 주장을 펼쳤다.

27 Napolen Hill, *Think and Grow Rich! The Original Version, Restored and Revised*(Anderson, SC: Mondpower Press, 2007), p. 9.

28 위의 책, 21쪽.

29 Rhonda Byrne, *The Secret*, 10th anniv. ed.(New York: Simon & Schuster, 2016), ch. xv, p. 7, 9.

30 위의 책, 11쪽.

31 위의 책, 15쪽.

32 위의 책, 28쪽.

33 위의 책, 43쪽.

34 위의 책, 41쪽.

35 David D. Burns, *Feeling Good: The New Mood Therapy*(New York: Harper, 1999, pp. xxiii~xxix)을 참고할 것.

36 Albert Ellis, *Reason and Emotion in Psychotherapy*(New York: Citadel Press, 1962); Aaron T. Beck, *Cognitive Therapy and the Emotional Disorders*(New York: Meridian, 1979).

37 Burns, *Feeling Good*, p. xxx.

38 위의 책, 61쪽.

39 위의 책, 57쪽.

40 Martin Seligman and Mihaly Csikszentmihalyi, "Positive Psychology: An Introduction"(*American Psychologist* 55, no. 1, 2000, pp 5~14); Mihaly Csikszentmihalyi, *Flow: The Classic Work on How to Achieve Happiness*, rev. and updated ed.(London: Ryder, 2002)를 참고할 것.

41 Martin Seligman, *Learned Optimism: How to Change Your Mind and Your Life*(London: Nicholas Brealey Publishing, 2006) ch. 14, pp. 167~184.

42 아울러 이 부분에 관해서는 Lewina O. Lee et al., "Optimism Is Associated with Exceptional Longevity in 2 Epidemiologic Cohorts of Men and Women"(*PNAS* 116, no. 37, 2019, pp. 18357~18362)을 참조할 것.

43 Russ Harris, *The Happiness Trap. Based on ACT: A Revolutionary Mindfulness-Based Programme for Overcoming Stress, Anxiety, and Depression*(London: Robinson, 2008, p. 28)도 참고할 것.

44 Jonathan Rowson, *The Moves That Matter: A Chess Grandmaster on the Game of Life*(London: Bloomsbury, 2019), p. 36.

3장 내려놓아라

1 인기 있는 자조 비유담은 변형된 내용으로 웹에 많이 떠돌고 있다. 이야기마다 조금씩 차이가 있다. 내가 약간 수정한 이 이야기는 온라인상 다음 웹사이트에서 찾아볼 수 있다. www.thechurning.net/there-are-no-opportunities-or-threats-the-parable-of-the-taoist-farmer(2020년 9월 1일 접속).

2 《도덕경》의 철학적·우주론적·정신적·신비적 차원에서 논의한 부분은 Chad Hansen, "Daoism"(*Stanford Encyclopedia of Philosophy*, https://plato.

stanford.edu/entries/daoism, 28 June 2007)을 참조할 것.

3 Irene Bloom, "Metaphysics and Government in the Laozi"(*Sources of Chinese Tradition, vol. 1: From Earliest Times to 1600*, ed. Wm. Theodore de Bary and Irene Bloom, 2nd ed., New York: Columbia University Press, 1999, p.78)를 참조할 것.

4 예를 들어 D. C. Lau, "The Problem of Authorship"(Lao-tzu, *Tao te ching*, trans. D. C. Lau, New York: Alfred A. Knopf, 2017, pp. 89~103); Alan Chan, "Laozi"(*Stanford Encyclopedia of Philosophy*, https://plato.stanford.edu/entries/laozi, 21 September 2018)를 참고할 것. (이후 《도덕경》에서의 인용은 D. C. Lau가 번역한 Lao-tzu, *Tao te ching*에서 따온 것임을 밝힌다.)

5 Hansen, "Daoism"을 참고할 것.

6 노자에 관한 연구를 뛰어나게 잘 요약하고 분석한 글을 보려면 Chan, "Laozi"를 참조할 것. Chan은 출처나 텍스트의 변형, 주석의 여러 전통에 관한 개요도 훌륭히 제공해준다.

7 Chan, "Laozi"를 참고할 것.

8 Sarah Allan, "Introduction" to Lao-tzu(*Tao te ching*, p. xiii)을 참조할 것.

9 Chan, "Laozi"를 참고할 것.

10 Lao-tzu, *Tao te ching*, ch. 27. 이후 본문에서 이 작품을 인용하는 경우에는 해당 장의 번호를 붙이기로 한다.

11 Chan, "Laozi"를 참고할 것.

12 Hansen, "Daoism"을 참고할 것.

13 전통적으로 붓다의 생애는 대략 기원전 560년부터 기원전 480년까지로 알려졌다. 그러나 요즘 많은 학자는 붓다의 태어난 날을 더 늦게 보고, 생을 마감한 날을 기원전 405년이라고 생각한다. Mark Siderits, "The Buddha"(*Stanford Encyclopedia of Philosophy*, https://plato.stanford.edu/entries/buddha, 14 February 2019)를 참조할 것.

14 Damien Keown, *Buddhism: A Very Short Introduction*(Oxford: Oxford Univeristy Press, 2013), p. 53.

15 *The Dhammapada*, trans. Juan Mascaró(London: Penguin Classics, 2015), p. 42.

16 같은 책.

17 Saint Augustine, *Confessions*, trans. Henry Chadwick(Oxford: Oxford

University Press, 2008), p. 146.

18 위의 책, 147쪽.

19 위의 책, 146쪽.

20 위의 책, 141쪽.

21 위의 책, 151쪽.

22 Deepak Chopra, *The Seven Spiritual Laws of Success: A Practical Guide to the Fulfillment of Your Dreams*(New Delhi: Excel Books, 2000), p. 81.

23 예를 들어 Russ Harris, *The Happiness Trap*(London: Robinson, 2008)을 참고할 것.

24 Viktor E. Frankl, *Man's Search for Meaning: The Classic Tribute to Hope from the Holocaust*(London: Rider, 2004), p. 115.

25 Harris, *The Happiness Trap*, p. 5.

26 또한 Steven C. Hayes, *A Liberated Mind: The Essential Guide to ACT* (London: Vermilion, 2019)를 참고할 것.

27 Robert Kegan, *The Evolving Self: Problem and Process in Human Development* (Cambridge, MA: Harvard University Press, 1982), p. 31, 50.

28 Jean-Jacques Rousseau, *Of the Social Contract, in Of the Social Contract and Other Political Writings*, trans. Quintin Hoare(London: Penguin, 2012), p. 10.

29 Christopher Bertram, "Jean-Jacques Rousseau"(*Stanford Encyclopedia of Philosophy*, https://plato.stanford.edu/entries/rousseau, 26 May 2017)를 참고할 것.

30 Abraham Maslow, "A Theory of Human Motivation", *Psychological Review* 50(1943), pp. 370~396.

31 Wilhelm Reich, *The Mass Psychology of Fascism*, trans. Vincent R. Carfango (London: Souvenir Press, 1972).

32 Sigmund Freud, "'Civilized' Sexual Morality and Modern Nervous Illness"(1908), in *The Standard Edition of the Complete Psychological Works of Sigmund Freud*, ed. and trans. James Strachey(London: Vintage, 2001), ch. 9, p. 187.

33 Sigmund Freud, "Civilization and Its Discontent"(1930), in *The Standard Edition of the Complete Psychological Works of Sigmund Freud*, ch. 21, p. 115.

34 John C. Parkin, *F**k It: The Ultimate Spiritual Way*(Carlsbad, CA: Hay House, 2014), p. 1.

35 위의 책, 9쪽.

36 위의 책, 18~19쪽.

37 Spencer Johnson, *Who Moved My Cheese? An Amazing Way to Deal with Change in Your Work and In Your Life*(London: Vermilion, 1998), frontmatter review comment에서 인용했다.

38 위의 책, 60쪽.

39 위의 책, 46쪽.

4장 선한 삶을 지향하라

1 이타주의 이론에 관한 상세한 철학적·심리학적·생물학적 논의는 Matthieu Richard, *Altruism: The Science and Psychology of Kindness*(London: Atlantic, 2015)를 참조할 것.

2 예를 들어 Matthieu Richard, *Altruism: The Science and Psychology of Kindness*(London: Atlantic, 2015); E. W. Dunn and L. Aknin and M. I. Norton, "Spending Money on Others Promotes Happiness"(*Science* 319, 2008, pp. 1687~1688); Paul Dolan, *Happy Ever After: Escaping the Myth of the Perfect Life*(London: Allen Lane, 2019)를 참고할 것.

3 Daniel K. Gardner, *Confucianism: A Very Short Introduction*(Oxford: Oxford University Press, 2014, p. 1)을 참조할 것. 이 책의 4장에 나오는 공자와 공자 시대 그리고 그의 철학에 관한 일반적인 정보는 가드너의 명쾌한 연구, 그리고 *Sources of Chinese Tradition, vol. 1. From Earliest Times to 1600*, 2nd ed. eds. Wm. Theodore de Bary and Irene Bloom(New York: Columbia University Press, 1999)를 근거로 제공했다. 또한 Benjamin I. Schwartz, *The World of Thought in Ancient China*(Cambridge, MA: Harvard University Press, 1985); *Confucius and the Analects: New Essays*, ed. Bryan W. Van Norden(Oxford: Oxford University Press, 2002); Bryan W. Van Norden, *Introduction to Classical Chinese Philosophy*(Indianapolis: Hackett, 2011)를 참고할 것.

4 Confucius, *The Analects*, trans. Annping Chin(London: Penguin, 2014), p. 109.

5 Philip J. Ivanhoe, *Confucian Moral Self-Cultivation*(Indianapolis: Hackett,

2000)을 참고할 것.

6 Gardner, *Confucianism*(pp. 22~24)을 참고 것.

7 Confucius, *The Analects*, p. 113.

8 Gardner, *Confucianism*(p. 28)을 참고할 것.

9 Richard Wiseman, *59 Seconds: Think a Little, Change a Lot*(London: Pan Books, 2015, p. 32)을 참고할 것.

10 Mencius, "Selections from the *Mencius*", in de Bary and Bloom(eds.), *Sources of Chinese Tradition*, ch. 1, p. 130.

11 위의 책, 129쪽.

12 위의 책, 147쪽.

13 Xunzi, "Selections from the *Xunzi*", in de Bary and Bloom(eds.), *Sources of Chinese Tradition*, ch. 1, p. 180.

14 위의 책, 166쪽.

15 Gardner, *Confucianism*(p. 72)을 참고할 것.

16 불교 윤리에 관해 더 알고 싶은 경우엔 Peter Harvey, *An Introduction to Buddhist Ethics: Foundations*, Values, and Issues(Cambridge: Cambridge University Press, 2000)를 참고할 것.

17 Damien Keown, *Buddhism: A Very Short Introduction*(Oxford: Oxford University Press, 2013), p. 8.

18 His Holiness the Dalai Lama and Howard C. Cutler, *The Art of Happiness: A Handbook for Living*(London: Hodder & Stoughton, 2009).

19 물론 불교라는 명칭은 주요 학파인 상좌불교(테라와다, "상좌들의 가르침")와 대승불교(마하야나, "큰 수레")와 더불어 다양한 전통과 믿음을 포괄하고 있다. 깨달음을 얻고 난 뒤에도 다른 사람들을 도와주었던 보살의 자비는 중앙아시아와 동아시아에 널리 보급된 대승불교 전통에서 더욱 중점적으로 다루어지고 있다.

20 Richard, *Altruism*(p. 6)에서 재인용했다.

21 위의 책, 691쪽.

22 위의 책 6쪽에서 재인용했다.

23 Damien Keown, *Buddhism: A Very Short Introduction*(Oxford: Oxford University Press, 2005), p. 7.

24 위의 책 23쪽을 참조할 것.

25 Aristotle, *The Nicomachean Ethics*, trans. David Ross(Oxford: Oxford World

Classics, 2009).

26 Christopher Shields, "Aristotle"(*Stanford Encyclopedia of Philosophy*, https://plato.stanford.edu/entries/aristotle, 25 September 2008. 2020년 8월 25일 대폭 개정)를 참조할 것.

27 Edith Hall, *Aristotle's Way: How Ancient Wisdom Can Change Your Life* (London: Bodley Head, 2018, p. 7)를 참고할 것.

28 같은 책을 참고할 것.

29 Aristotle, *The Nicomachean Ethics*, p. 12.

30 Hall, *Aristotle's Way*(p. 7)에서 재인용했다.

31 Lesley Brown, "Introduction" to Aristotle(*The Nicomachean Ethics*, p. xiii)을 참고할 것.

32 Richard Kraut, "Aristotle's Ethics", *Stanford Encyclopedia of Philosophy* (https://plato.stanford.edu/entries/aristotle-ethics, 1 May 2001. 2018년 6월 15일 대폭 개정).

33 같은 글.

34 Hall, *Aristotle's Way*(p. 116)을 참고할 것.

35 Daniel Goleman, *Emotional Intelligence: Why It Can Matter More Than IQ*(London: Bloomsbury, 1996, p. ix)에서 인용했다.

36 John Lydon, *Anger Is an Energy: My Life Uncensored*(London: Simon & Schuster, 2014)를 참고할 것.

37 Kraut, "Aristotle's Ethics"를 참고할 것.

38 Brown, "Introduction"(p. xv)을 참고할 것.

39 Hall, *Aristotle's Way*, p. 26.

40 위의 책, 41쪽.

41 *The New Testament: The Authorized or King James Version*(New York: Everyman's Library, 1998), p. 115.

42 위의 책, 39쪽.

43 위의 책, 7~8쪽.

44 Stephen R. Covey, *The 7 Habits of Highly Effective People: Powerful Lessons in Personal Change*(New York: Free Press, 2004).

45 Ichiro Kishimi and Fumitake Koga, *The Courage to Be Disliked: How to Free Yourself, Change Your Life, and Achieve Real Happiness*(London: Allen & Unwin, 2017, p. 21)에서 재인용했다.

46 위의 책 163쪽을 참고할 것.

47 위의 책, 165, 169쪽.

48 Viktor E. Frankl, *Man's Search for Meaning: The Classic Tribute to Hope from the Holocaust*(London: Rider, 2004), p. 85.

49 위의 책, 104쪽.

50 위의 책, 115쪽.

51 Martin Seligman, *Learned Optimism: How to Change Your Mind and Your Life*(Boston: Nicholas Brealey, 2006), p. 282.

52 위의 책, 286쪽.

53 위의 책, 288쪽.

54 위의 책, 287쪽.

55 가령 Jeremy Carrette and Richard King, *Selling Spirituality: The Silent Takeover of Religion*(London: Routedge, 2005); Byung-Chul Han, *Psycho-Politics: Neoliberalism and New Technologies of Power*(London: Verso, 2017); Ronald E. Purser, *McMindfulness: How Mindfulness Became the New Capitalist Spirituality*(London: Repeater, 2019)를 참고할 것.

56 예를 들어 Lene Rachel Anderson and Tomas Björkman, *The Nordic Secret: A European Story of Beauty and Freedom*(Stockholm: Fri tanke, 2017); Tomas Björkman, *The World We Create: From God to Market*(London: Perspectiva Press, 2019); Jonathan Rowson, *The Moves that Matter: A Chess Grandmaster on the Game of Life*(London: Bloomsbury, 2019); Zachary Stein, *Education in A Time Between Worlds: Essays on the Future of Schools, Society, and Technology*(San Francisco: Bright Alliance, 2019)를 참고할 것.

57 예를 들어 연구 공동체 Perspectiva의 https://systems-souls-society.com, 미디어 플랫폼 Rebel Wisdom의 https://rebelwisdom.co.uk, 신흥 프로젝트 www.whatisemerging.com을 참고할 것(모두 2020년 12월 18일 접속).

58 Deepak Chopra, *The Seven Spiritual Laws of Success: A Practical Guide to the Fulfillment of Your Dreams*(New Delhi: Excel Books, 2000), p. 30~31.

59 예를 들어 Greta Thunberg, *No One Is Too Small to Make a Difference*(London: Penguin, 2019); Anonymous, *This Is Not A Drill: An Extinction Rebellion Handbook*(London: Penguin, 2019)을 참고할 것.

60 Marian Wright Edelman, *Lanterns: A Memoir of Mentors*(Boston: Beacon Press, 1999), p. 7.

5장 겸손을 갖추라

1 David Robson, "Is This the Secret of Smart Leadership?"(BBC, www.bbc. com/worklife/article/20200528-is-this-the-secret-of-smart-leadership, 31 May 2020)을 참고할 것.

2 Bradley P. Owens et al,, "Expressed Humility in Organizations: Implications for Performance, Teams, and Leadership"(*Organization Science* 24, no. 5, 2013, pp. 1517~1538); Elizabeth J. Krumrei-Mancuso et al., "Links between Intellectual Humility and Acquiring Knowledge"(*Journal of Positive Psychology* 15, no. 2, 2019, pp. 155~170)를 참고할 것.

3 Arménio Rego et al., "How Leader Humility Helps Teams to Be Humbler, Psychologically Stronger, and More Effective: A Moderated Mediation Model", *Leadership Quarterly* 28, no. 5(2017), pp. 639~658; Amy Y. Ou et al., "Do Humble CEOs Matter? Am Examination of CEO Humility and Firm Outcomes", *Journal of Management* 20, no. 10(2020), pp. 1~27; Irina Cojuharenco and Natalia Karelaia, "When Leaders Ask Questions: Can Humility Premiums Buffer the Effects of Competence Penalties?", *Organizational Behavior and Human Decision Processes* 156(2020), pp. 113~134.

4 Jean M. Twenge and W. Keith Campbell, *The Narcissism Epidemic: Living in the Age of Entitlement*(New York: Atria, 2013)를 참고할 것.

5 Matthieu Richard, *Altruism: The Science and Psychology of Kindness*(London: Atlantic, 2015, p. 290)에서 재인용했다.

6 Morris Rosenberg, *Society and the Adolescent Self-Image*(Princeton, NJ: Princeton University Press, 1965).

7 자아존중감 운동과 그 영향에 관해서는 Will Storr, *Selfie: How We Became So Self-Obsessed and What It is Doing to Us*(London: Picador, 2017)를 참조할 것.

8 Ricard, *Altruism*(pp. 293~294)에서 재인용했다.

9 Linda Woodhead, *Christianity: A Very Short Introduction*, 2nd ed.(Oxford: Oxford University Press, 2014)를 참고할 것.

10 Henry Chadwick, "Introduction" to Saint Augustine(*Confessions*, trans. Henry Chadwick, Oxford: Oxford University Press, 2008, p. xxiv)을 참고할 것.

11 Max von Habsburg, "Introduction" to Thomas à Kempis(*The Imitation of Christ*, trans. Robert Jefery, London: Penguin, 2013, pp. xvii~xviii)을 참고할 것.

12 Kempis, *The Imitation of Christ*, p. 172.

13 위의 책, 22쪽.

14 위의 책, 136~137쪽.

15 위의 책, 136쪽.

16 위의 책, 33쪽.

17 위의 책, 43쪽.

18 위의 책, 7쪽.

19 위의 책, 16쪽.

20 위의 책, 25쪽.

21 Eckhart Tolle, *The Power of Now: A Guide to Spiritual Enlightenment*(London: Hodder & Stoughton, 1999).

22 Gloria Steinem, *Revolution from Within: A Book of Self-Esteem*(London: Corgi, 1993), p. 356.

23 Clarissa Pinkola Estés, *Women Who Run with the Wolves: Contacting the Power of the Wild Woman*(London: Rider, 2008), p. 4.

24 Elli H. Radinger, *The Wisdom of Wolves: How Wolves Can Teach Us to Be More Human, trans. Shaun Whiteside*(London: Michael Joseph, 2019), p. 18.

25 위의 책, 68쪽.

26 위의 책, 120쪽.

27 위의 책, 220쪽.

28 Stéphane Garnier, *How to Live Like Your Cat*(London: Fourth Estate, 2017), p. 29.

29 Jennifer McCartney, *The Little Book of Sloth Philosophy: How to Live Your Best Sloth Life*(London: HarperCollins, 2018, p. 95)를 참고할 것.

30 그런 종류의 자조론 도서에는 Rob Dircks, *Unleash the Sloth! 75 Ways to Reach Your Maximum Potential by Doing Less*(2012); McCartney, *The Little Book of Sloth Philosophy; Sarah Jackson, A Sloth's Guide to Taking It Easy: Be More Sloth with These Fail-Safe Tips for Serious Chilling*(2018) 등이 속한다. 또 다른 예로는 Talia Levy and Jax Berman, *Sloth's Wisdom*(2015); Ton Mak, *A Sloth's Guide to Mindfulness*(2018)를 꼽을 수 있다. 또한 동물이 아

닌 그 특성에 관해 자조를 패러디하여 쓴 Wendy Wasserstein, *Sloth: The Seven Deadly Sins*(2007)도 같은 맥락에서 흥미로운 책이다.

31 McCartney, *Little Book of Sloth Philosophy*를 참고할 것.

32 위의 책, 2쪽.

33 Charles Foster, *Being a Beast: An Intimate and Radical Look at Nature* (London: Profile, 2016), p. 1.

34 Annie Davidson, *How to Be More Tree: Essential Life Lessons for Perennial Happiness*(London: Lom Art, 2019), p. 5.

35 Michael Marder, *Plant-Thinking: A Philosophy of Vegetal Life*(New York: Columbia University Press, 2013), p. 90.

36 Mark O'Connell, *To Be a Machine: Adventures among Cyborgs, Utopians, Hackers, and the Futurists Solving the Modest Problem of Death*(London: Granta, 2017), p. 134.

37 위의 책, 6쪽.

38 위의 책, 11쪽.

39 위의 책, 73쪽.

40 같은 책.

41 위의 책, 139, 141, 150쪽.

42 위의 책, 33쪽.

43 John G. Daugman, "Metaphor and Brain Theory"(W. Bechtel et al., *Philosophy and the Neurosciences*, Oxford: Blackwell, 2001, pp. 23~36)를 참고할 것.

44 O'Connell, *To Be a Machine*, p. 64.

45 위의 책, 142쪽.

46 위의 책, 135쪽.

47 Stefanie Marsh and Serge Faguet, "I Robot: The Silicon Valley CEO Who Thinks Biohacking and Robotics Will Let Him Live Forever", *Guardian Weekend*(22 September 2018), p. 17.

48 위의 글, 18쪽.

49 Greta Wagner, *Selbstoptimierung: Praxis und Kritik von Neuroenhancement* (Frankfurt am Main: Campus, 2017)를 참고할 것.

50 이 이야기를 변형시킨 여러 버전이 인터넷에 돌아다니고 있다(이 이야기는 "멕시코 어부와 하버드 MBA"로 불리기도 한다). 또한 이 이야기는 끝

부분이 조금 바뀐 내용으로 투자은행과 기업가용 자조 안내서에도 자주 소개되고 있다. 이 책에는 내가 변형한 내용을 실었다.

6장 간소해져라

1   예를 들어 Jordan Hall, Daniel Schmachtenberger, John Vervaeke, Jamie Wheal이 함께한 팟캐스트(http://rebelwisdom.co.uk, 2020년 12월 21일 접속)를 참고할 것.

2   가령 Shunmyō Masuno, *Zen: The Art of Simple Living*(New York: Michael Joseph, 2019)을 참고할 것.

3   Marsilio Ficino, *Three Books on Life: A Critical Edition and Translation with Introduction and Notes*, eds. Carol V. Kaske and John R. Clark(Tempe, AZ: Medieval & Renaissance Texts & Studies, 1989), p. 135.

4   Jean-Jacques Rousseau, *Reveries of the Solitary Walker*, trans. Russel Goulbourne(Oxford: Oxford University Press, 2011), p. 11.

5   위의 책, 103쪽.

6   고독과 외로움에 관한 최근의 연구서 가운데 뛰어난 것으로 David Vincent, *A History of Solitude*(London: Polity, 2020); Fay Bound Alberti, *A Biography of Loneliness: The History of an Emotion*(Oxford: Oxford University Press, 2020)을 꼽을 수 있다. 이 두 권을 참고하면 좋을 것 같다.

7   뛰어난 안목이 담긴 글 Patrick Barkham, "Can Nature Really Heal Us?"(*Guardian*, www.theguardian.com/books/2020/mar/14/wild-ideas-how-nature-cures-areshaping-our-literary-landscape(4 March 2020)를 참고할 것.

8   가령 다음의 책들을 참고할 것. Richard Mabey, *Nature Cure*(London: Chatto & Windus, 2005); Isabel Hardman, *The Natural Health Service: What the Great Outdoors Can Do for Your Mind*(London: Atlantic Books, 2020); Quing Li, *Shinrin-yoku: The Art and Science of Forest Bathing*(London: Penguin Life, 2018); Yoshifumi Miyazaki, *Shinrin-yoku: The Japanese Way of Forest Bathing for Health and Relaxation*(London: Aster, 2018); Nick Barker, *ReWild: The Art of Returning to Nature*(London: Aurum Press, 2017); Simon Barnes, *Rewild Yourself: 23 Spellbinding Ways of Make Nature More Visible*(London: Simon & Schuster, 2018).

9   Jonathan Hoban, *Walk with Your Wolf: Unlock Your Intuition, Confidence, and Power*(London: Yellow Kite, 2019)를 참고할 것. 또 다른 예로는 Shane O'Mara, *In Praise of Walking: The New Science of How We Walk and Why It's Good for Us*(London: Bodley Head, 2019); Erling Kagge의 *Walking: One Step at a Time*(London: Viking, 2019)을 들 수 있다.

10   Anthony Storr, *Solitude*(London: Harper Collins, 1997); Anneli Rufus, *Party of One: The Loners' Manifesto*(New York: Marlowe & Co., 2003); Sara Maitland, *How to Be Alone*(London: Macmillan, 2014); Michael Harris, *Solitude: In Pursuit of a Singular Life in a Crowded World*(New York: Random House, 2018); Erling Kagge, *Silence: In the Age of Noise*(London: Penguin, 2018) 등이 이런 예에 속하는 도서들이다.

11   Barkham, "Can Nature Really Heal Us?"에서 재인용했다.

12   예를 들어 Alan Levinovitz, *Natural: The Seductive Myth of Nature's Goodness* (London: Profile, 2020)를 참고할 것.

13   Barkham, "Can Nature Really Heal Us?"를 참고할 것.

14   Henry David Thoreau, *Walden*(London: Penguin, 2016), p. 11.

15   위의 책, 13쪽.

16   위의 책, 7쪽.

17   위의 책, 86쪽.

18   위의 책, 85쪽.

19   이 운동에 관한 더 자세한 내용은 *Less Is More: Embracing Simplicity for a Healthy Planet, a Caring Economy, and Lasting Happiness*, eds. Cecile Andrews and Wanda Urbanska(Gabriola Island, BC: New Society, 2009); Jerome M. Segal, *Graceful Simplicity: Toward a Philosophy and Politics of the Alternative American Dream*(Berkeley: University of California Press, 2003); David Shi, *The Simple Life: Plain Living and High Thinking in American Culture*, new ed.(Athens: University of Georgia Press, 2007) 등을 참고할 것.

20   간소한 삶을 위한 공동체Simplicity Collective, "What Is Voluntary Simplicity?" (http://simplicitycollective.com/start-here/what-is-voluntary-simplicity-2, 2020년 3월 31일 접속)를 참고할 것.

21   위의 글.

22   Duane Elgin, *Voluntary Simplicity: Toward a Way of Life That Is Outwardly Simple, Inwardly Rich*(New York: William Morrow, 1983), pp. 33~34.

23 "What Is Voluntary Simplicity?"에서 재인용했다.

24 위의 글을 참고할 것.

25 www.mrmoneymustache.com(2020년 12월 30일 접속).

26 이런 예에 속하는 것으로 Mrs. Hinch, Hinch *Yourself Happy: All the Best Cleaning Tips to Shine Your Sink and Soothe Your Soul*(London: Michael Joseph, 2019); Fumio Sasaki, *Goodbye, Things: On Minimalist Living*(New York: W. W. Norton, 2017)이 있다.

27 James Wallman, *Stuffocation: Living More with Less*(London: Penguin, 2015).

28 Marie Kondo, *The Life-Changing Magic of Tidying*(London: Vermilion, 2014), p. 213.

29 Dominique Loreau, *L'art de la simplicité: How to Live More with Less*, trans. Louise Rogers Lalaurie(London: Trapeze, 2016), p. 31.

30 일본에 대해 그리고 일본 역사가 오늘날의 일본 문화 형성에 어떤 영향을 미쳤는지에 관한 자세한 내용은 Scott Haas, *Why Be Happy?: The Japanese Way of Acceptance*(New York: Hachette, 2020)를 참고할 것.

31 Loreau, *L'art de la simplicité*.

32 위의 책, 127쪽.

33 위의 책, 89쪽.

34 Michael Pollen, *In Defense of Food: An Eater's Manifesto*(London: Penguin, 2008)를 참고할 것.

35 Adam Alter, *Irresistible: The Rise of Addictive Technology and the Business of Keeping Us Hooked*(New York: Penguin, 2017), p. 28.

36 위의 책 40쪽을 참고할 것.

37 위의 책, 110쪽.

38 위의 책 14쪽을 참고할 것.

39 Cal Newport, *Digital Minimalism: On Living Better with Less Technology* (London: Penguin Business, 2019), p. 104.

40 위의 책, 106~107쪽.

41 Jean M. Twenge, "Have Smartphones Destroyed a Generation?", www.theatlantic.com/magzine/archive/2017/09/has-the-smartphone-destroyed-a-generation/534198/, September 1997.

42 Newport, *Digital Minimalism*, p. 136.

43 Alter, *Irresistible*(p. 1)을 참고할 것.

44 Newport, *Digital Minimalism*(p. 9, 11)에서 재인용했다.

45 Alter, *Irresistible*, p. 9.

46 같은 책.

47 Newport, *Digital Minimalism*, p. 24.

48 위의 해, 39쪽.

49 위의 책, xvii쪽.

7장 상상력을 발휘하라

1 예를 들어 Rob Hopkins, *From What Is to What If: Unleashing the Power of Imagination to Create the Future We Want*(Hartford, VT: Chelsea Green, 2019)를 참고할 것.

2 Martin Seligman이나 Carol Dweck와 같은 많은 심리학자가 이런 식의 주장을 펼친다.

3 Massimo Pigliucci, *How to Be a Stoic: Ancient Wisdom for Modern Living* (London: Rider, 2017, p. 151)을 참고할 것.

4 Saint Augustine, *Confessions*, trans. Henry Chadwick(Oxford: Oxford University Press, 2008), p. 147.

5 Matthieu Ricard, *Altruism: The Science and Psychology of Kindness*(London: Atlantic, 2015, pp. 147~148)에서 재인용했다.

6 이 이야기를 이 책에서 언급해도 된다고 허락해준 Nick Phillis에게 고마운 마음을 전한다.

7 Samuel Smiles, *Self-Help: With Illustrations of Character, Conduct, and Perseverance*, ed. Peter W. Sinnema(Oxford: Oxford University Press, 2002), p. 7.

8 Jack Canfield and Mark Victor Hansen and Amy Newmark, *The Original Chicken Soup for the Soul*, 20th anniv. ed.(n.p.: Chicken Soup for the Soul, 2013)의 뒤표지에 실린 글이다.

9 Smiles, *Self-Help*, p. 21.

10 Martha C. Nussbaum, *Cultivating Humanity: A Classical Defense of Reform in Liberal Education*(Cambridge, MA: Harvard University Press, 1997).

11 Carmine Gallo, *Talk like TED: The 9 Public Speaking Secrets of the World's Top Minds*(London: Pan Books, 2017, p. 41)에서 재인용했다.

12 위의 책 51쪽을 참고할 것.

13 Immanuel Kant, *An Answer to the Question: "What Is Enlightenment?"*, trans. H. B. Nisbet(London: Penguin, 2009), p. 1.

14 William Wordsworth, "Preface to *Lyrical Ballad, with Pastoral and Other Poems*"(1802)(William Wordsworth and Samuel Taylor Coleridge, *Lyrical Ballads 1798 and 1802*, Oxford: Oxford University Press, 2013, p. 104) 중에서.

15 Percy Bysshe Shelley, "A Defence of Poetry", in The *Major Works*(Oxford: Oxford University Press, 2009), p. 682.

16 Jean-Jacques Rousseau, *Reveries of the Solitary Walker*, trans. Russell Goulbourne(Oxford: Oxford University Press, 2011), p. 70.

17 Ralph Waldo Emerson, "Self-Reliance", in *Nature and Selected Essays*, ed. Larzer Ziff(London: Penguin, 2003), pp. 175~203.

18 위의 책, 185쪽.

19 위의 책, 193쪽.

20 위의 책, 203쪽.

21 Julian Baggini, *How the World Thinks: A Global History of Philosophy*(London: Granta, 2018)를 참고할 것.

22 위의 책 46쪽에서 재인용했다.

23 Shane Weller, *Modernism and Nihilism*(Basingstoke, UK: Palgrave Macmilln, 2011)을 참고할 것.

24 Friedrich Wilhelm Nietzsche, *Thus Spoke Zarathustra*, trans. R. J. Hollingdale (London: Penguin, 2003), pp. 41~43.

25 위의 책 16쪽에 실린 R. J. Hollingdale, "Introduction"에서 재인용했다.

26 Nietzsche, *Thus Spoke Zarathustra*, p. 51.

27 Anthony Robbins, *Awaken the Giant Within: How to Take Control of Your Mental, Emotional, Physical and Financial Destiny*(London: Simon & Schuster, 1992), p. 345.

28 Alfred Yankauser, "The Therapeutic Mantra of Emile Coué"(*Perspectives in Biology and Medicine* 42, no. 4, 1999, p. 490)를 참고할 것.

29 Couéism이라 불리는 Coué의 치료법과 그 영향 및 유산에 관한 이야기는

Hervé Guillemain, *La méthode Coué: Histoire d'une pratique de guérison au XXe siecle*(Paris: Seuil, 2010)을 참고할 것.

30 Emile Coué, *Self Mastery through Conscious Autosuggestion: A Classic Self Help Book*(London: New Creative, 2011), p. 11.

31 위의 책, 13쪽.

32 위의 책, 15쪽.

33 위의 책, 14쪽.

34 위의 책, 23쪽.

35 위의 책, 22쪽.

36 위의 책, 57쪽.

37 Martin Selgman, *Learned Optimism: How to Change Your Mind and Your Life*(Boston: Nicholas Brealey, 2006)를 참고할 것.

38 Richard Bandler and John Grinder, *Frogs into Princes: Neuro-linguistic Programming*(Lafayette, CA: Real People Press, 1979).

39 신경-언어 프로그래밍이 주장하는 과학적 근거에 대한 비판적 평가를 살펴보고자 한다면 Michael Heap, "The Validity of Some Early Claims of Neuro-linguistic Programming"(*Skeptical Intelligencer* 11, 2008, pp. 1~9); Tomasz Witkowski, "Thirty-Five Years of Research on Neuro-linguistic Programming—NLP Research Data Base: State of the Art or Pseudoscientific Decoration?"(*Polish Psychological Bulletin* 41, no. 2, 2010, pp. 55~66); Christopher F. Sharpley, "Research Findings on Neurolinguistic Programming: Nonsupportive Data or an Untestable Theory?"(*Journal of Counseling Psychology* 34, no. 1, 1987, pp. 103~107)를 참고할 것.

40 Romilla Ready and Kate Burton, *Neuro-linguistic Programming for Dummies*, 3rd ed. (Chichester, UK: Wiley, 2015), p. 318.

41 위의 책, 83쪽.

42 Paul McKenna, *Instant Influence and Charisma*(London: Bantam, 2015)를 참고할 것.

43 Alain de Botton, "Introduction" to *The School of Life: An Emotional Education* (London: Hamish Hamilton, 2019), p. 2.

8장 끈기 있게 버텨내라

1   Angela Duckworth, *Grit: Why Passion and Resilience Are the Secrets to Success*(London: Vermilion, 2017); Carol S. Dweck, *Mindset: Changing the Way You Think to Fulfil Your Potential*(London: Robinson, 2017)을 참고할 것.

2   이 검사에 관한 더 자세한 사항은 VIA Institute on Character, https://viacharacter.org/about(2020년 6월 23일 접속)을 참고할 것.

3   Duckworth, *Grit*(p. 48)에서 재인용했다.

4   예를 들어, Matthew Syed, *Black Box Thinking: Marginal Gains and the Secrets of High Performance*(London: John Murray, 2016)를 참고할 것.

5   Sarah Harvey, *Kaizen: The Japanese Method for Transforming Habits One Small Step at a Time*(London: Bluebird, 2019).

6   Peter W. Sinnema, "Introduction" to Samuel Smiles, *Self-Help: With Illustrations of Character, Conduct, and Perseverance*, ed. Peter W. Sinnema (Oxford: Oxford University Press, 2002, pp. vii~xxviii)을 참고할 것.

7   Nicola Humble의 "Introduction" to *Mrs. Beeton's Book of Household Management*(Oxford: Oxford University Press, 2008, p. xxi)을 참고할 것.

8   Kenneth O. Morgan, ed., *The Oxford Popular History of Britain*(Oxford: Oxford University Press, 1993); Peter Mathias, *The First Industrial Nation: The Economic History of Britain 1700-1914*(New York: Routledge, 2001)를 참고할 것.

9   Kathryn Hayes, "The Middle Classes: Etiquette and Upward Mobility" (*British Library*, www.bl.uk/romantic-and-victorians/articles/the-middle-classes-etiquetete-and-upward-mobility, 15 May 2014)를 참고할 것.

10 위의 글을 참고할 것.

11 Humble, "Introduction,"(pp. vii~xxx)을 참고할 것.

12 Smiles, *Self-Help*, p. 3.

13 위의 책, 4쪽.

14 위의 책, 39쪽.

15 위의 책, 3쪽.

16 위의 책, 18쪽.

17 위의 책, 191쪽.

18 위의 책, 192쪽.

19 M. Scott Peck, *The Road Less Traveled: A New Psychology of Love, Traditional Values, and Spiritual Growth*(New York: Touchstone, 1985), p. 15.

20 위의 책, 16~17쪽.

21 위의 책, 19쪽.

22 위의 책, 35쪽.

23 위의 책, 81쪽.

24 위의 책, 271쪽.

25 위의 책, 277쪽.

26 "The Video Which Made Jordan Peterson Famous,"(https://www.youtube.com/watch?v=O-nvNAcvUPE&t=158s , 12 October 2016)을 참고할 것.

27 Jordan B. Peterson, *12 Rules for Life: An Antidote to Chaos*, forword by Norman Doidge(London: Allen Lane, 2018), p. 79.

28 위의 책, 80쪽.

29 Stephen R. Covey, *The 7 Habits of Highly Effective People: Powerful Lessons in Personal Change*(New York: Free Press, 2004), p. 43.

30 위의 책, 46~47쪽.

31 위의 책, 71쪽.

32 위의 책, 148쪽.

33 위의 책, 288~289쪽.

34 Charles Duhigg, *The Power of Habit: Why We Do What We Do and How to Change*(London: Random House, 2013), p. 19.

35 위의 책, 92쪽.

36 Duckworth, *Grit*, p. 51.

37 위의 책, 17쪽.

38 위의 책, 173쪽.

39 위의 책, 203쪽.

40 Dweck, *Mindset*, p. 7.

41 Syed, *Black Box Thinking*(p. 52~53)을 참고할 것.

42 위의 책, 10쪽.

43 Leon Festinger, *When Prophecy Fails*(Minneapolis: University of Minnesota Press, 1956)를 참고할 것.

44 Syed, *Black Box Thinking*, p. 283.

45 위의 책, 292쪽.

46 2016년 11월 16일 판에 요약된 *State of the Nation Report on Social Mobility in Great Britain*(www.gov.uk/government/news/state-of-the-nation-report-on-social-mobility-in-great-britain)을 참고할 것. 아울러 Jo Marchant, *Cure: A Journey into the Science of Mind over Body*(New York: Crown, 2016, pp. 151~152)을 참고할 것.

47 Martin Seligman, *Learned Optimism: How to Change Your Mind and Your Life*(Boston: Nicholas Brealey, 2006)를 참고할 것.

9장 사람의 마음을 이해하라

1 Martin Seligman, *Learned Optimism: How to Change Your Mind and Your Life*(Boston: Nicholas Brealy, 2006); Jean M. Twenge and W. Keith Campbell, *The Narcissism Epidemic: Living in the Age of Entitlement*(New York: Atria, 2013)를 참고할 것.

2 예를 들어 Grant Soosalu and Martin Oka, "Neuroscience and the Three Brains of Leadership"(www.mbraining.com/mbit-and-leadership, October 2014)을 참고할 것.

3 Niccolò Machiavelli, *The Prince*, trans. W. K. Marriott(New York: Everyman's Library, 1992), p. 68.

4 위의 책, 71쪽.

5 위의 책, 76쪽.

6 위의 책, 80쪽.

7 위의 책, 80~81쪽.

8 R. Shaw, *Machiavelli Mindset: How to Conquer Your Enemies, Achieve Audacious Goals, and Live withour Limits from "The Prince"*(sic)(London: CreateSpace Independent Publishing Platform, 2016), p. 1.

9 George Bull, "Introduction" to Baldesar Castiglione(*The Book of the Courtier*, trans. George Bull, London: Penguin, 2003, p. 12, 14)을 참고할 것.

10 Castiglione, *Book of the Courtier*, p. 59.

11 위의 책, 172쪽.

12 같은 책.

13 위의 책, 135쪽.

14 위의 책, 137쪽.

15 위의 책, 212쪽.

16 Warren Susman, *Culture as History: The Transformation of American Society in the Twentieth Century*(Washington, DC: Smithsonian Institution Press, 2003), pp. 271~285.

17 Susan Cain, *Quiet: The Power of Ontroverts in a World That Can't Stop Talking*(London: Penguin, 2012)을 참고할 것.

18 Dale Carnegie, *How to Win Friends and Influence People*(London: Vermilion, 2006), p. 119.

19 위의 책, 13쪽.

20 위의 책, 130쪽.

21 위의 책, 87쪽.

22 위의 책, 97쪽.

23 위의 책, 234쪽 이후.

24 위의 책, 196~197쪽.

25 Steve Salerno, *SHAM: How the Self-Help Movement Made America Helpless* (New York: Three Rivers Press, 2005), pp. 75~87.

26 Paul McKenna, *Instant Influence and Charisma*(London: Bantam Press, 2015), p. 72.

27 Romilla Ready and Kate Burton, *Neuro-linguistic Programming for Dummies*, 3rd ed.(Chichester, UK: Wiley, 2015), p. 145.

28 위의 책, 141쪽.

29 위의 책, 102~103쪽.

30 예를 들어 Neil Strauss, *The Game: Undercover in the Secret Society of Pickup Artists*(Edinburgh: Cannongate, 2005)를 참고할 것.

31 Paul McKenna, *Instant Influence and Charisma*(London: Bantam Press, 2015), p. 180.

32 Carl Newport, *Digital Minimalism: On Living Better with Less Technology* (London: Penguin Business, 2019, pp. 99~109)을 참고할 것.

33 Marcel Proust, *Time Regained and A Guide to Proust, In Search of Lost Time*, vol. 4(London: Vintage, 2000), p. 254.

10장 지금 이 순간을 살아라

1 Ronald Purser, *McMindfulness: How Mindfulness Became the New Capitalist Spirituality*(London: Repeater Books, 2019); David Forbes, *Mindfulness and Its Discontents*(London: Fernwood, 2019)를 참고할 것.

2 Jeremy Carrette and Richard King, *Selling Spirituality: The Silent Takeover of Religion*(London: Routledge, 2005)을 참고할 것.

3 마음챙김 명상의 효과를 입증한 임상 실험에 관한 논의를 살펴보려면 Jon Kabat-Zinn, *Full Catastrophe Living: How to Cope with Stress, Pain, and Illness Using Mindfulness Meditation*, rev. and updated ed.(London: Piakkus, 2013, pp. xli~xlv); Jo Marchant, *Cure: A Journey into the Science of Mind over Body*(New York: Crown, 2016, pp. 153~173)를 참고할 것. 또한 Oxford Mindfulness Centre의 연구 웹사이트 www.psych.ox.ac.uk/research/mindfulness(2020년 1월 7일 접속)에 선별하여 소개된 출판물을 참고할 것.

4 B. K. S. Iyengar, *Light on the Yoga Sūtras of Patañjali*(London: Thorsons, 2002)를 참고할 것.

5 Georg Feuerstein, *The Yoga Tradition: Its History, Literature, Philosophy, and Practice*, 3rd ed.(Prescott, AZ: Hohm Press, 2008).

6 Marcus Aurelius, *Meditations*, trans. Martin Hammond(London: Penguin, 2006), p. 11.

7 위의 책, 23쪽.

8 Jean-Jacques Rousseau, *Reveries of the Solitary Walker*, trans. Russell Goulbourne(Oxford: Oxford University Press, 2011), p. 55.

9 Ralph Waldo Emerson, "Self-Reliance", in *Nature and Selected Essays* (London: Penguin, 2003), p. 189.

10 Russ Harris, *The Happiness Trap. Based on ACT: A Revolutionary Mindfulness-Based Programme for Overcoming Stress, Anxiety, and Depression*(London: Robinson, 2008); Steven C. Hayes and Spencer Smith, *Get out of Your Mind and into Your Life: The New Acceptance and Commitment Therapy*(Oakland, CA: New Harbinger, 2005); Steven C. Hayes and K. D. Strosahl and K. G. Wilson, *Acceptance and Commitment Therapy*(New York: Guilford Press, 2012)를 참고할 것.

11 Mark Siderits, "The Buddha"(*Stanford Encyclopedia of Philosophy*, https://

plato.stanford.edu/entries/buddha, 17 May 2011. 2019년 2월 14일 대폭
개정)를 참고할 것.

12 *The Dhammapada*, trans. Juan Mascaró(London : Penguin Classics, 2015),
p. 1.

13 위의 책, 5~6쪽.

14 Damien Keown, *Buddhism : A Very Short Introduction*(Oxford : Oxford
University Press, 2013), p. 39.

15 Mitchell S. Green, *Know Thyself : The Value and Limits of Self-Knowledge*(New
York : Routledge, 2018, p. 128)을 참고할 것.

16 위의 책, 130쪽.

17 *The Dhammapada*, p. 35.

18 예를 들어 Carrette and King, *Selling Spirituality*(p. 101) ; Purser,
*McMindfulness*를 참고할 것.

19 불교가 서양에 어떻게 전승되었는지에 관해서는 Richard Hughes Seager,
Buddhism in America(New York : Columbia University Press, 2012) ; James
William Coleman, *The New Buddhism : The Western Transformation of an
Ancient Tradition*(Oxford : Oxford University Press, 2001)을 참고할 것.

20 Kabat-Zinn, *Full Catastrophe Living*, p. ixii.

21 위의 책, xxxv쪽.

22 위의 책, 21쪽.

23 위의 책, 23쪽.

24 위의 책, 66쪽.

25 Jon Kabat-Zinn, *Wherever You Go, There You Are : Mindfulness Meditation for
Everyday Life*(London : Piatkus, 1994), p. 238.

26 위의 책, 16쪽.

27 위의 책, 17쪽.

28 위의 책, xiii쪽.

29 Jessey McKinley, "The Wisdom of the Ages, for Now Anyway," *New York
Times*, www.nytimes.com/2008/03/23/fashion/23tolle.html(23 March
2008).

30 Eckhart Tolle, *The Power of Now : A Guide to Spiritual Enlightenment*(London :
Hodder & Stoughton, 1999), p. 1.

31 위의 책, 3쪽.

32 위의 책, 40쪽.

33 위의 책, 75쪽.

34 위의 책, 122쪽.

35 위의 책, xviii쪽.

36 Norman Doidge, *The Brain That Changes Itself: Stories of Personal Triumph from the Frontiers of Brain Science*(London: Penguin, 2008), p. 171.

37 Purser, *McMindfulness*(p. 151)을 참고할 것.

38 위의 책, 163쪽.

39 군에서 마음챙김 프로그램을 사용하는 것에 대한 비판의 예로는 Christopher Titmuss의 블로그 "Are Buddhist Mindfulness Practices Used to Support International War Crimes?"(www.christophertitmussblog.org/are-buddhist-mindfulness-practices-used-to-support-international-war-crimes, 19 May 2014)를 참고할 것.

40 Purser, *McMindfulness*, p. 108.

41 예를 들어 Byung-Chul Han, *Psycho-Politics: Neoliberalism and New Technologies of Power*, trans. Erik Butler(London: Verso, 2017); Carrette and King, *Selling Spirituality*에서 이런 식의 비판을 찾아볼 수 있다.

42 Matthieu Ricard, *Altruism: The Science and Psychology of Kindness*(London: Atlantic, 2015), pp. 678~679.

43 예를 들어, 활동가나 사회적 의식이 있는 기업가, 그 밖의 변화를 만들어내는 사람들의 면면에 관해서는 Emerge 프로젝트 웹사이트 www.whatisemerging.com/profiles(2020년 12월 23일 접속)를 참고할 것.

나오며

1 Immanuel Kant, "Morality and Rationality", in *Ethics: Essential Readings in Moral Theory*, ed. George Sher(New York: Routledge, 2012), p. 336.

2 칸트가 말하는 자기계발에 관한 좀 더 심층적인 논의를 살펴보려면 Robert N. Johnson, *Self-Improvement: An Essay in Kantian Ethics*(Oxford: Oxford University Press, 2011)를 참고할 것.

3 Samuel Smiles, *Self-Help: With Illustrations of Character, Conduct, and Perseverance*, ed. Peter Sinnema(Oxford: Oxford University Press, 2002),

p. 20.

4 위의 책, 18쪽.

5 Byung-Chul Han, *Psycho-Politics: Neoliberalism and New Technologies of Power*, trans. Erik Butler(London: Verso, 2017); Alain Ehrenberg, *The Weariness of the Self: Diagnosing the History of Depression in the Contemporary Age*, trans. David Homel et al.(Montreal: McGill-Quenn's University Press, 2010); Micki McGee, *Self-Help, Inc.: Makeover Culture in American Life*(New York: Oxford University Press, 2005)를 참고할 것.

6 Angela Duckworth, *Grit: Why Passion and Resilience Are the Secrets to Success*(London: Vermilion, 2017); Carol S. Dweck, Mindset: *Changing the Way You Think to Fulfil Your Potential*(London: Robinson, 2017); Martin Seligman, *Learned Optimism: How to Change Your Mind and Your Life*(Boston: Nicholas Brealey, 2006)를 참고할 것.

찾아보기

옮긴이 **윤희기**

문학·철학·종교 등 인문학에 관심이 많아 그 분야의 글을 우리말로 소개해왔다. 아울러 우리가 사는 세상을 따뜻하게 바라보며 많은 생각을 글로 담아보려 노력 중이다. 옮긴 책으로는 오스카 와일드의 《도리언 그레이의 초상》, 폴 오스터의 《동행》《폐허의 도시》《소멸》《나는 아버지가 하느님인 줄 알았다》, A. S. 바이어트의 《소유》, 제임스 미치너의 《소설》, 존 스타인벡의 《의심스러운 싸움》, 러디어드 키플링의 《정글북》, F. 스콧 피츠제럴드의 《위대한 개츠비》, R. W. B. 루이스의 《단테》 등이 있다.

자기계발 수업

1판 1쇄 찍음	2022년 6월 27일
1판 1쇄 펴냄	2022년 7월 8일
지은이	안나 카타리나 샤프너
옮긴이	윤희기
펴낸이	김정호
펴낸곳	디플롯
출판등록	2021년 2월 19일(제2021-000020호)
주소	10881 경기도 파주시 회동길 445-3 2층
전화	031-955-9505(편집) · 031-955-9514(주문)
팩스	031-955-9519
이메일	dplot@acanet.co.kr
페이스북	https://www.facebook.com/dplotpress
인스타그램	https://www.instagram.com/dplotpress
책임편집	이지은
디자인	이경란 박애영
ISBN	979-11-979181-0-0 03100

디플롯은 아카넷의 교양·에세이 브랜드입니다.